ULRICH WARNKE
Die Öffnung des 3. Auges

W0039197

GOLDMANN
Lesen erleben

Das Buch

Neueste Forschungen belegen, dass außergewöhnliche Intuition, Nahtod-Erfahrungen oder »Erleuchtungszustände« eine klare biologische Grundlage haben. Dabei werden in der Zirbeldrüse körpereigene Stoffe freigesetzt – genau an jener Körperstelle, die die alten Weisheitstraditionen und Geheimbünde als Drittes Auge bezeichnen. Der renommierte interdisziplinäre Wissenschaftler Dr. Ulrich Warnke zeigt, wie sich die Öffnung des Dritten Auges herbeiführen lässt und wie man bewussten Zugriff auf die dabei entstehenden Informationen erlangt. Er beschreibt alle für den Vorgang notwendigen Aspekte, die in der Praxis von jedem angewendet werden können. Mithilfe der Klangsequenzen wird die Aktivierung der Zirbeldrüse entscheidend gefördert.

Der Autor

Dr. rer. nat. Ulrich Warnke, Jahrgang 1945, studierte Biologie, Physik, Geografie und Pädagogik. Er arbeitete viele Jahre lang als Universitätsdozent mit Lehraufträgen in Biomedizin, Biophysik, Umweltmedizin, Physiologische Psychologie und Psychosomatik, Präventivbiologie und Bionik. Seit 1969 forscht er auf dem Gebiet »Wirkungen elektromagnetischer Schwingungen und Felder, einschließlich Licht auf Organismen«. Bis 2010 war Warnke akademischer Oberrat an der Universität des Saarlandes. Er ist Gründungsmitglied der Gesellschaft für Technische Biologie und Bionik e. V. und ein gefragter Referent und Vortragsredner.

Ulrich Warnke

DIE ÖFFNUNG DES 3. AUGES

Quantenphilosophie

unseres

Jenseits-Moduls

GOLDMANN

Dieses Buch erschien erstmals 2017 unter dem Titel
Die Öffnung des 3. Auges. Quantenphilosophie unseres Jenseits-Moduls
im Scorpio Verlag in München.

Sollte diese Publikation Links auf Webseiten Dritter enthalten,
so übernehmen wir für deren Inhalte keine Haftung,
da wir uns diese nicht zu eigen machen, sondern lediglich
auf deren Stand zum Zeitpunkt der Erstveröffentlichung verweisen.

Von Dr. Ulrich Warnke sind folgende Titel
bei Goldmann und Arkana lieferbar:
Quantenphilosophie und Spiritualität (22179)
Bionisches Wasser (34247)
Bionische Regeneration (34217)

Verlagsgruppe Random House FSC® N001967

2. Auflage

Vollständige Taschenbuchausgabe September 2019
© 2019 Wilhelm Goldmann Verlag, München,
in der Verlagsgruppe Random House GmbH,
Neumarkter Str. 28, 81673 München
© 2017 by Scorpio Verlag GmbH & Co. KG, München
Umschlaggestaltung: UNO Werbeagentur, München,
nach einer Umschlaggestaltung & Bildmotiv von
Hauptmann & Kompanie Werbeagentur, Zürich
JG · Herstellung: cb
Satz: Satzwerk Huber, Germering
Druck: GGP Media GmbH, Pößneck
Printed in Germany
ISBN 978-3-442-22264-3

www.goldmann-verlag.de

Besuchen Sie den Goldmann Verlag im Netz

Inhalt

2. Teil:
Was das Dritte Auge
bewirken kann

3. Teil:
Wie sieht die Interwelt aus,
und was erwartet uns dort?

4. Teil:
Was müssen wir tun?

Anhang

Klangsequenzen zum Download

Zur Voraktivierung des präfrontalen Cortex hat Dr. Ulrich Warnke drei Musikstücke zusammengestellt.

Sie können Sie kostenlos herunterladen unter:

www.randomhouse.de/warnke/drittes-Auge

Einleitung

»Setz dich hin vor die Tatsachen, sei bereit,
alle vorgefassten Meinungen aufzugeben, denn
sonst erfährst du nichts.«
THOMAS HENRY HUXLEY

»Im Anfang war das Wort«, heißt es im Johannesevangelium. Es sollte besser lauten: »Im Anfang war die Information.« Sie ist es heute noch und wird es immer sein. Information kann es aber nur geben, wenn sie als solche erkannt wird. Wer identifiziert Information für uns Menschen? Immer ein Bewusstsein, das deshalb beständig im Mittelpunkt unseres menschlichen Erlebens steht.

Wir sind mit einem Bewusstsein ausgestattet, das in der Natur, also im Pflanzen- und Tierreich, ansonsten so nicht bekannt ist. Und tatsächlich läuft alles, was wir erleben, alles, was wir wissen, immer und ausschließlich über unser Bewusstsein. Für niemanden gäbe es die uns vertraute Welt mit allen ihren Inhalten, wenn sie nicht über das Bewusstsein entstünde. Das heißt, am Beginn von allem steht immer und ausschließlich ein geistiges Prinzip. Wir sind deshalb überzeugt, dass es das Wichtigste im Leben ist.

Wir übersehen dabei aber leicht, dass unser Dasein noch von einer ganz anderen Instanz geführt wird, die uns intelligent steuert und die wir nicht bewusst erkennen. Nennen wir diese Instanz zunächst einmal »Unterbewusstsein«. Diese Instanz weiß viel mehr als wir, und sie ist unentwegt tätig, denn sie ist jedem Bewusstseinsprozess vorgelagert. Bei allem, was wir tun, wird erst einmal unser Unterbewusstsein tätig, wovon wir allerdings gar nichts merken. Erst dann bekommt das Bewusstsein seinen Auftritt, oft mit einer Aktivitätsaufforderung an unseren Willen. Wenn wir sprechen, sind also vorher die Formulierungen im Unterbewusstsein bereits festgelegt, das Bewusstsein ist dann für die Ausführung notwendig. Genauso ist es beim zielgerichteten Handeln und bei vielen weiteren Aktionen. Jeder für sich verwendet ununterbrochen Information, indem er einem Geschehen Sinn und Bedeutung gibt. Dies geschieht einerseits mit der ordnenden Vernunft (bewusst) und andererseits mit Gefühlen, die eine Information integrativ zum Beispiel hinsichtlich »gut« oder »schlecht« einschätzen (unbewusst). Alle Ergebnisse aus dem Geben von Sinn und Bedeutung werden im Unterbewusstsein abgespeichert. Wir hängen am Unterbewusstsein wie eine Marionette, die ihm ausgeliefert ist.

Das ändert sich augenblicklich, wenn wir diesen Prozess unter die Kontrolle des Bewusstwerdens setzen. Deshalb ist die zeitweise Erweckung dieser Instanz »Unterbewusstsein« im Bewusstseinsmodus ein sehr lohnendes Ziel. Wir kommen damit an verborgene Informationen heran, die für uns außerordentlich wichtig sind und die wir bewusst für ein besseres Leben verarbeiten können. Wir können die Ur-Information für Gesundheit erkennen, wir erhalten direkte Informationen zur Lösung von Problemen, was als »Intuition« bezeichnet wird, wir erkennen wesenhafte Intelligenzen, die nach Aufforderung für uns tätig werden können.

Die große Frage lautet nun: Wie können wir die unterbewusst arbeitende Instanz bewusst anzapfen, wo ist diese Instanz verborgen, gibt es Anleitungen zu ihrer Nutzung?

Die Antwort darauf suchten früher die Geheimwissenschaften. Es geht um ein kleines Organ in uns, das tatsächlich fast ausschließlich dafür da ist, das Tor zum Unbewussten zu bewachen – und wir können es »aufschließen«, wenn wir grundlegendes Wissen darüber haben. Der Weg dahin führt über die Quantenphilosophie, was verstanden werden kann als »Liebe zur Weisheit durch Quanten«.

Im Mittelpunkt steht hier die Öffnung des »Dritten Auges«, eine Methode, die in allen Traditionen, auch Jahrtausende vor Christi Geburt, eines der Hauptanliegen der Geheimlehren war. Dabei wurde immer wieder deutlich, dass die Alltagswelt unterschieden werden muss von einer anderen Welt, die wir zum Beispiel regelmäßig im Traum aufsuchen. Diese Anderswelt, ich nenne sie »Interwelt«, ist voller Energie und nützlicher Informationen – ein universeller Datenspeicher innerhalb eines programmierbaren »Universum-Computers«. Wir müssen nur wissen, wie wir uns einloggen, um diese Energie und Information abrufen zu können.

Das Buch knüpft an meine vier Vorgängerbücher *Gehirn-Magie, Die geheime Macht der Psyche, Quantenphilosophie und Spiritualität* sowie *Quantenphilosophie und Interwelt* an (Warnke 2011, 2013 und 2014a, b; siehe »Quellen« im Anhang), worin ich viele Grundlagen zu diesen Themen aufzeige. Ich gehe nicht davon aus, dass alle Leser und Leserinnen meine bisherigen Bücher gelesen haben. Hier wollen wir aber aus dem Wissen heraus ernten, was das Universum für uns bereithält. Deshalb bleibt es nicht aus, dass sich einige Passagen aus den vorherigen Büchern verkürzt und modifiziert wiederholen, damit ein umfassendes Verständnis dieses spannenden Gebiets gewährleistet ist.

1. TEIL:

WARUM WIR DIE ÖFFNUNG DES DRITTEN AUGES BRAUCHEN

Unser Leben – ungenutzt verplant?

»Menschen, die nicht wissen, dass es ein höchstes Ziel im Leben gibt, halten alles andere als das höchste Ziel für wertvoll. So irren sie wie Blinde umher, die von anderen Blinden geführt werden, und verstricken sich immer mehr ins Netz der Ziellosigkeit.«
SRIMAD-BHAGAVATAM

Was ist Ihr Leben?

Diese Frage erscheint auf den ersten Blick einfach zu beantworten. Denn wir würden aus unserem täglichen Blickwinkel heraus sprechen: Wir stehen morgens auf, gehen dem Beruf oder der Beschäftigung nach, kommen abends zurück, haben eventuell eine Familie, die wir für wenige Stunden innerhalb der Woche sehen und am Wochenende ausführlicher genießen können. Wenn Kinder da sind, ist meist ein Elternteil hauptsächlich mit der Fürsorge beschäftigt. Abends sind wir dann oftmals nur noch für das Fernsehen offen und gehen schließlich müde ins Bett, um nach der Nacht dann morgens mit der gleichen Routine loszulegen. Anders geht es nicht, denn die Gesellschaft, in der wir unser geordnetes Leben führen, verlangt ein monatliches Einkommen, bewundert materielle Werte wie ein Haus, das Auto und organisierte Reisen, die viel Spaß machen sollen.

Das ist aber aus Sicht der Möglichkeiten, die ein Leben bieten kann, ein recht klägliches Dasein. Es ist arm, weil wir ein mehr oder weniger aufgezwungenes Dasein fristen, das kaum mehr Raum für wichtige Erkenntnisse bietet. Wenn wir rund um die Uhr den vorgegebenen Zielen hinterherhecheln, ist meist kein Platz mehr für die wirklichen individuellen Lebensbedürfnisse. Es bleibt das Leben im sprichwörtlichen Hamsterrad.

Unser Alltag ist in der Regel bestens abgesichert mit Freiheiten und Wohlstand. Zweifellos sind das hohe Güter und durchaus nicht selbstverständlich, verglichen mit vielen anderen Menschenleben weltweit. Und dennoch sind wir meist stark eingeschränkt, denn selbstverständlich ist der Blickwinkel aus dem gewöhnlichen Alltag heraus nicht das Einzige, was das Leben zu bieten hat. Ein Fenster öffnet sich durch unsere Gedanken. Aber wir können nur *das* denken, was innerhalb unserer Erfahrungen und Erlebnisse liegt. Oft haben wir keine eigenen Gedanken mehr, sondern folgen den Bahnen, die uns die Mainstreammedien offerieren. Sind die Gedanken inhaltlich bereits eingeschränkt, kommen wir ohne Hilfestellung nicht mehr weiter.

Man kann davon ausgehen, dass Menschen in früheren Generationen, als es noch kein Fernsehen und kein Smartphone gab, mehr Zeit damit verbrachten, ihren eigenen Gedanken nachzuhängen. Eigene Gedanken zu pflegen ist uns heute abhandengekommen.

Dabei hatten wir noch nie so viel Information zu bewältigen wie in heutigen Tagen. Sie kann uns dienen, vorausgesetzt, wir kümmern uns um die richtige Auswahl.

Mensch der Gewohnheit

> *Dies ist der Sinn der großen Lehre Kants, dass die Zweckmäßigkeit erst vom Verstande in die Natur gebracht wird, der demnach ein Wunder anstaunt, das er erst selbst geschaffen hat.*
> ARTHUR SCHOPENHAUER

Aufgrund der Informationen, die es wahrnimmt, entwickelt unser Gehirn das Bild einer Realität. Der Embryo im Mutterleib baut ein Netzwerk von Neuronen mit entsprechenden Neurotransmittern auf, was wir dann »Gehirn« nennen. Dies geschieht durch diverse Programme und Informationsreize. Unablässige Wiederholungen in der Umwelt erzeugen unsere Denkmuster. Zum Beispiel ist die Substanz Serotonin schon sehr früh im Embryo aktiv, auch um bestimmte Weichen zu stellen; sogar die Genexpression wird damit gelenkt. Später, nach der Geburt, wird dieses Molekül als Hormon und Neurotransmitter besondere Aufgaben in uns übernehmen, es steht schließlich auch im Zentrum der Öffnung des Dritten Auges. Die Erzeugung von Serotonin ist auf die Aminosäure Tryptophan angewiesen, die aus der Nahrung kommt.

Jede unserer Zellen – und damit jedes Organ – hat durch die Einwirkung von spezifischen Reizen ein speziell herausgeformtes (implizites) Gedächtnis, was als Grundlage jeglicher Erfahrung wirkt. Auch unsere Gehirnfunktion beruht auf derart programmierten Zellen. Das Besondere der Gehirnfunktion, verglichen mit den Zellen des übrigen Körpers, liegt in der Verschaltung der Zellen. Diese Besonderheit der Verschaltung führt dann zu einer Kohärenz, also zu einer in der Zeit und/oder im Raum gleichartigen Aktivierung der Gehirn-Nervenzellen. Erst die Kohärenz führt zur Erinnerung. Dadurch kann das Gehirn bestimmte Erfahrungen, die als innere Repräsentanzen herausgeformt wurden, in entsprechenden Verhaltensmustern erneut aktivieren als Folge eines expliziten Gedächtnisses.

Das menschliche Gehirn hat zum Zeitpunkt der Geburt einen erheblichen Überschuss an Nervenzellen, Nervenfortsätzen und synaptischen Verbindungen untereinander. In der nachfolgenden Zeit werden diese Nerven und ihre Verbindungen so weit wieder aufgelöst und abgebaut, wie sie nicht gebraucht werden. Welche Netze zum Einsatz kommen, entscheiden wiederum die informativen Reize und ihre Verarbeitung. Die älteren Hirnregionen wie Hirnstamm, Thalamus und Hypothalamus sind schon zum Zeitpunkt der Geburt in ihrer Entwicklung weitgehend abgeschlossen, da sie bereits ad hoc für den Kreislauf und die Atmung funktionieren müssen. Nicht so die stammesgeschichtlich jüngsten Teile des Gehirns, die den Neocortex ausmachen und die dann besonders eng mit dem Bewussten verbunden sind. Gerade im Neocortex hängen funktionierende Netzwerke besonders von Umweltreizen und ihrer Verarbeitung ab. Erst mit etwa drei Jahren erwerben Kinder die Fähigkeit, sich an ihre Erfahrungen in Form innerer Bilder zu erinnern und diese später dann auch in Worten auszudrücken, was wiederum auf den neu geformten Netzwerken beruht. Nur wenn die Umweltreize sich eine Zeit lang ständig wiederholen, stabilisieren sie die jeweiligen synaptischen Erregungsübertragungen. Alle nichtstabilisierten Netzwerke werden ausgedünnt. Dieses Prinzip, das bereits postnatal etabliert ist, arbeitet das ganze Leben lang. Der Vorteil ist, dass der Mensch so auf neue Erfahrungen flexibel reagieren kann.

Das wohl wichtigste nutzungsabhängige Zentrum im Neocortex, das sich durch Erfahrungen plastisch umformen kann, ist der präfrontale Cortex, auch als »Stirnlappen« bezeichnet. Dieser Teil des Gehirns spielt innerhalb unseres Themas zur »Öffnung des Dritten Auges« die Hauptrolle, wie wir noch sehen werden. Im präfrontalen Cortex ist unsere Persönlichkeit repräsentiert.

Wollen wir das Dritte Auge öffnen, kann dies nur mit unserer Persönlichkeit gelingen. Wie? Das erfahren Sie in diesem Buch. Momentan ist lediglich wichtig zu wissen, dass unsere Tagesroutine mit den immer gleichen Reizen aus der Umwelt unsere Persönlichkeit und unser Leben durch mangelnde Umformierung des Neocortex einseitig festlegt. Wir werden dann in der Denkweise eingeengt, geradezu »gekäfigt«, und falls wir nicht entschieden gegensteuern, gibt es keine Chance, dieser Einengung zu entrinnen. Unser Leben verläuft sozusagen eingleisig innerhalb einer alltäglichen materieorientierten Welt. Das aktive Erleben der geistig-seelischen Welt bleibt uns dann weitgehend verschlossen. Denn die Entwicklung der entscheidenden Region im Stirnhirn, des präfrontalen Cortex, ist außerordentlich wichtig für eine direkte Kommunikation zwischen dem Denkhirn (Neocortex) und dem Gefühlshirn (limbisches System). Neurowissenschaftlich gesehen ist dieses präfrontale Zentrum das Vehikel für den Willen des bewussten Ich und damit auch für die Erfahrung des Selbstbewusstseins.

Die Wissenschaft stimmt inzwischen ebenfalls damit überein, dass das Ich eine Konstruktion des Gehirns ist. Wobei auch die Wissenschaft immer im Gehirn passiert. Denn das Aufregende an ihr sind nicht die Messreihen, sondern die Ideen und Erklärungen. Leider wird dann aber oft nicht weitergedacht. Denn natürlich steht nun die Frage im Raum: Wer hat das unendlich kompliziert aufgebaute Gehirn konstruiert? Daraus erschließt sich: Wer das Gehirn konstruiert hat, hat auch das Ich etabliert.

Allgemein anerkannt ist ebenso in der Wissenschaft, dass man durch technische und biochemische Eingriffe inzwischen Krankheiten heilen, aber auch die Persönlichkeit des Menschen verändern kann. Relativ neu ist der Gedanke, dass dies ebenfalls durch die direkte bewusste Beeinflussung der Persönlichkeit gelingt. Wir leben alle innerhalb einer Materiekonstruktion als Körper mit Gehirn, die von einer gewaltigen Intelligenz aufgebaut wurde. Wenn wir Eingriffe in diese Konstruktion vornehmen wollen, müssen wir die Regeln beachten, die damit verbunden sind.

Der Diplomand Jens Nadig von der Universität Bremen hat in seiner im Jahr 2008 verfasste Diplomarbeit die Zusammenhänge anschaulich dargestellt (Nadig 2008). Physikalische Reize, die uns aus der Umwelt erreichen, besitzen Energie. Diese Energie ist der Auslöser von körperinternen Fluktuationen, die geordnet und koordiniert ablaufen. Soweit das Bewusstsein beteiligt ist, wird den informativ-energetischen Fluktuationen Sinn und Bedeutung zugewiesen, was zum Erlebnis führt. Dieses gemeinhin als »Wirklichkeit« bezeichnete Erleben spiegelt aber nicht die äußere Realität wider, sondern ist eine geistige Interpretation der vom Unterbewusstsein gefilterten Signale. Alles bewusste Erleben und alle sich daraus ergebenden Entscheidungen und Verhaltensweisen sind die Folge vorausgegangener unbewusster Prozesse (Norretranders 2002, Neyraut 1976). So konstruiert jeder Mensch seine eigene Wirklichkeit.

Um eine Welt für sich neu zu entdecken, muss man die bisherige gewohnte Welt der alltäglichen Routine hinter sich lassen. Von der Entschiedenheit dieses ersten Schritts hängt der Erfolg des Neuen ab. Der französische Philosoph René Descartes (1596–1650) sagte in seinem Buch *Regeln zur Leitung des Geistes* deshalb so richtig: »Um in den Besitz der Wahrheit zu gelangen, muss man einmal in seinem Leben alle Ansichten, die einem beigebracht wurden, aufgeben, und sein Gedanken- und Wissenssystem von Grund auf neu errichten!« (Hoffmann et al. 2007).

Wir sind reine physische Gewohnheiten, beruhend auf angelernten und konditionierten Mustern von Nerven und Neurotransmittern. Diese Muster bilden unsere Sehnsüchte, Erwartungen und Leitgedanken. Nicht nur wir sind darin gefangen, sondern auch unsere Gesellschaft und Kultur.

Dennoch hat jeder Mensch eine tief liegende Sehnsucht jenseits des Verstandes nach verborgenen Eigenschaften und unsichtbaren Kräften, nach einem spontanen Erwachen des eigentlichen Kerns des Menschenwesens. Die alten herrschenden Verstandesmechanismen versuchen unentwegt, ihre Privilegien zu bewahren und uns davon zu überzeugen, dass nur sie wahren Erfolg bringen und uns glücklich machen.

Das Verlassen der gewohnten Welt beginnt mit der Ruhigstellung des dominierenden Verstandes. Optimal ist, ihn vorübergehend ganz zum Schweigen zu bringen. Gleichzeitig müssen wir die starke Motivation spüren, das Neue und Unfassbare zu erfahren, was nur intuitiv geht. Im hinteren Teil dieses Buches bekommen wir detailliertere Anleitungen dazu.

Funktionskomponenten der »Konstruktion Mensch« – ein Modell

Ein Modell verwendet die Präsensform, als ob das, was gesagt wird, bereits gültig ist. Das ist nicht der Fall, lassen Sie sich also nicht verunsichern – ich präsentiere hier nur eine Idee, allerdings ist sie sehr plausibel. Das Modell ist nicht neu, ich habe es bereits in drei Büchern publiziert, zuletzt in *Quantenphilosophie und Interwelt* (Warnke 2013). Aber es ist so erfolgreich in seinen Grundzügen, dass ich es hier noch mal skizziere und im weiteren Verlauf des Buches erneut anwenden werde.

Beim wiederholten Recherchieren des Themas stellte ich fest, dass dieses Modell sehr kongruent mit den Ansichten des dänischen Philosophen Martinus (1890–1981) ist, der von sich selbst behauptete, dass er seine Ideen durch eine Ankopplung an die universelle Intelligenz erlangt hat. Diese Fundquelle hat der Waldorf-Lehrer Uwe Todt in seinem Buch *Martinus. Leben und Werk* in bestaunenswerter Weise übersetzt, zu Themen geordnet und interpretiert (Todt 2008).

Wir haben als Mensch

1. ein materieloses Ich,
2. zwei materielose Selbst-Instanzen als Ideen- und Informationsspeichereinheiten: das »Einfache Selbst« als Spiegel des Ich und das »Höhere Selbst« als Erfahrungen vieler Erdenleben,

3. einen Materiekörper mit Gehirn, der als Erlebens- und Erfahrungsautomat dem Ich dient, sowie
4. ein Bewusstsein als Werkzeug zur Informationserkennung und -verarbeitung.

Über allen vier Komponenten steht der geistig höchst intelligente Ursprung von allem; es ist das »Wahre Selbst«.

Das Ich und die Selbst-Instanzen verwenden dieselben Instrumente und Modi (beim Ich »angeboren«), wie Bewusstsein, Wille und Motivation, Empfindungen und Gefühle, die Wahrnehmung und Denken ausmachen. Und schließlich ist da noch die Meme-Generierung durch Gedanken. Meme sind erschaffene und sich selbst fortpflanzende Informationsmuster und Wesenheiten. Wir beschreiben sie später detaillierter.

Wahrnehmungen und Denken sind unmöglich ohne den Wahrnehmenden und den Denker. Beide werden aber immer aus dem Wahrnehmungsereignis und aus jedem Gedanken ausgeschlossen. Wahrnehmung und Denken sind angeboren. Wahrnehmungen sind auch Gefühle, Erinnerungen, Vorstellungen, Intuition, Imagination, Inspiration. Alles, was angeboren ist, existiert bereits, bevor es von einem neugeborenen menschlichen Wesen gebraucht wird. Angeborenes ist abgespeichert in der Interwelt und wird vom Selbst des Wesens abgerufen und angewendet. Erfahrungen für den Menschen sind dementsprechend in drei Welten möglich:

1. In der *Alltagswelt,* projiziert durch das Ich mit explizitem Geist: Hier werden aktuelle Informationen durch die Sinnesorgane verarbeitet und zielgerichtete, logische Entscheidungen getroffen, was Planen und Kalkulieren ermöglicht.
2. In der *Interwelt* mit dem Einfachen und dem Höheren Selbst durch den impliziten Geist: Hier sind angeborene

Gefühle, Erinnerungen, die Fantasie, Träume etabliert, insgesamt oft als »Seele« bezeichnete aktive Informationsmuster. Daraus können zusätzliche intelligente Wesenheiten resultieren.

3. In der *Einheitswelt* mit dem Wahren Selbst: Hier ist ein universelles, potenziell informatives Geistfeld gemeint, aus dem alles entsteht und zu dem alles zurückkehren kann, vollkommen undifferenziert, »Meer aller Möglichkeiten«, ohne jegliche Gegensätze. Deshalb ist kein aktives Erleben möglich, absolute Ruhe, Ursprung universeller Intelligenz.

Um die Zusammenhänge besser zu verstehen, können wir uns folgende Fragen stellen: Wer wünscht, dass mein Ich gerade etwas tut? Und wie lange mein Ich etwas tut? Mein Ich ist das Denkende, aber nicht der Gedanke. Wer aber ist Urheber der Gedanken? Der Wille steuert Gedanken, die Gedanken konstruieren den Plan. Die Erfüllung des Plans ergibt die Zweckmäßigkeit. Wer ist Urheber des Willens?

Das Wichtigste zuerst: Unser Ich ist eine erlernte Entität, die vom Selbst für die Alltagswelt ersonnen wurde. Ich bin nicht dieser Körper, sondern mein Körper vermittelt mir das Ich, denn das Ich wäre ohne die Sinnesorgane meines Körpers überhaupt nicht möglich. Das Ich wird etwa mit dem dritten Lebensjahr erlernt durch die Auswertung der Informationen, die mit den Sinnesorganen abgegriffen werden. Am Anfang steht das Selbst. Das Selbst ist die Ursache alles Bestehenden. Das Ich ist eine Idee des Selbst. Beide verwenden den Modus Bewusstsein als Werkzeug. Dadurch entstehen Gedanken. Diese werden zu neuen Ideen. Der Wille führt die Ideen zum Ziel einer Schöpfung. Das Erleben des Ich wird vom Selbst und vom Höheren Selbst miterlebt. Da alle Selbst-Instanzen universell in einem Feld verbreitet sind, entsteht auf unser individuelles Erleben immer auch eine universelle Reaktion.

Weder das Ich noch das Selbst kann von der Wissenschaft als Instanz jemals gefunden werden, da nichts an diesen Entitäten messbar ist. Und doch ist es der Ursprung alles Erlebbaren: Ich gehe. Ich spreche. Ich denke. Nur unsere Erfahrung macht deutlich, dass alle erschaffenen Dinge von einer Instanz wie Ich und Selbst hervorgebracht werden. Die Welt wird durch das Selbst und das Bewusstsein aufrechterhalten, so wie ein Traum vom Träumer aufrechterhalten wird (Todt 2008).

Die Zusammenhänge der Komponenten sehen folgendermaßen aus: Das Ich ist vom Selbst mithilfe des materiellen Körpers getrennt. Der materielle Körper dient einer Zensorfunktion. Die Zensorfunktion wird durch Teile des Neocortex im Gehirn ausgeübt. Wäre es nicht so, würde das Ich von zu viel (virtueller) Information aus der Welt des Selbst – die von uns »Unterbewusstsein« genannt wird – überschüttet werden und könnte sich in der Alltagswelt nicht zurechtfinden.

Der Oxforder Philosoph Ferdinand C. S. Schiller (1864–1937) erkannte bereits in den Neunzigerjahren des 19. Jahrhunderts: »Materie ist ein bewundernswert berechnender Mechanismus zur Regulierung, Begrenzung und Einschränkung des Bewusstseins, das sie umhüllt … Materie erzeugt Bewusstsein nicht, sondern limitiert es und begrenzt seine Intensität auf einen bestimmten Rahmen.« Schiller war überzeugt, dass ohne die Begrenzung des Gehirns ein lückenloses Gedächtnis möglich wäre (Carter 2010).

Der französische Philosoph Henri-Louis Bergson (1859–1941), der 1927 den Literaturnobelpreis erhielt, sagte, das Gehirn kanalisiere und limitiere den Geist und sei ein Hindernis für eine umfassende Wahrnehmung (Bergson 1948).

Und schließlich fand der amerikanische Neurochirurg Eben Alexander mit ehemaligem Lehrauftrag an der Harvard Medical School in seiner Selbsterfahrung heraus: »Meine Erfahrung hat mir deutlich gezeigt, dass sich ein unglaublich mächtiges Bewusstsein weit jenseits dessen, worin ich hier auf Erden gefangen bin, auftut, sobald wir die Filtermechanismen des Gehirns los sind« (Alexander und Moody 2013).

Es gibt im Universum nur eine Entität mit Namen »Bewusstsein«. Diese Entität ist ein Modus, um Information als solche zu erkennen und zu verarbeiten. Bewusstsein kann nicht denken, aber Gedanken werden durch Bewusstsein zu Gedanken. Bewusstsein kann nicht planen, aber eine Planung wird durch Bewusstsein erst möglich. Es gibt keine Erweiterung des Bewusstseins, wie es immer wieder heißt. Was mithilfe eines Bewusstseins erweitert werden kann, ist die Wahrnehmung durch das Ich innerhalb der Alltagswelt und darüber hinaus. Auch das sogenannte Unterbewusstsein ist nur aus der Sichtweise des Ichs so benannt worden. Unbewusstes oder das, was wir »Unterbewusstsein« nennen, ist die Folge der Verwendung des universellen Modus Bewusstsein durch das Selbst, ohne dass das Ich Kenntnis davon erhält. Dieses Selbst hat einen so vollgefüllten Speicher für Informationen, dass das Ich mit diesen Informationsmengen überfordert wäre.

Noch mal: Was wir »Unterbewusstsein« nennen, ist das Bewusstsein, welches das Selbst verwendet. Dennoch – wir sind so stark an die Begriffe »Bewusstsein« und »Unterbewusstsein« gewöhnt, dass wir »Unterbewusstsein« als Bezeichnung beibehalten werden. Vor der riesigen Kapazität für Informationserfassung und -speicherung wird das Ich durch den Aufbau eines Zensors beziehungsweise einer Barriere geschützt. Diese Barriere ist materieller Natur; es ist unser Gehirn mit eigenen Informationsverarbeitungssystemen. Aus Sicht des Ichs ergibt sich also die Einteilung, wie sie in der Tabelle dargestellt wird.

Alltags- und Interwelt aus der Sicht des Ichs

Alltagswelt	Interwelt
Bewusstsein (5 Prozent)	Unterbewusstsein (95 Prozent)
Materiebehaftet	Geist-Seele-Information
Vernunfterzeugend	Empfindungen/Gefühle
Ich-Instanz	*Selbst-Instanzen*
Erfahrungen – angelernt	Abspeicherungen – »angeboren«

Das Bewusstsein, das immerwährend dem Selbst dient und dem Ich ebenbürtig verliehen wird, bewirkt einerseits die Erkennung und Verarbeitung von Informationen und andererseits die Abspeicherung dieser Prozesse. Das Selbst und seine hierarchisch darüberstehenden Verwandten wie das Höhere Selbst (Informationen für sämtliche bisherigen Erd-Lebensphasen eines Individuums) und das Wahre Selbst (Informationen der lebendigen Natur und des Universums) sind die Speicher sämtlicher Informationen, die Leben herstellen. Dazu gehören die Funktionen der Natur, die Entwicklung vom Embryo zum erwachsenen Lebewesen (Ontogenese), die Physiologie (Funktion), die Psyche (Verhalten) und ihre Erfahrungen.

Wir führen ein Doppelleben: ein zeitlich begrenztes in der Materiewelt als Ich und ein geistig-seelisch unbegrenztes in der Interwelt als Selbst. Was uns vermeintlich »angeboren« ist, so wie Empfindungen und Gefühle, steht uns und der Menschheit quasi unbegrenzt zur Verfügung. An anderer Stelle in diesem Buch wird genauer erklärt, wo sich das Feld dafür und die Speicher befinden und welche Speicherkapazität zur Verfügung steht. Denn Empfindungen und Gefühle sind eben nicht angeboren, wie es allgemein angenommen wird, sondern kommen über ein Feld zu uns. Hier genügt der Hinweis, dass diese Felder und Speicher sich sowohl in uns, in aller

Materie wie auch im ganzen Universum befinden, überall jeweils in der Vakuumphase, also im masselosen Raum.

Das dem Ich normalerweise nicht bewusste Selbst ist die eigentliche Macht. Denn diejenige Instanz, die die meiste Information besitzt, ist immer die mächtigste. Diese Macht ist identisch mit der Geist-Seele und beherrscht auch die Materie. Die Geist-Seele hat ein riesiges Potenzial an Information und Energie und könnte bei bewusstem Zugriff ungeheure Leistungen erbringen. Voraussetzung für eine Erweiterung der Wahrnehmung hin zu einer materiefreien Geist-Seelen-Welt ist der verstärkte Abbau oder die Stilllegung des Zensors, also bestimmter Zentren des Neocortex, die von der Alltagswelt geprägt wurden.

Der einzige Grund, warum wir annehmen, dass unsere zeitlich begrenzte Alltagswelt die eigentliche Welt des Menschen und der Natur sei, ist die Tatsache, dass unser Ich ab dem Augenblick, da ein Kleinstkind aus Materie geformt ist, trainiert wird, für den Erhalt der Körperkonstruktion und ihrer Effekte Sorge zu tragen. Dazu gehört zwecks Nahrungssammeln die Exploration und Orientierung in Raum und Zeit; und diese beiden Standardgrößen sind immer an Materie gebunden. Wenn wir uns bewegen, müssen Massen beeinflusst werden. Dazu sind Kräfte notwendig. Kraft- und Zeitoperationen sind immer nur an Massen der Materie möglich. Wo es keine Massen gibt, gibt es auch keine Kräfte und keine Zeit.

Wir haben als Kleinkind nicht gelernt, mit unserem Willen die Materie unseres Körpers zu beherrschen, sondern wir haben gelernt, den Mechanismus »Materie gehorcht dem Selbst« anzuwenden. Das Selbst ist die Macht. Deshalb ist die Interwelt unser eigentliches Zuhause. Dies lässt sich zwingend aus Nahtod-Erlebnissen ableiten, von denen immer wieder berichtet wird. Jedes Wesen legt vollständige Kopien der Originalerlebnisse seines Ichs in der Interwelt ab. Das beliebige

Abrufen von Erlebnissen, auch aus der Vergangenheit im Jetzt, was wir »Erinnerung« nennen, beruht auf dieser Interwelt-Funktion. Auch Vorstellungen und Erwartungen werden so möglich. Wenn gewünscht, kann unzerstörbare ewige Jugend, ewiges Dasein imaginiert werden und setzt sich dann augenblicklich um, vorausgesetzt, eine Befreiung von den Begrenzungen aus Zensor und materiellem Körper hat stattgefunden: »Das wissende Selbst ist nicht geboren; es stirbt nicht. Es ist aus Nichts entsprungen. Ohne Geburt, ewig immerwährend und alt, wird es nicht umgebracht, wenn der Körper umgebracht wird« (Nikhilananda 1963).

Das Unbewusste wurde vom Schweizer Psychiater C. G. Jung (1875–1961) und später vom amerikanischen Psychiater Milton H. Erickson (1901–1980) verstanden »als weise, kluge, wissende und wohlwollende Instanz innerhalb der Person« (Peter 2006). Wir alle haben laut Jung einen archetypischen Urgrund (identisch mit dem Höheren und dem Wahren Selbst), zu dem unsere Seele andauernden Kontakt pflegt, wie er sagt. Wir gehen davon aus, dass die Seele zusammen mit dem impliziten Geist das Selbst ist (Renartz 2006).

Das Ich als eine verwirklichte Idee unserer Selbst-Instanzen kann Erfahrungen mit der alltäglichen Materiewelt machen, was die Selbst-Instanzen niemals machen können. Insofern profitieren die Selbst-Instanzen vom Ich.

»Das menschliche Individuum hat die Aufgabe, sein Leben als Reifungsprozess der Persönlichkeit durch größtmögliche Erweiterung der Wahrnehmungsfähigkeit im Bewusstseinsfeld zu gestalten, was die schrittweise Integration ihrer unbewussten, aber bewusstseinsfähigen Inhalte zur Voraussetzung hat«, schreibt die ungarische Psychologin und Mitarbeiterin Jungs Jolande Jacobi (1890–1973) in ihrem Buch *Der Weg zur Individuation* (Jacobi 1971). Dadurch wird das »Gleichgewicht zwischen dem Ich und dem unbewussten Seelengrund wiederhergestellt« (ebenda).

Swami Karmananda Saraswati schreibt im *Yoga Magazine* bezüglich des Menschen:

> »Er ist weit mehr eingesperrt als der Gefangene, der in Ketten gelegt ist oder hinter Gefängnismauern sitzt.
> Ein solcher Häftling ist nur mit seinem Körper gefangen, und diesen Zustand nimmt er sehr wohl wahr. Aber das menschliche Wesen ist sehr viel wirksamer gefesselt und gebunden. Sein ganzes Bewusstsein liegt in Gefangenschaft. Die Gefangenschaft ist so effektiv, dass der Mensch nicht einmal die Möglichkeit einer höheren Wahrnehmung und Erfahrung sehen kann. Die Ketten, die verhindern, dass er die Realität erkennen kann, dass er göttlich und unendlich ist, scheinen identisch zu sein mit dem Serotoninspiegel in seinem eigenen Gehirn!«
> (Saraswati 1979)

Diese unerkannte Interwelt ist genauso stabil und wirklich wie unsere Alltagswelt. Beide, Alltags- und Interwelt, sind eng miteinander verzahnt. Alle Erfahrungen werden in der Interwelt abgespeichert. Die Interwelt enthält aber immer nur die Information, die Ideenmuster sämtlicher Materie-Konstruktionen, sozusagen das urgeistige Original und die immer wieder geänderten Blaupausen der Anpassungen. Die Alltagswelt dagegen enthält die materiellen Kraft- und Zeitkonstruktionen. Alles, was uns in der Alltagswelt geläufig ist, hat in der Interwelt ein energetisch-informatives Duplikat – auch unser Körper, sein Aufbau mit allen seinen Einzelfunktionen.

Die Interwelt – eine Geist-Seelen-Welt der höchst intelligenten Organisation – ist die Welt, die

> Ideen und Gedanken formt und Empfindungen ermöglicht,
> in unseren Träumen auftritt,

> unsere Erinnerungen enthält,
> bei außerkörperlichen Erfahrungen durchschimmert,
> die Grundlage in Remote-Viewing-Situationen (Hellsehen) bildet und
> vom Menschen im Sterben und im Tod aufgesucht wird.

Der Tod ist lediglich ein Verlassen der Massenwelt, sodass vorübergehend allein die Interwelt übrig bleibt, ein wunderbares Leben in der reinen Geist-Seelen-Informationswelt.

Dieses soeben aufgezeigte Modell zieht sich durch die weiteren Inhalte des Buches.

Bewusstsein und eine Welt, die wir »Unterbewusstsein« nennen

Wir wollen das soeben skizzierte Modell vom Ich und unserem Selbst hinsichtlich des Begriffs »Bewusstsein« noch etwas vertiefen. Mit großer Selbstverständlichkeit gehen wir davon aus, dass es ein Bewusstsein und ein Unterbewusstsein gibt. Genauso überzeugt sind wir davon, dass das Bewusstsein im Kopf steckt und das Unterbewusstsein irgendwo zwischen Bauch, Hirn und Herz. Aber für diese Überzeugungen gibt es keinen Beweis. Deshalb kann jemand mit exakt derselben Überzeugung behaupten, Bewusstsein entstehe nicht im Kopf, und ein Unterbewusstsein gebe es überhaupt nicht.

Wie gesagt, sind die Begriffe »Bewusstsein« und »Unterbewusstsein« in aller Munde, aber sie sind nicht eindeutig beschrieben, weil eben keiner so recht weiß, was sich dahinter verbirgt. Das Partizip »bewusst« gehört zum veralteten Verb *bewissen,* was »sich zurechtfinden« bedeutet. Bewusstsein ist damit verbunden, dass unser Ich Informationen erkennen und verarbeiten kann. Somit wird Wissen erzeugt, auf das wir willentlich zurückgreifen können – Wissen von uns und von anderen Menschen, von der Natur und vom Kosmos. Fakt ist, dass für unser Ich diese Welt mit allen ihren Inhalten nicht existieren würde, wenn es kein Bewusstsein gäbe. Denn jede Information über diese Welt – wirklich ausschließlich jede – muss immer erst durch ein Bewusstsein erkannt werden. Sind wir bewusstlos, gibt es keine Welt für unser Ich, was sich die Anästhesie zunutze macht. Und da diese Tatsache für alle Menschen gleichermaßen gilt, würde ohne Bewusstsein die Menschheit keine Alltagswelt kennen.

Woher meinen wir nun zu wissen, dass die Alltagswelt, insbesondere die natürliche Umwelt, auch ohne uns Menschen existiert? Wir können es nicht wissen, schließen es aber aus unseren Erfahrungen, die wir entsprechend interpretieren. Zum Beispiel können wir erfahren, dass ein Haus weiterexistiert, wenn Menschen dieses Haus verlassen. Und wir wissen, dass Materie, eben auch die Materie des Hauses, sich über die Informations- und Kraftbrücken zwischen den Atomen und Molekülen selbst stabilisiert. Deshalb bleibt Materie bestehen, auch dann, wenn wir die Materie nicht bewusst betrachten. Mit weiteren Indizien gehen wir nun davon aus, dass es immer eine Umwelt gibt, auch dann, wenn kein Mensch sie wahrnimmt. Da die Umwelt im Prinzip gleichzusetzen ist mit der Alltagswelt, wird, so glauben wir, also auch die Welt weiterhin da sein.

Konsens oder Konstanz?
Was damit verdeutlicht werden soll, ist Folgendes: Alles, was wir in der Umgebung als real annehmen, ist ohne jede Ausnahme nur ein menschlicher Wahrnehmungszustand, verbunden mit interpretierenden Gedanken. Es ist immer eine (geistig) erkannte und verarbeitete Information. Verarbeitete Information ist auch Interpretation, die von Mensch zu Mensch verschieden ausfällt. Damit wird jeder Wahrneh-

mungszustand subjektiv. Wo ist die Konstanz? Es gibt keine Konstanz, sondern nur Konsens. Alle Wahrnehmungen, ob Farbe oder Form, ob Himmel oder Baum, wird mit bestimmten Wortbezeichnungen versehen. Wir verabreden uns innerhalb der Menschheit auf eine möglichst umfangreiche Übereinstimmung.

Da Wahrnehmungen, Gedanken, Interpretationen und Konsens aber wiederum direkt von meinem Ich abhängen, ist allein das Ich als real innerhalb der Materiewelt anzusehen. Mein Ich ist also pure Wirklichkeit, aus der alles, wirklich alles innerhalb der materiellen Alltagswelt entsteht. Es ist die Quelle der Vernunft. Jung bezeichnet die Vernunft als die Summe von Vorurteilen und Kurzsichtigkeiten.

Alles, was vom Ich nicht erkannt wird, ist unbewusst, was bedeutet, dass es zwar auch von einem Bewusstsein informativ erzeugt, aber nicht dem Ich zur Kenntnis gebracht wird.

Wir alle wissen, dass beispielsweise unsere vegetativen Prozesse, also die Steuerung des Sympathikus und Parasympathikus und alle hormonellen und enzymatischen Steuerungen, sinnvollerweise unbewusst ablaufen. Der Begriff »das Unbewusste« wurde vom Begründer der Psychoanalyse, dem Österreicher Sigmund Freud (1856–1939), etwa im Jahr 1915 geprägt. Jung meinte dann: »Das Unbewusste ist vielleicht am besten verstanden, wenn wir es als ein natürliches Organ mit einer ihm spezifischen produktiven Energie auffassen« (Jung 1933).

Aber nur wenige Menschen wissen, dass auch alle bewussten Gedanken vor dem Bewusstwerden bereits in irgendeiner Form vorhanden sind, was dann ebenfalls mit »unbewusst« bezeichnet wird. Alles Bewusste beruht tatsächlich immer auf dem Unbewussten. Genau diese Tatsache hat bereits der deutsche Physiker und Physiologe Hermann von Helmholtz (1821–1894) durch seine Experimente mit Menschen erkannt. Er sagte, dass das Bewusstsein notwendigerweise das Resultat unbewusster Prozesse ist (Nørretranders 2002).

Die Arbeitsgruppe von John-Dylan Haynes vom Max-Planck-Institut für Kognitions- und Neurowissenschaften in Leipzig hat herausgefunden, dass, lange bevor wir glauben, eine bewusste Entscheidung zu fällen, unsere Gehirnnetzwerke bereits aktiv sind (Schnabel 2008). Es gelang den Wissenschaftlern sogar vorauszusagen, welche bewusste Entscheidung eine Versuchsperson treffen würde – dies aber mehrere Sekunden bevor die Person sich selbst darüber bewusst war. Längst bekannt ist auch, dass der Schlafwandler in seinen somnambulen Zuständen eindeutig bewusstlos ist, jedoch noch so gut auf die Umwelt reagiert, wie ein K.-o.-Geschlagener es nicht mehr vermag.

In den Fünfzigerjahren wurde mit weiteren Experimenten deutlich, dass unbewusste Signale, die als impulsartige Bilder, Symbole oder Botschaften in Filmen eingeblendet wurden (Subliminals), das Verhalten des betroffenen Publikums veränderten. Dieses Unbewusste hat viele Konsequenzen, es bedeutet eine dauernde Steuerung des Menschen durch »Vorgedanken«.

Die sich nun stellende drängende Frage ist natürlich: Wo stecken diese »Vorgedanken«, und wie entstehen sie, wer denkt die Vorgedanken? Und noch wichtiger: Können wir dieses Unbewusste bewusst steuern?

Jung postulierte als Ursprung für das Unbewusste ein Selbst, das dem bewussten Ich übergeordnet ist (Nørretranders 2002). So hatten wir es ja auch in meinem Modell oben lesen können, und ich sage noch, dass das Selbst kein Unbewusstes kennt, für das Selbst ist alle Information bewusst. Damit wird die Definition, was bewusst und was unbewusst ist, davon abhängig, ob wir den Blickwinkel des Ichs einnehmen oder den Blickwinkel des Selbst.

Jung betont ausdrücklich die schöpferische Selbstständigkeit des Unbewussten (Jung 1933). Und ihm zufolge existiert neben dem persönlichen Unbewussten ein kollektives Unbewusstes. Ich erinnere an mein oben skizziertes Modell, das in diesen Argumenten identisch ist, ich nannte es das »Höhere Selbst«.

Dies aber würde bedeuten, dass das, was wir für selbstverständlich halten, so nicht stimmt: Wir sind überzeugt davon, dass wir im bewussten Alltag unser Leben durch bewusste Überlegungen führen. Wir haben eben festgestellt, dass unser Ich bewusste Überlegungen, die Vernunft, verwendet und dies die wohl wichtigste Macht des Alltags ist. Wir missachten aber, dass ein gewöhnlich vom Blickwinkel des Ichs her unbewusstes Selbst das eigentliche Agens des Lebens ist, weil es alle Information, die vom Ich erbracht wird, einsammelt, ordnet und verwendet. Dieser eigentliche Mittelpunkt unseres Lebens wird jedoch durch das Bewusstsein – so, wie es vom Ich als Gewohnheit gehandhabt wird – aus Schutzgründen vor Datenüberlastung stark eingeschränkt. Dadurch wiederum ist die mögliche Wahrnehmung über den materiellen Alltag hinaus streng zensiert. Als Folge davon leben wir ein Routineleben mit Autopilot: Bewährtes für die materielle »Konstruktion Mensch« wird immer wieder abgespult.

Genau diesen Punkt »Zensor und Autopilot« werden wir bei der Öffnung des Dritten Auges wieder heranziehen, beides muss für diese Öffnung abgeschafft werden; das Wissen darüber ist sehr wichtig.

Die Forschung zur Wahrnehmung konnte quantitativ zeigen, dass die Informationserkennung und -verarbeitung durch Bewusstsein bei etwa 40 Bit pro Sekunde liegt, aber der Sinnesinput und seine Verarbeitung im Durchschnitt bei 11 Millionen Bit pro Sekunde. Diese Differenz ist gewaltig. Obwohl Millionen Informationseinheiten pro Sekunde im Selbst verarbeitet werden können, schützt das Bewusstsein unser Ich durch eine minimale Auswahl davon. Der Vorteil dieser Zensur liegt sicherlich darin, die Kapazität im Alltag offenzuhalten, um Reize, die den Alltag ausmachen, auch unerwartete, ohne Limitierung verarbeiten zu können.

Allerdings gibt es einen weiteren Vorteil: Der notwendige Verrechnungsprozess unzähliger Informationen, ihre Deutungen und die nachfolgenden Entscheidungen, sie alle werden im unterbewussten Selbst bereits erledigt, und nur die Essenz erscheint im Ich-Bewusstsein. Dieses Konzentrat braucht dementsprechend nur noch wenig Kapazität.

Ein Speicher angesammelten Wissens
Das Unbewusste ist auch Speicher angesammelten Wissens (Erickson und Ryan 1985). Erickson zufolge ist das Unbewusste eine Schatzkammer der ungenutzten Ressourcen mit riesigem Potenzial für unsere Entwicklung. »Es ist für die Menschen sehr wichtig zu wissen, dass ihr Unbewusstes klüger ist, als sie es sind. Es gibt eine größere Fülle an gespeichertem Material im Unbewussten« (Erickson et al. 1978).

Es existieren viele klassische Beispiele dafür. Etwa die Versuche von Antoine Bechara aus den Neunzigerjahren (Bechara et al. 1997): Spielkarten wurden in zwei Stapeln so präpariert, dass sie entweder gewinnen oder verlieren. Die Probanden wurden nun aufgefordert, entsprechende Karten aus den Stapeln zu ziehen. Gemessen wurden währenddessen die Hautleitfähigkeiten, die allgemein erhöht sind, wenn bestimmte Gefühle vorherrschen. Als Ergebnis kam heraus, dass, bevor das Bewusstsein der Probanden die Lage richtig checken konnte, die Leitfähigkeit bereits die richtige Entscheidung anzeigte. Das Unbewusste hatte schneller eine Entscheidung getroffen als das konzeptgewohnte Bewusstsein (Haken und Schiepek 2006). Und das Bewusstsein hatte dabei keine Ahnung von der Entscheidung des Unbewussten.

Der amerikanische Psychologe Julian Jaynes (1920–1997) mit Lehrstühlen an den Universitäten Harvard, Yale und Princeton, der bereits 1976 hochinteressante Thesen zum Unbewussten aufstellte, brachte das schöne Wortspiel: »Das Bewusstsein macht einen sehr viel geringeren Teil unseres Seelen-lebens aus, als uns bewusst ist – weil wir kein Bewusstsein davon haben, wovon wir kein Bewusstsein haben« (Jaynes 1988). Er sagte damals weiterhin zum Ursprung des Bewusstseins:

> »Völlig undenkbar, dass sich die Innenwelt des Bewusstseins auf irgendeine Weise aus bloßen Molekül- und Zeitansammlungen hätte bilden können. Bei der Evolution des Menschen muss mehr mitgespielt haben als lediglich Materie, Zufall und Überleben … So wie das Merkmal ›Nässe‹ nicht vollständig in den Merkmalen ›Wasserstoff‹ und ›Sauerstoff‹ aufgeht, so hat sich Bewusstsein an einem bestimmten Punkt des Evolutionsprozesses als neues Merkmal gebildet, das sich nicht auf seine Strukturkomponenten reduzieren lässt.«

Ich gehe davon aus, dass unser Selbst als unbewusste Organisation des Ichs kein Zentrum in uns hat, sondern überall und in allem ist. Wir sind durchdrungen von geistig-seelisch verwertbarer Information aus der Selbst-Quelle. Alles ist davon durchdrungen. Diese geistig verwertbare Information ist ein universell verbreitetes Feld, das alle Materie durchdringt. Und dieses Feld hat von uns die Bezeichnung »Unterbewusstsein« bekommen, weil wir an diesem Feld teilhaben. Wer ist »wir«? Unser Ich und unser Einfaches Selbst als Spiegelung und dann noch unser Höheres und Wahres Selbst – alle zusammen als »Selbst-Instanzen« bezeichnet.

Die Verbreitung der allumfassenden Information in allem wird bereits mit Hinweis auf Gott von Jesus propagiert. Es gibt eine Schrift mit dem Titel *Die geheimen Worte Jesu,* auch als »Thomasevangelium« bekannt, die von circa 390 n. Chr. bis 1945 im Wüstensand Ägyptens bei Nag Hammadi verborgen und konserviert war. Diese Schrift ist deshalb so interessant und wertvoll, weil sie am nächsten an die wahren Worte des Menschen Jesus herankommt. Alle anderen Evangelien der Bibel sind viel später entstanden und durch diverse Interpretationen und Übersetzungsfehler eventuell verfälscht. Leider wurde dem Thomasevangelium die Aufnahme in die Bibel versperrt. Der Vatikan sah das neue Evangelium als Ketzerei an; die Inhalte störten die damaligen Ansichten der Amtskirche.

Die Übersetzung aus der aramäischen Sprache lässt Jesus sagen, das Reich Gottes sei inwendig von uns und überall um uns herum, nicht in prachtvollen Gebäuden aus Holz und Stein. Man spalte ein Stück Holz, und er sei darin. Man hebe einen Stein, und man werde ihn finden. Wem sich die Bedeutung der Worte entschlüssele, der werde nicht des Todes sein.

Wir werden im Zusammenhang mit der Quantenphilosophie erfahren, dass das Selbst seine Heimat im masselosen Vakuumbereich hat und dass dieser Vakuumbereich in allem und überall zu finden ist und das ganze Universum ausfüllt. Das Vakuum ist die Phase, die keinerlei Massen beherbergt. Jede Materie, auch unser Körper, besteht zu mehr als 99,999999999 Prozent des Raumvolumens aus masselosem Raum. Nur 0,000000001 Prozent sind Masse. Dementsprechend ist das Selbst in dieser Phase zu finden, die mehr als 99 Prozent in allem ausmacht.

Un(ter)bewusstes bewusst machen – der Hypnose-Trance-Zustand

Wir hatten ausgeführt: Die vom Ich aus gesehen unbewussten Selbst-Instanzen sind die eigentlichen Mächte der Geist-Seele-Welten, und sie delegieren die Macht über den Materiekörper an das Ich. In den Geist-Seele-Welten steckt ein riesiges Potenzial an Information und Energie und könnte bei bewusstem Zugriff ungeheure Leistungen erbringen. Ein Fenster dorthin öffnet sich im Traum, bei der Hypnose, also in Trance, und auch in der Nahtod-Phase. Diese Naturphänomene sind so alt wie die Menschheit selbst. Es sind genau diejenigen Momente, in denen der Mensch durch den Abbau des beschriebenen Zensors Zugriff zum »Unterbewusstsein«, also zum Selbst, hat (Stadler 1980).

Der Abbau des Zensors öffnet das Tor für jede Art von Suggestionen. Menschen reagieren auf Suggestion mit Veränderungen der Wahrnehmung, des Gedächtnisses, der Motivation und des Gefühls der Selbstkontrolle unter Umgehung des Ichs (Jovanovic 1988). Der französische Apotheker Émile Coué (1857–1926) wusste sehr überzeugend, dass jeder Mensch sich selbst heilen könne durch Autosuggestionen, die letztlich die Vorstellung zur Heilung sind. Heute kennen wir diesen Effekt als »Placebo« und »Nocebo« (von den lateinischen Wörtern *placebo* für »Ich werde gefallen« und *nocebo* für »Ich werde schaden«). Es gibt viele Experimente dazu, eines ist geradezu klassisch geworden, da es seit vielen Jahren kolportiert wird: Der ungarische Hypnosetherapeut Franz Völgyesi (1895–1967) stellte in der Malaria-Abteilung eines Militärkrankenhauses während der Nacht unbemerkt die Uhr um eine halbe Stunde zurück. Prompt verschoben sich die regelmäßig um die gleiche Zeit auftretenden Malariafieberanfälle (Stadler 1980).

Auch Hypnose beruht auf Suggestionen. Wirkfaktoren der Hypnose sind der Glaube und das Vertrauen. Gleichermaßen funktioniert der Glaube an die Arznei, die Behandlungsmethode, die Therapie des Arztes. Dieses Vertrauen ist eine Notwendigkeit, um optimal in die Körpermaterie hineinzuwirken. »Hypnose ist nicht nur die älteste, sondern auch eine der potentesten psychologischen Methoden – von psychoaktiven Drogen abgesehen –, die Wirklichkeitskonstruktion eines Menschen zu verändern« (Peter 2001).

Aber warum ist das so? Wir schließen aus dem Hypnoseeffekt, dass durch Trance und Suggestion die Ressourcen, die im Unterbewusstsein existieren, nutzbar gemacht werden können. Die Suggestion ist aber unwirksam, wenn sie nicht als Vorstellungskraft vom Probanden umgesetzt wird (Kaiser Rekkas 2001). Die geeignete Vorstellung dafür gelingt am sichersten durch Visualisierung und Imagination (Revenstorf 2003). Wenn wir unseren Willen wirken lassen, zum Beispiel den Arm zu heben, ist meistens die Vorstellung die treibende Kraft (Jovanovic 1988). So können wir Hypnose und Suggestion auf Vorstellung, Visualisierung, Imagination herunterbrechen.

In allen Kulturen der Welt versetzte man sich schon zu allen Zeiten in Trance, um mehr Informationen zu erhalten, als der Alltag zulässt (Bongartz und Bongartz 1998). Besonders für Heilungszwecke scheint der Trancezustand offensichtlich wirksam zu sein (Schmidt 2005). Wichtig für uns zu wissen ist, dass Trance eine natürliche Eigenschaft jedes Menschen ist. Sie ist neben Schlaf, Traum und dem Wachbewusstsein ein weiterer Wahrnehmungszustand. Trance kann spontan auftreten oder durch besondere Maßnahmen eingeleitet werden. Immer wieder berichten Menschen beispielsweise, dass sie während langer Autofahrten in eine Art Trancezustand gleiten, wobei alle notwendigen Aufmerksamkeiten und Steuerungen automatisch erfolgen – wie in Funktion eines Autopiloten. Aber auch beim Dauerlauf oder Marathon entsteht relativ häufig ein Trancezustand.

Sicherer ist die Tranceeinleitung unter kontrollierten Bedingungen zu Hause oder an einem Wohlfühlort. Der Mensch ist in Trance tief entspannt, die Augen sind geschlossen, das Empfinden ist ganz nach innen gerichtet, und er ist passiv aufmerksam für einfließende Informationen. Eine wichtige Eigenschaft der Trance ist die sogenannte Dissoziation, wobei unbewusst Teile der Person abgespalten werden. Zum Beispiel kann die Schmerzempfindung abgekoppelt sein oder auch das Blutbild, der Blutdruck oder einzelne Hormone (Bongartz und Bongartz 1998, Schmidt 2005).

Das Wichtigste am Trancezustand ist aber wohl die Befreiung von den vom Ich angewöhnten, angelernten und konditionierten Vorurteilen und Einstellungen, die den Zensor darstellen. Das ist eine unbedingte Voraussetzung dafür, neue Wahrnehmungen zu ermöglichen und Dinge zu beeinflussen, die ansonsten tabu sind.

Am leichtesten kann Trance durch Meditation erreicht werden. Meditation heißt aus dem lateinischen *meditari* übersetzt »zum Zentrum bewegt werden«. Es geht hier nach C. G. Jung um Inhalte, die mit dem Alltagsbewusstsein nicht erreicht werden können (Jung 1960).

Wachbewusstsein – Traumbewusstsein,
bewusst – unbewusst
Wir hatten ausgeführt, dass das Bewusste erst durch das Unbewusste zustande kommt. Jeder perzipierte Reiz wird im Gehirn über den Thalamus geführt, dessen Aktionen wir nicht bewusst wahrnehmen können. Der präfrontale Cortex im Stirnbereich entscheidet dann, ob die Informationen vom Thalamus zu den verschiedenen Zentren des Großhirns (Neocortex) weitergeleitet werden oder nicht. Erst dann, wenn die Informationen in den Neocortex-Zentren auftauchen, werden sie uns teilweise bewusst. Warum das so ist, also warum die Aktivität von Neuronen im Neocortex bewusste Wahrnehmung vermitteln kann, weiß man heute noch nicht, aber man kann darüber plausibel spekulieren. Das wollen wir an anderer Stelle auch ausführlich machen. Hier sei nur gesagt: Jede elektrische Aktion, auch diejenige in Neuronenzellen, ist mit der dritten Urkraft der Natur verknüpft, der »Schwachen Wechselwirkung«. Dazu kommt die »Elektromagnetische Kraft«, wobei beide zusammen, also die Schwache Wechselwirkung und die Elektromagnetische Kraft, die Bezeichnung »Elektroschwache Kraft« bekommen haben. Die Schwache Wechselwirkung korrespondiert wiederum einerseits mit den

Massen unserer Körpermaterie, andererseits mit einer mysteriösen Energie, der universellen Dunklen Materie. Die Dunkle Materie ist eng mit der alles ausfüllenden Vakuumphase verknüpft. Die Vakuumphase wiederum ist mit ungeheuren Mengen an Energie und angesammelter Information angefüllt und durchdringt das gesamte Universum. Das hatten wir bereits auch für das Unterbewusstsein und die Selbst-Instanzen postuliert. Deshalb scheint die Welt unserer Selbst-Instanzen, also unser Unterbewusstsein, sowohl mit der Vakuumphase identisch zu sein als auch mit der Dunklen Materie und Dunklen Energie sowie der Schwachen Wechselwirkung verbunden zu sein.

Wenn also ein Aktionspotenzial über das Neuron im Gehirn läuft und dafür Membrankanäle geöffnet werden, was letztlich wiederum die Spins (Rotationsmomente) der Elektronen bewirken, dann sind dafür die Schwache Wechselwirkung und die Elektroschwache Kraft mit Beteiligung der galaxieweit verbreiteten Dunklen Materie verantwortlich. Das heißt letztlich – logisch gefolgert –, dass bei jeder Neuronenaktivität und deren bewussten oder unbewussten Folgen das Universum informiert wird. Das Bewusstsein beziehungsweise Unterbewusstsein als der entscheidende Informationsschalter ist dementsprechend universell verbunden – und damit ein wichtiges Merkmal unseres Lebens. Indizien für diese spekulative Aussage sind zahlreich. Wir werden sie später darstellen.

Was wir dann »bewusst« nennen, ist eine Kopplung von lokal-zeitlich entschlüsselter Information und – über die physikalische Angliederung an die Dunkle Materie – universeller Information durch den Wesenskern Ich. Was unbewusst ist, wurde dagegen durch den Zensor vom Wesenskern Ich ferngehalten und nur den Selbst-Instanzen einverleibt. Der Grund für die umfangreiche Zensortätigkeit ist – wir hatten es bereits betont – die Vorsorge, nicht von zu viel Information überwältigt zu werden. Aber ein kurzfristiges, willentlich erreiches Durchdringen dieses Vorhangs kann sehr nützlich für uns sein.

Wir hatten bereits angedeutet, dass in unserem Körper der präfrontale Cortex entscheidet, wann der Zensor tätig wird. Aber wer entscheidet, wann der präfrontale Cortex den Zensor aufruft?

Die Antwort auf diese Frage, die den gesamten Komplex »Thalamus, präfrontaler Cortex, übergeordnete Instanz« betrifft, können wir erfahren, wenn wir die Mechanismen durchforsten, die uns im Traum oder in der Hypnose steuern. Denn in diesen besonderen Ereignissen kommen wir ja offensichtlich an Informationen heran, die normalerweise im Unterbewusstsein verschlossen sind. In diesen speziellen Wahrnehmungsphasen ist also der Zensor stillgelegt.

Die spannendste Frage ist also, wie wir den Zensor ausschalten können, um bewusst Information zu gewinnen, an die wir im Wachbewusstsein des Alltags gewöhnlich nicht kommen. Wir hätten dann – entsprechend unserem Modell – Zugriff auf universelle Information, also nicht nur Information aus unserem Leben, sondern weit darüber hinaus.

Besonderheiten der Wahrnehmung

> »Raum und Zeit sind nicht Bestimmungen an sich, sondern der vier Erscheinungen: Was die Dinge an sich sein mögen, weiß ich nicht und brauche es auch nicht zu wissen, weil mir doch niemals ein Ding anders als in der Erscheinung vorkommen kann.«
> IMMANUEL KANT

Wir können immer nur das wahrnehmen, was wir uns vorzustellen vermögen. Aber Vorstellungen beruhen auf Erfahrungen und Gewohnheiten. Die Silbe »Vor-« im Begriff »Vorstellung« hat eine andere Bedeutung als beim Wort »Vorgang«. Beim Vorstellen bedeutet sie »davor« stellen, und beim Vorgang wird sie im Sinn von »vor und zurück« verwendet. Wenn von etwas keine Vorstellung existiert, wird die Wahrnehmung oft weitgehend abgeblockt. Ähnlich verhält es sich mit der Empathie im Unbewussten. Wir können bei bestimmten Gelegenheiten immer nur das empfinden, was in uns gefühlsmäßig in Resonanz vorhanden ist.

Ein Beispiel: Wir stellen uns immer vor, dass die Übertragung von Informationen von Ort A nach Ort B eine bestimmte Zeitspanne braucht. Wir denken das so, weil wir gewohnt sind, für den Übergang von Ort A nach Ort B eine bestimmte Zeit zu benötigen. Sind die Punkte weit entfernt, stellen wir uns eine Autofahrt vor und rechnen in Kilometern pro Stunde die Geschwindigkeit für den Übergang. Tatsächlich kann Information mit Licht auch mit einer bestimmten Geschwindigkeit übertragen werden und dauert entsprechend lange. Das gilt aber nur für die Beobachtung eines Lichtstrahls von außen; aus der Perspektive des Lichts betrachtet, ist Licht überall gleichzeitig.

Was ist also, wenn jede Information im Prinzip bereits überall vorhanden ist, allerdings verdeckt, und sie muss nur jeweils »ent-deckt« werden? So funktionieren ja Entdeckungen in der Naturwissenschaft. Wenn ein Naturwissenschaftler etwas Neues enthüllt, dann war das, was er herausgefunden hat, ja bereits vorher da; er hat nur die »Decke«, die »Hülle« oder den »Vorhang« weggenommen und damit die Information als solche für uns zugänglich gemacht. Ein Naturwissenschaftler empfindet das Zeitereignis. Aus Sicht der Entdeckung ist es aber ein schon immer und überall präsenter Zustand.

In ähnlicher Weise wirkt auch die Genetik, wo die Information für die Funktionen des Organismus in verschiedenen

Abschnitten des Chromosoms codiert ist. Wenn die Codierung abgelesen wird, werden einzelne Abschnitte entdeckt im Sinne von aufgedeckt und andere zugedeckt (Methylierung und Demethylierung; beim Histon heißt dies »Acetylierung« und »Deacetylierung«). Die Information als solche ist aber immer da.

Dieses Prinzip wird auch bei modernen Fernsehern verwendet. Bestimmte Lichtpunkte werden verdunkelt oder erleuchtet, also verdeckt und aufgedeckt, und ergeben so ein bewegtes Bild.

Kommen wir zurück zu der Wahrnehmung von Information, die in jedem Punkt bereits vorhanden ist. Unter welchen Umständen ist das denkbar? Physikalisch gut bekannt ist das Hologramm (nach dem griechischen *hólos* für »ganz, völlig, unversehrt«), jenem dreidimensionalen Bild, bei dem in jedem Teil das Ganze enthalten ist. In einem Hologramm, das sich aus einem Überlagerungsmuster kohärenter Wellen aufbaut, was als »Interferenz« bezeichnet wird, befindet sich in jedem Punkt des Musters eine identische Information. Immer mehr Wissenschaftler gehen davon aus, dass auch das Universum mit allen Inhalten ein ungeheuer großes und feines Hologramm darstellt und wir ein Teil-Informationsmuster davon sind.

Gefühle, Gedanken und Neurotransmitter

Neurotransmitter und Hormone mit ihren jeweiligen Rezeptoren sind quasi das Substrat unserer Gefühle und Gedanken. Spezifische Moleküle werden gebildet und aus Speichern ausgeschüttet und docken an spezifische Rezeptoren, die sich wiederum aus Membranen ausstülpen oder auch zurückziehen können. Alle diese Variationen bewirken Änderungen der Zellfunktionen und nachfolgend unseren Gemütszustand. Ein Gedanke wird durch Milliarden bestimmter Moleküle und Rezeptorenaktivitäten getragen, und einem Gefühl folgen ungeheure Mengen bestimmter Moleküle und Rezeptorenaktivitäten beziehungsweise liegen ihm zugrunde; beides ist realisiert.

Man muss sich die durchaus wichtige Frage stellen: Bringt das augenblickliche Konglomerat von molekularen Substanzen das Gefühl oder den Gedanken hervor, oder ist es umgekehrt – haben wir zuerst ein Gefühl oder einen Gedanken, und bilden sich daraufhin die entsprechenden molekularen Neurotransmittersubstanzen und wandern zu ihren Rezeptoren? Die Frage lässt sich auch prägnanter formulieren: Ist zuerst die Materie und dann der Geist-Seele-Komplex da, oder bringt der Geist-Seele-Komplex die Materie hervor? Für diese beiden alternativen Fälle gibt es jeweils unterstützende Argumentationen.

Natürlich ist es möglich, die Wirkung von Neurotransmittern und Rezeptoren durch Drogeneinnahme so zu verändern, dass besondere Gefühle und Gedanken entstehen. Andererseits ist jeder Gedanke denkbar und jedes Gefühl stimulierbar, ansonsten gäbe es keine guten Schauspieler; Drehbücher sind nicht von den Molekülen der Schauspieler abhängig. Auch können wir mit unserem Willen – ein pures geistiges System – den Arm heben, einen Sprung machen und vieles mehr, was bedeutet, dass wir die Materie unseres Körpers durch die geistige Beeinflussung von Mechanismen zur Ausschüttung von Neurotransmittern beeinflussen, die dann Muskeln kontrahieren lassen.

Man muss deshalb davon ausgehen, dass beide Situationen immer gleichzeitig ablaufen können: Also das Vorhandensein bestimmter Moleküle bedingt unsere Stimmung, und umgekehrt bedingt unsere Empfindung den Molekülhaushalt. Mal ergänzen sich diese Mechanismen, und je nach Umstand verstärken sie sich gegenseitig auch. Wenn wir eine aufregende Situation im Film oder in der Realität wahrnehmen, werden Stresshormone ausgeschüttet. Diese Hormone wirken so, dass meine Aufregung verstärkt wird. Habe ich beispielsweise autogenes Training gelernt, kann ich die Aufregungssituation des Körpers allein durch geistig-seelische Einflussnahme mildern oder sogar stoppen. Die besonderen Effekte des autogenen Trainings beruhen auf Rückkopplung, im heutigen Fachausdruck »Feedback« genannt. Damit ist gemeint, dass wir bewusst die Wirkung unserer geistigen Konzentration auf ein Organ oder auf eine Funktion wahrnehmen und damit die gewollten Effekte erst möglich machen. Quantenphilosophisch entspricht das dem »Beobachtereffekt der Kopenhagener Schule« von den Physikern Werner Heisenberg (1901–1976) und Niels Bohr (1885–1962). Heute ist dieser Beobachtereffekt wie gesagt als Placebo- oder Nocebo-Wirkung bestens bekannt. Weil dieses Feedback-Prinzip immer funktioniert, können wir auch die Ausschüttung der Transmitter des Neocortex durch geistigen Einfluss hemmen.

Bewusstsein als Eigenschaft von Naturinformation
So wie »Schwerkraft« die Eigenschaft von Massen ist, so ist »Bewusstsein« die Eigenschaft von Informationen. Massen werden durch Schwerkraft, die ihnen über ein universelles Feld gegeben wird (Higgs-Feld), zu Massen. Informationen werden durch Bewusstsein, das ihnen über ein universelles Feld gegeben wird (vermutlich Dunkle Materie), zu Information. Massen und Informationen bauen uns auf. Für die Konstruktion und Funktion des Organismus beziehungsweise des Menschen muss eine Masse, zum Beispiel ein Enzym, »wissen«, was die anderen Massen, also Enzyme, machen. Alles ist aufeinander abgestimmt. Das geschieht durch Information. Aber ebenso muss eine Information weitere relevante Informationen erkennen und inhaltlich abfragen können. Nur so kann eine geregelte Organisation entstehen wie ein Organismus.

Bewusstsein erschafft Sprache; Sprache ist codierte Information. Und wenn wir dem Menschen während des Sprechens zusehen, seine Mimik und die Körperhaltung betrachten, dann bemerken wir, dass die Sprache auch Ausdruck der Gefühle ist, also »E-motion« (vom lateinischen *emovere* für »nach außen bewegen«). So hängt Bewusstsein letztlich direkt mit Emotion zusammen. Die Idee, dass das Bewusstsein eine Art Emotion ist, wurde meines Wissens erstmalig von Maitland Baldwin (1918–1970) erwähnt, dem früheren Chefarzt der Neurochirurgie an den US-amerikanischen National Institutes of Health (NIH).

Im Mainstream der Wissenschaft wird »Bewusstsein« immer noch mit »Vernunft« gleichgesetzt. Das widerspricht aber der Erkenntnis, dass das Bewusstsein den gesamten Körper über Gefühlsinformationen steuern kann. Eine Hauptrolle spielt dabei das limbische System mit seinem Vermittler, dem Hippocampus, als Transmitter zum Erinnerungsspeicher und Verbindung zu allen Teilebenen des Gehirns und des übrigen Körpers.

Bewusst und unbewusst sind Unterschiedskategorien, die ausschließlich das Ich angehen. Dem eigenen Ich wird jeweils so viel Information durch Bewusstsein zugetragen, wie es die momentane Orientierung erfordert. Jede andere Informationsverarbeitung findet ohne eine Ich-Erkenntnis statt. Man fragt sich dann aber, wer als Intelligenz hinter der unbewussten Informationsverarbeitung steht. Ich habe dafür in meinen früheren Büchern – insbesondere in *Quantenphilosophie und Interwelt* (Warnke 2013) – ein Modell entwickelt, das ich bereits skizziert hatte. Doch weil ich möchte, dass dieses neue Modell nicht schon hier in Vergessenheit gerät – wir brauchen es dringend für die Öffnung des Dritten Auges –, bringe ich es als Redundanz noch einmal in ein paar Worten.

Die Intelligenz, die über meinem Ich steht, ist das Selbst mit der Instanzendifferenzierung »Einfaches Selbst«, »Höheres Selbst«, »Wahres Selbst«. Dieses Selbst übernimmt in der Interwelt die Steuerung. Das »Einfache Selbst« ist der Spiegel

des Ichs. Wir begegnen diesen Selbst-Instanzen, bevorzugt dem
»Einfachen Selbst«, immer dann, wenn das Ich unbeteiligt ist
oder mit dem Selbst verschmilzt: im Schlaf, in der Meditation,
bei extremen Lebenssituationen, beim Nahtod. Die asiatische
Tradition unterscheidet entsprechend vier Bewusstseinsprä-
sente in der Wahrnehmung: Wachbewusstsein, Tiefschlafbe-
wusstsein, Traumbewusstsein und für die besonderen Momente »Turiya«, einen Wahrnehmungszustand, der die anderen
Möglichkeiten übertrifft und völlig anders geartet ist. Es ist
genau derjenige Zustand, den wir für die Öffnung des Dritten
Auges brauchen.

Der vierte Wahrnehmungszustand (Turiya)

Der Mensch trägt in sich eine Anlage, die bei Aktivierung dafür sorgt, das aktuelle Einfache und Höhere Selbst bewusst
aufzusuchen. Die Betonung liegt dabei auf »bewusst«. Denn
unbewusst geschieht dies eigentlich dauernd, aber davon haben wir wenig Gewinn und gezielten Fortschritt. Diesen Zustand können wir, ohne ihn zu beachten, immer durchleben,
bevor wir vom Wachsein in die erste Schlafphase gleiten. Wir
erhalten dann traumähnliche Bilder, aber wir träumen nicht,
wir sehen reale Geschehnisse, aber wir denken sie nicht herbei. Nur wenn wir um diesen ausbaufähigen vierten Wahrnehmungszustand neben Wachsein, Traum und Schlaf wissen – in alten Kulturen neben »Turiya« auch »Parama«
genannt –, können wir durch Übung erreichen, das Geschehen bewusst zu steuern. Ansonsten bleiben diese Phasen im
weiteren Verlauf unbewusst. Letztlich ist die bewusste Einflussnahme dieser Phasen der informative Weg ins Reich des
Unbewussten.

Jim DeKorne, der viel im Bereich Bewusstsein auch mithilfe
von halluzinogen wirkenden Pflanzen experimentiert hat, beschreibt in seinem Buch *Psychedelischer Neo-Schamanismus*
empirische Erfahrungen punktuell als Hypothesen eines neuen

Weltbilds (DeKorne 1995). Diese Hypothesen haben natürlich nichts mit wissenschaftlichen Ergebnissen zu tun, sind aber für die Erweiterung des Alltagshorizonts durchaus beachtenswert, zumal sie weitgehend mit den Thesen, Modellen und Ansichten unseres vorliegenden Buchthemas übereinstimmen – aber auch mit traditionellen Überlieferungen, zum Beispiel der Alchemie. DeKorne schreibt (von mir in der Übersetzung leicht verändert):

1. Die menschliche Psyche transzendiert die körperliche Existenz, folglich müssen wir multidimensionale Entitäten sein.
2. Das Ego ist nicht der Mittelpunkt der Psyche, sondern nur der Raum/Zeit-Anteil einer größeren Realität, die sich selbst aus dem entwickelt und offenbart, was das Ego als seinen eigenen unbewussten Geist wahrnimmt.
3. Raum/Zeit ist eine partielle Realität, und die materialistische Position ist, nimmt man sie wörtlich, eine Illusion.
4. Bewusstsein ist eine Form der Energie.
5. Da Materie und Energie relative Manifestationen des gleichen grundlegenden Phänomens sind, ist in einigen Dimensionen Materie Energie und umgekehrt.
6. In einigen Dimensionen sind Gedanken »physische« Entitäten.
7. In den Dimensionen, die das Ich-Bewusstsein berühren, müssen diese immateriellen Intelligenzen Realitäten erleben, die normalerweise der Ichwahrnehmung nicht bewusst sind.
8. Die psychische Energie anderer, die bewusst oder unbewusst konzentriert wird, kann einen Menschen sowohl psychologisch als auch physisch direkt beeinflussen.
9. Zeit ist relativ und unauflöslich mit dem Bewusstsein selbst verbunden.

Warum ist das, was wir bisher in das Modell eingeordnet haben– wie Geist, Bewusstsein, Wille, Aufmerksamkeit (Achtsamkeit) –, so wichtig für unsere Ziele? Weil es Gesetzmäßigkeiten der Quantenphilosophie gibt, die genau diese Eigenschaften als Realitätserschaffung ausweisen.

Wir hatten ja schon deutlich gemacht, dass das, was wir »Realität« nennen, immer nur eine kognitive Interpretation und Konstruktion ist, die wir in jedem Augenblick unseres Wachdaseins erstellen. Es geht nicht anders. Wenn wir der Kopenhagener Deutung der Quantenphysik (von Bohr und Heisenberg) Glauben schenken, dann existiert die physikalische Welt niemals so, wie wir sie empfinden. Da alles von uns erzeugt wird mithilfe des Bewusstseins, fragen sich die Insider derartiger Gedanken: »Was ist Ich, und wo hört mein Ich auf?« – »Was also ist Nicht-Ich?«, wie auch DeKorne fragt. Und er sieht ebenfalls ein »zentrales Selbst« als Mittelpunkt der Psyche, wobei der physische Körper als Gefäß für allgemein verbreitete psychische Entitäten dient. C. G. Jung hatte dafür die Ausdrucksweise, das Ich stehe mit nichtpersönlichen »Archetypen-Entitäten« in Kontakt, die im kollektiven Unbewussten »wohnten«. In früheren Zeiten hatten die Menschen gleichartige Vorstellungen und nannten die Entitäten dann »Götter«, »Dämonen« oder »Geister«.

Was damit deutlich werden soll: Wir brauchen eine neue Beziehung weg von der Dominanz der permanent bewussten Alltagswelt und hin zu der alles durchwebenden geistig-seelischen Welt, der Interwelt. Das Problem ist, dass diese Interwelt zwar immer zugegen ist, wir sie aber gewöhnlich nicht bewusst nutzen. Würden wir sie bewusst nutzen, wären Dinge möglich, die weit über einen Placeboeffekt hinausreichen können.

Vorahnungen sind möglich

»Die Regeln des Universums, die wir zu kennen glauben, sind tief in unseren Wahrnehmungsprozessen begraben.«
GREGORY BATESON

Bleiben wir beim alten unvollständigen Weltbild, dann lassen wir viele Möglichkeiten aus, zu denen ein Mensch fähig ist. Wohl jeder von uns hat beispielsweise schon mal Vorahnungen gehabt, sie aber gemäß dem modernen gesellschaftlichen Konsens wegen der angeblichen Unmöglichkeit verworfen. Dabei gibt es dieses Phänomen offenbar wirklich, wie eine wissenschaftliche Metaanalyse aus dem Jahre 2014 bestätigt (Bem et al. 2014). Der auch im wissenschaftlich konservativen Lager angesehene Psychologe Daryl Bem von der Cornell University veröffentlichte bereits im Jahr 2011 in der Fachzeitschrift *Journal of Personality and Social Psychology* die Ergebnisse seiner Untersuchungen (Bem 2011): Der Mensch hat die Fähigkeit der Vorherahnung. Im konservativen naturwissenschaftlichen Bereich brach sofort ein Sturm der Entrüstung los, und viele Arbeitsgruppen machten sich daran, Bems Ergebnisse zu widerlegen. Manchmal gelang dies, aber oft auch nicht.

Inzwischen wurden neunzig Replikationsexperimente einer Gesamtbewertung unterzogen. Diese Metaanalyse fand in 33 unterschiedlichen und voneinander unabhängigen Labors in vierzehn Ländern statt mit der Teilnahme von 12406 Probanden. Die Ergebnisse der Metaanalyse wurden in kontrollierten (Peer-Review-)Fachzeitschriften und Expertenkonferenzen veröffentlicht. Das Ergebnis von Daryl Bem gilt nun als bewiesen: Menschen haben die Fähigkeit, zufällige zukünftige Ereignisse anomal vorauszuahnen. Die Metaanalyse ist statistisch hochgradig signifikant, aber die Effektstärke sehr klein, allerdings vergleichsweise immer noch größer als der nachgewiesene Effekt von Aspirin auf die Verminderung des Herzinfarkts. Forscher von der Università di Padova und von der Université de Nantes schreiben auf der Seite des Social Science Research Networks (SSRN): »Dieses Ergebnis liegt deutlich über jeder Zufallsquote und erfüllt sämtliche statistischen Anforderungen eines eindeutigen Beweises im Sinne der experimentellen Hypothese.« Die Autoren haben sich rundum abgesichert und auch das sogenannte Schubladenproblem (Publikationsbias) statistisch widerlegen können, wonach Experimente mit positivem Ergebnis bevorzugt veröffentlicht werden (Bem et al. 2014).

Vernachlässigte Intuition
Einstein wird folgendes Zitat zugeschrieben: »Die Intuition ist ein göttliches Geschenk, der denkende Verstand ein treuer Diener. Es ist paradox, dass wir heutzutage angefangen haben, den Diener zu verehren und die göttliche Gabe zu entweihen.« Er soll auch gesagt haben: »Durch bloßes logisches Denken vermögen wir keinerlei Wissen über die Erfahrungswelt zu erlangen; aber alles Wissen über die Wirklichkeit geht von der Erfahrung aus und mündet in ihr.«

Wir haben zwei Möglichkeiten, an Information zu kommen: erstens durch unsere Sinnesaktivität in der Alltagswelt und zweitens durch Intuition.

Was ist Intuition? Der Begriff »Intuition« stammt vom lateinischen *intuitio* und bedeutet übersetzt »unmittelbare Anschauung«. Während die Informationen über die Sinne meistens vom Bewusstseinseffekt interpretiert werden und dann »Wissen« vermitteln, ist Intuition das reine nichtinterpretierte Wissen. Für die Intuition gibt es eine ganze Reihe ähnlicher Begriffe wie »Instinkt, Spürsinn, Bauchgefühl, Ahnung, Riecher, Eingebung, Gedankenblitz, Geistesblitz, sechster Sinn«

und so weiter. Diese vielen Quasisynonyme weisen darauf hin, dass die »Intuition« schlecht definiert ist.

Bei Tieren wird Intuition meistens als »Instinkt« bezeichnet und funktioniert weit perfekter als beim Menschen. Auch Tierwanderungen einschließlich Vogelzügen, sogar Insektenwanderungen (beispielsweise von Schmetterlingen) von Ort A zu Ort B über Tausende von Kilometern machen uns sprachlos. Dazu gehört das Psi-Trailing, das heißt Heimkehrvermögen, von Tieren über unbekannte weite Strecken oder auch die Haushund-Erwartung der Heimkehr der Hundebesitzerin, wie der englische Biologe Rupert Sheldrake es in einem seiner Bücher postulierte und wie das spätere Experiment, das online gestellt ist, dann auch zeigte (Rauner 2012). Diese Fähigkeiten beruhen nicht auf analytischen Gedanken, sondern sind »angeborene« Verhaltensweisen. Intuition ist ein Wissen von innen heraus, das wir als gedankliche Einfälle aus unserem Unterbewusstsein ohne Reflexion, also Nachdenken, erhalten.

Das Gegenteil von intuitivem ist diskursives Erkennen (vom lateinischen *discursivus* für »fortschreitend erörternd«). Diskursives Erkennen beruht auf direkten Sinneswahrnehmungen und aufeinander aufbauenden intellektuellen Schlussfolgerungen. Intuitives Erkennen dagegen ist eine plötzlich einfallende, rein geistige Anschauung, eine Idee. Dies entspricht einer transzendenten Funktion des Menschen.

Die Eigenschaften, die Intuition charakterisieren, treffen vielfältig auch auf Gefühle zu. Sie entstehen ebenfalls plötzlich, auch sie lassen sich rational nicht erklären. Sie sind unvermittelt da, ohne dass man ihre Entstehung beziehungsweise Herkunft begründen könnte. Ein weiteres Beispiel ist die Assoziation, die unwillkürliche gedankliche Verknüpfung von verschiedenen Informationen. Auch sie erscheint plötzlich ohne Herkunftsnachweis. Sie kommt ebenfalls unbewusst, wird dann aber bewusst. Unsere Erfahrungen bilden – neben

Ur-Informationen – eine wichtige Quelle für unsere Intuitionen. Umgekehrt bewerten Intuitionen Erfahrungen ohne bewusste Analyse.

Unterscheidbar sind verschiedene Kategorien von Intuition:

> Instinktive Intuition: Dazu gehören schnelle Entscheidungen durch unterbewusstes Erkennen von Informationssignalen und automatisierte reaktive Handlungsweisen. Beispiel: Freundliche Personen sind attraktiver und erhalten automatisch ein ebenso freundliches Entgegenkommen.
> Bewusste Intuition: plötzliche geistig-bewusste Erkenntnis aus unbewusster Abwägung und Analyse von abgespeicherten Informationen, deren Ursprung nicht nachvollziehbar ist.
> Traum-Intuition: im Traumbewusstsein auftauchende Informationen, die üblicherweise wieder unbewusst und vergessen werden, aber nach einem entsprechenden Training auch konserviert werden können.

Forschungsergebnisse zeigen, dass man mit der bewussten Intuition oft zu besseren Entscheidungen kommt als allein mit dem bewussten Verstand (Harteis und Billett 2013).

Wissenschaftliche Entdeckungen setzen auf Intuition
Albert Einstein sagte: »Sämtliche großen Wissenschaftstaten liegen in der intuitiven Erkenntnis ...« (Moszkowski 1921). Und eine Entdeckung in der Wissenschaft finde nicht auf dem Weg der Logik statt. Eine Entdeckung bekomme eine logische Form erst im Laufe ihrer Abfassung. Jede Entdeckung – und sei sie auch noch so klein – sei immer eine Erleuchtung. Das Ergebnis komme von außen und so unerwartet, als hätte es jemand eingegeben.

Es gibt weitere Wissenschaftler, die ihre Entdeckungen der Intuition zuschreiben. Bekannt ist in diesem Zusammenhang beispielsweise Friedrich Kekulés (1829–1896) Benzolring, den der Chemiker als eine Traum-Intuition entdeckte. Auch der 1945 geborene österreichische Quantenphysiker Anton Zeilinger war der Meinung, das wirklich Neue könne nur durch Intuition kommen. Wie gesagt, werden in der Wissenschaft Dinge lediglich ent-deckt: »Die Decke« wird abgenommen von Phänomenen, die bereits vorhanden sind. Intuition enttarnt demnach nur bereits Bestehendes. Der bedeutende französische Mathematiker, Physiker und Philosoph Henri Poincaré (1854–1912) schrieb, Intuition sei das Mittel zur Erfindung. Auch mit dem Begriff »Erfinden« wird deutlich, dass Intuition das Finden von schon Vorhandenem ermöglicht. Dadurch, dass leichter enttarnt und leichter gefunden wird, sind Intuition (seelisch unterbewusst bestimmt) und Inspiration (rein geistig bestimmt) die wesentlichen Elemente der Kreativität.

Warum ist das so? Weil das Unbewusste, aus dem die Intuition scheinbar kommt, wie gesagt geschätzt 95 Prozent mehr Informationen berücksichtigen und verrechnen kann als das Bewusstsein des Ichs mit nur etwa 5 Prozent.

Zwei weitere Fragen drängen sich nun auf:

1. Wie weiß man, dass ein geistiger Impuls Intuition und nicht nur Fantasie ist? Die Antwort lautet: Intuition ist ein plötzlicher Impuls, ein intensives »Von-innen-heraus-Wissen« ohne Wenn und Aber mit einem hohen Grad von gefühlter Sicherheit.
2. Wo ist der Ursprung der Intuition, und wie haben wir bewusst Zugriff darauf? Diese Fragen sind nicht sofort zu beantworten, da es keinerlei verlässlich-belastbare Forschung dazu gibt. Wir müssen also die Herkunft von Intuition aus den Indizien und der Erfahrung heraus selbst orten.

Die Suche nach dem Ursprung der Intuition

Offensichtlich gibt es neben unserem bewussten Erkennen eine »intelligente Wesenheit«, die für uns tätig ist. Diese Wesenheit ist bereits aktiv, wenn wir noch nichts bewusst über ein Geschehen wissen. Man kennt dieses Phänomen in der Wissenschaft als »antizipatorischen Effekt«. Was steckt dahinter?

Wenn wir etwas bewusst erkennen, bezeichnen wir es als »Jetzt«, als Gegenwart. Aber vorher »wissen« intelligente Systeme des Organismus bereits, dass gleich ein Ereignis stattfindet. Ein Beispiel dafür ist, dass unser Sehapparat, gesteuert von einem »Unterbewusstsein«, dem Objekt vorauseilt. Bei einem bewegten Objekt wie einem Taschenlampen- oder Laserstrahl, der schnell in Schlangenlinien von einer anderen Person über eine Wand geführt wird, sehen wir den Lichtkegel immer genau dort, wo er sich gerade befindet, obwohl wir nicht wissen können, wo er jeweils hingeführt wird.

Schauen wir uns dazu einmal die Ergebnisse eines Experiments von Derek H. Fender von der Technischen Hochschule Kalifornien an (Fender 1964): Wenn Augen ein Objekt erfasst haben, dauert es 30 Millisekunden bis zur Anregung der lichtempfindlichen Nerven. Weitere 5 Millisekunden werden benötigt, um die Information ins Gehirn zu leiten. Damit das Gesehene erkannt wird, bedarf es einer Assoziation des Geschehens mit einer entsprechenden Erfahrung, was weitere 100 Millisekunden benötigt. Von der Wahrnehmung des Objekts bis zum bewussten Erkennen vergehen also 135 Millisekunden. Plus der 6 Millisekunden des vorauseilenden Augenfokus sind es insgesamt 141 Millisekunden, die der Sehmechanismus einschließlich Verarbeitung dem Objekt vorauseilt.

Das ist auch der Grund, warum wir die genaue Position des Rennwagens sehen können, wenn dieser mit 300 Kilometern pro Stunde fährt (das sind 83,333 Meter in der Sekunde) –

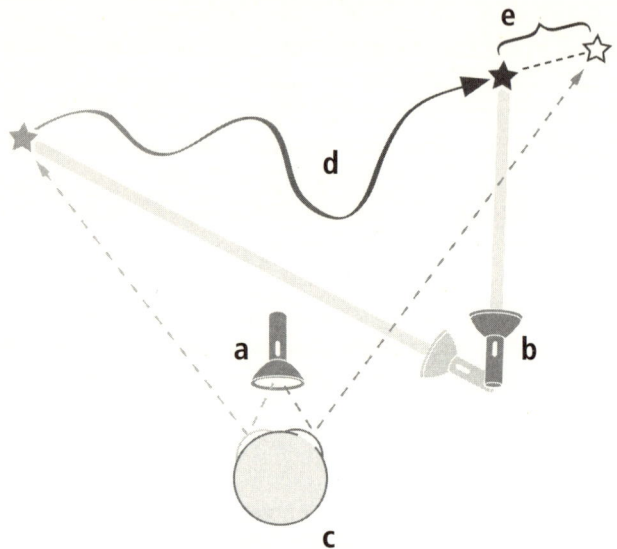

Abb. 1: Modell der Versuchsanordnung zur Messung der Augenbe-
wegung bei der Verfolgung eines Lichtpunkts:
a) Feststehende Lichtquelle zum Auge
b) Lichtquelle, die den Weg des Lichtpunkts zeichnet
c) Auge mit Haftschale und daran befestigtem Spiegel
d) Willkürlich beschriebener Weg des Lichtpunkts
e) Gemessene Distanz, um welche die Augenbewegung dem Licht-
weg vorauseilt (6 Millisekunden)

eigentlich unmöglich bei mehr als 100 Millisekunden Erken-
nensverzögerung (das entspricht 8,3 Meter Distanz). Der Vo-
rausschau-Mechanismus liegt in einem vorwegnehmenden
Erkennen beweglicher Stimuli.

Dazu passt auch das »Wissen« um Bildinhalte, bevor das
Bild projiziert wird. Auch dieser Effekt ist bewiesen und gut

reproduzierbar. Als Indikator dienen die sogenannten Bereitschaftspotenziale im Gehirn, von denen im Verlauf des Buches noch die Rede sein wird. Das sind elektrische Gleich-
spannungsverschiebungen an der Kopfhaut, die bei einem
normalen EEG nicht sichtbar sind, weil sie herausgefiltert
werden. An der Größe der Bereitschaftspotenziale kann man
ablesen, wie sehr ein Bild den Menschen gerade beschäftigt.
Wenn ein auf die Wand projiziertes Bild eine Naturlandschaft
zeigt, ist das Bereitschaftspotenzial eher klein. Wird ein Un-
fallbild mit Körperverletzungen gezeigt, ist das Bereitschaftspotenzial deutlich größer; und bei vielen Probanden ist es
besonders groß, wenn eine Sexszene als Bild erscheint. Das
heißt, die Testpersonen zeigen unterschiedlich hohe Bereitschaftspotenziale, je nachdem, welche Inhalte die Bilder zeigen. Aber nun kommt das Besondere: Diese Unterschiede treten bereits auf, *bevor* die Bilder auf dem Bildschirm erscheinen.
Der Organismus »weiß« offensichtlich mehr, als die direkte
übermittelte Bildinformation hergibt.

Und es gibt weitere anders geartete Experimente dazu:
Man kann sehr einfach sogenannte Weckhormone messen;
dazu gehören Cortisol und Noradrenalin. Wenn man den
Probanden dann im Versuchslabor sagt, sie könnten sich
um Mitternacht schlafen legen und würden um 6.00 Uhr morgens geweckt, dann steigen die Weckhormone ab 3.00 Uhr
kontinuierlich an und haben ihr Maximum um 6.00 Uhr
(Born 1999). Wenn man den Probanden an anderen Tagen
sagt, sie dürfen bis 9.00 Uhr schlafen, steigen die Weckhormone in ähnlicher Weise kontinuierlich an, wenn die Person
noch nicht wach ist, bis 9.00 Uhr. Wenn ihnen aber gesagt
wird, sie dürfen bis 9.00 Uhr schlafen, und sie dann trotzdem
um 6.00 Uhr geweckt werden, passiert wieder das Besondere.
Bereits rund fünfzehn Minuten vor 6.00 Uhr schnellen die
Weckhormone hoch, obwohl die Probanden nicht wissen
konnten, dass ein 6.00-Uhr-Wecktermin ansteht.

Der 1936 geborene Physiker Harold E. Puthoff vom damaligen Stanford Research Institute im kalifornischen Menlo Park (heute SRI International) wurde durch seine Telepathie-Versuche bekannt, die von CIA, DIA (Defence Intelligence Agency) und U.S. Army initiiert und zwischen 1983 und 1989 mit einer Investition von circa zwanzig Millionen Dollar gefördert wurden. Das Ziel des »RV Research Program« mit dem Namen SCANATE *(scan by coordinate)* war die konkrete Anzapfung des Unterbewusstseins und Bewusstseins, um Datenfragmente von realen Situationen und Ereignissen zu erhalten, die räumlich und zeitlich entfernt sind (Puthoff 1996). In den Berichten des Instituts der Elektronik- und Radiotechnik-Ingenieure der USA hatte er zusammen mit seinem Kollegen Russell Targ (geboren 1934) im Jahr 1976 einige seiner vorherigen Experimentresultate veröffentlicht. Perzipienten erhielten telepathische Informationen, die zu 80 Prozent mit dem Sender übereinstimmten. Der Empfang allerdings fand rund eine Stunde früher statt, als der Sender (Induktor) sie »ausgestrahlt« hatte (Puthoff und Targ 1976).

Eine Forschergruppe in Russland um V. P. Kaznacheev in Nowosibirsk, Akademie für Medizinische Wissenschaften Russlands, nahm an internationalen Versuchen zur Distanzüberbrückung teil und bekam dabei identische Ergebnisse wie in den USA (Kaznacheev 1995): Die Informationen über bestimmte Dinge wurden in einer Entfernung von Tausenden Kilometern empfangen, und zwar lange bevor sie per Zufall ausgewählt und »ausgestrahlt« worden waren. Schlussfolgerung der Wissenschaftler: »Die Information über die Ereignisse in der Zukunft können von Menschen intuitiv ›abgelesen‹ werden, bevor sie erscheinen.«

In einem »Spezial« der Zeitschrift *Spektrum der Wissenschaft* mit dem Titel »Phänomen Zeit« vom 1. Februar 2003 wurde deutlich gemacht, dass das »Jetzt« reine Ansichtssache ist. Die konventionelle Sichtweise der Zeit ist, dass nur die Gegenwart real ist, was als »Außensicht« bezeichnet wird. Viele Physiker favorisieren aber ein sogenanntes Blockuniversum: wo alles gleichermaßen vorhanden ist, also Vergangenheit, Gegenwart und Zukunft. Dies entspricht einer Innenansicht.

Einstein meinte bereits zu wissen: »Jeder Beobachter entdeckt in dem Maße, wie seine Eigenzeit abläuft, gleichsam neue Ausschnitte der Raum-Zeit, die ihm als die sukzessiven Aspekte der materiellen Welt erscheinen, obwohl in Wirklichkeit die Gesamtheit der Vorgänge, die die Raum-Zeit konstituieren, dieser Erkenntnis vorangeht« (Zukav 1981).

Richtig ist, dass Zeit untrennbar mit unserer Alltagswahrnehmung verbunden ist. Mit den Sinnen wahrnehmen können wir immer nur das »Jetzt« innerhalb einer fließenden Materiewelt als kurzen Moment zwischen Vergangenheit und Zukunft, und deshalb meinen wir, nur das »Jetzt« sei Wirklichkeit. Vergangenheit und Zukunft sind aus Sicht der Alltagswahrnehmung keine Wirklichkeiten, sondern Vorstellungen aus Erinnerungen und Erwartungen, die ins »Jetzt« projiziert werden, um gedacht werden zu können. Das entspricht den Ich-Erfahrungen; es ist die Außenansicht. Würden wir aber die Sicht der Selbst-Instanzen einnehmen können, entspräche das der Innenansicht; es gäbe aus dieser Perspektive keine Zeitteilungen mehr. Denn Zeit entsteht immer nur an Massen, die Materie aufbauen, wo es Vorher- und Nacher-Zustände gibt, was einer Zeitoperation entspricht. Diese Vorher- und Nachher-Zustände entstehen in der Materie durch Kraftvektoren, die Materie verändern von dem Vorher zum Nachher. Auch Kräfte entstehen bekanntlich immer erst an Massen. Ein massefreier Raum kennt weder Zeit noch Kräfte. Das Vakuum ist ein massefreier Raum. Die Selbst-Instanzen haben ihre Heimat im Vakuum, also kennen auch die Selbst-Instanzen weder Zeit noch Kräfte. Sie existieren allein aus Energien und Informationen heraus, was die Voraussetzungen für Zeit und Kräfte sind, wie das Ich sie wahrnimmt.

Gunnar Sandberg von der University of Sussex, Falmer/England, behauptete, dass das Vakuum als Schnittstelle zwischen biologischem Leben und höheren Seinsebenen dient (Sandberg 1998). Es gibt kein »dort draußen«, alles ist in uns drinnen. Das formative Energie- und Informationsfeld liegt in der Vakuumphase, auch in uns, geregelt durch das Selbst. Wenn aber alles in uns ist, dann ist es fast sinnvoller, das wahre Wesen des impliziten Geistes zu erforschen als die Natur »da draußen«, die es ohne unsere Geist-Seele für uns überhaupt nicht gibt.

Wir bewegen uns nur deshalb, weil wir Gedanken und Gefühle haben, womit wir angetrieben werden. Alle unsere Handlungen beruhen auf geistiger Steuerung, bewusst, unbewusst und formativ. Die Realität ist unsere eigene Geistsubstanz. Jede manifestierte Erscheinung, die wir wahrnehmen, ist immer eine zugrunde liegende Vakuum-Musterbildung, ein Energie- und Informationstanz mit gekoppelten Beziehungen zum Selbst – ein pures mystisches Selbst-Erleben. Wenn wir etwas in uns aktivieren, zum Beispiel den Arm heben, wirken wir nicht direkt an den Massen des Körpers, sondern an der Information für die Massen. Alles in unseren Körpern ist angefüllt mit Information, so wie die gesamte Atmosphäre angefüllt ist auch mit technisch erzeugter Information von Radio-, Fernseh-, Radar-, Mobil- und Kommunikationsfunk. Durch Übung wird die Informationsbeeinflussung der Massen *selbst*verständlich: Mein Selbst versteht sie, gelernt über das Ich.

Mystische Erfahrung ist ein direktes Gewahrsein des wahren Wesens des Lebens. Was wir als geistige Konzeption in uns bilden, wird zum Vorschein gebracht. Geistige Konzeptionen anderer sind Hindernisse für ein derartiges Zum-Vorschein-Kommen. Es sind die widersprüchlichen Annahmen, die negativen Erwartungen, gegenläufige Ziele, Kontaminationen. Diese Hindernisse werden in der Meditation und im

Nahtod-Erleben vernachlässigbar. Wir sind dann wieder unsere eigene ungestörte Geisteswelt.

Wissenschaft, so wie sie heute vollzogen wird, hat damit nichts zu tun. Eine eigene mystische Erfahrung ist wahrer als ein mathematisches oder ein philosophisches Modell. Was in unserem Geist entsteht, kann auch geistig kontrolliert werden – alles, wir müssen nur wissen, dass es genau so ist. Körpereigenes Wissen, das wir »Glauben« nennen, kann buchstäblich Berge versetzen, wie Jesus es immer wieder sagte, so wie wir es im Traum erleben, wo unser Selbst frei agieren kann.

Können wir unser Ich mit unserem Selbst verbinden, dann haben wir eine Macht, die unabhängig von der Zeit wirken kann, und wir können intuitiv Informationen erhalten, die letztlich zu Kräften an beliebigen Massen umgeformt werden können. Genau das war das Geheimnis der wissenden Traditionen, auch der Alchemie.

Meme und Engel

> »Der Sinn der physischen Verkörperung liegt in dem Erlernen der Logik der Schöpfung.«
> UWE TODT

Umfragen zufolge glauben 43 Prozent der Interviewten in Deutschland an Engel. Laut einer Forsa-Umfrage für das Magazin *GEO* sind sogar 66 Prozent überzeugt, dass es Schutzengel gibt, während nur 64 Prozent an die Existenz Gottes glauben (GEO 2005). Wir können dies als Aberglauben abtun, oder wir können uns das Phänomen genauer ansehen.

Auffällig ist die sehr lange Tradition der Engel. Die ersten überlieferten Dokumente als Skulpturen gehen auf den ungefähren Zeitraum 3000 bis 800 v. Chr. zurück. Wenn wir dieses Phänomen verstehen wollen, dann ist es sinnvoll, die heutigen Erkenntnisse der Quantenphilosophie nochmals stichwortartig zu vergegenwärtigen und das Phänomen mit dem Begriff der »Meme« einzuführen.

Alles, was wir wissen, alles, was wir denken, alles, was wir tun, kommt mithilfe des Phänomens »Bewusstsein« zustande. Was wir nicht wissen, denken, glauben, ist nicht vorhanden. Bewusstsein ist ein geistiges Prinzip. Dieses geistige Prinzip erzeugt in uns Bilder als Informationskomplexe, reale und virtuelle Bilder. Dieses geistige Prinzip kann Materie beeinflussen (Quantenphysik: »Kopenhagener Deutung«). Es kann den Willen wirken lassen. Mit Bewusstsein kann die Veränderung von Materie trainiert werden, sodass nach einiger Zeit die Funktion ohne Bewusstsein ablaufen kann. Beispiele sind das Laufenlernen, Greifen oder Essen. Und nun das Besondere: Mit Bewusstsein können Ideen entwickelt werden, die dann als Informationskomplexe eventuell auch ein Eigenleben führen und sich fortentwickeln, zum Beispiel Mode oder Werkzeuge. Man nennt sie »Meme«.

Das Prinzip der Meme wurde 1976 vom englischen Evolutionsbiologen Richard Dawkins vorgestellt (Dawkins 1976). Laut Wikipedia ist »Mem« ein Kunstwort; es ist dem englischen Begriff *gene* (»Gen«) nachempfunden und hat mehrere weitere Bezüge: zum griechischen *mimeisthai* (»nachahmen«) und *mimos* (»Mime, Schauspieler«), zum französischen *même* (»gleich«) zum lateinischen *memor* (»eingedenk, erinnernd«).

Ein Mem ist laut Dawkins nichts anderes als ein replizierbares Informationsmuster (Gedanke, Idee, Glauben, Meinung, Ideologie, Trends, Mode, Stile, Tags, Lied und Melodie, Religion, Weltanschauung und vieles mehr), das von Mensch zu Mensch übertragen wird und übergeordnet unter anderem maßgeblich unser kulturelles Zusammenleben formt und regelt.

Während Gene also die »Hardware« für die Genetik sind, sind Meme die »Software« für die Kommunikation und die Memetik. Der Begriff »Memetik« setzt sich zusammen aus *memory* und »Genetik«. Im Gegensatz zur Genetik spielt sich Memetik lebensbeeinflussend in der Kopfwelt ab. Das dem Ich verliehene Bewusstsein kreiert und verarbeitet Meme.

Wichtig dabei ist: Wenn Meme einmal gebildet sind, können sie wie gesagt ein Eigenleben führen und Strategien entwickeln, die die »Wirte« veranlassen, das Mem weiterzuverbreiten. Deshalb wird ein Mem auch »Virus des Geistes« genannt. Meme beeinflussen das Verhalten des »infizierten« Wirts. Die Verbreitung geschieht im Sinne eines intelligenten Feldes, das sein Programm (»Absicht«) unter Nutzung anderer Ressourcen verwirklicht.

Sehen wir uns die typische Entstehung von Memen laut der Mem-Theorie an:

> Ein beliebiger (eventuell unwahrer oder sinnloser) Informationskomplex wird entworfen.
> Es gibt vermeintliche Indizien für die Seriosität der Informationsquelle.
> Weiterhin wird behauptet, dass die Information für jeglichen Empfänger wichtig sei,
> und zwar mit der Aufforderung, den Informationskomplex
> an andere Personen weiterzugeben und eine gewisse Anzahl von Personen von der Wichtigkeit ihrer Verbreitung zu überzeugen.

Die Verbreitung der Information löst in einer Gesellschaft oder Kultur Wirkung aus. Es kann dann alles Mögliche geschehen. So mag ein Mem einen Organismus oder sogar eine ganze Gesellschaft krank wie auch gesund machen (man denke an Placebos, psychosomatische Krankheiten und so weiter). Jeder Mensch wie auch jede Gesellschaft besitzt einen eigenen Mem-Pool. Meme haben unseren Geist und unsere Kultur geformt, so wie die natürliche gezielte Selektion unsere Körper modelliert hat.

Und nun wollen wir die interessante Frage stellen: Ist das Ich ein Mem des Höheren Selbst? Vermutlich ja. Wie gesagt, wird ein Ich erst mit dem dritten Lebensjahr des Menschen erfahrbar, nachdem sich das Bewusstsein zur kleinen Person hin entwickelt hat. Es könnte also tatsächlich das Produkt einer Idee sein, das dann ein Eigenleben führt, wie eben für ein Mem definiert wurde.

Kann es so etwas wirklich geben?

In Tibet spielen Tulkus eine wichtige Rolle. Der Begriff »Tulku« bedeutet »ein mittels Magie geschaffenes Wesen«. Er kann auf Befehl dessen, der ihn »beseelt« hat, Handlungen begehen. Es gibt in Tibet auch das Tschöd-Ritual, das im 18. Jahrhundert vom Lama Padma Rigdzin in der Dzogtschen-Sekte der »großen Vollendung« eingeführt wurde (Eliade 1992). Im Tschöd-Ritual sollen die Schüler Dämonen als Geschöpfe ihrer eigenen Einbildungskraft erkennen. Relativ bekannt ist der Fall der französischen Reiseschriftstellerin und Forscherin Alexandra David-Néel (1868–1969) mit einem selbst geschaffenen Tulpa (Tulku, Schemen) während ihrer Forschungstätigkeit in Tibet. Sie bemerkte:

»Diese Fälle von ›Verkörperung‹ sind nur deshalb so eigenartig, weil auch dritte Personen solche durch den Gedanken hervorgebrachte Formen sehen können. Manche behaupten, es handle sich wirklich um die Erschaffung einer körperlichen Gestalt, andere wieder sehen darin nur einen Fall von Suggestion. Dann würde der Gedanke, den der Urheber dieses Schemens hegt, unwillkürlich einen Dritten beeinflussen und ihn etwas sehen lassen, was der Urheber selbst sieht« (David-Néel 2005).

Das von Madame David-Néel erschaffene Geistwesen wurde ihren Angaben zufolge mit der Zeit immer böser. Nur mit größter Mühe konnte die Forscherin ihr eigenes Geistesprodukt wieder auflösen. Das erinnert frappierend an Goethes Zauberlehrling, der die Geister, die er gerufen hatte, nicht wieder loswurde.

Hilfskomplexe wie Engel als Meme?

Wir wissen bereits: Mit Bewusstsein kann die Veränderung von Materie trainiert werden, sodass nach einiger Zeit die Funktion ohne Bewusstsein ablaufen kann, zum Beispiel das Laufenlernen. Mit Bewusstsein können Ideen entwickelt werden, die dann eventuell auch ein Eigenleben führen und sich fortentwickeln.

C. G. Jung sprach vom Auftauchen einer Fantasiegestalt aus seinem Unbewussten, die er »Philemon« nannte. Mit der Zeit gewann Philemon mehr und mehr an Realität und Konsistenz und wurde schließlich zu einem realen Gesprächspartner für den berühmten Psychiater. Das selbst geschaffene Wesen avancierte zum Wissensvermittler:

»Philemon und andere Fantasiegestalten brachten mir die entscheidende Erkenntnis, dass es Dinge in der Seele gibt, die nicht ich mache, sondern die sich selber machen und ihr eigenes Leben haben. Philemon stellte eine Kraft dar, die ich nicht war ... er sprach Dinge aus, die ich nicht bewusst gedacht hatte. Ich nahm genau wahr, dass er es war, der redete, und nicht ich. Er erklärte mir, dass ich mit den Gedanken so umginge, als hätte ich sie selbst erzeugt, während sie nach seiner Ansicht eigenes Leben besäßen ...: ›Wenn du Menschen in einem Zimmer siehst, würdest du auch nicht sagen, du hättest sie gemacht oder du seist für sie verantwortlich‹, belehrte er mich. So brachte er mir allmählich die psychische Objektivität, die ›Wirklichkeit der Seele‹ bei …

… und ich verstand, dass etwas in mir ist, was Dinge aussprechen kann, die ich nicht weiß und nicht meinte, Dinge, die vielleicht sogar gegen mich gerichtet sind« (Jung 1988).

Um die Wende zum 20. Jahrhundert waren Séancen sehr beliebt und durchaus en vogue, auch für Wissenschaftler. Die Séancen in Zürich von dem Psychotherapeuten und Medium Oskar Rudolf Schlag (1907–1990) wurden auch von so berühmten Wissenschaftlern wie C. G. Jung, dem Kunsthistoriker Rudolf Bernoulli (1880–1948) und dem Psychiater Eugen Bleuler (1857–1939) besucht. Sie erlebten 1926 ein Wesen, das sich selbst als eine »psychoenergetische Kraft« bezeichnete und »Atma« nannte. Erklärt wurde das Wesen als eine Schöpfung durch das kollektive Unbewusste der Sitzungsteilnehmer (Schlag 1998).

Jung hatte bereits 1916 ein derartiges Erlebnis. Er trat mit einem Wesen in Verbindung, das sich »Basilides« nannte (Jung 1988). Tatsächlich gab es einmal einen Gnostiker mit diesem Namen (gestorben 138 n. Chr.), der eine häretische Sekte anführte und 24 Bücher schrieb. Basilides eröffnete Jung ein transpersonales System »Pleroma«, das so wichtig war, dass Jung es in sein Konzept des »kollektiven Unbewussten« einbaute (Jung 1988).

Wenn Berichte über Geistererscheinungen in einem seriösen Fachjournal wie *Current Biology* auftauchen, wird man hellhörig. Forscher um Giulio Rognini und Olaf Blanke von der École polytechnique fédérale de Lausanne (EPFL) berichten Folgendes: Der Bergsteiger Reinhold Messner zählt zu den berühmtesten Zeugen eines sogenannten Phänomens des dritten Mannes. Am 29. Juni 1970 war er gemeinsam mit seinem

Bruder beim Abstieg vom Nanga Parbat im westlichen Himalaja, und beide hatten dabei eine höchst eigenartige Erfahrung: »Plötzlich war da ein dritter Mann, der mir den Weg gewiesen hat. Dieser dritte Mann ging sogar voraus, ich habe ihn sogar gesehen« (Blanke et al. 2014). Man könnte diese Erscheinung, die ähnlich immer wieder von Extrembergsteigern berichtet wird, leicht als Halluzination unter extremen Bedingungen wie Sauerstoffmangel abtun. Aber kann eine Halluzination den Weg vorgeben?

Auch Patienten »mit neurologischen und psychiatrischen Störungen« berichten von ähnlichen Wahrnehmungen unsichtbarer Begleiter, Schutzengel oder auch Dämonen. Giulio Rognini meint aufgrund seiner Experimente eine Erklärung gefunden zu haben:

> »Die Wahrnehmung unseres eigenen Körpers entsteht in unserem Gehirn auf der Grundlage sensomotorischer Informationen. Wenn dieses System aber nicht mehr richtig funktioniert – etwa aufgrund einer Krankheit –, so kann die Wahrnehmung entstehen, dass eine zweite Körperwahrnehmung (oder mehr) erzeugt wird, die wir dann aber nicht mehr als uns selbst, sondern als jemand beziehungsweise etwas anderes wahrnehmen« (ebenda).

Ist das so? Wir werden im Laufe des Buches noch deutliche Hinweise dafür bekommen, dass auch Psychotechniken wie Meditation und Yoga den Neocortex in bestimmten Teilen stilllegen und daraufhin neue Wahrnehmungsmöglichkeiten entstehen.

Der englische Philosoph, Theosoph und Mediziner Robert Fludd (1574–1637) stellte bereits im 17. Jahrhundert fest: »Im Zentrum des Gehirns befindet sich die Verbindung zum Göttlichen« (Fludd 1617). Er veröffentlichte entsprechende Bilder. In einem wird eine Verbindung von den Mittelhirn-

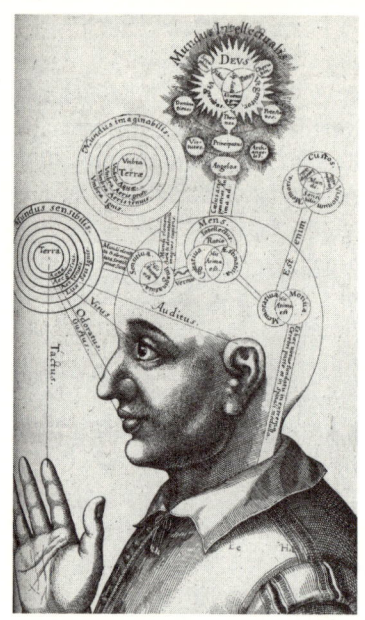
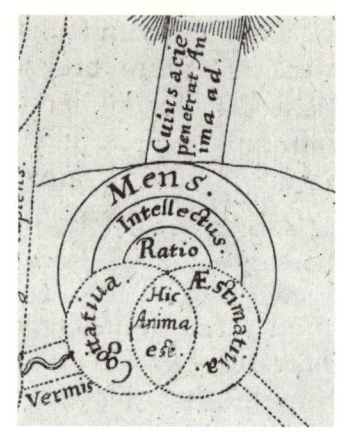

Abb. 2: *Nach Robert Fludd befindet sich die Verbindung zum Göttlichen mitten im Gehirn (Fludd 1617).*

strukturen zu »Deus« (Gott) gezeichnet, was mit den lateinischen Worten »Cuius acie penetrat anima ad« beschrieben ist: »Dessen Blick in die Seele dringt.«

Wie man Engel »nutzt«

Nehmen wir einmal an, Engel seien Meme, die wir nutzen können. Konkret geht es dabei um universelle, alles durchdringende Felder als »wesenhafte« Informationsspeicher und Ideengeber. Der Kirchenvater Augustinus (354–430) sagte bereits: »Esse angelos novismus ex fide.« (»Dass die Engel existieren, wissen wir durch den Glauben.«) Der Physiker Max Planck

(1858–1947) bemerkte in seinem Vortrag »Religion und Naturwissenschaft«, den er im Baltikum im Mai 1937 gehalten hat: »Ein geflügelter Engel galt von jeher als das schönste Sinnbild eines Dieners und Boten Gottes.« Dann sprach er über die anatomisch Gebildeten, die eine solche physiologische Unmöglichkeit nicht so schön finden. Er sagte schließlich: »Sie sollen sich nur sorgfältig hüten, den anderen, deren Anblick geflügelter Engel Trost und Erbauung gewährt, die heilige Stimmung zu schmälern oder zu verderben« (Planck 1941).

Der französische Philosoph und Schriftsteller Voltaire (1694–1778), einer der einflussreichsten Autoren der europäischen Aufklärung, schrieb im *Philosophischen Wörterbuch*: »Ich weiß nicht genau, wo die Engel leben, ob in der Luft, im leeren Raum oder auf den Planeten; Gott hat nicht gewollt, dass wir davon Kenntnis erhielten« (Voltaire 1764). Hat Gott wohl doch – heute meinen wir zu wissen, dass der vom Philosophen in Erwägung gezogene »leere Raum« tatsächlich der Aufenthaltsort der Engel und aller anderen Wesenheiten ist.

Es gab auch eine Engelslehre des persischen »Universalgelehrten« Avicenna (980–1037). Er entwarf eine doppelte Kosmologie, der zufolge es erstens den sichtbaren Himmel der Astronomie und Meteorologie gab und zweitens die unsichtbare Himmelssphäre – die »engelischen Intelligenzen« –, die alle wahrnehmbaren Phänomene des Universums ins Dasein treten ließen (Horten 1907).

Nehmen wir einmal an, es existierten Engel unabhängig von uns. Wenn sie nicht von uns aktuell als Glaubenskonstrukte erschaffen wurden, woher kommen sie dann? Helfende Entitäten (Wesenheiten) als Hilfsstrukturen zur Wirksamkeit der Ur-Information wurden als Meme immer schon erschaffen von unseren Altvordern (Traditionen). Es waren Engel, Devas, Tulpas, Dämonen und dergleichen mehr. Die überlieferten Schriften sind voll davon. Zum Beispiel die Erzengel Michael (Mikha-El: »Wer ist wie Gott?«), Gabriel (Cavri-El:

»Macht Gottes«) oder Raphael (Rafa-El: »Gott heilt«). Alle waren seit Äonen dienstbare Geister (Heb 1, 14); sie haben ihren eigenen Willen, beeinflussen aber nicht den freien Willen des Menschen.

Wir wollen einen Vergleich auf ganz profaner Ebene ziehen: Auch die Mode ist, wie gesagt, ein Meme-Produkt. Manche Individuen setzen Mode als eine Idee frei. Sie pflanzt sich in Windeseile von Mensch zu Mensch fort. Schließlich entwickelt sie ein Eigenleben und bekommt dann enorme Macht über den Einzelnen und unterwirft Menschen einer ganzen Epoche: Ich muss so und so gekleidet sein, damit ich wer bin.

Doch zurück zu dem Phänomen Engel. Es ist signifikant bewiesen: Wer an Schutzengel glaubt, ist vorsichtiger (Spiegel Online 2014). Forscher um David Etkin von der York University in Toronto, Ontario, befragten rund zweihundert Studienteilnehmer. Die Schlussfolgerung der Forscher aufgrund der ermittelten Ergebnisse war folgende Alternative: »Engel« halten ihre Schützlinge erstens zur Vorsicht an. Und zweitens könnte es sein, dass Menschen, die die Welt als riskant und gefährlich wahrnehmen, eine Neigung zum Glauben an Schutzengel haben.

Die Frage »Wie ruft man Engel herbei?« wird seit vielen Generationen immer wieder gestellt, und entsprechend gibt es vielerlei Antworten. Nach den Erfahrungen durch alle Kulturen hindurch sollte man spezielle Gefühle und Gedanken hegen, als da wären Bereitschaft, Vertrauen, Intuition oder Vorstellungskraft. Papst Pius XI. (1857–1939) offenbarte einen persönlichen »Trick«, wie er es nannte, der von Monsignore Roncalli, dem späteren Papst Johannes XXIII. (1881–1963), überliefert wurde:

»… dass er vor jeder schwierigen Begegnung seinen Schutzengel vorausschickte, damit er für ihn das Terrain vorbereitete. Ich kann nur jedem empfehlen, es selbst auszuprobieren! … Man muss an den Engel denken, ihm den Auftrag erteilen, ihn beschäftigt halten, denn er offenbart sich vor allem demjenigen, der ihn anruft. Manche Heilige wussten so einen Engel immer an ihrer Seite – sahen ihn mitunter sogar, mit oder ohne Flügel. Oder sie spürten eben seine Gegenwart« (Giovetti 1989).

Wie der klassische Philologe Giuseppe Del Ton (1900–1997) in seinem Buch *Verità su Angeli e Arcangeli* (»Die Wahrheit über Engel und Erzengel«) schreibt, waren schon früher inhaltlich identische Bemerkungen gefallen, wie von dem englischen Naturmystiker und Maler William Blake (1757–1827): »Durch das Denken an den Engel ruft man ihn herbei« (Del Ton 1985). Das Wichtigste ist Intuition und Vorstellungskraft. Und Padre Pio stellte fest, man halte es nicht für möglich, wie gehorsam die Engel seien.

Engel-Historien deuten auch Wirkmechanismen der Engel-Effekte an. Der Begriff »Engel« leitet sich ja ab vom griechischen *ággelos* für »Bote, Engel«. Die Flügel symbolisieren den Flug der von der Körpermaterie befreiten Seele. Die ersten Spuren der Engelgestalt finden sich in den Religionen der Assyrer und Babylonier etwa 3000 bis 1000 v. Chr. Überliefert waren zahlreiche große Steinbilder mit geflügelten assyrischen »Engeln«; viele davon sind inzwischen von den Milizen des sogenannten Islamischen Staates (IS) mutwillig zerschlagen worden und für immer verloren.

Zum Teil werden diese Bilder mit geflügelten Menschengestalten gezeigt, zum Teil aber wird der Kopf des Menschen mit dem Kopf des Adlers ausgetauscht und soll dann die Seele symbolisieren. Auffällig ist, dass diese Wesen sehr häufig in immer gleicher Weise mit dem Griff zum Zirbelzapfen gezeigt wurden, was man als Hinweis auf die Zirbeldrüse sehen kann. Die Aussage dieser Bilder könnte also lauten: »Handhaben der Zirbeldrüse«.

Einige Darstellungen zeigen in diesem Zusammenhang auch den Baum der Erkenntnis mit Zirbelkieferzapfen. Das Buch Genesis beschreibt, wie Adam und Eva am Baum der Erkenntnis den verbotenen Apfel zu sich nehmen. Dort heißt es: »Denn Gott weiß, dass du an dem Tage, wo du isst, dann deine Augen geöffnet werden, und ihr werdet Götter sein und Gutes und Böses erkennen« (Gen 3, 5). Im hebräischen Text steht aber das Wort *ayin,* und das heißt nicht »Augen« im Plural, sondern es ist ein Singular und bedeutet »*das* Auge«. Angestiftet wurde der Prozess bekanntlich durch die Schlange, die Adam und Eva versprach, dass dann, wenn ihr Auge geöffnet, auch ihr Wissen erweitert würde, wie die richtige Übersetzung lautet. Die Schlange ist seit Urzeiten das Symbol für Wissenserweiterung, wie es auch die Kobra als Kopfschmuck im alten Ägypten verdeutlichte.

Damit könnte also im Buch Genesis gemeint sein, dass mit der Öffnung des Dritten Auges die Frucht der Erkenntnis zum Menschen komme und das gesamte Wissen offenbart werde. Man kann hier herrlich spekulieren, zumal auch überliefert wurde, dass der Baum der Erkenntnis im Zeitalter der Babylonier und Assyrer aus Zirbelzapfen in Dreieranordnung bestand. Die Dreieinigkeit war immer schon Seele, Geist, Körper. An der Basis des Baums steht allerdings dann nur ein Zapfen, der sich im obersten Helmbereich des Kopfes wiederholt.

Engel im Alten Testament haben Flügel auf dem Rücken. In der zeitlich vorangehenden heidnischen Auffassung haben diese Boten, zum Beispiel der Bote Merkur, Flügel an den Füßen oder am Helm. Merkur wurde aber wie später die Engel als Bote höherer Mächte angesehen. Er wird beschrieben als Vermittler zwischen dem universellen Heiligen Geist einerseits und Seelen- und Vernunftgeist in Materie andererseits.

Im *Hermetischen Abc* findet sich unter der Überschrift »Aus des Herrn de Nuysement Tractat vom allgemeinen Geist

Abb. 3: Babylonier mit Zirbelkieferzapfen. Dieser monumentale geflügelte Schutzengel in Frontalansicht war innen im Durchgang eines Stadttors angebracht. Er hatte eine segnende Funktion: Von dem Pinienzapfen wurde eine Flüssigkeit auf den Durchgang und auf diejenigen gesprengt, die ihn passierten.

Abb. 4: Besonders interessant ist diese Darstellung, die den Lebensbaum beziehungsweise den Baum der Erkenntnis darstellt mit adlerköpfigen geflügelten Wesen rechts und links davon. Beide Wesen zeigen mit dem Zirbelzapfen in der Hand auf die obersten Bereiche des Baums der Erkenntnis.

*Abb. 5: Caduceus mit einem Tannen-
zapfen auf dem Whitehall-Gebäude in
New York City.*

der Welt« der Text: »Merkur – von Natur flüchtig –, sein
Stab mit Schlangen umwunden [Osirisstab], deutet auf seine
Kraft, mit welcher er Himmel und Erde öffnet, Tod und Le-
ben gibt« (Ringmacher 1778/79). Ein Freimaurersymbol am
Whitehall-Gebäude im New Yorker Finanzdistrikt ist ein
Analog zum Osirisstab. Auffällig sind die Flügel und der Zir-
belzapfen an der Spitze eines Stabs, der von zwei Schlangen
umschlungen ist.

Fassen wir zusammen: Der Glaube kann also Engelphäno-
mene hervorrufen, dies scheint eine quantenphilosophische
Gesetzmäßigkeit zu sein. Engel dienen darüber hinaus der Erlangung von Wissen beziehungsweise Erkenntnis. Und man
kann Engel »nutzen«, um Heilung zu bewirken.

Es ist sicherlich ein Fehler, wenn wir meinen, die Weisheiten der Traditionen verwerfen zu müssen. Eine derartige Hybris fügt uns eher Schaden zu, als dass sie Nutzen stiftet. So schrieb der Theosoph Valentin Weigel (1533–1588) als »Introductio hominis«: »Merke, es ist zweierlei Erkenntnis Gottes, eine natürliche aus dem Licht der Natur, die bringet noch nicht die neue Geburt oder Seligkeit, und eine übernatürliche Erkenntnis aus dem Lichte des Glaubens oder der Gnaden, und hierinnen stehet vollkommene Seligkeit« (Weigel 1618).

Der Professor für soziale Arbeit David R. Hodge (Arizona State University) schreibt im Vorwort zu seiner Metaanalyse bereits existierender siebzehn Studien als Ergebnis der Recherche, Beten für Personen könne Heilungen bewirken mit schwachen, aber signifikanten Effekten: »Es ist theoretisch möglich, dass ein transzendentes Wesen existiert und die Gebete erhört. Es ist aber auch möglich, dass Gebete einen bislang unentdeckten, natürlichen Mechanismus anzapfen, der Veränderungen hervorrufen kann. Mit anderen Worten: Fürbitten können einen Effekt haben auf übernatürlicher Basis, auf natürlicher Basis oder gar keinen« (Hodge 2007).

Was ist konkret zu tun, um bewusst mit Memen der Interwelt, so auch Engeln, zu interagieren? Natürlich wollen wir ein genaues Rezept vorgesetzt bekommen, um die Versprechungen der Altvorderen auszuprobieren. Aber das ist nicht vorgesehen, im Gegenteil, alles wird codiert, damit es nicht verstanden wird von denjenigen, die damit Unfug treiben könnten. Im *Rosarium Philosophorum* steht: »Wo immer wir gesprochen haben, haben wir nichts gesagt. Aber wo wir etwas verschlüsselt und in Bildern niedergeschrieben haben, dort haben wir die Wahrheit verhüllt« (Telle 1992). Und der englische Alchemist Thomas Norton (1433–1513) schrieb:

»Geheim soll diese Kunst auf ewig bleiben.
Den Grund dafür will ich euch treulich schreiben:
Ein böser Mensch könnte durch ihre Macht
der Christen Frieden stören über Nacht.
Und voller Hoffart von den Thronen stürzen
rechtmäßige Kaiser, Könige und Fürsten«
(Norton 1929).

Dennoch wird im *Geheimen Werk* des französischen Alchemisten Jean d'Espagnet (1564–1637) bereits auf den Weg hingewiesen. Wir müssen nur verstehen, was damit gemeint ist.
»Den Leib auflösen und den Geist hartmachen« (d'Espagnet
1730). Die traditionelle Forderung, zum Beispiel auch in der
Alchemie, geht in die gleiche Richtung, verwendet aber vollkommen andere Begriffe; dort heißt es: »Verlassen des alten
Weltbildes« (Alltagswelt) und »Eintauchen in das neue Weltbild« (Interwelt, Anderswelt, Transwelt). Es war noch nie
leichter, diese Forderung zu erfüllen, nämlich durch die Erkenntnisse der neuen Physik, wie sie in diesem Buch bespro-
chen werden. Doch vorher wollen wir uns noch das Wissen
der Traditionen ansehen.

> *»Jede geistige Form scheint zugleich eine Hülle zu*
> *bedeuten, in die sich der Geist einschließt. Wenn es*
> *gelänge, alle diese Hüllen abzustreifen, dann erst –*
> *so scheint es – würden wir zur echten*
> *unverfälschten Wirklichkeit, zur Wirklichkeit des*
> *Subjekts wie des Objekts durchdringen.«*
> ERNST CASSIRER

Geheime Wissenserlangung – Sinn des Lebens?
In der hermetischen (»verschlossenen«) Wissenschaft, der später sogenannten Alchemie, wird ein Wissen uralter Priesterkasten überliefert, das Tausende Jahre vor Christi Geburt von Indien ausging. Das Wissen übernahmen unter anderem das griechisch besetzte Ägypten (etwa 300 v. Chr.), Arabien beziehungsweise Syrien und schließlich China (Taoismus). In allen wichtigen Überlieferungen seit teilweise mehr als zweitausend Jahren wie dem Ägyptischen und dem Tibetischen Totenbuch, den Yoga-Sutren des Patanjali, den Upanishaden, Saundarya Lahari, Panchastavi oder den Puranas (Vedanta) ist die Rede vom verborgenen Potenzial einer Kraftquelle, aus der Wissen geschöpft werden kann, wenn spezielle Wahrnehmungszustände genutzt werden. Hier werde direkte Offenbarung des Wissens von höheren Ebenen zuteil, wie es heißt. Durch Meditation könne man eine Samadhi-Stufe erreichen (nach hinduistischer Auffassung einen über Wachen, Träumen und Tiefschlaf hinausgehenden Bewusstseinszustand), die der Ebene entspricht, auf der das Wissen in der transzendenten Urform auf ewig vorhanden ist. Dort bekomme der Yogin Belehrungen, die alles in den Schatten stellen, was er auf der Erde gehört habe.

Die Weisheiten uralter Kulturen werden von den Menschen im Industriezeitalter nicht mehr gebührend beachtet. So wichtige Geschehnisse wie »Erleuchtung«, »Kultivierungsenergie«, »Öffnung des Himmels- und Weisheitsauges« werden despektierlich als »Esoterik« abgetan, doch die Informationen aus der Quantenphilosophie und die eigenen Erfahrungen können ein durchaus stimmiges Modell des geistigen Universums ergeben, das mit den Berichten unserer »Altvorderen« immer schlüssiger in Einklang zu bringen ist.

Als Buddha Shakyamuni (»der Weise aus dem Geschlecht der Shakya«) Siddharta Gautama (etwa 563–483 v. Chr.) vor zweieinhalb Jahrtausenden die Philosophie des Buddhismus in Altindien begründete, waren die Möglichkeiten, die dem Menschen innewohnen, bereits bestens erprobt. Von Indien verteilte sich seine Lehre über Nepal und Afghanistan nach China und Japan. Ob Buddhismus oder Tantrismus, Meditation und Weisheit waren überall die Hauptthemen, wobei immer wieder darauf hingewiesen wurde, dass erst durch die Meditation eine besondere Weisheit erlangt werden kann. Weisheit war unmittelbar verbunden mit dem Geschehen der Erleuchtung, die den Weg frei machte, um Wissen und hohe Intelligenz zu erreichen und die Wahrheit des Kosmos zu erfahren.

Die Methode war so durchschlagend, dass sie in allen Zeiten als Geheimnis bewahrt wurde. Aufzeichnungen waren strikt verboten, nur mündliche Überlieferungen an ein ausgewähltes handverlesenes Publikum waren erlaubt. Geheim musste diese Lehre angeblich deshalb bleiben, weil bei so viel Macht ansonsten der Zustand der menschlichen Gemeinschaft gestört und sabotiert würde. Die Gesellschaftsregeln würden ungültig, und die Gesellschaft fiele auseinander ... Der wohl aus Indien instruierte Jesus von Nazareth mit seinen Vorträgen vor seinen Jüngern ist das bei uns am besten bekannte Beispiel für die Tradition der mündlichen Überlieferung. Er sprach immer nur in Gleichnissen und erklärte das damit, dass er rede und gehört werde, dass aber nur die Auserwählten auch verstünden, was er sage.

Die Alchemie hat genau die gleichen Ziele: In codierter Sprache und in Gleichnisbildern, unverständlich für die Uneingeweihten, wird offenbart, wie Seele und Vernunft, synonym mit Unterbewusstsein und Bewusstsein oder Interwelt und Alltagswelt oder Selbst und Ich, zusammengeführt werden können. Die sich später etablierenden Logen führten diese Geheimniskrämerei fort, indem sie meist in Bildern viele Andeutungen machten, die erahnen ließen, dass etwas sehr Mächtiges, aber auch Wertvolles vor dem Alltagsmenschen versteckt werden solle.

Das Erkennen beziehungsweise Sehen geschehe nicht etwa mit den Augen als Sinnesorgan, denn diese Augen sähen lediglich Täuschungen, sondern wahres Sehen funktioniere nur mit dem, was später dann als das mystische »Dritte Auge« bezeichnet wurde. Es wurde »Himmelsauge« genannt, weil es Erscheinungen außerhalb der alltäglichen Raum-Zeit sehen könne. Es sei eine Art Hellsehen durch Mauern hindurch oder in die Körper hinein zur Diagnose von Erkrankungen. Und nach Bedarf könne auch das Wesen der Dinge erspürt werden – wie es hieß. Im buddhistischen System wird von fünf Ebenen zur Wissenserlangung gesprochen: fleischliches Auge, himmlisches Auge, Weisheitsauge, Fa-Auge und Buddha-Auge. Jede Ebene ist noch in Ober-, Mittel- und Unterstufe unterteilt.

Die Mysterienschulen im alten Ägypten, der Buddhismus, Tibeter, Schamanen, Druiden und so fort: Sie alle beschrieben eingehend das »Dritte Auge«. Es ging dabei immer um die »Schau einer Parallelwelt«, einen Kontaktaufbau zu nichtphysischen Wesen und zu anderen Dimensionen jenseits der physischen Realität, das Abrufen von allen erdenklichen Informationen, insbesondere Heilwissen.

Vermittler des Wissens von Information aus anderen Welten war stets die Zirbeldrüse im Gehirn. Alle fortgeschrittenen alten Kulturen, von denen heute noch die Rede ist, haben die

Bedeutung der Zirbeldrüse erkannt. Es waren die druidischen, hinduistischen, tibetischen, ägyptischen, griechischen, assyrischen, babylonischen, chassidischen (jüdischen), islamischen, taoistischen, Maya- und Aborigines-Kulturen, und es gibt sicherlich weitere.

Bereits im 3. Jahrhundert v. Chr. wird die Zirbeldrüse vom griechischen Anatom Herophilos aus Alexandria (um 330–255 v. Chr.) mit der Funktion »Schließmuskel, der die Gedanken kontrolliert« erwähnt. Die alten Ägypter separierten die Zirbeldrüse während der Mumifizierung. Sie verwendeten die symbolische Zirbelzapfen-Darstellung, um deutlich zu machen, dass durch die Zirbeldrüse der Tod des Körpers geistig überlebt werden kann.

Der überwiegend in Rom tätige griechische Arzt und Anatom Galen aus Pergamon (130–210) bezeichnete die Zirbeldrüse als eine »Meisterdrüse« und Eintrittspforte der Gedanken. Man gab ihr den Namen »Epiphyse«, entlehnt vom griechischen *epíphysis* für »Zuwuchs, Ansatz«, wörtlich »der Aufwuchs« oder »das aufsitzende Gewächs«. Die Römer verstanden sie als »übergeordnete Drüse« im Vergleich mit der Hirnanhangsdrüse oder Hypophyse, die sie als »untergeordnet« einstuften (vom griechischen *hypó* für »[dar]unter«). Das erscheint plausibel, denn die Epiphyse steuert zusammen mit der Hypophyse die Ausschüttung aller endokrinen Drüsen. Wenn die Hirnanhangsdrüse sozusagen den Körper über ihre Hormonausschüttung »einschaltet«, kann die Zirbeldrüse über ihre Hormonausschüttung den Körper »ausschalten«. Der eingeschaltete Körper bewerkstelligt den Alltag im Licht, der ausgeschaltete Körper bewirkt den geistig-seelischen Bereich der Interwelt, bevorzugt in der dunklen Nacht.

Und man kann jede der Drüsenproduktionsstätten unseres Körpers in etwa mit einem traditionellen Chakra assoziieren. Bei den Chakras handelt es sich nach hinduistischer Auffassung um feinenergetische Zentren, die in unserem Körper verteilt sind, die sogenannten sieben Hauptchakras etwa vom Anus ausgehend entlang der Wirbelsäule bis zum Scheitel. Das Dritte Auge symbolisiert in der Tradition Weisheit und Befreiung. Die tantrische Entsprechung ist das zweiblättrige Ajna-Chakra zwischen den Augen. In Sanskrittexten wird das Ajna-Chakra, das als sechstes Chakra bekannt ist, mit dem mystischen Dritten Auge verbunden, das laut Überlieferungen kosmisches Bewusstsein, Telepathie, Intuition erzeugt. In einer Yoga-Broschüre heißt es:

»In der altindischen Terminologie wird das ›Dritte Auge‹ mit dem ›Ajna-Chakra‹ gleichgesetzt. Dieses Chakra ist die Vermittlerin der Siddhis, einer Seelenkraft, die Telepathie und viele andere paranormale Effekte überträgt, die über den Kosmos verbreitet sind … [Es kontrolliert] die Verbindung zum Höheren Selbst, die Intuition, die außerkörperliche Erfahrung, das Hellsehen, ein universelles Bewusstsein und Todeserfahrungen.«
(Saraswati 1972)

Das Dritte Auge steuert auch die Funktionen des siebten Chakras (Sahasrara). Es ist das Kronen-Chakra auf dem Scheitel. Hier wird bei Aktivierung die Verknüpfung zum Höheren Selbst und zu astralen Reisen hergestellt. Buddha-Figuren haben deshalb im Scheitel des Kopfes Ausstülpungen oder eine Flamme, die eine Aktivierung des Chakras darstellen soll. Swami Satyananda Saraswati gibt die Überlieferung mit folgenden Worten wieder:

»Alle psychischen Systeme haben ihre körperlichen Aspekte im Körper … beim ›Ajna-Chakra‹ ist die physische Entsprechung die Zirbeldrüse, die lange Zeit Ärzte und Wissenschaftler über ihre genaue

Funktion ratlos machte ... Yogis, die Wissenschaftler
des subtilen Geistes sind, haben von der Telepathie
immer als einer ›Siddhi‹ gesprochen, einer psychischen
Kraft zur Gedankenkommunikation und Hellhörig-
keit etc. Das Medium solcher Siddhis ist das ›Ajna-
Chakra‹, und sein physikalischer Terminus ist die
Zirbeldrüse, die mit dem Gehirn verbunden ist.
Es wurde von großen Yogis erklärt ... dass die Zirbel-
drüse der Empfänger und Absender der subtilen
Schwingungen ist, welche Gedanken und psychische
Phänomene durch den ganzen Kosmos tragen« (ebenda).

Und in einem Beitrag der Zeitschrift *Yoga Magazine* heißt
es:

»Viele Kinder können mühelos ›zaubern‹, sie besitzen
›Siddhis‹, psychische Kräfte, die mit der Erweckung des
›Ajna-Chakras‹ in Zusammenhang stehen. Kinder sind oft
hochintuitiv, können in die Zukunft und in die
Vergangenheit sehen, oder sie wissen, was ihre Eltern
denken. Sie haben außergewöhnliche Fähigkeiten, die
Wirklichkeit hinter den äußeren Erscheinungen zu sehen,
so stark, dass es sehr schwierig ist, ein Kind zu täuschen
oder zu belügen« (Saraswati 1979).

Bei den Hindus ist das mystische Dritte Auge als Bindi auf der
Stirn appliziert (das Sanskritwort *bindu* heißt »Tropfen,
Punkt«). Oft sieht man auf buddhistischen Stupas das sich
öffnende Auge zwischen die Brauen gemalt.

Im jahrtausendealten *Rigveda* gibt es diverse Hinweise darauf, dass die frühen indischen Mystiker ihre Meditationen
zur Öffnung des Dritten Auges mit halluzinogenen Mitteln
verstärkt haben. 114 Hymnen der *Rigveda* sprechen über sogenannte Soma-Vorbereitungen und ihre Auswirkungen.

Die Veden, die angeblich bereits vor zehntausend Jahren am mythologischen Saraswati-Fluss existierten, sollen von der Zirbeldrüse in der Größe einer Zitrone gesprochen haben. Quellen dazu habe ich nicht gefunden. Dass die Zirbeldrüse aber in früheren Zeiten größer gewesen sein könnte als heute, lassen die Zeichnungen Descartes' vermuten. Denn er studierte die Anatomie der Epiphyse sehr genau und fertigte eine ganze Reihe von Detailzeichnungen an. Er behauptete wie die Traditionen vor ihm, dass er mit der Zirbeldrüse den »Hauptsitz der Seele« gefunden habe und sie die Verbindung zwischen dem physischen Körper und dem Geist beziehungsweise der Seele sei (vgl. Lokhorst 2006, Burnham und Fieser 2006).

Auch in den Schriften von Pythagoras (um 570–510 v. Chr.), Platon (um 428–347 v. Chr.) und Iamblichus (um 240/245–320/325) ist die Zirbeldrüse erwähnt.

Diese Drüse (lateinisch *glandulae* für »Halsmandeln, -drüsen«) hat ihren Namen »Glandula pinealis« vom lateinischen *pinea* für »Zapfen, Fichtenkern«, weil ihr Aussehen, wie gesagt, an einen kleinen Zirbelkieferzapfen erinnert. Der Name wurde bereits von Herophilos von Chalkedon (335–280 v. Chr.) verwendet, der als »Vater der Anatomie« gilt. Zirbelzapfen waren auch vorher schon okkultisch mit spiritueller Erleuchtung verbunden. Mir liegen zahlreiche Bilder von den alten Sumerern, Assyrern, Babyloniern, Ägyptern, Griechen und von frühen Christen vor, die als Symbol für die geheimnisvolle Verbindung zwischen den physischen und den geistigen Welten den Zirbelzapfen darstellten. Heute noch sind Dachverzierungen, Brunnen und Statuen mit dem Symbol veredelt. Die Schlangendarstellung des Osirisstabs, an dem sich zwei Schlangen zu der Zirbelzapfenspitze hochwinden, wurde später mit der indischen Kundalini-Philosophie verbunden, in der eine zusammengerollte energetische Schlange an der Wirbelsäulenbasis auf ihre Aktivierung wartet und zwecks Erleuchtung zur Zirbeldrüse aufsteigt. Ebenso hat einer der Pappstä-

Abb. 6: *Der Zirbelkieferzapfen ragt anatomisch korrekt in den Hohlraum (dritter Gehirnventrikel), hier symbolisch dargestellt im Vatikan, Platz vor der Peterskirche in Rom.*

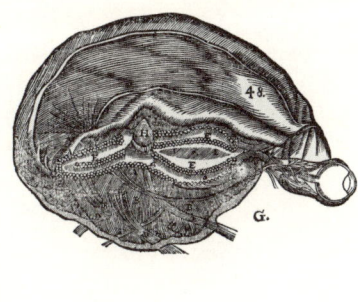

Abb. 7 und 8: Im Zentrum des Ventrikelsystems befindet sich die un-paarige Zirbeldrüse (H), die in Descartes' Vorstellung zentraler Kommunikationspunkt zwischen Körper und ganzheitlicher Seele ist.

be (Ferula) eine Andeutung des Zapfens eingearbeitet. Aber die größte Darstellung des Zirbelzapfens ist auf dem Vorplatz des Vatikans zu finden, bei richtiger Perspektive sogar im Hohlraum der konvexen Mauern des Hintergrundpalastes gelegen, was die Lage der Zirbeldrüse im Hohlraum des dritten Ventrikels innerhalb des Gehirns symbolisieren könnte.

Gehirnanatomen war die Zirbeldrüse schon sehr früh bekannt. Überliefert ist, dass Erasistratos von Keos (305–250 v. Chr.) und der bereits genannte Herophilos von Chalkedon Anatomen der Schule von Alexandria waren. Erasistratos beschrieb das Nervensystem des Menschen, Herophilos das Auge und das menschliche Gehirn. Beide sagten, dass die Zirbeldrüse wie ein Ventil funktioniere, das den Fluss unserer Erinnerungen lenkt. Der flämische Mediziner Andreas Vesalius (1514–1564) beschrieb ebenfalls die Ähnlichkeit von Zirbeldrüsen mit Pinienzapfen (und die Fibonacci'sche Spiralanordnung). Spätestens aber seit Descartes die Zirbeldrüse eingehend untersucht hat, gilt sie im Abendland als Sitz der Seele. Er sagte, es gebe eine kleine Drüse im Gehirn, in der die Seele ihre Funktion »spezieller« ausübe als in jedem anderen Teil des Körpers.

Das Auge des Horus

> *»Mit dem Erleben treten wir aus der Welt*
> *der physischen Phänomene in das Reich der*
> *geistigen Wirklichkeit.«*
> WILHELM DILTHEY

Die Daoisten erweiterten den Zirbeldrüsenbereich mit den weiteren Drüsenzentren Hypophyse und Hypothalamus als eine Gehirnregion, die sie »Kristallpalast« nannten. Das erinnert sehr an den Bereich, der wahrscheinlich identisch mit dem ägyptischen »Auge des Horus« ist, einem der zentralen Symbole in ägyptischen Mysterienschulen. Horus war ein Hauptgott in der frühen Mythologie des alten Ägyptens. Der populärwissenschaftliche Erfolgsautor Gregg Braden verbindet das Horus- beziehungsweise Uzat-Auge mit einem All-Bewusstsein (Braden 1999).

Die Besonderheit des Horusauges liegt in der erkennbaren Skizzierung eines Gehirnausschnitts, nämlich des Querschnitts des Mittelhirns (limbisches System und Thalamus) als Lokalität: erstens der Zirbeldrüse und zweitens der Klotho-Protein-Produktion, sezerniert von dem Plexus chor(i)oideus beziehungsweise den Plexus chor(i)oides, Geweben reich an Blutkapillaren, die auch die Gehirnflüssigkeit absondern. Benannt wurde das Hormon und Enzym nach jener griechischen Göttin Klotho, die den Lebensfaden der Menschen spinnt.

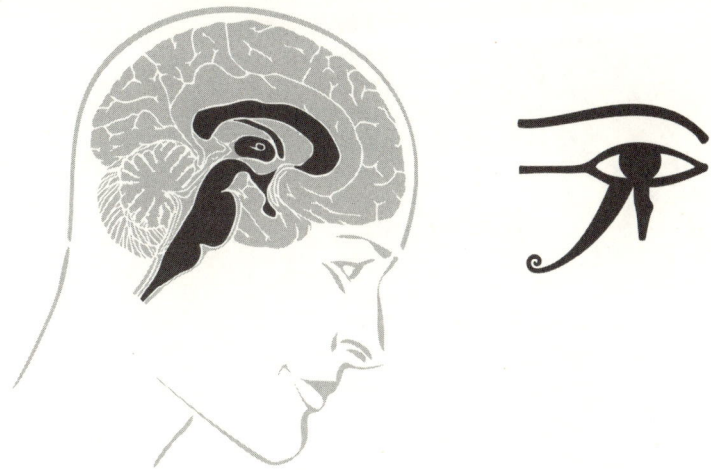

Abb. 9: Das Horusauge weist eine auffällige Ähnlichkeit mit einem Gehirnausschnitt auf.

In diesem außerordentlich wichtigen Mittelhirnbereich wird erstens der Kontakt mit einer nichtmateriellen Interwelt eröffnet, der Welt des Virtuellen und Spirituellen (Traum und Nahtod), und zweitens die Dauer des Lebens mit Körpermaterie entscheidend festgelegt, da hier maßgebend die Abgabe des äußerst wichtigen Masterproteins Klotho stattfindet (mehr zu Klotho folgt weiter unten).

Das Auge des Horus war ein Symbol mit weitreichenden Funktionen. Auch die Seele, der Ka, wird als »unsterbliches Selbst mit schöpferischer Kraft und schützender Essenz« als »Auge des Horus« mit Flügeln dargestellt (Mann 1997). Auf Sarkophagen (vom griechischen *sarkophágos* für »Fleischverzehrer«, weil hierfür ursprünglich eine die Verwesung fördernde Kalksteinart verwendet wurde) brachte man das Auge

Abb. 10: Mithilfe des Horusauges und der Taube (Heiliger Geist) wird das geheime Feuer entfacht (Gral).

des Horus auf der nach Osten zeigenden Seite an – als Verbindung mit dem Land der »lebenden Seelen«.

The Equinox ist das offizielle Organ des »A∴A∴« (Astrum Argenteum), eines magischen Ordens, der von den britischen Okkultisten Aleister Crowley (1875–1947) und George Cecil Jones (1873–1960) nach dem Vorbild des »Hermetischen Ordens der Morgenröte« gegründet wurde. Der A∴A∴ befasste sich mit den Lehren der geistigen Entwicklung, aufgeschrieben in *The Equinox*, Band I (1909–1914), von Aleister Crowley. Darin heißt es: »Die Methode der Wissenschaft« ist es, »das Ziel der Religion« durch das »Auge des Horus« erstrahlen zu lassen (vgl. Wassermann 1993).

Der in den USA gegründete Orden der Rosenkreuzer hat das Kürzel AMORC, das für »Antiquus Mysticus Ordo Rosae Crucis« oder »Alter Mystischer Orden von Rosen-Creutz« steht. Dieser Orden hat das berühmte *Buch 777. Die Kathedrale der Seele* herausgegeben (Dean 1965). Es enthält hyp-

notische und suggestive Imaginationsübungen. Die Medita-
tion verfolgt nach Ansicht des AMORC den Zweck, über das
Unterbewusstsein Kontakt mit dem kosmischen Bewusstsein
herzustellen. Gleich auf dem Deckblatt zeigt ein codiertes
Symbol, um was es geht. In einem Satz ist das Symbol deko-
dierbar: Mithilfe des Horusauges (Abb. 10) und der Taube
(Alchemie: Heiliger Geist) wird das geheime Feuer entfacht
(Gral). Das geheime Feuer ist die Methode zur Öffnung des
Dritten Auges.

Der kanadische Historiker und Freimaurer Manly P. Hall
(1901–1990) hat als Gründer der Philosophischen For-
schungsgesellschaft und ihr erster Präsident mehr als zweihundert Abhandlungen, Bücher, Essays und Zeitschriftenarti-

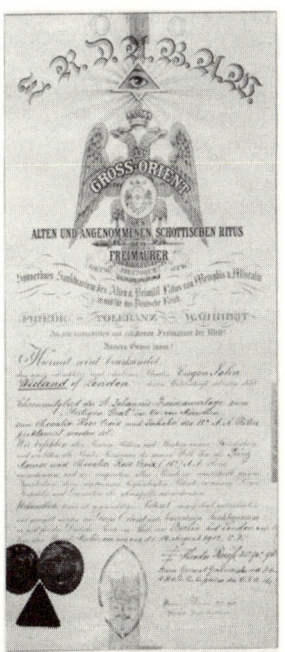

Abb. 11: Freimaurer-Urkunde
Ordo Templi Orientis (O.T.O.),
1895.

Abb. 12: Vatikanflagge mit
stilisiertem konischem Zapfen.

kel geschrieben, die den Glaubensschatz der Loge in der damaligen Zeit wiedergaben. Er sagte: »Die angewandte Freimaurerei im eigentlichen Sinne meint den Prozess, durch den das Auge des Horus geöffnet wird« (Hall 1928).

Die Zirbeldrüse war demnach Teil des Horusauges. Hall meinte, nun erkundet zu haben, wie der Prozess zur Öffnung des Horusauges im alten Ägypten vonstattenging, ohne diesen Prozess zu beschreiben. Er führte aus: »Im menschlichen Gehirn gibt es eine winzige Drüse, die Zirbeldrüse genannt wird, die das heilige Auge der Alten ist und dem dritten Auge der Zyklopen entspricht ... das Auge, das nicht geöffnet werden kann, bis Chiram (das Geistesfeuer) erhoben wird« (ebenda). An anderer Stelle schreibt er: »Ist das Geistfeuer über die 33 Grade oder Wirbelsäulensegmente bis hinauf in die kuppelförmige Kammer des menschlichen Schädels gestiegen, dringt es in die Hypophyse (Isis) ein. Von dort aus weckt es die Zirbeldrüse (Ra) und verlangt den Heiligen Namen.«

Hall beschäftigte sich viel mit den Traditionen anderer Länder. Im Folgenden gebe ich Inhalte aus seinen Schriften wieder. Er beschreibt, dass die Hindus die Zirbeldrüse als das »Dritte Auge« bezeichneten. In Tibet nannten sie die Nutzer des Dritten Auges »Dangma«, was übersetzt »reine Seele« heißt und einen vollkommenen Hellseher beschreibt.

Die Buddhisten sprachen vom allsehenden Auge, im Christentum wird das *eine* Auge erwähnt, wodurch der Mensch die geistige Welt erkannte. Bei Kindern ist das Auge bis zum siebten Lebensjahr noch aktiv, und Kinder sind hoch sensitiv verglichen mit Älteren.

Die Drüse sekretiert eine ölartige Substanz, die »Resinharz« genannt wird; sie ist ähnlich dem Harz der Zirbelkiefer. Die Rosenkreuzer arbeiteten mit diesem Sekret und versuchten so, das einzelne Auge zu öffnen. In ihren Schriften steht, das Licht des Leibes sei das Auge; wenn also das Auge ein einziges sei, werde der ganze Körper mit Licht gefüllt.

Diese Aussage findet sich leicht verändert auch im Neuen Testament: »Das Licht des Leibes ist das Auge: Wenn also dein Auge allein ist, wird dein ganzer Leib voll von Gott sein« (Mt 6, 22). Oder in einer anderen Übersetzung: »Das Auge ist das Licht des Leibes. Wenn dein Auge lauter ist, so wird dein ganzer Leib licht sein.« Das Wort »lauter« wird hier im Sinne von »durchlässig« verwendet.

Man mag bezweifeln, dass den Übersetzern der Bibel die wahre Bedeutung der Texte bekannt war. Auch über den wirklichen Inhalt des Sprichworts »Unter den Blinden ist der Einäugige König« besteht heute sicherlich weitgehend Unklarheit …

In der Alchemie wird die Drüse als Schwanz eines Drachens dargestellt, an dessen Ende ein winziger fingerartiger Vorsprung existiert, der Joseph heißt (als »Vater von Gott«). Es ist seither der Stab Gottes, manchmal auch als »heiliger Speer« bezeichnet. So zeigen Abbildungen den Drachen mit einem speerartigen Schwanz. Dieses Gebilde funktioniert als Verbindung vom Menschen und dem Göttlichen. Nachdem das erkannt war, wurde weisen Herrschern als Abbild des anatomischen Zirbeldrüsenanhangs ein Stab oder Zepter in die Hand gegeben, an dessen Ende die Zirbeldrüse als Zapfen angeordnet ist. Tatsächlich findet man in diversen Abbildungen zum Beispiel als Vasenbemalungen diesen Stab, etwa den Stab des Dionysos. Der Zirbelzapfen ist auch Hauptmotiv im Wappen auf dem Heiligen Stuhl (»Holy See«), und die Vatikanflagge enthält ebenfalls einen stilisierten konischen Zapfen (Abb. 12).

In den westlichen Mysterienschulen gibt es Anleitungen und Übungen, wie diese Drüsenanordnung zwecks Aktivierung in Vibration versetzt werden kann, was oft zu einem brummenden, dröhnenden Klang im Gehirn führen soll. Das könne »unaufgeklärte« Menschen in großen Stress versetzen.

In der Mitte des Gehirns liegt der dritte Ventrikel als eine gewölbte Initiationskammer. Um sie herum sitzen die drei

»Könige«, die drei großen Zentren des Lebens und der Macht – der Hypophysen-Körper, die Zirbeldrüse und der Thalamus. In diesem Raum befindet sich ein kiesartiger Samen, der laut Manly P. Hall unzweifelhaft mit dem Behältnis

Abb. 13: Hier werden einige Utensilien dargestellt, die zur Öffnung des Dritten Auges erforderlich sind.

in der Königskammer der Großen Pyramide in Verbindung steht. Der dritte Ventrikel ist nach alter Überlieferung der Sitz der Seele, und der goldene Lichtkreis als Aura um die Köpfe der Heiligen und Weisen entsteht aus diesem Seelenventrikel. Vom dritten Ventrikel mit der Zirbeldrüse breitet er sich auch durch die Stirnhöhle hindurch als »frontaler Sinus« aus, der den »blauen Äther« einer »Vene« enthält. Dies wird bei den Buddhas als Juwelen auf der Stirn angedeutet, in manchen Ländern als Punkt und bei den alten Ägyptern als Kobrasymbol (Hall 1928).

Im Buch *Chymische Hochzeit Christiani Rosenkreutz Anno 1459* von Johann Valentin Andreae sind im Kapitel »Der magische Altar im oberen Saal« (»Pinealis-Saal«) einige Utensilien, die zur Öffnung des Dritten Auges notwendig seien, beschrieben oder im Bild gezeichnet (Abb. 13).

Man beachte, wie auch hier der Zirbelzapfen in einem Hohlraum dargestellt wurde, so wie der Zirbelzapfen im Vatikan ebenfalls in einem sehr ähnlichen Hohlraum angebracht

Abb. 14: Das Dritte Auge auf dem Eindollarschein.

ist. Es ist der erwähnte Kristallpalast, der wiedergegeben wird. Die Königspaare eventuell als Thalamus, Hypothalamus und Hypophyse.

Auch der Eingang der magischen Weissagungshöhle in Delphi ist mit einem bienenkorbartigen Omphalos in Form der Zirbeldrüse besetzt (vom griechischen *omphalós* für »Nabel, Mittelpunkt [der Erde]«).

Heute noch befindet sich das in diversen Geheimbünden symbolisch für übernatürliches Wissen geführte Dritte Auge auf dem Eindollarschein (Abb. 14).

Die Freimaurer haben viele Darstellungen, um ihren Mitgliedern deutlich zu machen, wie sie den besonderen Wahrnehmungszustand des Allwissens erreichen können. Es sind immer die gleichen Elemente in den Bildern zu finden. Durch zwei Säulen mit dem Zirbelzapfen schreitet man hindurch, erklimmt sieben Stufen und gelangt dann durch ein Tor, das die Öffnung des Dritten Auges darstellt, in einen weiteren Raum, was die Erleuchtung bedeutet (Abb. 15).

Abb. 15: Wiederkehrende freimaurerische Elemente: Man schreitet durch zwei Säulen mit dem Zirbelzapfen, erklimmt sieben Stufen und gelangt dann durch ein Tor (Öffnung des Dritten Auges) in einen weiteren Raum (Erleuchtung).

Sogar die französische Deklaration der Menschenrechte (Abb. 16) trägt hierarchisch übergeordnet das Dritte Auge auf ihrer Gesetzestafel.

Abb. 16: Das Dritte Auge über der französischen Deklaration der Menschenrechte von 1789 auf einem Gemälde.

All diese Beispiele zeigen eindrücklich, dass die Menschen in der Epiphyse beziehungsweise der Gehirnregion, die so große Ähnlichkeiten mit dem Symbol »Auge des Horus« aufweist, seit jeher eine wichtige Funktion sahen, die uns zu neuen Erkenntnissen führen kann. Schauen wir uns im Folgenden an, wie dieses »Organ« nach neueren wissenschaftlichen Erkenntnissen funktioniert, um eine möglichst plausible Erklärung für das zu bekommen, was unsere Altvorderen durch Erfahrung und Intuition wussten.

2. TEIL:

WAS DAS
DRITTE AUGE
BEWIRKEN KANN

Funktionen und Wirkmechanismen der Zirbeldrüse und Substanzen zu ihrer Förderung

> *»Das Schönste, was wir erleben können, ist das Geheimnisvolle. Es ist das Grundgefühl, das an der Wiege von wahrer Kunst und Wissenschaft steht. Wer es nicht kennt und sich nicht mehr wundern, nicht mehr staunen kann, der ist sozusagen tot und sein Auge erloschen.«*
>
> ALBERT EINSTEIN

Die Zirbeldrüse anatomisch-funktionell

Die Zirbeldrüse heißt korrekt »Glandula pinealis«, »Corpus pineale« oder »Epiphysis Cerebri«. Bei mehreren Tieren wie Fischen, Reptilien und Vögeln hat sie die Funktion eines Rezeptors für elektromagnetische Strahlung wie ein weiteres Auge.

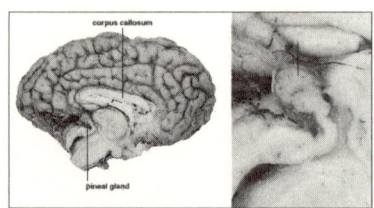

Abb. 17: Die Lage der Zirbeldrüse im Gehirn (Seitenansicht von rechts).

Die Zirbeldrüse ist in einer bindegewebigen Kapsel eingeschlossen, aber die das Organ aufbauenden Pinealzellen (Parenchymzellen als Pinealozyten) sind von bindegewebigen Septen zu Läppchen zusammengefasst, die teilweise rosettenartig angeordnet sind. Wohl deshalb wird die Zirbeldrüse mit einem Tannenzapfen beschrieben, die der Fibonacci-Zahlenfolgen-Spirale folgt. Die Fibonacci-Folge steht in einem unmittelbaren Zusammenhang mit dem Goldenen Schnitt. Jede Zahl dieser Folge entsteht, indem man die beiden vorhergehenden Zahlen addiert (zum Beispiel 1, 1, 2, 3, 5, 8, 13, 21, 34, 55, 89, 144).

Diese besondere Drüse hat sehr unterschiedliche Ausmaße und innere Strukturen. Im Durchschnitt hat sie die Größe einer länglichen Erbse. Auch die Form ist nicht konsistent. Beides, Größe und Form, kann sich entsprechend dem »Gebrauch« relativ schnell ändern. So wird die Zirbeldrüse, wie René Descartes sie in einer ungewöhnlich großen Ausdehnung gezeichnet hat, heute nicht mehr gefunden.

Die Zirbeldrüse liegt ziemlich exakt im Zentrum des Gehirns, im Epithalamus an der Hinterwand des dritten Ventrikels, einem mit Flüssigkeit (Liquor cerebrospinalis) gefüllten Raum. Man kann sich zur Lageorientierung der Zirbeldrüse in etwa die Schnittstelle von der Linie Nasenwurzel–erster Halswirbel (Atlas) mit der Linie Ohr–Ohr vorstellen.

Wenn sich der Mensch als Embryo entwickelt, taucht die Zirbeldrüse in der siebten Woche auf. Das ist der Zeitraum, in dem auch das Geschlecht des Menschen festgelegt wird. Das Gewebe, aus dem sich die Zirbeldrüse beim Fötus entwickelt, hat nichts mit dem späteren Gehirngewebe zu tun. Vielmehr ist es identisch mit dem Gewebe, aus dem der Gaumen gemacht ist. Es gibt spirituelle Übungen, die vorsehen, dass die Zunge ans Gaumendach gelegt wird. Ob sich hier ein reflektiver Zusammenhang zu dem identischen Zirbeldrüsengewebe zeigt, ist noch unbekannt.

Es gibt für die Eigenschaften der Zirbeldrüse eine ganze Reihe Besonderheiten:

1. Eine Besonderheit dieser Drüse ist ihre Unpaarigkeit, während alle anderen Teile des Zwischen- und Mittelhirns wie limbisches System, Thalamus, Amygdalae (Mandelkerne) paarig sind. Durch diese beiden Eigenschaften, zentral gelegen und unpaarig, unterliegt die Zirbeldrüse nicht der Kontrolle der Hemisphären-Dominanz, also nicht dem ungleichen Einfluss der rechten oder linken Gehirnhälfte, die durch das Corpus callosum verbunden sind.

2. Eine Besonderheit ist das Herausragen der Zirbeldrüse in den mit Flüssigkeit gefüllten dritten Hirnventrikel. Das bedeutet, dass die Drüse mit der Flüssigkeit durch Schallwellen schwingen kann, was wir uns noch im Detail ansehen werden.

3. Eine Besonderheit der Zirbeldrüse ist, dass sie überraschenderweise nicht dem Schutz der Blut-Hirn-Schranke unterliegt. Der Grund dafür liegt darin, dass sie sich ontogenetisch aus dem Gaumen entwickelt hat, der außerhalb des Gehirns liegt. Ohne den Schutz durch die Blut-Hirn-Schranke hat sie zwei Eigenschaften: Erstens nimmt sie zahlreiche Umweltgifte wie Pestizide, Schwermetalle oder auch Fluoride aus dem Blut auf, und zweitens müssen ihre Hormone mühsam die Blut-Hirn-Schranke überwinden, um teilweise ins Gehirn zu gelangen und dort die Aufgaben zu erledigen. Dadurch, dass alle Stoffe leicht in die Drüse dringen, hält die Zirbeldrüse den Spitzenplatz in der Resorption einiger Minerale, die nicht alle gut für sie sind. Auch zugeführte Drogen können sich besonders stark in der Zirbeldrüse konzentrieren. In den Sechzigerjahren war LSD weit verbreitet. Interessant ist, dass sich diese Droge mit der höchsten Konzentration selektiv in der Zirbeldrüse bei den Konsumenten ansammelte. Geringere Konzentrationen wurden auch im limbischen System, Hippocampus, in Amygdalae und Fornix und am geringsten im Hypothalamus gemessen.

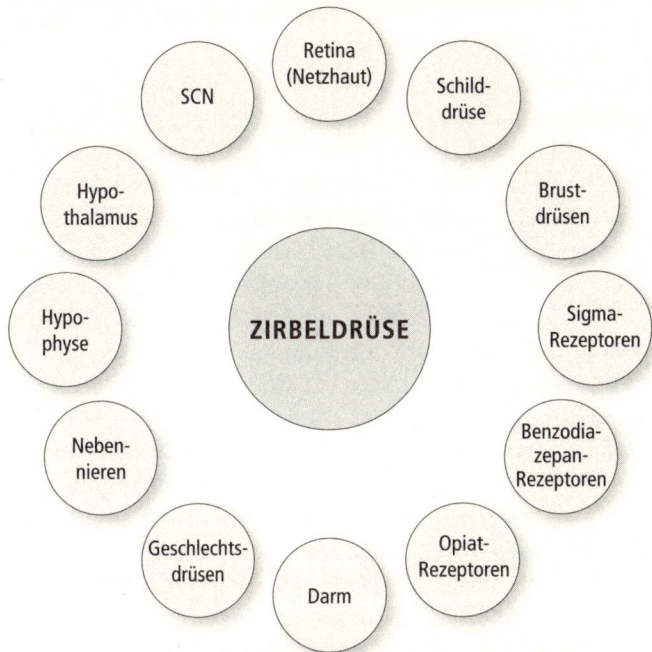

Abb. 18: Einige wichtige Verbindungen der Zirbeldrüse mit Organen und Rezeptoren.

4. Die Zirbeldrüse soll gegenüber der Umgebung einen Überschuss negativer Ladung aufweisen. Das bedeutet, dass alle positiv geladenen Ionen und Stoffe von der Zirbeldrüse angezogen werden. So besitzt das Gewebe der Zirbeldrüse die höchste Absorptionsrate von Phosphor, verglichen mit anderen Körperorganen, und nach der Schilddrüse die zweithöchste Absorptionsrate für Jod.

5. Auch die Zirbeldrüse enthält Nerven. Die Innervation kommt aber nicht vom Gehirn, sondern im Ursprung vom

Sympathikus, also einem Teil des vegetativen Nervensystems.

6. Eine weitere Besonderheit der Zirbeldrüse ist ihre Verbindung zu allen möglichen Gehirnzentren. So werden viele Drüsenhormone des Körpers von ihr mitreguliert.

   Die Hauptaufgabe der Zirbeldrüse ist unterteilt in eine Tages- und eine Nachtaktivität. Bei Licht verbindet sie einige Aminosäuren zum Hormon Serotonin; ohne Licht konvertiert sie dieses Serotonin in das Hormon Melatonin (Quay 1974). Zwischen Epi- und Hypophyse gibt es eine Verbindung, die sich in der Aktivität invers verhält: Eine hohe Aktivität der Zirbeldrüse hemmt die Ausschüttung der Hormone der Hypophyse.

   Schild- und Nebenschilddrüse im Halsraum werden von der Zirbeldrüse ebenfalls gehemmt, deshalb ergibt sich bei aktivierter Zirbeldrüse auch eine gewisse Anti-Stress-Wirkung. Beide Drüsen brauchen viel Jod für ihre Funktionen. Melatonin, das nachts von der Zirbeldrüse produziert wird, hemmt die Jodaufnahme. Nachts sinkt deshalb die Jodaufnahme der Schilddrüse beträchtlich. Jodtabletten haben, abends eingenommen, durch die Melatoninblockade keine gute Wirkung.

   Ein Indiz für hohe Aktivität der Drüse ist die außerordentlich starke Durchblutung. Sie ist ebenso stark wie beim Hypothalamus, einer weiteren Masterdrüse der Hormonausschüttung, und kommt im Ranking gleich hinter der Niere, die als besonders perfusionsreich bekannt ist.

7. Eine zusätzliche Besonderheit ist, dass die Zirbeldrüse von Magnetitkristallen umgeben ist, die durchaus für die Richtung des Erdmagnetfeldes empfindlich sind. Ob diese Einflussnahme aber wirklich über Nervenzellen oder Rezeptoren perzipiert wird, ist noch nicht eindeutig bewiesen.

8. Innerhalb der Zirbeldrüse befinden sich Calcitkristalle (es gibt viele Namen dafür wie »Corpora arenacea«, »Acervu-

lus Cerebri« oder »Psammomkörperchen«), ähnlich den Statolithen oder Otolithen im Gleichgewichtsorgan. Die besondere Funktion als piezo- oder pyroelektrischer Wandler ist in der Auswirkung noch unbewiesen, aber zu erwarten. Diese Kristallkonkremente mit unterschiedlichen Größen bis zu einigen Millimetern dürfen nicht verwechselt werden mit der Verkalkung der Zirbeldrüsenzellen als Schutz vor toxischen Substanzen. Wie erwähnt, dringen Gifte wie Aluminium, Pestizide oder Fluoride leicht in die Zirbeldrüse, weil diese nicht durch die Blut-Hirn-Schranke geschützt ist.

Die Zirbeldrüse ist primär aus Zellen aufgebaut, die »Pinealozyten« genannt werden. Diese haben Ähnlichkeiten mit Netzhautzellen der Augen. Um die Zirbeldrüse herum befindet sich eine Struktur mit Namen »Colliculus«. Hier werden visuelle und akustische Reize aufgenommen, und unsere Kopf-Orientierungsbewegung wird hier gesteuert. Der Colliculus hat aber auch Rezeptoren für die Substanzen, die von der Zirbeldrüse abgegeben werden.

Wir haben schon angedeutet, dass die Zirbeldrüse zu einem System gehört, das in den Traditionen »Kristallpalast« genannt wurde. Es geht dabei um so wichtige Zentren wie Thalamus, Hypothalamus und Hypophyse – aber hier vor allem um die Plexus chorioides, jene bereits erwähnten wichtigen Blutgefäßgeflechte, die nicht nur die Gehirnflüssigkeit, sondern auch das enorm wichtige Protein und Hormon Klotho sezernieren.

Exkurs: Klotho
Ein Masterprotein mit seiner Präsenz reduziert den Alterungsprozess und ermöglicht die Regeneration des gesamten Organismus. Ist dieses Protein nicht ausreichend vorhanden, haben *alle* Maßnahmen zur materiellen Heilung, Regeneration, Alterungshemmung und so weiter nur noch sehr wenig Erfolg – es

ist das Protein Klotho. Es hat die unten beschriebenen Basisfunktionen. Gleichzeitig ist es Hormon, Enzym, Korezeptor und Membranprotein. Benannt wurde es nach der griechischen Göttin Klotho, die den Lebensfaden der Menschen spinnt.

Klotho hat noch andere Bildungsorte außerhalb des Gehirns. Aber innerhalb unserer grauen Zellen sind die baumartig verzweigten Adergeflechte im Hohlraumsystem (Ventrikel) sehr produktiv. Jeder der vier Ventrikel besitzt ein solches Gefäßnetz. Mithilfe dieses reichen Kapillarnetzes findet zusammen mit Klotho die Absonderung des Liquor encephalicus statt. Wie die Zirbeldrüse enthält auch das Kapillarnetz Nerven, die vom Sympathikus (ausgehend vom Plexus caroticus, der die Blutdruck- und Sauerstoffmessung in der Halsschlagader ermöglicht) und vom Parasympathikus stammen. Das Gewebe ist angereichert mit Meißner-Körperchen (nach dem deutschen Physiologen Georg Meißner [1829–1905]) und reagiert auf schnelle Druckänderungen. Das ganze System kann mit mechanischen Schallwellen stimuliert werden, wie wir noch zeigen.

Bis heute insgesamt nachgewiesene Effekte von Klotho zeigen die Wichtigkeit dieser kaum bekannten Substanz:

> Klotho ist fundamentaler Regulator der Kalzium- und Phosphat-Homöostase und Regulator der Parathyroid-Hormonsekretion.
> Freie Radikale innerhalb der Zelle werden neutralisiert, indem das natürliche Abwehrsystem Superoxid-Dismutase (SOD) in der Aorta, in der Leber und in den Nieren stimuliert wird. Die übermäßige Alterung der Zellen ist damit ausgebremst.
> Klotho hat antientzündliche Wirkung.
> Klotho kann den Alterungsfaktor »Advanced Glycation Endproducts (ADEs)« abbauen, also die Verbindung von Zucker mit Eiweiß.

> Klotho regelt die Stickstoffmonoxid-(NO-)Produktion des Endothels. Damit wird die Flexibilität der Blutgefäße erhöht. Bluthochdruck wird mit erhöhten Klothoniveaus verhindert. Acetylcholin wirkt dann als weiterer Relaxator.

> Gehirne mit höheren Klothospiegeln haben mehr Rezeptoren, bessere, stabilere synaptische Verbindungen und erlauben eine schnellere Zell-zu-Zell-Kommunikation.

> Klotho steuert die Insulinfreigabe: Einerseits werden durch Klotho Insulin und sein Bruder »Insulin like Growth Factor (IGF-1)« gehemmt, andererseits erhöht sich der Klothospiegel durch Insulin – eine Feedback-Regulation, um zu hohe Insulinwerte herunterzuregulieren, wodurch die Alterung verringert wird.

> Klotho reduziert die Proliferationsrate von Brustkrebszellen und anderen Tumoren.

> Die Überexpression von Klotho (zweieinhalbmal mehr Protein als vorher) verlängert bei Tieren die Lebensdauer bis um das Doppelte (mindestens um ein Drittel mehr). Für den Menschen gibt es identische Hinweise.

Die Hormone der Zirbeldrüse

Die Zirbeldrüse gehört zu den am stärksten durchbluteten Organen. Ihre hohe Durchblutung ist notwendig, denn sie hat im Gehirn die höchste Produktionsrate für die Hormone Serotonin und Melatonin, die gleichzeitig Neurotransmitter sind. So wurden im Thalamus 61 Nanogramm Serotonin pro Gramm Gewebe gemessen, im Hippocampus 56 Nanogramm, im Zentrum des Zwischenhirns 482 Nanogramm, aber in der Zirbeldrüse bis zu 3520 Nanogramm.

Eine Besonderheit des Zirbeldrüsen-Hormonsystems ist, wie gesagt, die Umgehung der Blut-Hirn-Schranke. Die Zirbeldrüse genießt nicht den Schutz, den das übrige Gehirn hat. Dieser Umstand erleichtert der essenziellen Aminosäure L-Tryptophan, die aus unserer Nahrung herausgezogen wird und die eine Vorstufe für Serotonin ist, direkt und ohne Transporterhilfe in die Zirbeldrüse zu gelangen. Wäre das nicht so, müsste sie mit einem Transporter unter Energieaufwand über die Blut-Hirn-Schranke gehievt werden. Der Nachteil dieses Prinzips ist allerdings, dass auch jede Menge der zahlreich vorhandenen Schadstoffe unserer Zeit wie Schwermetalle, Gifte oder Medikamente die Epiphyse attackieren.

Die Zirbeldrüse ragt nun aber in den mit wässriger Flüssigkeit gefüllten dritten Ventrikel des Gehirns, der durch die Blut-Hirn-Schranke geschützt ist. Dieser Ventrikel steht mit allen ähnlichen Flüssigkeitsräumen des Gehirns in Verbindung, und die gesamte Hirnflüssigkeit ist von den Blutbahnen durch die Blut-Hirn-Schranke separiert. Ein Teil der Zirbeldrüsenhormone kann direkt in diesen Flüssigkeitsraum abgegeben werden. Ein enger röhrenförmiger Kanal (Aquaeductus mesencephali) verbindet den dritten mit dem vierten Ventrikel, der wiederum mit dem Zentralkanal des Rückenmarks verbunden ist. Auf diese Weise gelangen die Hormone in weit entfernte Teile des Körpers. So wirkt die Zirbeldrüse als eine Hormonschleuse zwischen ungeschützten und geschützten Körperbereichen.

Serotonin
Serotonin hat sehr vielfältige Wirkungen. Es regelt zusammen mit anderen Hormonen Wachstum, Reproduktion, Altern, Knochenstoffwechsel, die Herz-Kreislauf-Funktion und die Verdauung. Es hat schmerzhemmende, angstlösende, entspannende, antidepressive und schlaffördernde Wirkungen. Im Gehirn ist es beteiligt am Lernen und am Gedächtnis. Aber vor allem sorgt es für psychisches Wohlbefinden, auch Freude. Und es ist als Ausgangsstoff für Melatonin unentbehrlich.

Auch wichtige spirituell wirkende körpereigene Drogen entstehen aus Serotonin. Die Neurotransmitter Dimethyltryptamin (DMT), 5-Methoxy-N,N-Dimethyl-Tryptamin (5-MeO-DMT) und 5-Hydroxy-N,N-Dimethyl-Tryptamin (Bufotenin) sind derartige Drogen.

Serotonin wird nicht nur in der Zirbeldrüse innerhalb des Gehirns produziert, allerdings dort relativ viel. Es wird auch im limbischen System und im Cortex des Frontalhirns von Projektionsneuronen abgegeben, die ihren Ursprung in den sogenannten Raphe-Kernen des Hirnstamms haben. Diese befinden sich an der Medianlinie des Hirnstamms an der »Naht« der beiden Hirnstammhälften (das griechische Wort *raphé* bedeutet »Naht«).

Obwohl Serotonin das Hormon unserer guten Stimmungslage ist, verteilen sich im ganzen Körper nur 10 Milligramm. Sinkt diese Menge, dann kippt die Stimmung: Antriebslosigkeit, Unzufriedenheit, schlechte Laune, grundlose Gereiztheit, Schlafstörungen, Ängste oder Depressionen sind die Folge. Auch das Schmerzempfinden nimmt zu.

Nun wird in der Lunge, in der Leber und im Verdauungstrakt insgesamt etwa hundertmal mehr Serotonin produziert als im Gehirn. Das nutzt aber nicht dem Gehirn, denn das Serotonin gelangt nicht über die Blut-Hirn-Schranke. Das Gehirn muss sein Serotonin selbst produzieren. Alles im Gehirn produzierte Serotonin ist auf L-Tryptophan oder 5-HT angewiesen.

Melatonin

Melatonin gehört zur Indolamin-Familie der Neurotransmitter mit der korrekten Bezeichnung »N-Acetyl-5-Methoxy-Tryptamin« oder im Urin als »6-Sulfatoxymelatonin«. Melanin, unser Schutz vor UV-Strahlung, das als Pigment die Hautbräune verursacht, wird ebenfalls mithilfe von Melatonin gebildet.

Gefunden wurde Melatonin beim Menschen erstmals 1958 von dem amerikanischen Hautarzt Aaron B. Lerner (1920–2007). Die Zirbeldrüse als Produktionsort von Hormonen mit Eigenschaften, die später Melatonin zugeordnet wurden, war aber schon in früheren Zeiten bekannt. Beim Menschen gibt es eine von der Zirbeldrüse unabhängige Melatoninproduktion zusätzlich in der Lunge, im gesamten Verdauungstrakt und in der Netzhaut des Auges. Aber die Hauptquelle ist die Zirbeldrüse im Zwischenhirn.

Melatonin wird im Tagesrhythmus (zirkadianen Rhythmus) nur in Dunkelheit zyklisch in geringen Mengen ausgeschüttet, sodass der gesamte Körper über die aktuelle Hell-dunkel-Phasenlage informiert ist. Zusätzlich scheint sogar der Voll- und Neumond einen Einfluss auf die lichtabhängige Freisetzung von Melatonin zu haben (Adey 1981).

Die Zirbeldrüse besitzt melatoninproduzierende Zellen, die sich wie einige lichtsensible Zellen der Augen verhalten. Deshalb ist es nicht überraschend, dass bei den Wirbeltieren auch in Zellen außerhalb der Zirbeldrüse, die Fotorezeptor-Eigenschaften aufweisen, rhythmisch eine geringe Melatoninproduktion stattfindet. Überraschend ist aber, dass innerhalb all dieser Zellen die Produktion im gleichzeitigen Takt vorgenommen wird (Tosini und Menaker 1998). So in der Retina, wo es lokal einen Einfluss auf die Fotorezeptoren ausübt (Cahill und Besharse 1995), und im menschlichen Ziliarkörper (Martin 1992).

Auch in den suprachiasmatischen (SCN-)Kerngebieten (vorläufig nur bei Ratten festgestellt) findet eine geringe Melatoninsynthese statt. Bei der Eidechse Iguana wurde auch eine Melatoninproduktion im Parietalorgan (noch funktionierendes echtes Drittes Auge) mit einer Bedeutung bei der Lichtadaptation nachgewiesen (Tosini und Menaker 1998). Nur bei Tieren wird Melatonin außerdem in einer Art Tränendrüse gebildet, der Harder'schen Drüse.

Auch Blinde zeigen die lichtabhängige zirkadianrhythmische Melatoninsekretion. Das spricht dafür, dass es neben den Stäbchen und Zapfen der Augen, die uns das Sehen vermitteln, weitere Rezeptoren dafür gibt.

Das zirkadiane Lichtspektrum der Morgendämmerung induziert nach Schlafphasen im frontalen Cortex sowie in anderen Gehirnregionen aufweckende (kognitive und exekutive) Prozesse. Dabei nehmen die Melatoninwerte ab und ergeben einen Anstieg von Serotonin (für motivierende Impulskontrolle), von GABA (für Ruhe), von Dopamin (für Aufmerksamkeit). Alle zusammen werden vom Menschen als angenehm und erholsam empfunden und bewirken Wohlbefinden und gute Stimmung. Fehlt der Anteil von Blaulicht in der spektralen Lichtzusammensetzung am Morgen, weil wir uns zum Beispiel in schwach beleuchteten Räumen aufhalten, verzögert sich abends die Umwandlung von Serotonin zu Melatonin und somit auch eine erholsame Schlafphase (Figueiro und Rea 2010).

Wenn die Zirbeldrüse chirurgisch entfernt wird oder durch Krebskrankheit ihre Funktion einbüßt, verliert sich der Rhythmus der Melatoninkonzentration im Blut des Menschen völlig.

Melatonin wird normalerweise nur in der Dunkelheit ausgeschüttet und steuert das Schlafhormon Arginin-Vasotocin, das ebenfalls in der Zirbeldrüse gebildet wird und den vollkommenen Tiefschlaf bewirkt (Pavel et al. 1981). Da im Tiefschlaf mein Ich keine Rolle spielt, kann nachts ohne störende und energieraubende Einmischung des Ich-Willens die Reparatur des Körpers ablaufen.

Erst ab dem dritten Lebensmonat kommt es zu ausreichenden Melatoninproduktionen und einem zirkadianen Rhythmus der Ausschüttung. Dann allerdings laufen die Serumlevels zu Höchstform auf, die zwischen dem ersten und dritten Lebensjahr die höchsten Konzentrationen erreichen

(Waldhauser et al. 1998). Auch im späteren Kindesalter sind die nächtlichen Werte noch zwölffach höher als bei älteren Menschen (bis 300 Pikogramm pro Milliliter [pg/ml] in der Nacht). Der Höhepunkt der Ausschüttung läuft parallel mit dem Erreichen der Vorpubertät. Melatonin hat eine antigonadotrope Wirkung, sorgt also dafür, dass sich Geschlechtsdrüsen nicht entwickeln können und damit die sexuelle Reifung verhindert wird. Die Natur wollte, dass Kinder keine Kinder zeugen. Die Pubertät selbst wird durch die ziemlich rasante Abnahme der Melatoninproduktion eingeleitet. Die Senkung des Melatoninspiegels ab dem zwölften Lebensjahr leitet die sexuelle Entwicklung ein. Die Pubertät ist demnach der Zustand des sinkenden Melatonin- und des ansteigenden Sexualhormonspiegels. Diese Melatoninabnahme verschärft sich bis zum siebzigsten Lebensjahr und bleibt dann weitgehend konstant auf niedrigstem Niveau.

Der nächtliche Melatoningehalt beträgt beim Kind bis etwa 300, beim jungen Erwachsenen 60 bis 120 und beim älteren Menschen 20 bis 50 Pikogramm pro Milliliter.

Rezeptoren für Melatonin finden sich innerhalb des Gehirns im suprachiasmatischen Nucleus (SCN) oder Nucleus suprachiasmaticus, im Hypophysenvorderlappen (dort in der Pars tuberalis), im Thalamus (dort im Paraventricularii) und im Hirnstamm (in der Area postrema). Die Lage dieser Rezeptoren für Melatonin weist bereits auf eine Beeinflussung vieler vitaler Funktionen durch Melatonin hin. Insgesamt setzt das bei Dunkelheit an die Rezeptoren andockende Melatonin die Stoffwechselhormone der genannten endokrinen Drüsen der Hypophyse herab, wodurch Energie gespart wird. Die Aktivität des materiellen Körpers wird sozusagen heruntergefahren. Auch die Rezeptorendichte für Melatonin schwankt im zirkadianen Rhythmus und ist gegen 18.00 Uhr am höchsten. Bei auflaufenden hohen Melatoninkonzentrationen ziehen sich mehr und mehr Rezeptoren zurück.

Melatonin entsteht aus Serotonin mithilfe einer Reihe von Enzymen. Aus Serotonin wird durch N-Acetyltransferase (SNAT) zuerst N-Acetylserotonin und danach durch Hydroxy-lindol-O-Methyltransferase (HIOMT) Melatonin. Beide Enzyme reagieren sensibel auf elektrische und magnetische Felder und spezifische Frequenzen. Da beide Enzyme auch in der Zirbeldrüse aktiv sind, um Melatonin aus Serotonin zu bilden, wird die Zirbeldrüse als magneto- und elektrosensibel beschrieben. Auf diese Weise kann die Epiphyse nicht nur das elektrische Summenfeld des Gehirns (EEG) detektieren und für sich nutzen, sondern Untersuchungen zeigen auch die Empfindlichkeit für das Erdmagnetfeld auf. Leider wirken ebenso die technisch erzeugten elektrischen Mobil- und Kommunikationsfelder mit entsprechenden Effekten. Immer wieder wurde in Experimenten gezeigt: Wenn die technischen Frequenzen nicht adäquat zur natürlichen Stimulation sind, wird die Melatoninproduktion gehemmt.

Im Besonderen zeigt sich, dass für alle Effekte der Hormonaktivierung oder auch Hormonhemmung eine Kopplung von einer magnetischen Gleichfeldstärke (zum Beispiel Erdfeld) mit einer dazugehörigen spezifischen Frequenz eines elektrischen oder magnetischen Wechselfeldes (natürlichen oder technischen Ursprungs) gegeben sein muss. Die Kopplung der beiden Felder erfüllt oft die Bedingung spezifischer Effektresonanzen an Ionen. Die Resonanzbedingung ist auch für Kaliumionen erfüllt, wenn sich die jeweilige Stärke des natürlichen Erdmagnetfeldes mit den spezifischen Frequenzen der jeweiligen Gehirnaktivität überlagert. In der Nacht treten durch die unterschiedlichen Gehirnaktivitäten, verglichen mit dem Tag, unterschiedliche Resonanzbedingungen auf. So bewirken die nächtlichen Bedingungen mit den vorherrschenden Theta-Frequenzen (4 bis 8 Hertz) während der Tiefenentspannung und im Tiefschlaf ein Fließen der elektrisch positiv geladenen Kaliumionen in die Zellen hinein und gleichzeitig ein aktives Zurückhalten dieser Kaliumionen in der Zelle, zum Beispiel mithilfe von Glucose. Dadurch entsteht eine niedrigere Zellmembranspannung (Hypopolarisation). Ab einem bestimmten Wert öffnen sich nun die Membrankanäle für Kalziumionen (spannungsabhängige Kanäle), und Kalzium strömt in die Zelle. Akkumulierte Kalziumionen in der Zelle stimulieren die Enzyme SNAT und HIOMT, die schließlich erneut die Hormonbildungskaskade für Melatonin in Gang setzen.

Melatonin selbst ist nicht für den Schlaf verantwortlich, wie man es überall liest. Melatonin triggert aber das effektive Schlafhormon Arginin-Vasotocin, das in allerkleinsten Mengen bereits Tiefschlaf erzeugt, sowie das Regenerationshormon Somatotropin. Damit sind alle Voraussetzungen für einen gesunden natürlichen und regenerierenden Schlaf und eine Traumproduktion gegeben.

Diese nächtlichen Bedingungen für gesunden natürlichen Schlaf und Traum mit Stimulierung der Zirbeldrüse werden aber durch technische Störeinflüsse weitgehend verhindert:

1. Das natürliche magnetische Feld kann so verzerrt werden, dass am Ort des Kopfes eines zum Schlaf bereiten Menschen abnorm höhere oder niedrige Feldstärken ausgebildet sind. Dies ist möglich durch sämtliche ferromagnetischen Metalle (Spiralen, Metallregale, Heizkörper, Gleichstrombatteriegeräte, etwa den Radiowecker).

2. Frequenzen der technischen Kraftstromleitung im Schlafzimmer können als magnetisch vagabundierende Wechselfelder (50 Hertz plus Oberwellen und 16,33 Hertz vom Bahnstrom plus Oberwellen) in das Gehirn elektromotorische Kräfte induzieren, die gleich groß oder größer sind als die natürlichen Felder des Gehirns. Dies ist auch möglich, wenn Stromleitungen über dem Haus verlaufen, wenn bestimmte Hochspannungsleitungs-Konstellationen in der

Nähe (50 bis 100 Meter) des Hauses sind oder wenn Stromleitungen in der Zimmerwand starke Stromdichten befördern. Auch Trafos für Haushaltsgeräte, Fernsehgeräte, Computer kommen infrage, ebenso die Mobilfunkfrequenzen, die im Bereich extremer Niederfrequenz Modulationssignale aufweisen.
3. Inzwischen ist auch bewiesen, dass die Hochfrequenzen des Mobil- und Kommunikationsfunks, Handys, Smartphones, die Melatoninproduktion mit massiven Konsequenzen für die Gesundheit herabsetzen.

Der Melatoninspiegel steigt, wenn die Kalorienzufuhr abnimmt. Das ist ein Signal, um die Fruchtbarkeit zu reduzieren, und aus einem archaischen Blickwinkel betrachtet nur folgerichtig, denn es bedeutet: Wird die Nahrung knapp, nimmt die Fruchtbarkeit ab; es soll dann kein Nachwuchs in die Welt gesetzt werden.

Ein analoger Prozess läuft im Jahresrhythmus bei Tieren und unterschwellig wohl auch beim erwachsenen Menschen ab. Hohe Melatoninwerte im Blut blockieren auch bei Erwachsenen die Bildung und Ausschüttung der Geschlechtshormone. Und da die Melatoninausschüttung an die Dunkelheit gebunden ist, wird Melatonin in den dunklen Wintermonaten verstärkt gebildet und verhindert in dieser Zeit die exzessive Tätigkeit der Sexualhormone. Im Frühling und mit zunehmendem Sonnenlicht sinkt der Melatoninspiegel wieder ab. Dann kommen im gesamten Tierreich Männchen und Weibchen zusammen und zeugen Nachwuchs, den sie dann in der warmen Jahreszeit aufziehen.

Die Wirkungen des Stress-und-Licht-Schalters
Die Epiphyse ist mit Nervenfasern des Sympathikus innerviert und reagiert deshalb besonders empfindlich auf Noradrenalin, das im Gehirn als Neurotransmitter vielfältig vertreten ist.

Viel Noradrenalin stimuliert die Zirbeldrüsenzellen (Pinealozyten) zu hoher Produktionsaktivität.

Im normalen Alltag ohne jede besondere spirituelle oder meditative Maßnahme sind Licht und Stress die wichtigsten Schalter zur Aktivität der Zirbeldrüse. Wenn Licht auf die Netzhaut der Augen fällt, werden spezielle fotosensitive Ganglienzellen aktiv, die Noradrenalin und Melatonin herunterregulieren. Im Mittelpunkt dabei steht der Nucleus suprachiasmaticus (SCN). Er enthält direkte Zuleitungen (Afferenzen) von der Retina, die Lichtenergie empfängt. Der so angeregte SCN kann dann über die gehemmte Aktivität des Sympathikus die Freisetzung von Melatonin aus der Zirbeldrüse kontrollieren.

Entsteht übermäßiger Stress, insbesondere Furcht oder gar Lebensangst, schnellt der Noradrenalinpegel hoch und lässt die Drüse trotz Lichteinstrahlung ziemlich stark aktiv werden. Damit gelangen Menschen in einen ganz besonderen Zustand, der immer wieder identisch von Unfallopfern berichtet wird: Sie befinden sich plötzlich außerhalb des Körpers und besichtigen das Geschehen, das dem Körper aktuell gerade passiert, als ob sie danebenstünden oder darüberschwebten. Dieser *Out-of-body*-Zustand ist deshalb so seltsam, weil das Selbst dieser Menschen bewusst das Geschehen kommentiert: »Was passiert hier?«, während das Ich im Körper seine erforderlichen Handlungen weiter tätigt, wofür ebenfalls das Bewusstsein notwendig ist. Der Modus »Bewusstsein« ist also innerhalb derselben Person gespalten, aber parallel verlaufend gleichzeitig mit verschiedenen Informationsverarbeitungen aktiv.

Außerdem kann es passieren, dass die wichtigsten Ereignisse unseres Lebens wie in einer Art Film vor dem inneren Auge ablaufen.

Durch den Lichtschalter mithilfe des SCN zeigen Serotonin und Melatonin einen zirkadianen Rhythmus: Tagsüber ist der Serotoninspiegel hoch und der Melatoninlevel niedrig, umgekehrt ist bei nächtlicher Dunkelheit der Melatoningehalt hoch auf Kosten des Serotoninspiegels, denn Melatonin entsteht aus Serotonin. Melatonin ist eines der potentesten Antioxidanzien und wirkt gegen freie Radikale. Es wird für die nächtliche Regeneration dringend gebraucht. Serotonin wie auch Melatonin sind aber auch die Ausgangsstoffe für körpereigene Drogen, die uns die Interwelt aufschließen. In den Sechzigerjahren gab es vor allem unter Jugendlichen einen Hype mit veränderten Wahrnehmungszuständen. Das hatte viel mit dem bereits erwähnten verbreiteten Gebrauch des psychedelisch wirkenden LSD zu tun. Im Jahr 1956 leitete der britische Psychiater Humphry Osmond (1917–2004) den Begriff »psychedelisch« aus den griechischen Wörtern *psyche* für »Seele« und *deloun* für »offenbaren« ab.

Die psychedelische Wahrnehmung kam zustande, weil sich LSD vornehmlich an Serotoninrezeptoren setzte. Die Forscher fanden dann heraus, dass sich LSD besonders in der Zirbeldrüse und in der Hypophyse hochgradig anreicherte. Das wiederum führte zu einem großen Interesse an der Aufgabe der Zirbeldrüse, die in der Forschung bis dahin ein Stiefkind war. Schnell war klar, dass die Zirbeldrüse die höchsten Mengen von Serotonin und Melatonin produzierte und diese Hormone mit dem Bewusstsein zusammenhingen. Heute kennt man die Zusammenhänge.

Beta-Carboline und der MAO-Hemmer Pinolin

Damit die körpereigenen Hormone und Neurotransmitter für eine bestimmte Zeitspanne stabil sind und genutzt werden können, wird aus Melatonin eine Stoffgruppe aufgebaut, »Beta-Carboline« genannt, die ein Enzym mit dem Namen »Monoaminooxidase« hemmen, das Serotonin und seine Derivate ansonsten abbauen würde. Ein Metabolit des Melatonins ist Pinolin. Es gehört zu den Beta-Carbolinen; sein richtiger Name ist » 6-Methoxy-1,2,3,4-Tetrahydro-Beta-Carbolin (6-MeOTHBC)« oder »(6-methoxy-1,2,3,4-tetrahydro-9H-pyrido)«.

Chemisch gesehen gehören die Beta-Carboline zu den Indolalkaloiden. Verwandte Beta-Carboline sind Harmin, Harmalin und Harmalol (Airaksinen und Kari 1981a,b). Die Beta-Carboline Pinolin und wohl auch Harmin und Harmalin werden in der Zirbeldrüse gebildet (Langer et al. 1984).

Beta-Carboline greifen an mehreren Neurorezeptoren gleichzeitig an. Pinolin verwendet folgende Rezeptoren im Gehirn für seine neuromodulatorischen Effekte: D_2-, Alpha$_1$- und Alpha$_2$-, $5HT_2$-, mACh- und auch GABA$_A$-Rezeptoren (Minas 1999).

Da die Zirbeldrüse Elemente der Augen enthält, ist es nicht verwunderlich, dass Pinolin und Melatonin auch in der menschlichen Retina gefunden und dort sogar als möglicher Neuromodulator und Schutzstoff eingestuft werden (Leino et al. 1984). Auch Pinolin ist wie Melatonin ein sehr potenter Fänger von freien Radikalen und verhindert die schädliche Lipid-Peroxidation (Frederiksen und Pless 1998).

Tierversuche haben gezeigt, dass Pinolin und Harminderivate auch das Immunsystem bis zum 2,6-Fachen steigern können und sogar gegen Gamma-Strahlung schützen. Folgen: Mikroorganismen wie Bakterien und Pilze werden nachts verstärkt eliminiert, und gleichzeitig wird ein Schub Antioxidanzien freigesetzt – ein einzigartiger Vorgang im Organismus.

Vom Melatonin kann Wasser abgespalten werden (Dehydratation), wodurch ein weiteres Alkaloid entsteht; es ist 10-Methoxyharmalan, eine mächtige halluzinogene Substanz, stärker als Harmalin (McIsaac et al. 1961).

Das Mitochondrien-Enzym Monoaminooxidase, kurz MAO, ist für die Zerlegung mehrerer Hormone verantwortlich. Es sind gerade diejenigen Hormone, die unsere Motivation und unsere Glückseligkeit vermitteln: Serotonin, Dopamin, Noradrenalin (auch Adrenalin). Das MAO-Enzym sorgt beispielsweise dafür, dass 80 Prozent des ausgeschütteten, glücklich machenden Serotonins sofort wieder in physiologisch inaktive Metaboliten verwandelt wird.

In unseren Körpern gibt es aber auch Enzyme, die dieses Zerlegungsenzym MAO hemmen, es sind die Monoaminooxidase-Hemmer, kurz MAOI. Hemmung von MAO heißt, dass alle für unsere Motivation, Spiritualität und Aufmerksamkeit wichtigen Hormone Serotonin, Dopamin und Noradrenalin länger wirksam bleiben.

Motivationsmangel ist das Kennzeichen von Depression. Werden Motivation und Aufmerksamkeit gefördert, verschwindet die Depression. Genau das machen Harmin und Pinolin. Sie sind perfekte Antidepressionsmittel ohne bekannte Nebenwirkungen. Der wichtigste Effekt des Pinolins und seiner Verwandten ist der Schutz von Serotonin, Dopamin und Noradrenalin vor der Zerlegung. Sie sind somit echte MAO-Hemmer.

Psychogene Substanzen wie Salsolinol (befindet sich auch in Kakao), Tetrahydroharman (ein Stoffwechselprodukt aus Tryptamin bei der Entstehung von Beta-Carbolinen) und Beta-Carboline können auch spontan aus Dopamin und Tryptaminen wie Serotonin und einem Abbauprodukt des Ethylalkohols, dem Acetaldehyd, entstehen. Sogar aus der Alpha-Ketocarbonsäure, deren Salz Pyruvat ist, können offenbar Beta-Carboline erzeugt werden.

Pinolin bewirkt als MAO-Hemmer einen Serotoninstau, also die Anhebung der Level. Durch den verstärkten Serotonin-Turnover entstehen Zufriedenheit und Glücksgefühle, eventuell in ungeahnter Höhe. So werden die Zirbeldrüsenprodukte insgesamt zu Antidepressionsmitteln. Der Winterdepression (Seasonal Affective Disorder [SAD]) kann damit auf hervorragende Weise begegnet werden (Langer et al. 1984).

Es wurde bereits deutlich, dass Pinolin für seine weiterführende Aktivität große Mengen des Neurotransmitters Noradrenalin braucht. Tatsächlich enthalten die Zellen der Zirbeldrüse, die Pinealozyten, Beta-1-Rezeptoren für Noradrenalin, die dann die Bildung von Melatonin regeln. Aber die Zusammenkunft von Noradrenalin und seinen Rezeptoren unterliegt einem zirkadianen Rhythmus und ist nur in der Dunkelheit optimal. Durch die nächtliche Noradrenalin-Rezeptorenbindung wird das Enzym Arylalkylamin-N-Acetyltransferase (S-NAT) stimuliert und damit die Umwandlung von Serotonin zu N-Acetylserotonin gesteuert. Unselektive Beta-Rezeptoren-Blocker als Pharmaka (Atenolol, Metoprolol, Pindolol und Propranolol) stören das System und führen nicht nur zu Schlafstörungen, sondern auch zur Verhinderung der Spiritualität.

Neben Beta-1-Rezeptoren haben Pinealozyten auch noch viele Alpha-1-Rezeptoren, die ebenfalls auf Adrenalin und Noradrenalin spezialisiert sind. Werden diese Alpha-1-Rezeptoren durch Medikamente gehemmt, vermindert sich die Aktivität des Enzyms Hydroxyindol-O-Methyltransferase (HIOMT), das die Umwandlung von N-Acetylserotonin in Melatonin katalysiert. Dadurch ist ebenfalls die Bildung von Melatonin und somit aller Folgeprodukte gestört, die eine Spiritualität bewirken können.

Auch Licht lässt – wie oben ausgeführt – die Noradrenalin-Freisetzung sinken und stoppt die Melatoninbildung. Das lange Fernsehen oder Computerarbeiten bis tief in die Nacht hinein ist absolut schädlich. Wir sprechen dieses Thema noch detaillierter an. Hier sollen erst einmal die Akteure der Spiritualität bei der Öffnung des Dritten Auges vorgestellt werden.

Körpereigene Droge der Spiritualität –
das DMT als Entheogen

Der Begriff »Entheogen« ist abgeleitet vom griechischen *éntheos* für »gottbegeistert« und dem lateinischen *generare* für »hervorbringen«. Die Produkte der endogenen Zirbeldrüsensekretion sind neben Serotonin, Melatonin und Pinolin hauptsächlich Dimethyltryptamin (DMT), 5-Methoxy-N,N-Dimethyl-Tryptamin (5-MeO-DMT) und 5-Hydroxy-N,N-Dimethyl-Tryptamin (Bufotenin). Diese sehr interessanten körpereigenen Drogen haben auch Vulgärnamen wie »Spiritonin« (von dem lateinischen Wort für »Geist«), »Anavatonin« (von dem griechischen Wort für »Aufstieg«), »Peratonin« (von dem griechischen Wort für »Jenseits«) oder »Endohuasca« (»inneres Ayahuasca«). Der letztgenannte Name stammt von Jonathan Ott, einem in den USA bekannten Ethnobotaniker und Autor, der viel über Ayahuasca und seine Analoge geschrieben hat (Ott 1994).

DMT und 5-MeO-DMT entstehen immer dann, wenn das beschriebene Pinolin als MAO-Hemmer einen Stau von nicht abgebautem Serotonin bewirkt. Zusätzlich werden aus dem Serotonin auch noch die Derivate und Alkaloide des Tryptamins wie N-Methyltryptamin sowie 5-Hydroxy-N,N-Dimethyl-Tryptamin (Bufotenin) aufgebaut. Alle weisen eine große Strukturähnlichkeit mit Serotonin auf. Deshalb wirken alle als Agonisten an den Serotoninrezeptoren (5-HT-Rezeptoren).

DMT wird ebenfalls durch das Enzym MAO sehr schnell zerlegt. Damit DMT überhaupt für uns merkbar wirken kann, braucht es dringend den MAO-Hemmer Pinolin. Dabei ergibt sich eine positive Rückkopplung. DMT wirkt stark anregend auf die Melatoninproduktion, woraus Pinolin entsteht, wodurch wiederum DMT länger wirken kann.

Derartige Substanzen werden immer mithilfe von Enzymen aufgebaut. Alle Enzyme benötigen bestimmte Voraussetzungen, um arbeiten zu können. Wenn die Voraussetzungen nicht stimmen, gibt es auch keine körpereigenen Drogen und keine Spiritualität.

DMT und seine Derivate entstehen in der Zirbeldrüse durch das Enzym Indolethylamin-N-Methyltransferase (INMT). Das Enzym und seine genetisch bedingte RNA wurden bereits in der Zirbeldrüse nachgewiesen. So entstandenes DMT wird dann an die zerebrale Spinalflüssigkeit im dritten Ventrikel abgegeben und im Gehirn verteilt. DMT und 5-MeO-DMT sind zwei der mächtigsten Entheogene, die wir kennen.

Die Zirbeldrüse ist nicht die einzige Produktionsstätte von DMT. Auch in der Lunge, der Netzhaut, der Schilddrüse und vielen anderen Körpergeweben werden unterschiedliche Mengen produziert. Allerdings tritt das von diesen Organen produzierte DMT schnell in den Blutstrom und wird dort sofort von dem Enzym Monoaminooxidase (MAO) abgebaut, falls wir nicht Nahrungsmittel mit MAOI-Eigenschaften eingenommen haben.

Sehen wir uns die wichtigen Zirbeldrüsensubstanzen nochmals im Überblick an:

> Serotonin gehört zur Tryptamin-Familie.
> Melatonin gehört zur Methyltryptamin-Familie (Serotonin plus ein Methylmolekül).
> DMT gehört zur Dimethyltryptamin-Familie (Melatonin plus ein Methylmolekül oder Serotonin plus zwei Methylmoleküle).

Jedes dieser Hormone formt unsere Wahrnehmung auf einzigartige Weise. Insgesamt werden für die Bildung von DMT folgende Stufen benötigt:

> *Stufe 1:* Die Ausgangssubstanz L-Tryptophan (Alpha-Carboxy-Tryptamin) aus der Nahrung wird hydro-

xyliert durch das Enzym Tryptophan-Hydroxylase. Das Produkt davon ist 5-Hydroxy-Tryptophan (5-HTP). Dann wird ein Kohlenstoffdioxidmolekül abgespalten (Decarboxylierung) durch das Enzym Aromatische L-Aminosäure-Decarboxylase (AADC). Dies führt zu Tryptamin (L-Tryptophan = Tryptamin + CO_2) und zu Serotonin (5-Hydroxy-Tryptophan = 5-Hydroxy-Trypta-min [Serotonin] + CO_2).

Hier noch einige Bemerkungen zu dem Enzym AADC: Es spielt bei allen Motivationshormonen eine entscheidende Rolle und ist für unser Wohlbefinden in erster Reihe mit-verantwortlich. Es ist im Gehirn nachgewiesen und baut nicht nur Serotonin, sondern auch die Katecholamine im Gehirn auf wie Noradrenalin, Dopamin, die dort für star-ke Motivation und in der Zirbeldrüse für die DMT-Bil-dung sorgen. Bei einem Mangel an AADC geht es uns deshalb psychisch ziemlich schlecht. Dies auch, weil das L-Dopa (aus der essenziellen Aminosäure Phenylalanin über Tyrosin aufgebaut) ohne das Enzym nicht mehr zu Dopamin werden kann (L-Dopa = Dopamin + CO_2). L-Dopa wird dann schnell zu Vanillinsäure abgebaut. Das AADC steuert auch die beiden Reaktionen L-Phenylalanin = Phenylethylamin + CO_2 und L-Tyrosin = Tyramin + CO_2, die uns zusätzlich hoch motiviert, glücklich und zufrieden machen.

> *Stufe 2:* Serotonin (5-Hydroxy-Tryptamin) wird durch das Enzym Tryptamin-N-Methyltransferase, synonym Indolethylamin-N-Methyltransferase (INMT), zweimal methyliert. Dies geschieht mithilfe von S-Adenosyl-Me-thionin (SAM), das aus der Reaktion von der essenziellen Aminosäure Methionin und der Zellenergiequelle ATP entsteht. Man kann SAM auch als »aktiviertes Methio-nin« bezeichnen. Durch die Aktivierung sowohl der Sero-tonin- als auch der Dopaminbildung wirkt SAM stark

stimmungsregulierend. Außerdem ist es für die Regeneration der Gewebe, insbesondere des Knorpels, wichtig und hat entzündungshemmende und schmerzlindernde Eigenschaften. Die Bildung von SAM funktioniert nicht, wenn Methionin (essenziell) fehlt und wenn die Co-Faktoren nicht ausreichend vorhanden sind. Das Methionin muss aus der Nahrung kommen, das ATP aus gesunden Mitochondrien. Mangelsymptome bewirken dementsprechend Stimmungsschwankungen, Schlafstörungen, Infektanfälligkeit und schlechte Regeneration. Im Kapitel »Nahrung für Spiritualität« werden wir Nahrungsmittel nennen, die einen Mangel ausgleichen. Ein Mangel an SAM ist häufig bei Depressionen, Allergien (Allergien stimulieren Histamin; Methionin wird beim Histaminabbau gebunden), Harnwegsinfekten und Leberkrankheiten (die Leber baut aus L-Methionin SAM auf und speichert es). Das bereits erwähnte Enzym Indolethylamin-N-Methyltransferase (INMT) ist in unserem Körper weit verbreitet. INMT ist der wichtigste Methylgruppenüberträger im Organismus. Die allgemeine Form der chemischen Reaktion mithilfe von SAM ist: S-Adenosyl-Methionin (SAM) + ein Amin <==> S-Adenosyl-L-Homocystein + ein methyliertes Amin.

INMT wurde im Jahr 2011 auch in der Zirbeldrüse nachgewiesen. Nicholas Cozzi von der Universität Wisconsin in Madison fand das Gen für das Enzym in der Retina, dem Rückenmark und der Zirbeldrüse von Rhesus-Makaken. Es ist ein sogenanntes ruhendes Gen, und die INMT-RNA, als Kopie des Gens, wird nur aufgerufen, wenn Umwelteinflüsse ein bestimmtes Signal in die Zelle geben (Cozzi et al. 2011).

Im Fall von Serotonin (zweimal methyliert) oder Melatonin (einmal methyliert) ergibt sich dann das dimethylierte Indolethylamin, kurz Dimethyltryptamin (DMT), das

5-MeO-DMT und das Bufotenin, was in Nagetier-Zirbel-drüsen nachgewiesen wurde (Barker et al. 2013). Die Abbauprodukte von Bufotenin sind auch im Menschen zu finden.

> *Stufe 3:* DMT-Erzeugung durch das Enzym Indolethyla-min-N-Methyltransferase (INMT), dieses braucht die Co-Faktoren Betain (Trimethylglycin) zum Beispiel in Roter Bete und die B-Vitamine B_3, B_6, B_9, B_{12} und Folsäu-re, und es benötigt zwingend S-Adenosyl-Methionin (SAM), die Verbindung von Methionin mit ATP. Dazu ist wiederum die essenzielle Aminosäure L-Methionin aus der Nahrung notwendig.

Sind alle Enzyme aktiv und alle Hormone gebildet, dann werden vermutlich jede Nacht ungefähr zwanzig Minuten nach dem Einschlafen DMT und 5-MeO-DMT erstmals ausgeschüttet. Alle REM-Phasen mit Trauminhalten werden wahrscheinlich durch DMT aufrechterhalten. Die Messungen dazu fehlen aber noch.

Im Jahr 2014 wurde erstmalig das immunmodulatorische Potenzial von DMT und 5-MeO-DMT nachgewiesen. Dies funktioniert über die sogenannten Sigma-Rezeptoren in Immunzellen. Die Folge ist ein direkter antientzündlicher Prozess mit forcierter Geweberegeneration. Das ist sehr sinnvoll eingerichtet, denn nachts bei Bildung von viel Pinolin und DMT und gleichzeitiger energiesparender Ruhe (Muskeln, Verdauung) ist somit die Regeneration besonders erfolgreich (Szabo et al. 2014).

Tagsüber *bei Ruhe* werden normalerweise infolge des Lichtschalters kein Melatonin und entsprechend kein Pinolin gebildet. DMT hat dann wenig Chancen, stabil zu bleiben. Sehr starker Stress, zum Beispiel ein lebensbedrohlicher Unfall, lässt dagegen Pinolin und DMT auch bei Tage durch Aktivierung des Sympathikus (Neurotransmitter Adrenalin und

Noradrenalin) ansteigen. Also erst wenn Pinolin durch einen Noradrenalin-Burst einen hohen Level erreicht, kann auch tagsüber das innerhalb von dreißig Sekunden aus Serotonin gebildete DMT stabil sein. In diesem Prozess verbirgt sich offensichtlich der DMT-induzierte Ablauf der wichtigsten Lebenssituationen bei Lebensgefahr, also der Lebensfilm, von dem viele Menschen mit entsprechender Erfahrung erzählen.

Träume sind oft stressreich. Nächtliche Stressträume sind deshalb Verstärker der DMT-Ausschüttung.

DMT-Effekte

Das Gehirn behandelt DMT in ähnlicher Weise wie Glucose, seinen Hauptenergielieferanten. DMT wird aktiv, also unter Energieaufwand, durch die Blut-Hirn-Schranke transportiert. Wenn kostbare Energie eingesetzt wird, um DMT im Gehirn anzureichern, muss es dort eine wichtige Rolle spielen; und tatsächlich wird ein spezifischer psychedelischer Informationsempfang eingeleitet. Interessant ist auch, dass alle psychoaktiven Tryptamine stark lumineszent und phosphoreszent sind, also viele sichtbare Photonen abgeben, und möglicherweise äußert sich das in den bekannten Lichtspots, die »Phosphene« genannt werden. Daraus auch auf die Aura von »Heiligen« zu schließen erscheint zu gewagt.

Durch Pinolin stabiles DMT und 5-MeO-DMT bei Anwesenheit von Noradrenalin aktivieren bestimmte Zentren im Mittelhirn um 40 Prozent, verglichen mit 10 Prozent im normalen Alltagsgeschehen. Dabei wird die Barriere zur »Interwelt« eingerissen, und neue Wahrnehmungen und Erfahrungen sind möglich: Der Anstieg von DMT öffnet die Schranken zum »universellen Geist«, führt zu »Erleuchtung«, hoher schöpferischer Kreativität, zu großem Mut und zu übermenschlicher Stärke angesichts von Notsituationen oder Unfällen. Wenn das Gehirn von Serotonin, DMT, Noradrenalin, Melatonin und auch von Endorphinen und Klotho durchflutet ist, dann passieren »unwirkliche Dinge«, zum Beispiel dass eine Mutter ein Auto an der Seite hochhebt, um ihr Kind zu retten.

Überschüssiges DMT wird in der Zirbeldrüse gelagert und verhärtet sich dort zu einer wachsähnlichen Substanz (jenem bereits genannten »Resinharz«). Diese schmilzt bei höheren physiologisch-pathologischen Temperaturen (Fieber, Leistungssport). Man vermutet, dass circa 44 Grad notwendig sind. Auch der Sterbevorgang scheint die Schmelze des DMT zu unterstützen.

Der DMT-Wirkstoff wurde bereits 1931 von dem kanadischen Chemiker Richard Helmuth Fredrick Manske (1901–1977) isoliert und synthetisiert. Als eine Base hat DMT die Summenformel $C_{12}H_{16}N_2$. In der Hydrochloridform ist noch HCl angehängt. Das DMT-Molekül (Molekulargewicht 188) ist ungefähr so groß wie ein Glucosemolekül (Molekulargewicht 180) und nur zehnmal schwerer als ein Wassermolekül (Molekulargewicht 18). Im Vergleich: LSD liegt bei 323 und Meskalin bei 211. Dieses niedrige Molekulargewicht erlaubt es dem Molekül leichter, Barrieren zu überwinden.

Dass DMT in unserem Körper produziert wird, war seit den Sechzigerjahren allgemein Stand des Wissens. Bereits 1962 veröffentlichte der amerikanische Pharmakologe und Neurochemiker Julius Axelrod (1912–2004), dass über einen enzymatischen Methylierungsprozess von Serotonin verschiedene weitere Tryptamine neu entstehen können (Axelrod 1962).

Aufgrund der drakonischen Maßnahmen, die in den Vereinigten Staaten in den späten Sechzigerjahren gegen alle bekannten Psychedelika verhängt wurden, und nach dem Drug Scheduling Act von 1971 wurde die weitere Forschung der Entheogene ab dieser Zeit stark eingeengt. Der Entdeckung von DMT innerhalb des menschlichen Körpers war danach lange Zeit wenig Aufmerksamkeit geschenkt worden.

Bis in unsere jetzige Zeit hinein ging es immer wieder um die Frage, ob DMT im Gehirn überhaupt seine Quelle hat, und speziell, ob es in der Zirbeldrüse gebildet wird. Es gab allerdings immer wieder experimentelle Ergebnisse, die beschrieben, dass DMT im Gehirn produziert wird. Und eigentlich gingen alle Forscher schon deshalb von einer Produktion innerhalb der Zirbeldrüse aus, weil alle hormonellen und enzymatischen Voraussetzungen gegeben waren. Innerhalb der Zirbeldrüse wird das meiste Serotonin gebildet, und alle Enzyme zur Umwandlung in DMT sind vorhanden. R. B. Guchhait war wohl der Erste, der bereits 1976 von der Biogenese des DMT und des Bufotenins durch ein spezielles Enzym in der menschlichen Zirbeldrüse berichtete (Guchhait 1976). Diese Komponenten wurden damals noch »endogenes Schizotoxin« genannt. Man ging davon aus, dass es durch Stress und Traumata mit Schizophrenie korreliert war, was sich später bestätigte.

Als erstmaliger unumstößlicher Nachweis für das Synthetisieren von DMT in der Zirbeldrüse werden die am 23. Mai 2013 veröffentlichten Untersuchungen von S. A. Barker et al. vom Department of Comparative Biomedical Sciences, Louisiana State University, USA, angesehen (Barker et al. 2013).

Die psychoaktiven Eigenschaften von DMT wurden 1956 von dem 1923 geborenen ungarischen Chemiker und Psychiater Stephen Szára erkannt. Nach der ungarischen Revolution wanderte Szára in die USA aus. Er landete als Chef des biomedizinischen Zweigs des National Institute of Health in Bethesda, Maryland, wo er seine DMT-Forschung zusammen mit Julius Axelrod und anderen fortsetzte. Szára ist sicherlich einer der besten Kenner von DMT. Er argumentierte, dass psychedelische Medikamente in einer »heuristischen« Weise studiert werden sollten. Die Mechanismen, mit denen sie das Gehirn beeinflussen, seien die »Schlüssel, um die Geheimnisse der Gehirn-Geist-Beziehung freizuschalten« (Szára 2007).

Der wohl berühmteste und intensivste Forscher im Bereich psychedelischer Drogen war der russisch-amerikanische Pharmakologe, Chemiker und Drogendealer Alexander Shulgin (1925–2014). Er gilt als Erfinder von MDMA (Methylendioxyamphetamin), allgemein bekannt als »Ecstasy«, das sich erstmals in den späten Siebzigerjahren ausbreitete. Allerdings wurde MDMA von Wissenschaftlern der Firma Merck 1912 bereits patentiert (Patentschrift Nr. 274350 vom kaiserlichen Patentamt). In den Vierzigerjahren wurde es von der U.S. Army zur Gehirnwäsche ausprobiert. Anfang der Siebzigerjahre stellte es dann Shulgin in seinem Labor her und beschrieb die Wirkung 1978 erstmals in einer wissenschaftlichen Abhandlung. Im Jahr 1988 wurde die Droge trotz guter therapeutischer Wirkungen im psychiatrischen Einsatz von der Drug Enforcement Administration (DEA) in den USA verboten. In den folgenden Jahren synthetisierte und analysierte Shulgin über 230 psychoaktive Verbindungen. Er war selbst für die Behörden ein gefragter Fachmann in allen Drogenbelangen und konnte deshalb unbeaufsichtigt im privaten Rahmen arbeiten. Sein Labor bestand aus einer erweiterten Gartenbude. 1991 und 1997 haben er und seine Frau Ann die Bücher *Pihkal* und *Tihkal* zum Drogen-Thema geschrieben. Es sind bis heute einmalige Standardwerke, aber in verschiedenen Ländern verboten, weil Shulgin alle selbst ausprobierten Rezepte bis ins kleinste Detail aufzeigt. In *Tihkal* berichtet er über 55 Tryptamine, jeweils mit einer Beschreibung ihrer Synthese, ihrer Dosis und den Erfahrungen, sogenannten Reiseberichten (Shulgin 1990 und 1997).

So konnte er auch zeigen, dass Pilze, die mit synthetischen Tryptaminen in einer Nährlösung »gefüttert« werden, vollkommen neue organische Tryptamine konstruierten, die es ansonsten in der Natur nicht gibt. Für die Pharmakologie tut sich damit ein neues Feld auf. Der Pilzforscher Jochen Gartz reichte für diesen Prozess ein Patent ein. Er brachte Sporen eines Psilocybe-Pilzes auf Kuhkot, impfte diesen mit 5-MeO-DMT, und die Pilze bauten daraus 4,5-HO-MeO-DMT.

Rezeptoren schalten unsere Empfindungen
und Stimmungen
Es ist immer wieder faszinierend, wenn man sich klarmacht, dass alle unsere induzierten Stimmungen letzten Endes durch die Aktivierung von Rezeptoren zustande kommen. Wir wissen verlässlich, dass der neuronale Chemiecocktail im Gehirn unsere Gefühle, unsere Motivation, unser Gedächtnis bestimmt, aber letztlich ist jede dieser Substanzen als Hormon oder Neurotransmitter unwirksam, wenn die Rezeptoren versagen. Auch das Materie- und Energiesystem, das wir mit unseren Sinnen abtasten, wie der Geschmack, das Sehen, das Fühlen, beruht immer auf einem Sender von Information und einem dazugehörigen Empfänger. Als Empfänger wirken ebenjene zahlreichen Rezeptoren. Unsere genetisch bedingte Ausstattung mit Rezeptoren ist bereits von Person zu Person stark schwankend. Außerdem haben die Ernährung und unser Verhalten einen Einfluss auf die Anzahl und Dichte von Rezeptoren. Der Organismus codiert die Informationen, indem er bestimmte Rezeptoren aktiviert und gleichzeitig andere hemmt. Einzelne Nahrungsbestandteile und Drogen imitieren genau das: Man spricht von Agonisten (Aktivierung) und Antagonisten (Hemmung). Und die Rezeptoren haben eine weitere Möglichkeit der Modulation von Information: Ist die Sendestärke durch zu viel Hormon- oder Drogensubstanz zu hoch, ziehen sich die Rezeptoren zurück in ihre Zellmembranen. Ist dagegen zu wenig vorhanden, stülpen sie sich vermehrt aus.

Je nachdem, welche der speziellen Rezeptoren aktiviert oder gehemmt sind, stellen sich unterschiedliche Stimmungen und Empfindungen ein. Auch die Reaktion auf Ereignisse ist davon abhängig, welche Rezeptoren jeweils gleichzeitig aktiviert sind. Wir wollen uns einige wichtige Rezeptoren ansehen, die unser Geist- und Seelenleben widerspiegeln.

Für unsere aktive Alltagswahrnehmung sind die NMDA-Rezeptoren wichtig (benannt nach dem Agonisten N-Methyl-D-Aspartat, einer Substanz, die im Organismus natürlicherweise überhaupt nicht existiert). Diese Rezeptoren arbeiten mit dem Neurotransmitter Glutamat, der im Gehirn am häufigsten vorkommt, verglichen mit allen anderen Neurotransmittern. Allerdings kann Glutamat an ruhenden Zellen (Membranpotenzial um −70 Millivolt) keine Aktivierung bewirken. Erst dann, wenn die Zellen bereits durch andere Stimuli erregt sind – man spricht dann von Vorpolarisierung (auf Werte positiver als −50 Millivolt) –, entsteht eine Aktivierung. Genau das ist der Mechanismus, um etwas lernen zu können.

NMDA-Rezeptoren bestimmter Nervenbahnen, die häufig verwendet werden, vordepolarisieren ständig durch irgendwelche einlaufenden Informationen. Damit werden Rezeptorenblockaden verhindert und die Membrankanäle leitfähiger. Im physiologischen Fachausdruck heißt das »Bahnung der neuronalen Netzwerke«. Die gezielte Leitfähigkeitsveränderung des NMDA-Rezeptors ist der wesentliche Mechanismus für Lernvorgänge und für die Plastizität der neuronalen Netzwerke. Auch das Gedächtnis ist damit verbunden.

Die höchste Dichte der NMDA-Rezeptoren befindet sich im Hippocampus und im Großhirn. Asparaginsäure (Aspartat ist das Salz dieser Säure) kann an den Rezeptor binden, ebenso die Aminosäure Glycin, wodurch die Wirkung potenziert wird. Kalziumionen aktivieren den Rezeptor, während Magnesiumionen ihn blockieren. Interessant ist, dass auch Polyamine wie Spermidin (der Name kommt von seinem hohen Gehalt im Sperma), das in großen Mengen in fermentierten Nahrungsmitteln wie Sauerkraut vorhanden ist, die Aktivierung der NMDA-Rezeptoren verstärken.

Die weitgehende Ausschaltung dieser Rezeptoren wird in der Anästhesie zum Beispiel durch Ketamin vorgenommen. Auch Phencyclidin (PCP) und viele weitere Drogen, etwa Ibogain oder MK-801 (Dizocilpin), Lachgas und Xenon, wirken als Antagonisten und führen zur Unterdrückung der Schmerzempfindung (Analgesie). Ein weiterer spezifischer Antagonist ist 7-Cl-Kynurensäure, also eine Verbindung aus dem Abbauprodukt der Aminosäure Tryptophan, die uns weiter unten nochmals beschäftigen wird. Kynurensäure als natürliche Droge im Gehirn kann die NMDA-Rezeptoren geradezu abschalten (Miranda et al. 1997, Loikas und Hilakivi 1989).

Menschen erleben nach der Ausschaltung von NMDA-Rezeptoren oft Nahtod-Erfahrungen. Wir werden noch darstellen, dass auch die körpereigenen Drogen der Zirbeldrüse wie DMT indirekt die NMDA-Rezeptoren blockieren können. Da diese körpereigenen Drogen hauptsächlich nachts zum Träumen ausgeschüttet werden, ist durch die Blockierung der NMDA-Rezeptoren der Gedächtnis-Lern-Vorgang verhindert und deshalb ein Erinnern an den Traum schwer möglich. Anders bei sogenannten luziden Träumen, bei denen NMDA-Rezeptoren im Frontalgehirn weiterhin aktiviert sind (Bonta 2004).

Alkohol bindet ebenfalls an die NMDA-Rezeptoren, hemmt sie und reduziert damit die Alltagswahrnehmung und die Lern- und Gedächtnisleistung. Bei lang andauerndem regelmäßigem Alkoholkonsum steigt zum Ausgleich des Verlustes die Dichte der Rezeptoren an; die Folgen sind dann in alkoholfreien Phasen hohe Erregung, Angst und Schlaflosigkeit, was die Entzugserscheinungen ausmacht.

Moduliert werden Aktivitäten der NMDA-Rezeptoren durch übergeordnete Sigma-Rezeptoren. Fast alle gebräuchlichen Drogen wie Kokain, Morphin, PCP, Metamphetamin, Ketamin und das Zirbeldrüsenprodukt DMT, ebenso Berberin als antidepressiver Pflanzenmittelextrakt, sind Sigma-

Rezeptoren-Agonisten. Die Effekte gehen dann überwiegend durch Aktivierung der untergeordneten NMDA-Rezeptoren Richtung Bluthochdruck, Herzrasen (Tachykardie) und bei hohen Dosen Krämpfe. Aber auch die Hemmung untergeordneter NMDA-Rezeptoren ist möglich (Martina et al. 2007). Ein Beispiel für die indirekte Hemmung von NMDA-Rezeptoren ist DMT, nachdem es an Sigma-Rezeptoren angedockt hat, und die Zirbeldrüse hat reichlich Sigma-Rezeptoren (Jansen et al. 1989). Wann eine Hemmung und wann eine Aktivierung erfolgt, hängt wohl von Co-Faktoren ab; es braucht mehr Forschung, um die Schaltwege zu erkennen (Fontanilla et al. 2009).

Folge der Aktivierung der NMDA-Rezeptoren ist oftmals die Erhöhung der intrazellulären Kalziumkonzentration, was im Gehirn den Botenstoff Stickstoffmonoxid (NO) aktiviert, der unter anderem in Mitochondrien schließlich die ATP-Produktion hemmt. Ein Mangel an dem Energiestoff ATP ist ja das Signal, womit der Neocortex immer stärker deaktiviert wird. Das aber bedeutet auch: Im REM-Schlaf mit Traum, bei dem viele Areale des Neocortex über NMDA-Rezeptoren hochgradig tätig sind, wird durch hohe NO-Produktion nun der Tiefschlaf ohne Traum eingeleitet, wo weite Teile des Neocortex abgeschaltet sind.

Für unsere Wohlfühlphasen haben wir im Gehirn eine breite Palette von Rezeptoren; es sind die vielen leicht unterschiedlich spezialisierten Serotoninrezeptoren (5-HT-Rezeptoren). DMT ist ein Voll-Agonist am 5-HT_{2A}-Rezeptor. Aber viele weitere Serotoninrezeptoren (5-HT_{1A}, 5-HT_{1B}, 5-HT_{1D}, 5-HT_{2A}, 5-HT_{2B}, 5-HT_{2C}, 5-HT_6 und 5-Ht_7) binden ebenfalls DMT (Smith et al. 1998).

Und schließlich müssen für ein optimales Wohlgefühl noch die Rezeptoren für das Hormon Dopamin anspringen. Dopamin ist das Belohnungshormon, das uns die Zufriedenheit nach einem schönen Essen, nach gutem Sex (zusammen mit

Oxytocin) oder ein Wohlgefallen bei der Kunstbetrachtung vermittelt. Auch dieser Rezeptor springt durch die körpereigene Droge DMT an.

Wie gesagt, liegt die Zirbeldrüse in der Mitte des Gehirns strategisch äußerst günstig, um die Umgebung mit all den von ihr produzierten Hormonen, Neurotransmittern und Drogen zu »fluten«. Denn die die Zirbeldrüse umgebende Spinalflüssigkeit nimmt die Substanzen ja auf und trägt sie zum benachbarten Thalamus und Hypothalamus. Der Thalamus ist die Station, wo alle Signale aus dem Körper bewertet werden und je nach Beurteilung ins Bewusstsein gelangen oder unterdrückt werden.

Alle alten Kulturen hatten Methoden, die körpereigenen Drogen innerlich zu stimulieren. Diese Methoden, hauptsächlich spezielle Meditation, besprechen wir noch. Aber alle Kulturen wussten auch, wie man diese Drogen von außen in den Körper bringt, und davon wurde und wird reichlich Gebrauch gemacht.

DMT in Pflanzen und Tieren

Zusätzliches DMT zu dem körpereigenen zu gewinnen ist für Menschen nämlich leicht erreichbar. Seit Beginn der DMT-Forschung um 1955 wurde das Entheogen in einer Vielzahl von Organismen gefunden: in mindestens fünfzig Pflanzenarten, die zu zehn Familien gehören, und in wenigstens vier Tierarten. Es ist in Säugetieren, Gräsern, Erbsen, Kröten (Hautsekret der Aga-Kröte), Fröschen, Pilzen, Schimmel, in Rinden, Blüten und Wurzeln.

Pflanzen zum Beispiel, die relativ viel DMT oder Bufotenin enthalten, sind die folgenden (Gehalt vom Trockengewicht in Prozent):

> *Acacia simplicifolia*: DMT in Rinde bei circa 0,81 Prozent; *Acacia obtusifolia (Acacia intertexta)*: DMT in Rinde bei 0,1 bis 0,7 Prozent.

> *Anadenanthera peregrina* oder *Anadenanthera colubrina*: DMT in unreifen Samen bei 0,16 Prozent; Bufotenin bis zu 12,4 Prozent in Samen, 5-MeO-DMT in Wurzeln bei 0,68 Prozent; enthält auch Beta-Carboline und andere Alkaloide.

> *Banisteriopsis argentea, Banisteriopsis rusbyana (Malpighiaceae)* oder *Diplopterys cabrerana*: in Blättern DMT bei 1,7 Prozent.

> *Desmanthus illinoensis*: DMT bis zu 14 Prozent in den Wurzeln und bei *D. leptolobus* sogar bis zu 24 Prozent.

> *Mimosa hostilis, syn. Mimosa tenuiflora (Leguminosae)*: DMT in der Wurzelrinde bei 0,31 bis 11 Prozent.

> *Phalaris arundinacea* (Rohr-Glanzgras, Türkei-Rot) und *P. aquatica (Gramineae)*: Enthält neben mehr als 1 Prozent DMT im Blatt auch ein für Menschen sehr toxisch wirkendes Alkaloid (0,0025 bis 0,045 Prozent).

> *Psychotria ipecacuanha, Psychotria viridis, Psychotria carthaginensis (Rubiaceae)*: DMT in Blättern bei 0,0 bis 0,65 Prozent.

> *Virola theiodora*: hat 8 Prozent 5-MeO-DMT als Resinharz.

Die im Ayurveda sehr beliebte »Juckbohne« *(Mucuna pruriens)*, deren Extrakte als legales Nahrungsergänzungsmittel weit verbreitet und beliebt sind, enthält in den Blättern und Samen relativ viel DMT, Bufotenin und L-Dopa – eine seltene Kombination.

DMT wirkt schlecht, wenn es geschluckt wird, da es in den Verdauungswegen durch MAO besonders schnell zerlegt wird. Aber es gibt diverse Gegenmittel. Die Naturvölker wussten um die schlechte Aufnahme von DMT, wenn keine weiteren Pflanzen eingenommen wurden. Heute wissen wir, dass diese zusätzlichen Pflanzen die Effekte eines MAO-Hemmers aufweisen und somit DMT unbeschadet resorbiert werden kann. Verbreitet waren die Kombinationen von DMT-haltigen Pflanzen mit Pflanzen, die MAO-Hemmer enthielten, wie:

> Banisteriopsis caapi (Liane des Amazonas) oder
  Banisteriopsis inebrians (Malpighiaceae);
> Tetrapterys methystica (Malpighiaceae): in Mittel-
  und Südamerika sowie auf den Westindischen Inseln;
> Peganum harmala, die Steppenraute (Zygophyllaceae):
  in Osteuropa und Asien.

Als nichttropische Pflanze ist jene Steppenraute, *Peganum harmala,* berühmt. Ihr Harmin und Harmalin steckt in den Wurzeln und im Samen. Die Steppenraute ist in Kleinasien beheimatet und wurde dort als Pflanzenfarbe für das Rot der Teppiche eingesetzt (das sogenannte Türkei-Rot). Inzwischen wächst sie aber verbreitet auch in den US-Staaten Kalifornien, Texas, New Mexico, Arizona und Nevada.

In den Traditionen galt die Steppenraute als Wundermittel zur Heilung von zum Beispiel Rheuma, Parkinson und Augenerkrankungen. Sie wirkt krampflösend und schmerzlindernd. Es wird spekuliert, dass die Darstellung von fliegenden Teppichen mit der Einfärbung der Teppiche durch die Pflanzenfarbe zusammenhängt. Die Einnahme von Peganum oder auch Hyoscyamus wirkt als Rauschdroge. So zum Beispiel *Hyoscyamus niger,* das Schwarze Bilsenkraut, auch »Hexenkraut« und »Dollkraut« genannt. Der Wirkstoff Hyoscyamin dockt an muskarine Acetylcholinrezeptoren an, die das Gehirn bezüglich Gedächtnis und Erinnerung versorgen. Die Visionen der auf dem Besenstiel fliegenden Hexen haben wahrscheinlich den gleichen Ursprung wie der fliegende Teppich. Im frühen Mittelalter haben die als Hexen bezeichneten Frauen die entsprechenden Alkaloide unter den Achselhöhlen aufgetragen oder vaginal und rektal eingebracht.

Ayahuasca – der Schamanentrank

Südamerikanische Indianerstämme waren schon früh bekannt wegen ihrer speziellen Weissagungspraktiken, hellseherischen Fähigkeiten und ihres Telepathievermögens, auch als Kontakt zu Verstorbenen mit Heilungsritualen. Die Ursache dieser Fähigkeiten, so erkannte der britische Botaniker Richard Spruce (1817–1893) im Jahr 1851, lag in Ayahuasca, einem kultisch verwendeten Pflanzengebräu indigener Kulturen Südamerikas, hauptsächlich in Ecuador und Peru.

Das Wort »Ayahuasca« kommt aus dem indianischen Quechua-Dialekt und heißt übersetzt »Ranke des Todes« oder »Ranke der Seele« und verwendet die »Liane der Geister«. In Kolumbien und Brasilien wird das gleiche Rezept bei den Tupi-Indianern als »Yage« bezeichnet (oft auch »Yaje« geschrieben, gesprochen »Jahei«), bei den Mestizen heißt es »Daime« und in Brasilien »Caapi«, »Natema« und »Nixipae«. Heute noch pflegen die Mitglieder von Santo Daime eine besondere ritualisierte Hoasca-Nutzung. »Hoasca« ist die brasilianische Form von »Ayahuasca«, die den christlich-religiösen Gruppen in Brasilien trotz der verbreiteten Illegalität weiterhin erlaubt ist. Der Konsum verspricht die Überwindung der Unwissenheit und das Erleben von zukünftigen Geschehnissen.

Ayahuasca besteht aus Tryptamin-Alkaloiden als DMT-Quelle, meistens aus den Blättern der Psychotria viridis, allgemein »Cawa« genannt, oder Prestonia amazonica und zusätzlich aus MAO-Hemmer-haltigen Zutaten als Beta-Carboline wie Harmin und Harmalin, oft aus Banisteriopsis caapi gewonnen, einer kletternden Lianenart. Keine dieser beiden pflanzlichen Zutaten ist allein oral eingenommen in physiologisch verträglichen Dosen halluzinogen nennenswert wirksam. Erst die Kombination bewirkt psychedelische Erfahrungen mit dem Aufsuchen der Interwelt (Rudgley 1998).

Ayahuasca war das Tor zu anderen Welten. Dieser Übergang war für die Nutzer der Drogen keine Halluzination, sondern ein vollkommen realer Übergang mit realem Erleben des Jenseits. Bereits 1905 wurde ein Alkaloid in bestimmten Urwaldpflanzen nachgewiesen, das man »Telepathin« nannte (Deulofeu 1967). Später wurde dasselbe Alkaloid auch als »Yagein« und »Banesterin« bezeichnet. Heute heißt es allgemein »Harmin«. Besser bekannt ist Harmin von der Syrischen Raute *(Peganum harmala)*. Aber Harmin wird wohl sogar auch in unserem Körper erzeugt.

Eine Analyse der Ritualgebräue der Stämme der Scharanahua- und Cuhina-Indianer aus Banisteropsis caapi ergab, dass als Harmala-Alkaloide neben Harmin auch Harmalin, d-Tetrahydroharmin, Harmol und 6-Methoxytryptamin vorhanden waren (Rivier und Lindgren 1971). Die Conibo-Shipibo-Indianer und ebenso die Stämme der Ziparo, Siona und Tukano berichten treffend, dass bei Einnahme des Gebräus ein Teil der Seele den Körper verlässt, und zwar in fliegender Weise, was miterlebt werden kann (Harner 1991). Bei dem Stamm der Amahuaca weiß man, dass mithilfe der Droge der Jaguargeist, der Yoshi, erscheint und man mit ihm hellsichtig wird: »Man erfährt alles, was man wissen will.« Die Jivaro-Schamanen behaupten, beliebig weit entfernte Personen in ihrem Tun und Handeln beobachten zu können. Sogar verlorene Gegenstände werden wiedergefunden.

Sind das nur Fantasien? Nicht unbedingt, denn der Anthropologe K. M. Kensinger berichtet (ebenda), dass die Cashinahua ihm von einer weit entfernten Stadt mit Namen Pucallpa, die die Angehörigen des Stammes niemals aufgesucht haben, im Drogenzustand Straßen, Häuser, Geschäfte und Plätze beschrieben haben, die Kensinger bei einem Besuch der Stadt wiedererkannte. Er erfuhr auch während einer Ayahuasca-Feier durch sechs der neun beteiligten Männer vom Tod seines Chai, des Vaters seiner Mutter. Zwei Tage später bekam er dieselbe Nachricht als Realität per Funk.

Hauptsächlich trinken die Cashinahua das Ayahuasca-Gebräu, um Informationen zu erlangen, die über die normalen Kanäle nicht erreichbar, aber zusätzlich Grundlage ihres Handelns sind (Roney-Dougal 1993).

Nach Einschätzung des Ethnopharmakologen Christian Rätsch ist Ayahuasca ein Erkenntnismittel, das dem Menschen seine Stellung im Universum zeigt und die wahre Wirklichkeit offenbart (Adelaars et al. 2006). Die Ursprünge von Ayahuasca sind sehr alt. Sein Gebrauch ist Teil der alten Religionen und der heilenden Bräuche der Eingeborenen, die im Amazonasgebiet leben, von Brasilien bis zu den oberen Gebieten Kolumbiens, Ecuadors und Perus. Viele Studien berichten über ihre Verwendung im Schamanismus und vor allem in heilenden Ritualen.

Im ursprünglichen kulturellen Format ist es der Schamane, der Ayahuasca sowohl für die Diagnose als auch für die Behandlung des Patienten einnimmt. Aber zunehmend trinkt der Patient zu seiner Heilung selbst das Gebräu (Shulgin 1997).

Die Rinden mit ihren Harzen von Virola spp. werden von den Indianern im Amazonas- und Orinocogebiet als Schnupfdroge verwendet. Die Rinde wird getrocknet, pulverisiert und mit Asche vermischt. Das ist eine Methode mit Folgewirkungen, denn durch die alkalisierende Asche neutralisieren sich die elektrischen Ladungen der Tryptamine und können dann als ungeladene Amine die Zellmembranen per Diffusion leicht durchdringen. Da die Droge mit Blasrohren in die Nasenhöhlen gesogen wird, gelangen die Amine direkt und schnell über die Blut-Hirn-Schranke in verschiedene Gehirnbereiche ohne Abbau im Verdauungstrakt.

Auch aus den Samen von *Anadenanthera peregrina* (synonym *Piptadenia peregrina*, Mimosa) wird ein Schnupfpulver gemacht, das DMT und Bufotenin enthält. In der Vulgärsprache heißt es »Yopo«, »Yupa« oder »Ebena«. Statt Asche setzen die Maypure-Indianer gemahlenen Kalk von Schneckenhäusern zwecks Alkalisierung ein. Der Naturforscher Alexander von Humboldt (1769–1859) beschrieb 1801 als Erster die Verwendung von Yopo bei den Maypure-Indianern vom Orinoco. Er identifizierte die Quelle der Samen als Acacia niopo, später »Mimosa acaciaoides« genannt (von Humboldt und Bonpland 1907).

Sehen wir uns die Meilensteine in der Forschung der DMT-Nutzung nochmals chronologisch an:

> In einer Begräbnisstätte in Chile aus dem 8. Jahrhundert wurden Utensilien wie Beutel für Schnupftabak mit Tabakresten gefunden, die DMT und 5-MeO-DMT enthielten.

> Nach der zweiten Reise des Kolumbus nach Amerika (1493–1496) erzählte der Admiral in seinen Berichten von einem eigenartigen Pulver, »Cohoba« genannt, das Stammesführer der Taino-Indianer auf der Insel Hispaniola schnüffeln würden und danach wie betrunken seien – mit Verlust des Bewusstseins (Torres 1988, Wassen 1967).

> 1496 dokumentiert der von Kolumbus beauftragte Mönch Ramon Pane die Verwendung von Cohoba (andere Dialekte: Cogioba, Kohobba) und Yopo.

> 1571 wird von prophezeienden Medizinmännern in Argentinien und Bolivien berichtet, die »Vilca« und »Huilca« als Gebräu trinken, das aus Samen von *Anadenanthera colubrina* und der Verwandten *Piptadenia niopo* hergestellt wurde, wie man später herausfand.

> 1741 wird von Jesuitenpatern geschildert, wie sich die Indianer von Kolumbien bis Venezuela mit einem Schnupfpulver in Blutrausch und Raserei versetzen, um

im Kampf gegen ihre Feinde zu ziehen (von Reis Altschul 1972). Dafür verwendet wurden primär die Samen von *Anadenanthera peregrina* (Safford 1916). Die Samen werden getrocknet, geröstet und zu Pulver zermahlen.

> 1801 identifizierte Alexander von Humboldt den Yopo-Baum als *Anadenanthera peregrina* aus der Familie der Hülsenfrüchtler (Wink 1999).
> Weitere pflanzliche Quellen für DMT und 5-MeO-DMT beschrieb Jonathan Ott (Ott 1994). Demnach wurde bereits bei den Inkas der später bekannt gewordene entheogene Schnupftabak mit Namen »Vila« als Einlauf mit einem Klistier verwendet (de Smet 1985).

Aber nicht nur in Südamerika, sondern auch in Australien werden DMT-haltige Pflanzen von den Aborigines in Ritualen verwendet.

Ayahuasca als Heilmittel?
Eine Heilpotenz von Ayahuasca wurde von früheren Ethnobotanikern und Anthropologen bereits beobachtet. Aktuell ist Eduardo E. Schenberg von der brasilianischen Federal University of São Paulo überzeugt, dass Ayahuasca therapeutische Auswirkungen auf bösartige Tumorerkrankungen hat. Seinen Beobachtungen zufolge hat DMT zusammen mit den Harman-Alkaloiden wie Harmin »positive Effekte bei einigen zur Krebserforschung genutzten Zellkulturen, ebenso bei biochemischen Prozessen, die ... bei der Krebsbehandlung wichtig sind«, erklärt E. E. Schenberg im Fachmagazin *SAGE Open Medicine* (Schenberg 2013). Er weist auf die hemmende Funktion auf das Tumorwachstum durch die Anbindung der DMT-Droge an Sigma-1-Rezeptoren hin. Diese Rezeptoren befinden sich in vielen Geweben und spielen eine wichtige Rolle bei dem programmierten Zelluntergang (der Apoptose). Gerade dieser programmierte Zelltod ist in Krebszellen aus-

geschaltet und kann angeblich durch das Gespann von DMT plus Beta-Carbolinen reaktiviert werden.

Ein weiterer Effekt der Drogen-Kombination im Ayahuasca ist angeblich die Unterbindung des Blutgefäßwachstums im Tumor und zusätzlich die überbordende Glykolyse in der Krebszelle zwecks Energiebildung, auch »Warburg-Effekt« genannt. Es fehlen klinische Versuche zu diesen Angaben.

Die Gefahren der Einnahme von Ayahuasca
Wenn ich in meinen Vorträgen von dem traditionellen Gebrauch der Urwaldpflanzen spreche, werde ich immer wieder gefragt, wo man diese Mischung mal ausprobieren kann. Ayahuasca-Rituale sind in den meisten europäischen Ländern verboten, auch in Deutschland. Dennoch gibt es Zentren in Holland, die in einer Art Zeremonie Ayahuasca unter kontrollierten Bedingungen zur Verfügung stellen.

Aber auch unabhängig von dem Verbot kann man von dem Gebrauch nur abraten, wenn man den Erfahrungen der Konsumenten glaubt. Ayahuasca ist etwas für die Naturvölker und nichts für Europäer in Industrieländern. Fast alle konsumierenden Europäer leiden offensichtlich nach der Einnahme. Wichtig ist zu betonen, dass die traditionelle Verwendung der Droge der südamerikanischen Schamanen in einem vollkommen anderen »Set« und »Setting« stattfindet, als wir Europäer es uns vorstellen können. Das »Set« betrifft den eigenen Geisteszustand, die Wünsche und Erwartungen. Das »Setting« meint den äußeren Rahmen einschließlich Lokalität und Zeitpunkt. Dementsprechend ist die Realitätsschaltung bei den eingeborenen Konsumenten des Urwalds mithilfe des eingestellten Bewusstseins völlig anders als bei uns. Im Urwald gibt es den »Geist der Pflanze«, der den Menschen die Interwelt-Erfahrung öffnet und der als Lehrer wirkt. Das lässt die teilweise schwerwiegenden Nebenwirkungen des Getränks besser tolerieren.

Die Berichte der Schamanenwelt übergeben uns Europäern kein genaues Rezept, vielmehr schwanken die Zutaten je nach Region massiv in ihrem Verhältnis zueinander. Zwischen starkem Tranquilizer-Effekt und kaum zu ertragendem Erbrechen scheint dabei alles vorhanden zu sein.

Pflanzliche Ayahuasca-Analoge
Vorbemerkung: Die nun folgenden Informationen sollen keinesfalls als Anleitungen zum Drogenkonsum dienen, sondern zur Vorbeugung von Schädigungen durch Unwissen und Unerfahrenheit.

Einige wagemutige Personen haben seit den Sechzigerjahren manche der bereits weiter oben aufgelisteten Ayahuasca-Analoge ausprobiert, zum Beispiel das DMT aus Phalaris-Grasarten wie dem Rohr-Glanzgras *(Phalaris arundinacea).* Dieses Gras wird manchmal sogar als Rasen verwendet. Konzentriertes DMT befindet sich in den gestielten Grasblättern. Aus ihnen wurde eine rauchbare Form von DMT extrahiert. *Achtung:* Es enthält aber zusätzlich giftige Alkaloide und ist nur in kleinsten Dosen verträglich. Nebenwirkungen sind Übelkeit mit Erbrechen.

Es findet sich auch in Leguminosen häufig DMT, so in *Desmanthus illinoensis.* Ursprünglich aus Indien stammt wohl das bambusähnliche Pfahlrohr *(Arundo donax).* Beide Pflanzen haben das DMT in der Wurzelrinde. Bekannt ist auch *Mimosa hostilis* als DMT-Quelle.

Ein enger Verwandter von DMT ist 4-phosphoryloxy-N, N-Dimethyltryptamin, besser bekannt als Psilocybin aus den berühmten Zauberpilzen, die zur Gattung der Kahlköpfigen gehören, zum Beispiel *Psilocybe semilanceata,* der Spitzkegelige Kahlkopf. Dazu gehören etwa 180 Arten. Wenn diese Pilze verzehrt werden, wird im Körper ein Phosphoratom aus dem Psilocybin entfernt, was dadurch in Psilocin umgewandelt wird. Es unterscheidet sich von DMT dann nur durch ein einziges Sauerstoffatom und ist nun quasi ein oral wirksames DMT. Dennoch: Während Psilocybin psychisch wegen seiner angenehmen Effekte abhängig machen kann, wird dies für DMT ausgeschlossen. Das kann aber nicht durch ein Sauerstoffatom erklärt werden.

In Deutschland gehören DMT wie auch alle anderen erwähnten Verwandten und ebenfalls Ayahuasca zu den nicht verkehrsfähigen Betäubungsmitteln im Sinne des Betäubungsmittelgesetzes. Der Besitz von DMT und anderen Drogen und der Handel mit DMT oder DMT-haltigen Zubereitungen sind somit unter Strafe gestellt.

Bufotenin, Norbufotenin

Bufotenin (5-Hydroxy-Dimethyltryptamin) hat seinen Namen bekommen, weil man es im Hautsekret einiger Kröten gefunden hat. Auch das Tryptamin Serotonin reichert sich in Sekreten an und kann bei der Rotbauchunke (*Bombina bombina*) bis zu 10 Prozent im getrockneten Sekret ausmachen. Nachgewiesen ist Bufotenin bei unserer heimischen Erdkröte *(Bufo bufo)*, der Wechselkröte *(Bufo viridis)*, der Kreuzkröte *(Bufo calamita)*, der Coloradokröte *(Bufo alvarius)* und in der Sandkröte aus Asien *(Bufo arenarum)*.

Das Sekret der Sandkröte ist die Grundlage der chinesischen Droge »Ch an Su« mit etwa zwanzig giftigen Bufadienoliden und mehreren Cardenoliden. Am meisten Sekret produziert die sehr große Aga-Kröte, die im Bundesstaat Queensland in Australien eine Landplage ist. Dennoch, eigentlich ist Bufotenin nicht psychogen verwertbar. Denn der Hydroxy-Anhang lässt Bufotenin die Blut-Hirn-Schranke sehr schlecht überwinden und verhindert so die halluzinogene Wirkung. Aber neben Bufotenin kommen im Sekret auch DMT und 5-MeO-DMT vor. Das Letztere ist hoch lipidlöslich und überwindet die Blut-Hirn-Schranke mit Leichtigkeit. Erst die Methylierung macht die Tryptamine also lipophil, und weil sie nun im Gehirn durch Rezeptoraktivierung wirken können, werden sie zum Halluzinogen.

Große Überraschung löste ein Forschungsergebnis aus den Siebzigerjahren aus, nach dem Bufotenin beim Menschen im Urin als normales Stoffwechselprodukt auftaucht.

In der Natur findet man Bufotenin relativ reichhaltig in den bereits genannten Samen der Bäume *Anadenanthera peregrina* und *Anadenanthera colubrina*. Es hat im chemischen Strukturaufbau sehr große Ähnlichkeit mit dem Pilzhalluzinogen Psilocin (Abbauprodukt des Psilocybin) und wirkt bei überhöhter Dosierung auch fast identisch – mit Lichtsensationen, Schwindelgefühl, Bluthochdruck, Herzrasen, teilweiser Verwirrung und Brechreiz.

In den Neunzigerjahren war das »Krötenlecken« eine Modeerscheinung. Die Kröte wurde leicht im Nackenbereich massiert und gab dabei ihr giftiges Sekret unterhalb der Augen (Paratoid- und Tibialdrüsen) ab, was dann abgeleckt oder abgeschabt wurde. Das ging nicht immer gut aus, da neben Bufotenin im Sekret auch Bufotoxin oral aufgenommen wurde: ein Herzgift, das den giftigen Digitalisglycosiden des Fingerhuts gleicht. (Seit dem 17. Jahrhundert war Krötengift ein Medikament zur Behandlung von Herzinsuffizienz.)

Auch eine Reihe für Menschen als giftig bekannter Pilze enthalten geringe Mengen von Bufotenin, wie der im rohen Zustand giftige Gelbe Knollenblätterpilz *(Amanita citrina)*, der Fliegenpilz *(Amanita muscaria)*, der Porphyrbraune Wulstling *(Amanita porphyria)* und der Pantherpilz *(Amanita pantherina)*.

Erstaunlich: Bufotenin unterliegt in Deutschland nicht dem Betäubungsmittelgesetz; sein Gebrauch ist nicht illegal. Das liegt sicherlich an der schlechten Resorbierbarkeit, was Rauscheffekte nicht zulässt. Aber der Gebrauch und Handel mit Krötenhäuten oder -sekreten ist illegal.

Übersicht aller natürlich vorkommender Tryptamine

Tryptamin	2-(Indol-3-yl)-ethylamin
NMT	N-Methyltryptamin
5-MeO-NMT	5-Methoxy-N-methyltryptamin
Dimethyltryptamin	N,N-Dimethyltryptamin
5-MeO-DMT	5-Methoxy-N,N-dimethyltryptamin
5-Brom-DMT	5-Brom-N,N-dimethyltryptamin
Bufotenin	5-Hydroxy-N,N-dimethyltryptamin
N-Methylserotonin	5-Hydroxy-N-methyltryptamin
Serotonin	5-Hydroxytryptamin
Psilocin	4-Hydroxy-N,N-dimethyltryptamin
Psilocybin	4-Phosphoryloxy-N,N-dimethyltryptamin
Baeocystin	4-Phosphoryloxy-N-methyltryptamin
Norbaeocystin	4-Phosphoryloxytryptamin
Melatonin	5-Methoxy-N-acetyltryptamin
Tryptophan	α-Carboxy-Tryptamin

Gleiches gilt für Norbufotenin (5-Hydroxy-N-Methylse-rotonin), ebenfalls ein Derivat des Serotonins, das deshalb auch Serotoninrezeptoren aktivieren kann. Auch dieses Alkaloid ist in der Natur verbreitet, in Pflanzen, Tieren und Pilzen, unter anderem in der Traubensilberkerze *(Actaea racemosa)*, Szechuanpfeffer *(Zanthoxylum piperitum)*, auch im Gold-Laubfrosch *(Litoria aurea)*.

Die Gefahren der MAO-Hemmer
Keinesfalls auf die leichte Schulter nehmen sollte man die Mono-aminooxidase-Hemmung (MAOI). Zu schlecht vertragene oder zu hoch dosierte Beta-Carboline (Pinolin, Harmin, Harmalin und so weiter) können in Verbindung mit weiteren Substanzen tödlich wirken.

Die Wirkung von MAO-Hemmern ist heute gut untersucht, da verschiedene MAOI als Antidepressivum medizinisch indiziert sind und früher entsprechend häufig verschrieben wurden.

Die MAOI aus einer üblichen Dosis von *Banisteriopsis caapi* wirken im menschlichen Körper etwa sechs Stunden lang. So lange hält auch der Trip mit Ayahuasca an. Das ist – verglichen mit dem physiologischen DMT-Pinolin-Trip in unserem Körper während der Meditation oder während des Traums – sehr lange.

Da MAOI neben der Verhinderung der Zerlegung von Serotonin und Dopamin auch Noradrenalin unzerlegt weiter wirken lassen, kommt es eventuell zu schweren hypertensiven Krisen, denn Noradrenalin, zusammen mit Adrenalin, ist Transmitter des Sympathikus-Nervensystems. Unwissende und unerfahrene Personen mischen Ayahuasca zwecks Supertrips auch noch mit Ecstasy, Peyote-Kaktus-Inhalten, Amphetaminen wie Dextroamphetamin oder Methylamphetamin, mit Procain, was Noradrenalin enthält, oder mit Phenylpropanolamin (frei verkäuflich gegen Erkältungen). Diese Kombinationen führen oft erst zehn bis zwölf Stunden später zu einer akuten Überladung mit Adrenalin/Noradrenalin. Die Katastrophe beginnt dann mit Herzrasen, schweren Kopfschmerzen, intrakranialen Blutungen, pulmonärem Ödem und Kreislaufkollaps.

Aufpassen muss man gleichzeitig auf Nahrungsmittel, die einen hohen Tyramingehalt haben. Denn der MAO-Hemmer (MAOI) verhindert auch die Spaltung von Tyramin, welches indirekt ein Sympathomimetikum ist, also den Sympathikus des vegetativen Nervensystems aktiviert. Folgen sind Bluthochdruck, verengte Blutgefäße und eventuelle Panikreaktionen.

Man sollte sich merken, dass alle fermentierten Nahrungsmittel tyraminreich sind, etwa Getränke wie Bier, Wein,

Kaffee, Schokolade und Lebensmittel wie Käse, eingelegte Heringe, Hefeprodukte, Sauerkraut, eingelegtes Gemüse, zahlreiche Produkte aus Japan, Sojasoße, sogar Joghurt (De-Korne 1995).

Im Gegensatz zu typverwandten Halluzinogenen wie LSD, Psilocin und Meskalin bildet DMT keine Toleranz, keine Suchterscheinungen aus. Das ist absolut erstaunlich, und der Grund dafür ist unklar, denn zwischen DMT und Psilocin sind nur marginale Unterschiede im chemisch-strukturellen Aufbau zu sehen.

Alle diese Drogen wirken auf geistig-seelische Aktivitäten, auf die Konstellation von Gefühlen, auf das Denken und auf die Körperwahrnehmung sowie auf das Selbstempfinden. Jede Situation und Figur der »Ayahuasca-Welt« kann willentlich ihren Charakter und ihre Gestalt verändern – wie im luziden Traum.

Im kontrollierten Versuch wurde DMT zusammen mit MAOI gespritzt. Schamanen und Konsumenten dagegen rauchen die Drogen oder nehmen sie oral ein. Mit den verschiedenen Arten der Applikation ist ihre Wirkung und Dauer verbunden. Nach dem Spritzen wird innerhalb von Sekunden oder Minuten der veränderte Wahrnehmungszustand erreicht. Beim Rauchen dauert es wenige Minuten, erreicht nach fünf Minuten ein Maximum und ist nach zwanzig bis sechzig Minuten vorbei. Beim Ayahuasca-Trank dauert es bis zum Erreichen des besonderen Zustands circa 45 Minuten und kann vier Stunden anhalten. Eine eventuelle Nachwirkung dauert etwa zwanzig Minuten, ehe der normale Wahrnehmungszustand wieder stabil ist.

Der Trip ist wie bei allen Drogen abhängig von der eigenen momentanen Stimmung, der Erwartung, der Umgebung und von den beteiligten Personen. Auch ausgesprochene Horrortrips sind möglich. Es gibt inzwischen einige Untersuchungen, die mit hohem DMT-Level, gemessen im Urin, Psychosen assoziieren, dies auch bei hohen endogenen, also nicht von außen zugeführten DMT-Produktionen.

Die Hormone der Zirbeldrüse wirken auf den Hypothalamus und das limbische System mit der Folge einer Art emotionaler, symbolischer, archetypischer Wahrnehmung. Ursache ist auch die Steigerung der Aktivität des »Horusauges« (mit Thalamus und limbischem System) und Verhinderung der Barriere- und Filterfunktion durch bestimmte Großhirninstanzen, bei leichter Hemmung der linken Hälfte der Cortex-Funktion (Logik, Vernunft). Der präfrontale Cortex im Stirnhirn spielt dabei ebenfalls eine wichtige Rolle.

Der Erfolg liegt in einer Informationseinkopplung aus der Interwelt, die es im alltäglichen tagesbewussten Wahrnehmungszustand nicht intensiv geben kann. Die wirksame Barriere dorthin, die der Neocortex gewöhnlich aufbaut, ist zu aktiv.

Die Betroffenen reden von einer Unaussprechlichkeit der Erfahrungen – es fehlen die Worte zur Beschreibung von noetischen Qualitäten (vom griechischen *noetikós* für »das Denken betreffend«), also vom Erkennen geistiger Gegenstände, von einfallendem Wissen, von tiefen Einsichten, die nicht durch das übliche diskursive Denken erreicht werden können.

Neurotheologie durch zugeführtes DMT

Der Begriff »Neurotheologie«, der sich für solche Erfahrungen seit 1984 ziemlich schnell auch in wissenschaftlichen Kreisen etabliert hat, stammt von dem britischen Schriftsteller Aldous Huxley (1894–1963), der diesen Begriff in seinem letzten Roman *Eiland* (original *Island*) verwendete (Huxley 2006). Die meisten religiösen Glaubenssysteme – so ist Steve Barker von der Louisiana State University überzeugt – stammen nicht von irgendeinem äußeren göttlichen Avatar, sondern von endogenen Drogen wie DMT, das sich in jeder Körperflüssigkeit befindet – Blut, Spinalflüssigkeit, Urin – und nach Stabilisierung der molekularen Struktur die alltägliche Wahrnehmung gründlich verändert.

Die Cottonwood Research Foundation steht seit einigen Jahren im Mittelpunkt dieser Forschung. Die Stiftung entstand im Jahr 2007 und wird von den beiden Wissenschaftlern Rick Strassman und Steve Barker geleitet. Vorausgegangen war die in den Jahren 1990 bis 1995 einzige von der DEA erlaubte klinische Forschung zu den Wirkeigenschaften von DMT, die von dem Mediziner Rick Strassman, damals Universität New Mexico, durchgeführt wurde. Er war seinerzeit ernannter außerordentlicher Professor für Psychiatrie in der universitären School of Medicine.

DMT von außen zugeführt zu bekommen gilt den Probanden zufolge als eine der mächtigsten, lebensverändernden Erfahrungen, die man machen kann. Man kann Informationen aufnehmen, die vorher unmerklich waren. Unbewusste Konflikte und Triebe werden regelrecht gesehen. Es ist, als ob ein neues Repertoire, ein neues Instrumentarium, ein neues »Toolkit« zur Verfügung stünde, um bisher unsichtbare, unmerkliche Prozesse, Objekte und sogar intelligente Wesen wahrzunehmen. Die Betroffenen reden über Offenbarungen von großer Bedeutung mit nachhaltiger Wirkung. Der Mensch bekomme Hinweise für Transzendenz und Raum- und Zeitlosigkeit, er sei in tiefer positiver Stimmung und erfahre das Gefühl einer gewissen Heiligkeit.

Die Folgen von DMT bei höherer Dosis sind offensichtlich identisch mit einem Aufsuchen der Interwelt. Verwirrend ist die völlig körperlose Erfahrung. DMT macht den Körper bewegungsarm und stößt die Tür auf zu Welten, die unsere täglichen Vorstellungen weit überschreiten. Wissensvermittlung, Visionen, übergroße ekstatische Gefühle, Zukunftsvoraussagen, Telepathie, Kontakte mit Toten und körperlosen Wesenheiten seien möglich, einer mächtigen, liebevollen Präsenz, die der ganzen Wirklichkeit zugrunde liegt. Es herrsche ein Gefühl der Zeitlosigkeit, himmlischer Klänge, des Sterbens und der Wiedergeburt – über dies alles wurde in den wissenschaftlichen Versuchen des Mediziners Strassman berichtet (Strassman 2004): »DMT ermöglicht regelmäßig, wiederholt und verlässlich einen Zugang zu anderen Sendern und Programmen. Unsere ›Verdrahtung‹ bewirkt, dass wir die ganze Zeit auf das Normalprogramm eingestellt bleiben. Doch DMT braucht nur 1–2 Sekunden (nach intravenöser Verabreichung), um umzuschalten« (ebenda).

Die hier noch einmal zusammenfassend aufgeführten Effekte bei den Probanden in den Versuchen mit hohen applizierten DMT-Dosen waren drastisch:

> Die persönliche Identität verschmilzt mit dem gesamten Dasein.
> Vergangenheit, Gegenwart und Zukunft werden ein zeitloser Augenblick im ewigen Jetzt. Die Zeit hört auf zu vergehen.
> Der Raum wird grenzenlos, alles ist hier vorhanden.
> Der Proband ist sicher, dass nach dem Tod das Bewusstsein weiterexistiert und auch vor dem Erdenleben existierte.
> Ekstatische Gefühle fluten das Bewusstsein bei gleichzeitig vorherrschenden Gefühlen von grundlegendem Frieden und Gleichmut.
> Intensive Gefühle des »Heiligen« und der absoluten Wirklichkeit herrschen vor.
> Der Urgrund allen Seins – so wird erkannt – sind Liebe, Weisheit, Kraft.
> Führer, Engel, körperlose Wesen begegnen den Probanden.
> Alles ist in gleißendes, liebevolles Licht getaucht.

> Kein anderes Erlebnis kommt an diese Erfahrung in der Bedeutung und Tragweite auch nur annähernd heran.
> Erschreckend ist die ungeheure Authentizität der Geschehnisse – »wahrer als die Wirklichkeit«, mit der Gewissheit, keinem Traum zu unterliegen.
> Mit geschlossenen und mit offenen Augen erlebt der Proband die gleiche veränderte Welt, es gelingt sogar, beide Welten – die Alltagswelt und die Anderswelt – gleichzeitig wahrzunehmen.

Aus dem kompletten Protokoll mit Aussagen der Empfindungen aller DMT-Probanden muss noch ergänzt werden (ebenda):

> Man spürt starke Vibrationen und eine Energie mit hoher Frequenz.
> Der Körper ist nicht mehr spürbar. Es entsteht ein Gefühl der Schwerelosigkeit.
> Der Zustand ist sehr angenehm, aber auch Angst und Besorgnis können auftreten. Man empfindet vielleicht reine Glückseligkeit, Frieden und Gleichmut, erleidet möglicherweise aber auch Seelenqualen.
> Widersprüche stehen nicht mehr im Konflikt miteinander.
> Man ist umgeben von »liebevollem Licht«, sieht körperlose Wesen, hat das Gefühl, geliebt zu sein (»DMT-Elfen«), und erfährt eine sanfte Führung.
> Man sieht Gestalten, Wesen, die sich bewusst zu sein schienen, mit den Probanden zu interagieren: Die Menschen wurden willkommen geheißen.
> Der Intellekt ist voll da, nicht »high«, nicht berauscht, aber es besteht ein völliger Kontrollverlust; andere Intelligenzen steuern das Geschehen.
> Es gibt eine Wahrnehmung der Zellorgane, insbesondere der DNA.

Diese Erfahrungen sind ziemlich identisch mit Berichten von Nahtod-Erlebnissen. Grunderfahrungen eines Nahtod-Erlebnisses nach Erlöschen des EEG sind:

> Das Gefühl, gestorben zu sein.
> Schmerzfreiheit und Gefühl der Ruhe und des Friedens.
> Alles wird vollkommen bewusst wahrgenommen.
> Lebensrückschau (als schneller Film).
> Außerkörperliche Erfahrung (AKE).
> Tunnelerlebnis mit Grenze von Diesseits und Jenseits.
> Begegnung mit bereits Verstorbenen und Lichtwesen.
> Intensive Lichterscheinung.
> Widerwillige Rückkehr ins irdische Leben.
> Persönlichkeitsveränderung.

Wichtig ist der Hinweis, dass alle Versuchspersonen bei wirksamer Dosierung von DMT ähnliche Erfahrungen hatten.

Am seltsamsten waren die fremden intelligenten Wesen. Erklärungsmodelle zum Zusammenhang von DMT und den ansonsten verborgenen Entitäten gab der Autor Peter Meyer in einem Sammelband mit dem Titel *Psychedelics – Monographs and Essays* (Meyer 1993): DMT eröffne den Zugang zu einer real existierenden Parallelwelt, in der es intelligente Wesen gebe. Es ermögliche die Wahrnehmung der Kommunikation von quantenmechanischen Vorgängen subatomarer, atomarer oder zellulärer Strukturen, die Entitäten offenbaren. Und der Bereich, der durch DMT erreicht werde, sei das Jenseits mit der Welt der intelligenten Wesen und der Seelen der Verstorbenen.

Der amerikanische Ethnobotaniker Terence McKenna (1946–2000), der sich zusammen mit seinem Bruder intensiv um die Wirkungen von DMT gekümmert hat, schrieb in seinem weithin beachteten Buch *The Invisible Landscape* (McKenna 1975/1993), Nahtod-Erlebnisse könnten in Einzelfällen auch höllenszenenähnliche Bilder enthalten und sehr belastend sein, je nachdem, wie sich die Betroffenen zu Lebzeiten die Erwartungen an den Todeszustand vorgestellt und dogmatisch gepflegt hatten. Gleichermaßen waren auch in den DMT-Versuchen bei einer kleinen Anzahl von Freiwilligen Panikattacken und Depressionen aufgetreten. Das erinnert an die Lehre C. G. Jungs: Die Bilder der Macht und der Intelligenz innerhalb der Psyche einschließlich des Unbewussten sind nicht ausschließlich gutartig. Viele Programme werden erlernt und laufen dann autonom ab, ohne dass wir noch eingreifen können. Auch Böses kann erlernt und konditioniert werden und ist für unser Verhalten ein Regler; denn nur Gegensätze lassen Empfindungen zu. Wir können nicht warm empfinden, wenn wir nicht das Kalte kennen würden. Das Gute und das Böse sind notwendige Erfahrungen, um sich letztlich für das Gute zu entscheiden. Beide zusammen sind durchaus verträglich, wenn ein harmonisches Gleichgewicht herrscht. Wer von den Probanden allerdings vorbelastet war und nach der Phase der klinisch-wissenschaftlichen Versuche weiterhin DMT in überhöhten Dosen zu sich nahm, zerstörte damit jegliches erforderliche Gleichgewicht und endete manchmal mit einer therapieresistenten Psychose in psychiatrischen Einrichtungen.

Transzendente Erfahrungen mit spirituellen Implikationen, ausgelöst durch endogene DMT-Konzentrationen, sind von der Natur offensichtlich beabsichtigt, denn wir erleben diese wie gesagt ja auch während der Meditation, im Traum, im luziden Traum und im Nahtod. Man kann aus den Erfahrungen mit DMT schließen, dass Träume, luzider Traum, außerkörperliche Erfahrungen und Nahtod-Erfahrungen alle DMT-gesteuert sind.

James Callaway von der Universität in Kuopio, Finnland, entdeckte DMT erstmals im Spinalserum von Menschen und ging davon aus, dass die Level immer dann hoch auflaufen, wenn gerade eine außerkörperliche Erfahrung gemacht wurde, ein luzider Traum erfolgt oder auch wenn ein Mensch gerade gestorben war. Das war seinerzeit nicht mehr als eine Idee (Callaway 1988).

Heute gibt es zwar eine zuverlässige Methode als Indikator für die DMT-Produktion, aber die besonderen Umstände der DMT-Bildung wurden noch nicht damit untersucht. Es handelt sich bei dieser Methode um einen wichtigen Metaboliten von DMT, es ist das bereits kurz erwähnte psychologisch inerte DMT-N-Oxid im Urin. Es liegt auf einem zehn- bis zwanzigfach höheren Level als DMT selbst und ist deshalb leichter messbar. Auch die DMT-N-Oxid-Spiegel im Blut waren noch viermal höher als das DMT.

Legale Alternativen?

Ibogain

Was in Südamerika für die Naturvölker die Pflanzen für das Ayahuasca-Gebräu sind, ist in Afrika die Iboga-Pflanze, obwohl auch sie im Amazonasgebiet wächst. Sie gilt in Afrika als spiritueller Führer der Menschheit. *Tabernanthe iboga,* kurz Iboga, Eboga, Eboka oder Obona, hat viele botanische Äquivalente wie *Iboga vateriana, Tabernanthe albiflora, Tabernanthe bocca, Tabernanthe manii, Tabernanthe tenuiflora.* Die Extrakte dieser Pflanzen wirken eindeutig psychogen, unterliegen in Deutschland aber nicht dem Betäubungsmittelgesetz.

Iboga gehört zu der Familie der Hundsgiftgewächse *(Apocynaceae).* Die Heimat der Strauchpflanze sind die tropischen Wälder, also der Regenwald des Amazonasgebiets und der von Afrika mit Kongo, Gabun, Kamerun.

Ursprünglich von den Pygmäen vor ewigen Zeiten entdeckt, ist der Strauch heute noch für die Anhänger des Bwiti-Kultes der wahre, direkt aus dem biblischen Garten Eden stammende Baum der Erkenntnis. Die Wurzeln der Pflanze enthalten mindestens elf psychedelisch wirkende Indolalkaloide. Das wichtigste Alkaloid hat den Namen Iboga und Ibogain (12-Methoxy-Ibogamin) mit der Formel $C_{20}H_{26}N_2O$ und der molaren Masse 310,44 g·mol^{-1}. Die anderen Alkaloide sind meist Derivate von Ibogain (Catharanthin, Gabonin, Ibogamin, Ibolutein, Tabernanthin, Voacangin und Voaphyllin).

Der Ibogain-Gehalt beträgt in der Wurzelrinde bei frischen Pflanzen erstaunliche 6 Prozent, fünfmal mehr als in der übrigen Wurzel. Für den Konsum wird die Wurzelrinde direkt gekaut oder zerrieben und mit einem Getränk vermischt. Wie die meisten derartigen Stoffe ist der Sud äußerst bitter im Geschmack.

Die Wirkung von Ibogain ist anders als bei den üblichen und bekannten Halluzinogenen und kann sehr mächtig sein, da sie beim Menschen gleichzeitig entscheidende Substanzen des Geist-Seelen-Lebens zu beeinflussen vermag. Die Probanden berichten von gesteigerter Innenschau und virtuellen, aber vollkommen real erscheinenden Szenen, die auch Psychotherapien als sogenannte Dissoziativa unterstützen können. Deshalb gibt es Bestrebungen, die Pflanze in die Gruppe der Oneirogene einzugliedern, was »Traum-Erzeuger« bedeutet. Dennoch laufen nicht typische Träume ab, sondern, je nach Dosis, tiefe Einblicke ins Leben, was meistens (bei richtiger Dosierung) mit wohltuenden Gefühlen verbunden ist. Das heißt Angst, Trauer, Hass oder Schuld tauchen dabei nicht auf.

Anfänglich können unterdrückte Erinnerungen an die Oberfläche kommen. Mit mehrfachem Gebrauch von Ibogain entleert sich diese »Erinnerungsdatenbank«, was mancher Konsument als wohltuend und als Erleichterung registriert. Ein weiterer Gebrauch ist dann nicht mehr erforderlich. In den Iboga-Therapien wird hervorgehoben, dass nach der Anwendung neue Ziele ins Leben geholt werden.

Bei den Naturvölkern ist Ibogain Bestandteil der Zeremonie für die Weihe des erwachsenen Mannes. Der in Gabun lebende Babongo-Stamm praktiziert den Bwiti-Kult, in dem Iboga eine heilige Pflanze ist. Sie wird bei den Mannbarkeitsriten mit dem Indolalkaloid Yohimbin aus der Euphorbie Alchornea floribunda versetzt. Yohimbin ist ein Aphrodisiakum und kann auch Alpha$_1$-Adrenalin-Rezeptoren hemmen, wodurch die Blutzufuhr zu den Geschlechtsorganen vergrößert wird, was zu einer stärkeren Erektion führt.

Die Bwiti-Riten werden auch durchgeführt, damit die Stammesangehörigen mit ihren verstorbenen Urahnen kommunizieren können. Sie sprechen von tiefen Einblicken in ein Leben nach dem Tod. Der Ritual-Effekt wird passend als »den Kopf aufbrechen« beschrieben. Dieser Kult ist bei den christlich orientierten Einheimischen auch bekannt, um »Gott zu treffen« (Bianchi 1997).

Der mit einigen Preisen dekorierte Bruce Parry (Rechtsanwalt, Abenteurer, Treckführer, früherer Kommandeur bei den Royal Marines) hat zusammen mit einem ungarischen Fernsehsender in Afrika den Babongo-Stamm besucht und unter Führung der Schamanen die Iboga-Wurzel vom »Baum des Wissens« probiert. Parry erlebte dabei Visionen von vergessenen Episoden aus seiner Jugend, in denen er anderen Menschen Schlechtes angetan hatte. Er fühlte eine Art Schuldbewusstsein und tiefe Reue, ohne dass diese Gefühle für ihn direkt unangenehm waren. Vielmehr hatte Parry das Gefühl, dass er seine Taten aus dem Blickwinkel eines stillen Beobachters mit Empathie und Liebe für die Leidenden neu durchleben würde. Nach Beendigung des Rituals fühlte er sich vollkommen frei, wie neugeboren (BBC Two-Tribe, Serie Babongo).

Man kann diese Wirkung durchaus so interpretieren, dass im Unterbewusstsein, was im Konsens dieses Buchthemas identisch ist mit Teilen der Interwelt, Informationen, die aus dem individuellen Leben abgespeichert wurden, durch Ibogain ins Bewusstsein gebracht und dadurch dann bewusst gelöscht werden können – das ist für die Psyche eine Entlastung. Denn eine innere Unzufriedenheit beruht häufig auf unterbewussten Disharmonien, hat dann immer Auswirkungen auf die Lebensführung und initiiert sogar Erkrankungen.

Der amerikanische Autor Daniel Pinchbeck fasst die Wirkung von Ibogain bei den Stammesriten sehr treffend zusammen: »Die pulverisierte Rinde entlässt die Seele für eine Zeit aus dem Körper und ermöglicht so dem Initianden das Eintreten in den spirituellen Kosmos Afrikas, wo ihm der Grundplan seines Schicksals gezeigt wird« (Pinchbeck 2003).

Warum bringt die Droge diese Effekte zustande? Was passiert bei der Einnahme von Ibogain im Körper? Die bisher in der Psychotherapie verwendeten sogenannten Dissoziativa (Trennung von Körper und Geist) als halluzinogene psychotrope Substanzen wirken entweder als NDMA-Antagonisten oder als κ-Opioidagonisten. Bekannte Beispiele für die erste Gruppe der NDMA-Rezeptoren-Besetzung ist Ketamin, das auch als Betäubungsmittel Verwendung findet, oder Phenyl-Cyclidin-Piperidin beziehungsweise Phenyl-Cyclohexyl-Piperidin (PCP). Auch das Amylnitrit mit dem Vulgärnamen »Poppers« wurde für die Neocortex-Stilllegung häufig verwendet. Dabei wird besonders viel NO freigesetzt, was die Mitochondrienfunktion hemmt und den Neocortex ermüden lässt.

Als Beispiel für die zweite Gruppe der Opioidrezeptorenaktivierung gilt die bei uns seit 2008 verbotene Substanz Salvinorin A aus der Pflanze *Salvia divinorum* und der Schlafmohn *(Papaver somniferum).*

Antagonisten blockieren eine Wirkung, Agonisten imitieren und verstärken sie. Wenn NMDA an Rezeptoren dockt, wird letztlich unsere Alltagswahrnehmung erzeugt. Der Antagonist verhindert diesen Effekt. Wenn κ-Opioidrezeptoren aktiviert werden, auch durch Agonisten, dann fühlen wir uns ruhig und zufrieden, zusammengefasst entsteht Sedierung, Schmerzreduktion und Euphorie; die begleitende Atemdepression präsentiert die gefährliche Seite und ergibt ein gesundheitliches Risiko bei Überdosierung.

Das Besondere an Ibogain ist nun, dass diese Substanz beide Effekte gleichzeitig erfüllt: Die Konsumenten sind nicht mehr voll im Alltagsmodus gefangen und fühlen sich besonders wohl dabei. Die Palette der Wirkungsmechanismen von Ibogain ist wohl einmalig breit gefächert. Alles zielt auf das Erleben einer anderen Welt ab. 5-HT_2- und 5-HT_3-Rezeptoren werden aktiviert mit indirekter Freisetzung von Dopamin, und andererseits werden NMDA-Rezeptoren blockiert (Chen et al. 1996).

Und dann kann Ibogain auch noch an Alpha_1- und Alpha_2-Rezeptoren des Noradrenalinsystems binden und zusätzlich zu den Opiatrezeptoren auch Sigma-Rezeptoren beeinflussen. Das bedeutet, es wird die ganze Palette der Effekte von Antagonisten, Agonisten und Re-uptake-Hemmern sämtlicher Motivationshormone durchgeführt; Serotonin, Dopamin und Noradrenalin sind einbezogen, was der Droge den Namen »Afrika-Kokain« eingebracht hat. Zusätzlich ist Ibogain noch ein schwacher Acetylcholinesterase-Hemmer, das ist entfernt mit der Wirkung von Kaffee vergleichbar (Popick et al. 1995).

Die Dosis sowie Set und Setting moduliert den Erfolg und hängt vom Menschentyp und seiner Persönlichkeit ab. Allgemein gilt: In niedriger Dosierung ab 1 Milligramm pro Kilogramm Körpergewicht wirkt Ibogain stimulierend. Ab 5 bis 10 Milligramm pro Kilogramm Körpergewicht (etwa ein Teelöffel Pulverextrakt) entstehen bei geschlossenen Augen Szenen wie im Film, die hochgradig emotional und mystisch empfunden werden. Keinesfalls dürfen diese Visionen mit Halluzinationen wie beim Konsum der Droge LSD verwechselt werden. Es sind traumartige (oneirische) fantasiestarke Bilder. Gemeint ist damit die mit allen Sinnen, visuell, taktil, auditatorisch, vermittelte Gewissheit der Existenz der jenseitigen Interwelt. Der initiatorische Tod wird erlebt als Rückkehr in die Heimat und als Beginn einer weiteren Existenz. Es gibt in dieser Existenz keine Zeit, und die Begriffe »Vergangenheit«, »Gegenwart« und »Zukunft« verschmelzen zu einer Einheit. Die Droge fungiert deshalb auch heute noch häufig als schamanistischer Katalysator.

Die Wirkung tritt bereits nach fünfzehn bis zwanzig Minuten ein und hält durch den Speichereffekt in der Leber ungewöhnlich lange an, durchschnittlich bis zu zwölf Stunden. Bei 20 Prozent der Konsumenten gibt es noch Nachwirkungen innerhalb der folgenden 24 bis 36 Stunden nach der Einnahme.

Richtig gefährlich kann die Kombination mit MAO-Hemmern werden, wobei Ibogain wohl selbst Eigenschaften eines MAO-Hemmers besitzt. Folgt man den Rezepten der Naturvölker und kombiniert die Einnahme von Ibogain mit Yohimbin, kann es schnell zu riskanten Überdosierungen und extremen Rauschzuständen kommen, denn Yohimbin ist auch ein starker MAO-Inhibitor. Bei Überdosierungen entstehen Krämpfe und Lähmungen, sogar Atemlähmung kann die Folge sein. Es besteht dann akute Lebensgefahr! MAO-Hemmer sind auch in der Gruppe der Antidepressiva oder bei Opiaten zu finden. Es wird von Fällen berichtet, in denen MAO-Hemmer und die nachfolgende Steigerung von Serotonin und Dopamin zu schwerwiegenden Psychosen geführt haben.

Als Nebenwirkungen werden Übelkeit und Erbrechen angegeben, aber auch Muskelkrämpfe, Schweißausbrüche, Herzrhythmusstörungen und die Erhöhung der Herzfrequenz, Schlafstörungen und Kraftlosigkeit. Die häufig aufgeführte Mundtrockenheit gehört dabei zu den kleineren Übeln.

Ibogain, das aus einer Verwandten von *Tabernanthe iboga*, nämlich aus *Tabernanthe manii*, extrahiert wurde, war in den Jahren 1939 bis 1967 mit dem Namen »Lambarene« im Handel. Es enthielt 5 bis 8 Milligramm Ibogain. Ein weiteres Handelsprodukt hatte den Namen »Iperton«. Der Name deutet es bereits an: Die Mittel wurden als Tonikum angepriesen, also zur physischen und psychischen Stärkung. Deshalb wurde ab 1989 Ibogain auf die Dopingliste des Internationalen Olympischen Komitees gesetzt.

Bereits in den Fünfzigerjahren wurde Ibogain von der Firma CIBA-Geigy als Blutdrucksenker angewendet. Eine heute offizielle Funktion von Ibogain ist der Gebrauch als Heilmittel bei Drogenmissbrauch. Der Amerikaner Howard S. Lotsof (1943–2010) entdeckte die entzugsfördernde Eigenschaft des Ibogain durch Selbstversuche. Lotsof wird seither als der wohl bedeutsamste Ibogain-Forscher anerkannt. Er fand ebenfalls heraus, dass Ibogain gegen Hepatitis C eingesetzt werden kann und die Leberwerte verbessert. Seit dem Jahr 1960 sind die Lotsof-Ergebnisse der suchtverhindernden Wirkung bei Einnahme von Ibogain bekannt. In den Achtziger- und Neunzigerjahren führte das zu mehreren US-Patenten für entsprechende Therapien, bezogen auf Kokain-, Alkohol-, Nikotin-, Metamphetamin-, Crack- und Opiate-Missbräuche. Inzwischen wird das Ibogain-Mittel in zwölf Ländern ziemlich erfolgreich eingesetzt. Interessant ist auch, dass Ibogain beim Abbau in der Leber als Derivat Noribogain (12-Hydroxyibogamin) gespeichert werden kann, was vermutlich die Ursache der suchthemmenden Wirkung ist. Auch eine Unterstützung in der Psychotherapie wird Ibogain nachgesagt (Naranjo 1973).

Unter Ibogain erhöht sich der Nervenwachstumsfaktor GDNF *(Glial Cell Line-Derived Neurotrophic Factor)* im Gehirn. Einzigartig für Ibogain ist die Hemmung des Serotonin- und Dopamin-Transporters, was den Level beider Hormone erhöht (Bulling et al. 2012).

Abgebaut wird Ibogain, wie auch für andere Substanzen üblich, über den Cytochrome-P450-Komplex. Da dieser nur eine begrenzte Kapazität hat, wird der Abbau anderer Substanzen gehemmt.

Es gibt Personen, die auf Ibogain-Gaben allergisch reagieren. Nur hohe Dosierungen zeigten im Tierversuch Schäden im Nervensystem. Übliche therapeutische Dosen waren unbedenklich. Deshalb unterliegt Ibogain in Deutschland auch nicht dem Betäubungsmittelgesetz. Aber es könnte Paragraf 2 Absatz 1 des Arzneimittelgesetzes in Kraft treten, sobald die Substanz für die Anwendung an Mensch oder Tier vorgesehen ist. Allerdings gibt es dazu ein Urteil des Europäischen Gerichtshofs vom Juli 2014 (ECLI:EU:C:2014:2060), wonach nicht als Betäubungsmittel eingestufte, zum Berauschen verwendete Stoffe und Zubereitungen nicht als Arzneimittel anzusehen seien, das Herstellen und Inverkehrbringen zu diesem Zweck könne daher nicht nach dem Arzneimittelgesetz verboten werden. Wörtlich heißt es im Urteil (Absatz 38):

»Demnach ist der Begriff des Arzneimittels in Art. 1 Nr. 2 Buchst. b der Richtlinie 2001/83 dahin auszulegen, dass er keine Stoffe erfasst, deren Wirkungen sich auf eine schlichte Beeinflussung der physiologischen Funktionen beschränken, ohne dass sie geeignet wären, der menschlichen Gesundheit unmittelbar oder mittelbar zuträglich zu sein.«

Dennoch eine Warnung: Ibogain darf niemals während einer Schwangerschaft, bei Herz-, Leber- oder Nierenschäden, allgemeinem Unwohlsein oder bei Vorliegen einer psychischen Erkrankung eingenommen werden.

Die Kanna-Pflanze in der Tradition der Hottentotten
Kanna (Canna) ist seit mehr als 350 Jahren als Pflanzenstoff für angenehme Wahrnehmungszustände bekannt, indem es wie Ibogain dafür sorgt, dass Serotonin und Dopamin eine

längere Halbwertszeit haben. Es wirkt in milder Weise analog einem Halluzinogen und ebnet den Weg zur erweiterten Wahrnehmung. In Deutschland unterliegt Kanna nicht dem Betäubungsmittelgesetz, da es kein Halluzinogen ist.

Die Kanna-Pflanze *(Sceletium tortuosum)* wächst verbreitet in Afrika, Asien, Australien, Lateinamerika und Kalifornien. Die Sukkulente gehört in die Familie der Mittagsblumengewächse *(Aizoaceae)* und blüht von Juli bis September. Der Pflanzenforscher Carl von Linné (1707–1778) hat sie in seinem Werk *Species Plantarum* 1753 mit dem Namen »Mesembryanthemum tortuosum« erstmals veröffentlicht.

Überliefert ist die Nutzung der Pflanze durch die südafrikanischen Hottentotten (Khoikhoi) und durch die Buschmänner (San). Alle Teile der Kanna-Pflanze, also die dickfleischige Wurzel, die ebenfalls fleischigen Blätter und die blassgelben Blüten, werden nach wie vor verwendet. Die Pflanzenteile werden für den Gebrauch fermentiert und getrocknet und dann zermahlen zum Schnupfen, Kauen und Rauchen. Die als Kolonisten anwesenden Holländer nannten Kanna »Kougoeed« (»Kaugut«).

Heute noch wird Kanna als traditionelles Heilmittel zur Beruhigung von Kindern, bei Schlafstörungen, bei Durchfall und auch gegen Bauchschmerzen und gegen Ängste und Depressionen eingesetzt. Der Saft der Blätter wird mit Milch vermischt und Babys als Schlafmittel gegeben. Allgemein bekämpft Kanna Hunger und Müdigkeit. Die Pflanze dient auch spirituellen Zielen bei rituellen Tänzen und unterstützt Trance und Prophezeiungen. In kleinen Dosen von 30 bis 50 Milligramm steht die Sedierung im Vordergrund, in höheren Dosierungen um 250 Milligramm wirkt Kanna euphorisierend. Die maximale Wirkungszeit liegt bei etwa zwei Stunden (Gericke und Viljoen 2008).

Der Völkerkundler Peter Kolb (1675–1726) verglich die Wirkung von Kanna mit der europäischen Alraunwurzel und beschrieb sie als den größten Aufmunterer für den Geist und das nobelste Stärkungsmittel der Welt.

Wie bei allen psychoaktiven Substanzen hängt die Wirkung vom geistigen Zustand (Set) und der körperlichen und sozialen Umgebung (Setting) der Konsumenten ab. Einige sprechen von Auflösung von Unsicherheiten, Hemmungen und Minderwertigkeitsgefühlen und einer erhöhten Distanz zu belastenden Situationen. Sie erfahren ein Gefühl von meditativer Konzentration auf innere Werte, einschließlich einer erhöhten Wertschätzung der Natur.

Durch das Zerreiben der Pflanze werden Zellwände zerstört, wodurch eine enzymatische Reaktion zur Bildung von Mesembrenon und Mesembrin möglich wird. Möglicherweise ist auch das Sonnenlicht für einige der Alkaloid-Bildungsprozesse erforderlich. Die Fermentierung und Trocknung zerstört einen Teil der aggressiven Oxalsäure, die bei der Kanna-Pflanze zwischen 3,6 und 5,1 Prozent ausmacht. Oxalsäure ist eine einfache Dicarbonsäure und kommt auch in vielen Gemüsearten vor, sie kann beim Menschen zu allergischen Reaktionen führen.

Bereits in kleinen Mengen, ab etwa 30 Milligramm, zeigt Kanna-Pulver eine beruhigende und befreiende Wirkung. Auch Dosen mit mehr als 500 Milligramm scheinen keine Störungen der Physiologie zu bewirken, allerdings sind die Inhaltsstoffe laut Untersuchungen in den Pflanzen verschiedener Herkunft sehr unterschiedlich konzentriert, und medizinische Untersuchungen scheint es bisher überhaupt nicht zu geben. Deshalb ist der Gebrauch trotz der Legalität in allen Ländern und trotz seiner langen Tradition nicht in erhöhten Dosen zu empfehlen.

Sceletium tortuosum enthält etwa 1,5 Prozent Alkaloide im Trockengewicht. Insgesamt sind 31 wirkende Inhaltsstoffe ermittelt worden. Die Inhalte der Alkaloide wechseln mit Jahreszeit, geografischer Lage, Wachstumsbedingungen und

Alter der Pflanzen (Smith et al. 1996). Der Extrakt von mehreren in *Sceletium tortuosum* vorkommenden Alkaloiden (Mesembrin, Mesembrenon und Mesembrenol) wurde im Jahr 2001 als rezeptpflichtiges Arzneimittel patentiert. Seit 2012 gibt es den standardisierten Sceletium-Extrakt Zembrin von HG&H Pharmaceuticals als rezeptpflichtiges Arzneimittel.

Unsere Zirbeldrüsendroge Methyltryptamin (MMT) und N,N-DMT wurde in der Gattung Delosperma gefunden, die eine nahe Verwandte der Aizoaceae-Familie ist.

Mesembrin, Mesembrenon und Mesembrenol fungieren als Serotonin-Wiederaufnahme-Hemmer (SRI) und blockieren die Aktivität des Serotonintransporters, was ja indirekt ebenfalls die DMT-Produktion unterstützt. Durch die Blockierung der Wiederaufnahme-Rezeptoren für Serotonin (5-Hydroxytryptamin) wird die Aktivität des bereits im Gehirn verfügbaren Serotonins erhöht. Also werden trotz ursprünglich geringer vorhandener Serotoninmengen und ohne Neubildung von Serotonin erweiterte Wahrnehmungen ermöglicht. Die Alkaloide in *Sceletium tortuosum* blockieren auch das Enzym Phosphodiesterase 4 (PDE4), wodurch neuroprotektive, antipsychotische, antidepressive, entzündungshemmende, wahrnehmungsverbessernde Eigenschaften vermittelt werden. Auch Angstzustände werden abgewehrt. Untersuchungen zeigten, dass Zembrin auch die GABA-Rezeptoren, den Delta-2-Opioidrezeptor, Mu-Opioidrezeptor und Cholecystokinin-1-Rezeptor blockierte (Harvey et al. 2011). Die Folgen sind unklar. Deshalb sind auch die Wirkungen von Kanna noch nicht vollständig verstanden, es gibt manchmal auch paradoxe Wirkungen von erhöhter Unruhe.

Als Nebenwirkungen kann Kanna den Blutdruck erhöhen, was darauf hinweist, dass es als typischer MAO-Hemmer fungiert, also auch Noradrenalin und Dopamin längere Halbwertszeiten bekommen.

Laut »Sicherheitstests« an Hunden und Katzen (Hiraba-yashi et al. 2002 und 2004) ergibt Kanna selbst bei Dauer-nutzung keine Entwöhnungserscheinungen. Bei Personen mit latenten Psychosen besteht die Möglichkeit, dass diese durch den Konsum von MAO-Hemmer enthaltenen Pflanzenstoffen akut ausgelöst werden können.

Das Traumkraut

Das Aztekische Traumkraut, auch bekannt als »Traumgras« und »Hundegras«, hat den botanischen Namen *Calea ternifo-lia,* früher *Calea zacatechichi* (»Bitteres Gras«). Es gehört der Familie der Korbblütler *(Asteraceae)* an. Ursprünglich kommt die Pflanze aus dem tropischen und subtropischen Hochland Mittelamerikas zwischen Mexiko und Costa Rica. *Calea ter-nifolia* unterliegt in Deutschland nicht dem Betäubungsmittel-gesetz.

Das Traumkraut war in Mittelamerika eine Pflanze für die allgemeine Gesundheit und besitzt ebenfalls psychoaktive Ei-genschaften als Halluzinogen. Schon vor mehreren Hundert Jahren wurde das Kraut von den Chontal-Indianern aus dem mexikanischen Bundesstaat Oaxaca zur Trauminduzierung verwendet, wobei prophetische Visionen und Hellsichtigkeit auftraten, die als »Botschaften Gottes« bezeichnet wurden. Die Pflanze hieß *thle-pela-kano,* was übersetzt »Das Blatt Got-tes« bedeutet. Um Wirkungen zu verspüren, wurden laut Überlieferung eine Handvoll Blätter konsumiert, das sind etwa 60 Gramm frischer Blätter (Mayagoitia et al. 1986).

Als Wirkdosis für längere Träume gilt 1 Gramm getrock-neter Blätter pro Kilogramm Körpergewicht als Tee. Für Europäer ergibt sich damit ein äußerst bitterer Sud, der un-trinkbar ist. Deshalb lauten die Empfehlungen hierzulande 25 Gramm loser getrockneter Blätter zwei Stunden vor dem Schlafengehen. Inhaltsstoffe sind Sesquiterpenlactone sowie Flavone und Alkaloide. Welcher der vielen Inhaltsstoffe für die psychoaktive Wirkung verantwortlich ist, weiß man bis heute nicht.

Nahrung für die Spiritualität

Nahrung für die Spiritualität ist ein Thema, das völlig unterschätzt wird. Wahrscheinlich gibt es nicht »die Menschen mit einer besonderen Veranlagung zur Spiritualität«, sondern nur Menschen, die sich in besonderer Weise ernähren und damit leichter spirituell sind, zumal die Ernährung die Gene schalten kann.

Zu gern gehen wir davon aus, dass der Geist unabhängig von aller Materie es schon richten wird, und missachten dabei, dass sich der Geist normalerweise nur im Schlaf und Traum oder in Hypnose und Trance von der Materie und den Körperabhängigkeiten befreien kann. Dann allerdings fehlt uns die bewusste Steuerung des Geschehens. Wenn wir dagegen bewusst die Spiritualität genießen und die Körpermaterie mit unserem Willen beeinflussen wollen, müssen wir auch die Gesetzmäßigkeiten berücksichtigen, die unsere »Geist-Körper-Konstruktion« mit sich bringt.

Die folgende Zusammenstellung über die Einflüsse der Nahrung auf die Hormonbildung der Zirbeldrüse ist deshalb sehr wichtig. Die ausbleibende Umsetzung dieser wichtigen Erkenntnisse mag der Hauptgrund dafür sein, dass trotz Meditation kein bewusster Kontakt zum Unbewussten zustande kommt und das Dritte Auge nicht geöffnet werden kann.

Wir sind mit unserer Geist-Seele in unserem Körper gefangen. Die Gesetzmäßigkeiten des Körpers mit allen seinen Funktionen bestimmen weitgehend das, was unseren Geist aktiviert und hemmt, und nachfolgend, was unsere Seele empfindet. Hormone und Enzyme des Körpers dominieren diesen Prozess. Hormone und Enzyme sind aber von unserer Nahrung abhängig. Man kann schnell feststellen, dass es

Übersicht der einzelnen Schritte zur Bildung von DMT in der Tag-und-Nacht-Reaktion und von Pinolin mit den beteiligten Enzymen und Substanzen

Tryptophan (α-Carboxy-Tryptamin) ↘
Hydroxylierung durch das Enzym Tryptophan-Hydroxylase
Dafür notwendig: Folsäure, Vitamin B_6, Mg
5-Hydroxy-L-Tryptophan (5-HTP) ↘
CO_2-Abspaltung durch Aromatische L-Aminosäure-Decarboxylase (AADC)
Hilfe durch Vitamin B_6 ↓
Serotonin (5-Hydroxy-L-Tryptamin [5-HT]) → Derivate
Indolethylamin-N-Methyltransferase (INMT) →
N-Methyl-Tryptamin ↓
Dimethyltryptamin DMT
5-MeO-DMT
5 Hydroxy-N,N-Dimethyl-Tryptamin **(Bufotenin)**

Dunkelreaktion:
Arylalkylamin-N-Acetyltransferase (S-NAT) ↓
N-Acetyl-Serotonin
Hydroxyindol-O-Methyltransferase (HIOMT)
Unter Hilfestellung von S-Adenosyl-Methionin (SAM)
Serotonin-N-Acetyltransferase (AANAT) ↓
Melatonin (N-Acetyl-5-Methoxy-Tryptamin) → Derivate

↓	↓
Pinolin	**Dimethyltryptamin DMT**
10-Methoxyharmalin	**5-MeO-DMT**
	5 Hydroxy-N,N-Dimethyltryptamin
	(Bufotenin)

Tage gibt, an denen wir leicht eine spirituelle Stimmung aufbauen können, und andere, an denen nichts zu funktionieren
scheint. Auf die Nahrung als Ursache dieser Schwankungen
verschwenden wir in der Regel keinen Gedanken. Das wollen
wir jetzt nachholen.

Mit der Nahrung sind prinzipiell drei funktionelle Bereiche einleitbar (für eine wirksam gelebte Spiritualität brauchen
wir sie alle):

1. der Aufbau der Hormone und der Enzyme für die Transzendenz,
2. der Aufbau der Neurotransmitter und Rezeptoren für die
   Motivation und
3. der Aufbau der Neurotransmitter und Rezeptoren für die
   Tiefenentspannung.

Der Aufbau der Hormone und der Enzyme
für die Transzendenz

Die DMT-Spiritualität ist essenziell von Nahrungssubstanzen
und ihrer Verarbeitung abhängig. Der Grund für die Unbe-
dingtheit ist sehr einfach: Wenn wir zu wenig DMT und Pinolin erzeugen, werden wir keine besonderen Erfahrungen machen können und gehen zusätzlich das Risiko ein, depressiv zu
werden. Ein Hauptfaktor dafür ist ein Zuwenig der Aminosäure Tryptophan, die unser Körper nicht selbst herstellen
kann, also mit der Nahrung aufgenommen werden muss. Zu
wenig Tryptophan heißt zu wenig Serotonin, zu wenig Melatonin, zu wenig Pinolin (Harmin, Beta-Carbolin), zu wenig
DMT. Die ausreichende Zufuhr von Tryptophan ist nicht
selbstverständlich. Das fängt schon damit an, dass Tryptophan durch UV-Licht-Strahlung und durch Hitze beim Kochen zerstört wird.

Es gibt weitere Faktoren für einen Mangel: Jedes Hormon, so auch Serotonin und Melatonin, wird durch ein oder mehrere Enzyme gebildet. Diese Enzyme müssen mit genetischen Mechanismen und Co-Faktoren aufgebaut werden und benötigen ein Milieu mit genau vorgegebenen Eigenschaften. Enzyme brauchen bestimmte Vitamine und Minerale, zusätzlich einen bestimmten Milieu-pH und die optimale Temperatur, um richtig zu funktionieren. Ist das Hormon mithilfe funktionierender Enzyme schließlich aufgebaut, muss es die geeigneten Rezeptoren zur Wirkung suchen und finden. Rezeptoren schieben sich aus Membranen heraus und ziehen sich wieder zurück. Die Anzahl der Rezeptoren, die zur Verfügung gestellt werden, sind sehr unterschiedlich exponiert; sie besitzen sogar einen Tagesrhythmus, was die Anzahl und Dichte betrifft. So können zu einer bestimmten Tageszeit viele Rezeptoren zur Verfügung stehen und zu einer anderen Zeit sehr wenige. Das bedeutet, es gibt Tageszeiten für wirksam eingestellte Spiritualität.

Weiter: Jedes Hormon hat eine bestimmte Halbwertszeit, in der es wirksam ist. Danach wird es nach einer festgelegten Wirkzeit durch Enzyme wieder abgebaut. Die Halbwertszeit wird auch von der jeweiligen Aktivität der Abbau-Enzyme bestimmt. Sind sie hoch aktiv, existiert das Hormon nur eine sehr kurze Zeit, um seine Wirkung zu ermöglichen.

Zusammenfassung der Wirkkaskade der Zirbeldrüse
Tryptophan als essenzielle Aminosäure ist der Ausgang
der folgenden Kaskade; sie ist essenziell, hitze- und
UV-Licht-empfindlich:

Serotonin ↑

Melatonin ↑

Dimethyltryptamin (DMT) ↑

Pinolin ↑

Arginin-Vasotocin ↑

Klotho ↑

Somatotropin (STH) ↑

Dehydroepiandrosteron (DHEA) ↑

Da die Zirbeldrüse ja außerhalb der Blut-Hirn-Schranke liegt, müssen einige Ausgangssubstanzen der Hormone und körpereigenen Drogen, die von der Zirbeldrüse gebildet werden und die dann im Gehirn über den Blutbahntransport wirken sollen, die Blut-Hirn-Schranke mit Energieaufwand überwinden.

Nahrungsmittel mit Tryptophan

Das Thema »Nahrungsmittel mit Tryptophan« haben wir bereits in unserem Buch *Bionische Regeneration. Das Altern aufhalten mit den geheimen Strategien der Natur* behandelt (Warnke und Warnke 2017). Wir geben die entsprechenden Passagen hier etwas modifiziert und verkürzt wieder.

Tryptophan wird je nach Bedarf bis zu 90 Prozent in die allgemeine Proteinsynthese eingebunden und bis zu 10 Prozent in die Bildung von Serotonin.

Eine besondere Rolle spielt Nicotinamid, das unser Organismus aus Tryptophan herstellen kann und das wiederum für die Herstellung von NADH als Elektronentransporter benötigt wird. Nicotinamid wird in der Medizin bei Schlafstörungen und Bluthochdruck empfohlen. Wenn wir uns nun mit nicotinamidreichen Nahrungsmitteln ernähren, kann unser Organismus auf die Herstellung von Nicotinamid aus Tryptophan verzichten, und Tryptophan reichert sich dann an. Nicotinamid ist in getrockneten Aprikosen, Bierhefe, Erdnüssen, Gerste, Heilbutt, Kalb-, Puten- und Hühnerfleisch, Rinderleber, Schwert- und Thunfisch, Sonnenblumenkernen und Weizenkleie enthalten. Diese Nahrungsmittel können am frühen Abend gegessen werden, und am späten Abend wird aus reichlich Tryptophan reichlich Serotonin und noch später reichlich Melatonin.

Tryptophanreiche pflanzliche Lebensmittel sind Obstsorten wie Bananen, Ananas, Erdbeeren und Himbeeren, die auch Serotonin enthalten. Außerdem Nüsse, besonders Cashewkerne. Wer an einer Nussallergie leidet, kann auf Buchweizen *(Fagopyrum esculentum)* ausweichen, der relativ viel Tryptophan enthält. Buchweizen gehört zu den Knöterichgewächsen, hat also mit Weizen nichts zu tun. Deshalb ist er auch glutenfrei. Doch Vorsicht! Buchweizenschalen enthalten Fagopyrin, eine Substanz, die unsere Haut besonders lichtempfindlich macht und Kopfschmerzen auslösen kann. Die Schale sollte also entfernt sein. Dann sind zu empfehlen Haferflocken, Kakao, Bohnen (besonders Sojabohnen), Samen (Sonnenblumenkerne, Sesam, Amarant, Quinoa, Hafer und Hirse), Weizenkeime sowie Pilze.

Darmbakterien sind in der Lage, aus Chinasäure Tryptophan zu bilden und in das Darmlumen zu sezernieren. *Wichtig:* Nach dem Genuss von Früchten mit einem hohen Gehalt an Chinasäure (wie zum Beispiel Wildheidelbeeren, Kiwi, Cranberrys, Preiselbeeren, Pflaumen und Pfirsiche) wurden Tryptophan-Blutspiegel gemessen, die oberhalb der durch Tryptophan-Supplementation erreichten lagen (Pero et al. 2009).

Wirksam und durchaus köstlich ist ein warmer Entspannungstrunk aus gemahlenen süßen Mandeln (10 Gramm), Milch (250 Milliliter) und Kakaopulver (1 EL) sowie etwas Honig. Dieses Getränk enthält sehr viel Tryptophan und Magnesium.

Übersicht über einige tryptophanreiche Nahrungsmittel

Nahrungsmittel	Tryptophan in mg/100 g
Spirulina getrocknet	1018
Bierhefe	536
Sojanüsse	495
Hühnerleber	332
Kürbiskerne	328
Puten- oder Hühnerfleisch	320
Tofu	310
Wassermelone, getrocknet	222
Mandeln	204
Erdnüsse	176
Milch (0,1 l)	57
Joghurt	34

Wirkstoffe mit Einfluss auf die zentrale Verfügbarkeit von Tryptophan

L-Tryptophan kann im Gegensatz zu 5-Hydroxy-Tryptophan (5-HTP) nur mithilfe eines Transportmoleküls ins zentrale Nervensystem (ZNS) gelangen. 5-HTP dagegen kann die Blut-Hirn-Schranke ohne Hilfsmittel überwinden, was bemerkenswert ist, denn es deutet darauf hin, dass 5-HTP eine besondere Bedeutung im Gehirn zukommt. Tatsächlich gibt es innerhalb des Gehirns weitere Serotoninzentren, wie beispielsweise die bereits genannten Raphe-Kerne, die auf dieses 5-HTP angewiesen sind.

Im Folgenden werden die Verhältnisse zur Überwindung der Blut-Hirn-Schranke durch Tryptophan dargestellt – das ist bezüglich der Zirbeldrüse zwar hinfällig, spielt aber eine Rolle bei den Raphe-Kernen und wirkt sich auf die spirituelle Stimmung aus.

Tryptophan konkurriert beim Transport über die Blut-Hirn-Schranke um den gleichen Transporter mit anderen Aminosäuren wie Phenylalanin, Tyrosin, Valin, Leucin und Isoleucin, das sind die sogenannten verzweigtkettigen Aminosäuren (BCAA). Bekannt ist: Wenn ein niedriges Verhältnis von Tryptophan zu den konkurrierenden Aminosäuren auftritt, werden die Menschen depressiv (Møller 1985, Kaneko et al. 1992). Eine reichliche Abendmahlzeit mit Käse, Fleisch und Wurst ist also nicht zu empfehlen, denn sie enthält zwar viel Tryptophan, aber gleichzeitig auch viele andere Aminosäuren, die mit Tryptophan konkurrieren. Um das Verhältnis Tryptophan/BCAA zu verbessern, ist beispielsweise eine sportliche Ausdauerbelastung durch Laufen oder Radfahren zu empfehlen. Damit steigt nachweislich die Verfügbarkeit des Tryptophans im Gehirn (Blomstrand et al. 1991, Chaouloff 1997). Der Grund dafür ist, dass verzweigtkettige Aminosäuren BCAA bei Ausdauerbelastungen mithilfe von Insulin zur Energiebereitstellung in die Muskelzellen aufgenommen werden und damit die Transporter für Tryptophan frei machen. Günstig ist deshalb, vor der Belastung eine kohlenhydratreiche (für Insulinstimulation) und gleichzeitig eiweißhaltige Nahrung zu konsumieren (Meeusen et al. 1996).

Ein weiterer Aspekt ist wichtig: Nur das nicht an Albumin gebundene, also freie Tryptophan kommt für den Blut-Hirn-Schranken-Transport infrage. Andererseits konkurriert Tryptophan mit freien Fettsäuren (FFA) um die Bindung an Albumin im Blut. Das wiederum bedeutet, alle Faktoren, die den Anteil an FFA im Blut erhöhen, wodurch Albumin gebunden wird, steigern die Konzentration an freiem Tryptophan (Struder et al. 1996).

Von Koffein ist bekannt, dass es die FFA im Blut erhöht und somit auch den freien, nicht proteingebundenen Anteil an Tryptophan. Das nutzt aber nichts, denn Koffein hemmt ebenso das Enzym Tryptophan-Hydroxylase, und damit wird auch die Serotoninsynthese behindert (Lim et al. 2001). Chrom (Chrom-Picolinat) führt wahrscheinlich über die Erhöhung von FFA ebenfalls zu einem Anstieg des freien Tryptophans (Franklin und Odontiadis 2004).

Stimulierung und Hemmung des Abbaus

Wenn wir es gut meinen und viel Tryptophan als Nahrungsergänzungsmittel einnehmen, führt das nicht zu den erwarteten hohen Tryptophan-Spiegeln im Blut. Der Grund dafür ist, dass das in der Leber für den Abbau von Tryptophan zuständige Enzym Tryptophan-Dioxygenase (TDO) durch hohe Dosen von Tryptophan stimuliert wird und es dann schnellstmöglich wieder abbaut. Sinnvoll ist, die Tryptophan-Einnahme auf mehrere niedrige Einzeldosen bei der Einnahme zu verteilen und immer wieder Tage ohne Tryptophan-Gabe einzuplanen.

Aus Tryptophan kann der Körper Vitamin B_3 aufbauen. Das macht er immer dann, wenn zu wenig Vitamin B_3 mit der Nahrung aufgenommen wird. Zu wenig Vitamin B_3 wird dann oft zu einem Tryptophan-Mangel, weil eine unzureichende Versorgung mit Vitamin B_3 dazu führt, dass der Körper einen wesentlichen Teil des aufgenommenen Tryptophans für die Eigensynthese von Vitamin B_3 verwendet. Wenn wir nun mit viel Vitamin B_3 als Nahrungsergänzungsmittel dagegenhalten wollen, machen wir wieder etwas falsch. Bereits normale Dosen von Vitamin B_3 stimulieren das Abbauenzym TDO und zusätzlich auch noch das zweite Tryptophan abbauende Enzym, die Indolamin-2,3-Dihydroxyoxigenase (IDO). Wenn man also meint, zur Vorbeugung eines Vitamin-B_3-Mangels eine relativ hohe Dosis (mehr als 500 Milligramm) des Vitamin-B_3-Präparats Niacin einzunehmen, hemmt man damit die Verfügbarkeit von Tryptophan für die Serotoninsynthese (Penberthy 2007). Wird dagegen ein Tryptophan-Präparat etwa drei Stunden nach der Niacin-Einnahme von

500 Milligramm eingenommen – also nicht zeitgleich –, führt dies messbar tatsächlich zu einer erhöhten Konzentration von freiem Tryptophan und schafft eine optimierte Tryptophan-Bioverfügbarkeit.

Alkoholkonsum steigert ebenfalls die TDO-Aktivität. Bis zu zwei Stunden nach dem Alkoholkonsum wurde ein Abfall der Tryptophan-Plasmaspiegel und ein Anstieg des Abbauprodukts von Tryptophan, dem Kynurenin-Metaboliten, gemessen (Badawy et al. 2009). Auch Stress stimuliert über eine erhöhte Cortisonfreisetzung die TDO-Aktivität und führt damit zum Abbau von Tryptophan (Hirota et al. 1985). Das Tryptophan abbauende weitere Enzym, das IDO, wird infolge hoher Stressbelastung durch Zytokine (TNFalpha, IFNgamma) stimuliert. Dadurch vermindern sich die Tryptophan-Spiegel im Blut (Sainio und Sainio 1990).

Lang andauernder Stress wirkt demnach durch die Aktivierung beider Tryptophan abbauender Enzyme (TDO, IDO) maximal hemmend auf die Serotoninbildung und führt deshalb schließlich sogar zu Erkrankungen. Dieser Wirkmechanismus erklärt teilweise das Zustandekommen einer Depression bei Dauerstress als Ausdruck eines relativen Serotoninmangels (Miura et al. 2008). IDO ist auch während der Schwangerschaft stärker aktiviert und kann schließlich eine Depression auslösen (Wochenbettdepression). An die Öffnung des Dritten Auges ist in diesen Mangelsituationen überhaupt nicht zu denken.

Interessant werden die Verhältnisse bei Infizierung mit Toxoplasmen, zum Beispiel durch Katzenausscheidungen. Das IDO wird durch das Immunsystem aktiviert, um uns vor den Parasiten zu schützen. IDO verhindert dann in den Parasiten den Aufbau von Serotonin. Da das aber in uns, also dem Wirt der Parasiten, ebenfalls geschieht, wird nicht nur die Laune verschlechtert. Da auch die Amygdalae und der präfrontale Cortex betroffen sind und außerdem die Toxoplasmen bei der

Dopaminherstellung mitwirken, können ernst zu nehmende schizophrene Zustände entstehen. Ein Drittel aller Menschen beherbergen heute Toxoplasma gondii.

Stress, Insulinresistenz und der Mangel an Vitamin B_5 und Magnesium verstärken auch den Umbau von L-Tryptophan in Kynurenin durch das Enzym Tryptophan-Oxygenase. Kynurenin ist keineswegs ein Abfallprodukt. Es spielt im Nikotinsäure-Stoffwechsel eine Rolle, zum Beispiel beim Aufbau von dem für unsere Gesundheit so wichtigen NAD/NADH-System, das genetisch wirksam ist. Interessant: Diese Metabolisierung beziehungsweise der Abbau von Tryptophan führt neben der Bildung von der durchaus neuroprotektiven Verbindung Kynurensäure auch zur Entstehung von neurotoxischen Substanzen wie der Quinolinsäure (Costantino 2009).

An eine meditativ wirksame Spiritualität ist beim stimulierten Abbau von Tryptophan jedenfalls nicht mehr zu denken. Wie können wir gegenregulieren? Die Hemmung der Enzyme TDO und IDO, die den Abbau von Tryptophan bewirken, heben den Serotoninspiegel an. Welche Substanzen hemmen diese Enzymaktivitäten und somit den Abbau von Tryptophan? Die Natur stellt diese Substanzen reichlich zur Verfügung, wir müssen nur wissen, welche:

> *Rosmarinsäure* hemmt die IDO-Aktivität (Lee et al. 2007). *Melissenextrakt* enthält einen hohen Anteil an Rosmarinsäure. Melissenextrakt ist bekannt für seine positiven Wirkungen auch hinsichtlich Stimmung, Ruhe und Schlaf.
> *Curcurmin (Curcuma)* hemmt die IDO-Aktivität (Jeong et al. 2009). Für Curcurmin ist in der Literatur eine antidepressive Wirkung beschrieben (Wang et al. 2008).
> Auch *Kakao* (schwarze Schokolade) übt einen hemmenden Effekt auf die IDO-Aktivität aus (Jenny et al. 2009).

> *Resveratrol*, eine Substanz, die natürlicherweise in roten Trauben und Beerenobst vorkommt, hemmt ebenfalls das Enzym IDO (Banerjee et al. 2008). Inzwischen ist wohl weithin bekannt, dass Resveratrol auch im Rotwein enthalten ist. Aber der gleichzeitig vorhandene Alkohol stimuliert IDO und damit den schnellen Abbau von Tryptophan, also das Gegenteil von dem, was man vielleicht erreichen wollte.

> *Natrium-Hydroxy-Butyrat* hemmt die IDO-Enzymaktivität (Jiang G. M. et al. 2010). Natrium-Hydroxy-Butyrat ist das Salz der Buttersäure. Es wird durch Darmbakterien in unserem Körper hergestellt, die Fasern aus der Pflanzennahrung oder von Nüssen fermentieren, wobei das Butyrat im Stoffwechsel anfällt. Faserhaltige Kost und Nüsse sind seit Langem bekannt für ihre positiven Gesundheitswirkungen.

> Die Einnahme von *Acetylsalicylsäure* (ASS, Aspirin) reduziert die Enzyme IDO und TDO, die Tryptophan abbauen. Außerdem verdrängt ASS das Tryptophan auch aus seiner Plasmaeiweißbindung am Albumin (Maharaj et al. 2004). Beide Effekte führen zu einem Anstieg an freiem Tryptophan im Blut. Gleichzeitig reduziert Aspirin aber den Melatoninspiegel, sodass die abendliche Einnahme deutlich ungünstiger ausfällt als die Einnahme tagsüber.

> *Paracetamol* hemmt ebenfalls die Tryptophan-Dioxygenase-(TDO-)Aktivität und erhöht damit die Menge an Tryptophan (Daya und Anoopkumar-Dukie 2000, Maharaj et al. 2004).

> Weitere Arzneimittel, die den Anteil an freiem Tryptophan durch Verdrängung aus der Albuminbindung erhöhen, sind *Clofibrate* (Lipidsenker) und *Probenecid* (zur Reduktion erhöhter Harnsäurespiegel) (Badawy 2009).

> Auch *Melatonin* hemmt die TDO-Aktivität (Walsh und Daya 1997). Melatonin, das aus Serotonin und Trypto-

phan entsteht, schützt also seine eigene Herstellungsquelle und kann sie vorübergehend sogar verstärken.

Die Umwandlung in Serotonin
Nach der Aufnahme von Tryptophan ist der erste Schritt zur Umwandlung in Serotonin die Hydroxylierung durch das Enzym Tryptophan-Hydroxylase unter Einbeziehung von Folsäure. Es entsteht dann 5-Hydroxy-L-Tryptophan (5-HTP).

Bei vielen Menschen ist die Tryptophan-Hydroxylase durch Stress und Insulinresistenz gehemmt; auch ein Vitamin-B_6- (Hvas et al. 2004) und ein Magnesiummangel hemmt die Aktivität des Enzyms Tryptophan-Hydroxylase und reduziert damit die Serotoninsynthese (Durlach et al. 2002, Korbitz 1970). Alle aufgezählten Vitamine und Minerale sind als Mangel beim Menschen in westlichen Industrienationen bekannt. Und schließlich reduziert Koffein ebenfalls die Aktivität des Enzyms Tryptophan-Hydroxylase (Lim et al. 2001). Ein regelmäßiger erhöhter Kaffeegenuss wirkt sich daher ungünstig auf die Serotoninsynthese aus.

Wenn alle Voraussetzungen für die Funktion der aufbauenden Enzyme erfüllt sind, dann wird aus dem 5-Hydroxytryptophan (5-HTP) das 5-Hydroxytryptamin (5-HT), was wir allgemein »Serotonin« nennen. Dies geschieht durch das Enzym »Aromatische L-Aminosäure-Decarboxylase« (AADC) unter Einbeziehung von Vitamin B_6.

Um es noch einmal zu betonen: Sowohl Vitamin B_6 als auch Magnesium gehören zu den weit verbreiteten Mängeln in der Versorgung des Menschen der Industrienationen. Damit ist Serotoninmangel programmiert. In diese Rubrik gehört auch der häufige Folsäuremangel, der ebenfalls die Umwandlungsenzyme von Tryptophan zu Serotonin hemmt.

Entzündete Gewebe sind sehr weit verbreitet. Sie sind mit erhöhten Zytokinspiegeln von TNF2, CRP, IFN gamma verbunden, und diese führen zu einer reduzierten Synthese von

Serotonin aus Tryptophan. Meistens sind im Entzündungs-
bereich auch die Coenzyme Magnesium und Vitamin B_6 zu
gering und das Enzym IDO (Indolamin-2,3-Dioxigenase) erhöht, das Tryptophan abbaut.

Fassen wir zusammen. Die Tryptophan-Hydroxylase und
die Aromatische L-Aminosäure-Decarboxylase (AADC) werden gehemmt durch:

> Stress,
> Insulinresistenz,
> Folsäure- und Vitamin-B_6-Mangel,
> unzureichende Magnesiumzufuhr,
> unzureichende Vitamin-C-, Mangan- und Zinkversorgung,
> Kaffee und
> Entzündungen.

Niedrige Serotoninlevel
Geringe Serotoninspiegel entstehen durch Zuckerüberfrach-
tungen und ein entgleistes Insulinsystem. Lang andauernde
Überzuckerungen (Hyperglykämien) bewirken schließlich sowohl eine Leptin- als auch eine Insulinresistenz. Leptine regeln das Appetit- und Essverhalten über das Hunger- und Sät-
tigungsgefühl.

Ein entgleister Leptin- und Insulinstoffwechsel stört den
Serotoninhaushalt, die Serotoninsynthese wird gedrosselt,
und die Serotonintransporter werden nicht mehr bedient.
Schließlich verlieren die Serotoninrezeptoren ihre Sensitivität.
Der Wirkspiegel des Serotonins liegt am Boden. Und wo kein
Serotonin existiert, kann auch kein Melatonin aufgebaut wer-
den.

Eine große Rolle in der Serotoninwirkung spielt der präfrontale Cortex. Langfristige oder chronische Stresseffekte
überfordern den linken Bereich des präfrontalen Cortex, der
besonders wichtig für unsere gute Stimmung ist. Er wird dann

mit Noradrenalin und Dopamin überflutet, die aus anderen Hirnregionen stammen. Damit korrelieren auch eine Abnahme der Serotoninproduktion und -rezeptoren. Die Folgen sind eine Hemmung der Funktionen im präfrontalen Cortex und die Überaktivierungen des Hypothalamus sowie der Amygdalae. Daraus dominieren archaische Verhaltensweisen wie Angst und Kampf-oder-Flucht-Reaktionen.
Serotoninmangel ist häufig

> bei Dauerstress, der sich bei Tryptophan-Mangel verstärkt (Firk und Markus 2008),
> bei Störungen der Co-Faktoren für die Synthese infolge
  – Fruktosemalabsorption,
  – Vitamin-B_6-Mangel,
  – Niacin-(Vitamin-B_3-)Mangel,
  – Magnesiummangel,
  – Insulinresistenz,
  – Krebs und
  – chronisch latenter Infektionen (Viren, Pilze, Borrelien).

Die Anregung der Serotoninbildung
Die Serotoninbildung wird durch die folgenden Substanzen gefördert, vorausgesetzt, die essenzielle Aminosäure Tryptophan steht ausreichend zur Verfügung: erst einmal durch die Aminosäure L-Tyrosin. Diese Aminosäure dient als Ausgangsstoff für den Neurotransmitter Noradrenalin und ebenfalls für Dopamin. Noradrenalin ist notwendig, um Kalzium vermehrt in die Zellen zu bringen. Ein verstärktes Einströmen von Kalzium in die Zirbeldrüsenzellen steigert dann die Serotonin- und die Melatoninproduktion.

Phenylalanin/Tyrosin-Gehalt (durchschnittlich), angegeben in mg/100 g Lebensmittel über 700 mg

Parmesan	1750
Gouda	1480
Mandeln	1400
Sojabohnen	1250
Erbsen	1220
Erdnüsse	1190
Thunfisch	1050
Bohnen, weiß	970
Schweinefleisch	910
Rindfleisch	890
Lammfleisch	820
Schweineleber	780
Brathuhn	760
Sesam	720
Lachs	720
Kabeljau	710

L-Tyrosin kann im Körper gebildet werden und zählt deshalb zu den nichtessenziellen Aminosäuren. Es wird aber aus der essenziellen Aminosäure L-Phenylalanin über das Enzym Phenylalanin-Hydroxylase (PH) gebildet. Wie der Name bereits sagt (*tyrós* heißt auf Altgriechisch »Käse«), ist Tyrosin besonders in Casein angereichert (2 bis 5 Prozent). Der tägliche Bedarf an Phenylalanin und Tyrosin beträgt für gesunde Erwachsene etwa 14 Milligramm pro Kilogramm Körpergewicht. Normalerweise werden diese Mengen über die gesunde Nahrung ausreichend aufgenommen. Aber es gibt auch die Notwendigkeit für einen Mehrbedarf:

> bei akutem und chronischem Stress (Infektionen, Verletzungen, Sport, psychische Belastungen),
> bei chronischen Schmerzen,
> bei Depressionen,
> bei chronischem Alkoholkonsum und
> beim prämenstruellen Syndrom.

Obwohl Tyrosin die Serotoninbildung fördert, steht es in Konkurrenz zum Tryptophan-Transport, sollte dem Körper also nicht gleichzeitig mit tryptophanreichen Nahrungsstoffen zugeführt werden. Und Vorsicht: Tyramin entsteht aus Tyrosin und regt den Sympathikus an, weil aus Tyrosin und Tyramin auch Catecholamine aufgebaut werden. Der Abbau unterliegt der Monoaminooxidase (MAO). Deshalb sollten die Nahrungsmittel nie zusammen mit MAO-Hemmern eingenommen werden. Beachtet man diese Vorsichtsmaßnahme nicht, kann es zu schweren Bluthochdruckkrisen kommen.

Auch die Aminosäure L-Theanin stimuliert die Serotoninbildung. Sie ist eine weithin unbekannte Aminosäure, die nicht zum Proteinaufbau verwendet wird. Sie kann als Nahrungsergänzungsmittel aus dem grünen Tee gewonnen werden und ist letztlich ein Beruhigungs- und Anti-Aging-Mittel.

Neben den genannten Aminosäuren ist noch die Docohexaensäure (DHA) als Omega-3-Fettsäure wichtig zur Anregung der Serotoninbildung. Am meisten DHA befindet sich bevorzugt in Kaltwasserfischen.

Laminine heben den Serotoninspiegel und die Spiegel der gesamten anderen Motivationsneurotransmitter. Serotonin, GABA, Dopamin, Acetylcholin werden harmonisiert, ausbalanciert, was »gute Laune«, Freude, Lernfähigkeit und Ausgeglichenheit steigert. Laminine sind Bestandteil der extrazellulären Matrix und bestehen aus kollagenähnlichen Glykoproteinen. Zusammen mit Kollagen Typ IV und speziellen Substanzen mit Namen »Entactin (Nidogen)« und »Perlecan«

bilden die Laminine die Basalmembranen, also die Membran-strukturen zwischen den einzelnen Zellen. Sie funktionieren als Bindungsstellen für Zelloberflächenrezeptoren (Timpl et al. 1978). Laminine sind wichtiger Gegenspieler von Cortisol und fördern schon deshalb die Serotoninbildung.

Blaulichtstrahlung hat im Vergleich zu anderen spektralen Wellenlängen eine signifikante Wirkung auf neuronale und physische Prozesse im Organismus, die nicht mit dem Sehen zusammenhängen, sondern unter Freisetzung von Serotonin einen angenehmen wachen Zustand signalisieren. Sogar Menschen mit einer 80-prozentigen Erblindung reagieren entsprechend auf blaue Lichtquellen, während andere Lichtwellen-längen bei ihnen keinen Einfluss haben.

Ein Ungleichgewicht der Motivationshormone verhindern
Eine erhöhte Serotoninsynthese wirkt im Tierversuch hemmend auf die Dopaminsynthese und umgekehrt (Hashiguti et al. 1993). Wenn wir nun über längere Zeit die Serotoninsyn-these stimulieren, wie durch die Gabe von Tryptophan, dann führt das, langfristig gesehen, zu einer verminderten Dopa-minaktivität. Das kann nicht gut sein. Psychisch gesehen sind geringere Belastungsbereitschaft und schwächerer Antrieb durch verminderte Motivationslage die Folge. Spiritualität ist auch auf Dopamin unbedingt angewiesen.

Eine Möglichkeit, dieses Ungleichgewicht zwischen Sero-tonin und Dopamin zu kompensieren, besteht in eiweißrei-cher Kost oder in der Gabe der Aminosäure L-Tyrosin (täg-lich 20 Milligramm pro Kilogramm), eventuell auch von L-Dopa (Vorstufe von Dopamin) während der oben bereits empfohlenen Einnahmepausen von Tryptophan (Badawy et al. 2009). Denn durch die gegenseitige Beeinflussung der Do-pamin- und Serotoninsynthese sollten weder Tyrosin noch L-Dopa gleichzeitig mit Tryptophan verabreicht werden.

Wird in der Nahrung Eiweiß mit Kohlenhydraten kombiniert, zum Beispiel Fisch mit Naturreis, dann kann sich das Gehirn daraus die Motivationsstoffe Dopamin und Noradrenalin zusammenbauen. Das passiert nicht, wenn nur Kohlenhydrate (Brot, Nudeln, Süßes) oder nur Eiweiß (Fisch, Geflügel, Fleisch, Soja) gegessen wird.

Weiterhin ist darauf zu achten, dass ausreichend Dehydroepiandrosteron (DHEA) gebildet werden kann. Denn DHEA(S) erhöht in den Amygdalae nicht nur die Expressionen von Rezeptoren für Serotonin, sondern ist auch für die Freisetzung von Dopamin in Neuronen des Hippocampus verantwortlich. Gebildet wird es in der Nebennierenrinde, aber bei Frauen finden etwa 30 Prozent in den Ovarien statt. Ab dem dreißigsten Lebensjahr nimmt die Bildung stark ab. Mit siebzig Lebensjahren ist die DHEA-Konzentration im Blut um 90 Prozent der anfänglichen Menge gesunken. Der erste Schritt der Eigensynthese besteht in der Bildung von Pregnenolen aus Cholesterin. Ein Enzym (Steroid-17α-Hydroxylase, CYP17A1) macht daraus schließlich DHEA. Dieses kann dann sulfatiert werden zu DHEAS. Das schwefelhaltige DHEA spielt keine Rolle in der Körperperipherie, umso mehr aber im Gehirn, wo DHEA ebenfalls produziert werden kann. Dort kann es als ein neuroaktives Steroid die hemmenden GABA-Synapsen abschalten (gemeint sind beide Fraktionen, DHEA und DHEAS) und steigert die Motivation. Zu viel DHEA ist allerdings unverträglich.

Pinolin und DMT sind Derivate von Serotonin und Melatonin, die den DHEA-Level erhöhen. Aber es gibt eine weitere wirksame Methode, das Gleichgewicht wiederherzustellen: Es ist die Meditation. In wissenschaftlichen Versuchen konnte gezeigt werden, dass Dopamin während der Meditation ansteigt (Kjaer et al. 2002).

Menschen mit hohen Wertvorstellungen haben mehrere Varianten des Gens VMAT 2 (Vesikulärer Monoamintransporter 2). Diese Genvarianten beeinflussen die Produktion und den Transport von Neurotransmittern wie Dopamin, Serotonin und Noradrenalin. Sehr wahrscheinlich fördert das die Fähigkeit für spirituelle Erfahrungen und Selbsttranszendenz.

Die Umwandlung in Melatonin

Melatonin wird, wie gesagt, aus Serotonin (dem »Glückshormon«) gebildet. Wenn in der Dunkelphase viel Melatonin entsteht, geht das auf Kosten der Serotoninmenge. In dunkleren Jahreszeiten ist deshalb vielfach eine gewisse depressive Einstellung zu beobachten. Ein Mangel an Serotonin entsteht vor allem dann, wenn zusätzlich zum Abbau des Serotoninspiegels durch vermehrte Melatoninbildung die Aminosäure Tryptophan, die wiederum Serotonin aufbaut, nicht genügend in der Nahrung enthalten ist.

Die Produktion von Melatonin aus Serotonin benötigt zwei Syntheseschritte. Zuerst entsteht durch das Enzym Serotonin-N-Acetyltransferase (AANAT) das Zwischenprodukt N-Acetylserotonin. Bereits dieser Schritt ist nur möglich, wenn kein Licht auf die Augen fällt.

Wiederum ist Magnesium zur Melatoninbildung erforderlich. Und Lithium wirkt lebensverlängernd, weil es die Melatonin-Hormon-Ausschüttung und den wichtigen Nrf2-Weg stimuliert mit allen positiven Folgen für Schlaf und Regeneration (Nrf2 ist ein Protein). Der sogenannte Nrf2-Weg führt zur genetisch induzierten Produktion von körpereigenen Antioxidanzien wie Melatonin.

Die Nachtphase verbringt man ja gewöhnlich ohne Nahrungszufuhr. Verlängert man diese Phase der Nahrungskarenz, indem die letzte Mahlzeit gegen 18.00 Uhr abgeschlossen wird, wird die Melatoninbildung gefördert. Dies führt dann auch zu einem erhöhten Wachstumshormonschub und somit zu einer verbesserten Regeneration.

In den Wintermonaten mit höherer Melatoninproduktion und dementsprechend niedrigem Serotoninspiegel ergibt sich die sogenannte saisonal auftretende Depression SAD. Eine bewährte Therapie bei SAD ist deshalb Licht, das, über die Augen eingestrahlt, die Melatoninausschüttung verhindert und das Glückshormon Serotonin anstaut. Anabole Geschlechtshormone werden dann ausgeschüttet, was eben auch tagsüber die Regeneration fördert.

In unserem Buch *Bionische Regeneration* haben wir das Thema »Melatonin« bereits umfassend formuliert (Warnke und Warnke 2017). Deshalb sind die folgenden Absätze zu diesem Thema hier teilweise etwas verkürzt wiedergegeben.

Die Halbwertszeit von Melatonin im Blut beträgt bis zu 50 Minuten. In der Leber wird Melatonin zu 6-Sulphatoxymelatonin umgewandelt und über die Nieren ausgeschieden. Melatonin wird über das Cytochrom-p450-System mithilfe der sogenannten CYP1A-Enzyme metabolisiert. Zigarettenrauchen verstärkt diese Enzyme und baut Melatonin deshalb schneller ab. Umgekehrt erhöhen Östrogen-Hormon-Ersatztherapien und ebenfalls Kontrazeptiva die Melatoninspiegel, weil sie CYP1A hemmen.

Die Hemmung der Melatoninbildung
Die größten Gegenspieler der Melatoninbildung und die Faktoren, die Melatonin senken, sind neben dem Alter:

> Licht, auch technisch erzeugtes Licht von Bildschirmen. In den Augen liegen Rezeptoren, die das Fotopigment Melanopsin enthalten. Dieses Pigment reagiert besonders auf weißes Licht mit hohem Blaulichtanteil und schickt Signale zur »Master-Uhr« im Gehirn, dem suprachiasmatischen Kern (SCN). Von diesem Kern aus gehen dann Signale an alle untergeordneten Uhren in sämtlichen

Geweben mit dem Befehl »Aufwachen«. Die Melatonin-produktion läuft gar nicht erst an.

> Fluorid
> Aluminiumoxid
> Entzündungen
> Stress
> Zu viel Insulin
> Tryptophan- und Serotoninmangel
> Zu viel Koffein (Kaffee, schwarzer und grüner Tee, Energydrinks, Cola, dunkle Schokolade). Testpersonen, die das Koffeinäquivalent von zwei Tassen Kaffee bekamen, hatten in den folgenden acht Stunden eine deutlich geringere Melatoninproduktion.
> Zu viel Alkohol: Zwei Gläser Wein am Abend senken den Melatoninspiegel um mehr als 40 Prozent. Noch mehr Alkohol stoppt die Melatoninproduktion bis zum nächsten Morgen. Ein paradoxer Effekt ergibt sich bei geringem Alkoholkonsum um etwa 23.00 Uhr. Der Melatoninspiegel steigt dann innerhalb der nächsten drei Stunden. Die Ursache ist unklar.
> Zu viel Vitamin B_{12}: Vitamin B_{12} ist sehr wichtig für die Erinnerungsfähigkeit und die Vorbeugung von Demenz. Mangel an Vitamin B_{12} allein kann schon Demenz verursachen. Die Dosis von zusätzlich eingenommenem Methyl-B_{12} sollte aber auf den Messwert des Serumspiegels von B_{12} gestützt werden und nicht abends erfolgen.
> Glutamat (Geschmacksverstärker)
> Alpha- und Betablocker, Kalziumantagonisten: Alpha- und Betablocker hemmen die Melatoninproduktion, indem sie die Sympathikusverbindung zwischen Augen-Licht-Rezeptoren und Zirbeldrüse blockieren.
> Cortisol und Cortison
> Nikotin

> Nichtsteroidale Schmerzmittel und Entzündungshemmer wie Aspirin und Ibuprofen
> Steroide (Dexamethason)
> Schlaf- und Beruhigungsmedikamente aus der Familie der Benzodiazepine mit den Wirkstoffen Diazepam und Alprazolam
> Antidepressiva wie Fluoxetin, Prozac in den USA
> Elektro- und Magnetosmog durch elektrische Heizkissen, Computer und so weiter und Funkstrahlung von Handy und Smartphone
> Verkalkte Zirbeldrüse
> Übergewicht

Melatonin ist ein wichtiger Co-Faktor des Immunsystems. Wenn es zum Beispiel immer häufiger Fernsehen oder Computerbildschirmarbeit bis in die späte Nacht für uns gibt, dann wird Melatonin nicht mehr ausreichend ausgeschüttet, und das Immunsystem erlahmt.

Interessant ist, dass die Melatoninproduktion in der Zirbeldrüse einer Magnetosensibilität unterliegt. Je höher die geomagnetische Aktivität (15 bis 20 nT), desto geringer ist der nächtliche Melatoninspiegel (Persinger 1988). Auch technisch erzeugte Magnetfelder hemmen die Melatoninproduktion. Die Verwendung von Handys und Smartphones, so zeigen die meisten Versuchsergebnisse, senken den Melatoninspiegel.

Melatoninmangel beim Älterwerden
Problematisch wird es für Personen ab 45 Jahren, denn das ist das Alter, ab dem die Zirbeldrüse nachts nur noch wenig Melatonin produziert. Für diese geringe Melatoninausschüttung im Alter gibt es verschiedene Gründe, die alle auch etwas mit unserer Lebensweise zu tun haben:

> Die Zellen der Zirbeldrüse (Pinealozyten) sind mit steigendem Lebensalter immer mehr belastet. Einerseits ist der anabole Stoffwechsel, also die allgemeine Produktion von Eiweiß und Hormonen, im Alter generell reduziert. Andererseits ziehen gerade die Pinealozyten besonders giftiges Fluorid aus unserer Nahrung, aus Zahnpasta und vielen anderen Gebrauchsmitteln – jeden Tag in kleinen Dosen, die sich nach und nach aufsummieren. Derart chronisch vergiftete Zellen werden vom Organismus oft mit einem kalziumhaltigen Mantel umgeben und auf diese Weise isoliert. Die durch Mitochondrienschäden bedingte geringere ATP-Produktion in den Pinealozyten führt wahrscheinlich zu einer höheren Konzentration von Pyrophosphat, das sich mit Kalzium verbindet und zur Zirbeldrüsenverkalkung führt. Die Kalzifizierung der Zirbeldrüse ist bereits bei jüngeren Menschen im Röntgenbild sichtbar. Mit der Kalzifizierungsmaßnahme hofft das System, den Übergriff der »Krankheit« auf gesundes Gewebe zu verhindern. Die Kalzifizierung stellt allerdings eine massive Behinderung für die Bildung und Ausschüttung von Melatonin dar. Es sterben auch vermehrt Zellen ab. Abgestorbene Pinealozyten werden, ähnlich wie andere Gehirnzellen, nur sehr zögerlich ersetzt. Durch vermehrte Einnahme von Vitamin K_2 über längere Zeit kann das Kalzium wahrscheinlich wieder ausgetrieben und die Kalzifizierung rückgängig gemacht werden. Vitamin K_2 wird von Mikroorganismen gebildet, unter anderem in unserer Darmflora. Auch Butter, Eidotter, Leber, einige Käsesorten, rohes Sauerkraut und Natto (ein fermentiertes Sojaprodukt) sind Vitamin-K_2-Quellen.

> Mangelnde Ausschüttung von Melatonin und die Degeneration der Zirbeldrüse führen auch dazu, dass die Thymusdrüse, eines der wichtigsten Organe des menschlichen Abwehrsystems, immer mehr schrumpft. Man nimmt an,

dass Melatonin als stärkstes körpereigenes Antioxidans den Schutz der Thymusdrüse vor freien Radikalen gewährleistet. Bis zur Pubertät nimmt die Thymusdrüse parallel zum Melatoninpegel im Blut ständig an Größe zu. Danach schrumpft sie immer mehr, bis sie im Alter kleiner als ein Stecknadelkopf und so gut wie verschwunden ist.

> Die geringe Melatoninmenge im Alter hängt auch mit einem geringen Serotoninspiegel zusammen. Der wiederum entsteht durch zu viel Zucker und ein entgleistes Insulinsystem.

Die Anhebung niedriger Melatoninpegel
Die wichtigste Bedingung für die Melatoninproduktion ist, wie gesagt, absolute Dunkelheit in der Nacht (bis 3.00 Uhr morgens). Schon das Licht von Straßenlaternen, die ins Schlafzimmer leuchten, hemmt die maximal mögliche Ausschüttung. Interessant ist die Steigerung der Melatoninbildung durch Lithium, das in der Medizin bei bipolaren (manisch-depressiven) Störungen eingesetzt wird, aber auch beim Cluster-Kopfschmerz. Ähnliche Wirkungen wie Lithium zeigten im Versuch L-Dopa, Adenosin, Tyramin und die Droge Kokain. Auch Meditation hebt bekanntlich den Melatoninpegel, ebenso übrigens ein heißes Bad.

Doch keine Maßnahme hat einen größeren Einfluss auf eine gesteigerte Melatoninproduktion als die Einnahme von Cannabis beziehungsweise Marihuana (getrocknete Blüten der weiblichen Hanfpflanze mit Tetrahydrocannabinol, THC), wobei der Gehalt an THC möglicherweise eine weniger entscheidende Rolle spielt als die Kombination der Cannabinole. Zwei Stunden nach dem Rauchen einer entsprechend präparierten Zigarette wurde ein Melatoninpegel gemessen, der gegenüber vorher (21,3 Pikogramm pro Milliliter) um das Vierzigfache (904 Pikogramm pro Milliliter) angestiegen war

(1000000000 Pikogramm entsprechen 1 Milligramm). Das Haschisch hatte die Herstellung eines Prostaglandins (PGE2) forciert, und dieses wiederum erhöht die Empfindlichkeit der Rezeptoren für den Neurotransmitter Noradrenalin. Dieser Neurotransmitter ist notwendig, um Kalzium vermehrt in die Zellen zu bringen. Und ein verstärktes Einströmen von Kalzium in die Zirbeldrüsenzellen steigert schließlich die Melatoninproduktion (Lissoni et al. 1986).

Auf jeden Fall wären 900 Pikogramm pro Milliliter Blut tagsüber ein viel zu hoher Wert, der bei mehrfacher Wiederholung den gesamten zirkadianen Rhythmus durcheinanderbringen würde – mit gefährlichen Nebenwirkungen. Dennoch wird bei den vielen inzwischen bekannt gewordenen positiven Effekten verständlich, warum Cannabis für die Medizin freigegeben werden soll oder bereits freigegeben wurde, wie es in einigen Staaten der USA, Kanadas und Europas sowie seit Januar 2017 (SZ 2017) auch in Deutschland bereits der Fall ist. Marihuana muss aber unter Kontrolle der Medizin bleiben, denn es verändert bei dauerhaftem Konsum irreversibel wichtige Funktionsteile des Gehirns (Hypothalamus, Amygdalae) mit manchmal katastrophalen Folgen für die Psyche, besonders bei genetisch vorgezeichneten Menschen. Medizinisch eingesetzt wird Marihuana gegen die Nebenwirkungen von Chemotherapien, zur Behandlung von Migräne, allgemein zur Schmerzlinderung, gegen zu hohen Augendruck, bei Menstruationskrämpfen und gegen Auszehrung bei Aidspatienten. Auch wenn es darum geht, Alterungsprozesse aufzuhalten, soll diese neue Art von Medizin signifikante Ergebnisse bringen.

Warum wirkt Cannabis in diesen besonderen Fällen derart positiv? Überraschenderweise findet man auch in der menschlichen Zirbeldrüse sowohl eine endogene Substanz namens »Anandamid«, die als Neurotransmitter fungiert, wie auch die dazugehörigen Rezeptoren des Endocannabinoidsystems.

Wahrscheinlich hat THC in Kombination mit weiteren Canna-binoiden und Terpenen deshalb die gleiche Funktion wie Anan-damid, nämlich die noradrenalinabhängige Freisetzung von Serotonin und Melatonin.

Und ein weiteres Ergebnis dazu wirft die positive Erwartung wieder über den Haufen: Durch Cannabis wird die Bildung von Pinolinen aus Melatonin gehemmt. Das aber würde für die DMT-Bildung in der Zirbeldrüse bedeuten, dass uns der sehr hohe Melatoninspiegel durch Cannabis keinen Nutzen bringt, da der notwendige MAO-Hemmer Pinolin ausfällt.

Dass die Melatoninmenge im Körper hingegen durch Meditation angehoben werden kann, wurde mehrfach erwähnt und bewiesen (Tooley et al. 2000).

Melatonin in der Nahrung

Einen gewissen Ausgleich für eine mangelnde Melatoninproduktion bietet Melatonin aus der Nahrung, da es, anders als Serotonin aus der Nahrung, die Blut-Hirn-Schranke überwinden kann. Um eine ausreichende Wirkung zu erzielen, müssen Nahrungsmittel mit Melatonin regelmäßig zugeführt werden.

Melatonin ist in verschiedenen Obst- und Gemüsesorten sowie in Gewürzen enthalten, etwa in Fenchel, Bohnen, Gurken, Koriander, Kirschen, Sauerkirschen, Montmorency-Kirschen, Himbeeren, Kiwis, Zitronenverbene oder auch Melisse. Und auch in Bierhefe, Mandeln, Walnüssen, Sonnenblumenkernen und Kardamomsamen.

In einigen Rotweinen fand man überraschend viel Melatonin. Besonders hohe Konzentrationen bis fast 1000 Pikogramm pro Gramm (pg/g) Traubenhaut fand sich laut Messungen der Arbeitsgruppe um Marcello Iriti von der Universität Mailand in den Sorten Nebbiolo, Croatina und Cabernet Sauvignon (Iriti et al. 2006). Der Gehalt an Melatonin lässt sich steigern, wenn die Rebstöcke mit Benzothiadiazol besprüht

Einige Lebensmittel mit relativ viel Melatonin

Nahrungsmittel	Melatonin in pg/g
Hafer	1796
Zuckermais	1366
Reis	1006
Japanischer Rettich	657
Ingwer	583
Tomaten (Sweet 100s)	500
Bananen	460
Gerste	378

werden. Eigentlich dient diese Substanz als eine Art Pflanzen-
hormon dazu, die Abwehrkräfte und Vitalität zu steigern.

Nüsse gehören allgemein zu den melatoninreichen Nahrungsmitteln, aber auch Baldrian- und Johanniskrautpräpara-
te, Ringelblume (Calendula), Bärlauch, Lapacho (laut Rolf
Dubbels, Zentrum für Humangenetik, Uni Bremen). Auch
Milch von Kühen kann Melatonin enthalten (0,04 Mikro-
gramm Melatonin pro Liter). Voraussetzung ist, dass die
Milch sehr frühmorgens abgepumpt wird und die Kühe eine
kräuterbasierte Fütterung hatten. Außerdem muss der natürliche Hell-Dunkel-Rhythmus bei der Haltung berücksichtigt
werden. Man kann diese sogenannte Nachtmilch auch aus
Magermilchpulver bekommen.

Die nach bisherigen Erkenntnissen melatoninreichste Pflanze ist das Schwingelgras (Festuca) mit über 200 Arten. Man
kann dieses Gras als Getränk zubereiten. Es fehlt aber jede
Angabe dazu, welches Schwingelgras dafür geeignet ist. Mut-
terkraut *(Tanacetum parthenium)* enthält ebenfalls besonders
viel Melatonin. Werden die Blätter getrocknet, kann ein Melatoningehalt von mehr als 7000 Nanogramm pro Gramm er-

mittel werden. Das frische Blatt enthält 1300 Nanogramm pro Gramm. Alle melatoninreichen Nahrungsmittel sind für den Verzehr am frühen Abend gedacht, um zur Schlafenszeit einen hohen Melatoninpegel im Körper zu bekommen.

Tagsüber ist es besser, trytophanreiche Nahrungsmittel zu konsumieren. Messungen haben gezeigt, dass diese Nahrungsmittel dann auch in der Nacht zu einem höheren Melatoninspiegel führen, wenn dafür gesorgt wird, dass der Blutzucker gegen Abend kurzfristig erhöht wird. Mit dem erhöhten Blutzucker gelangt Insulin ins Blut. Dies bewirkt, dass alle Transportsysteme für Aminosäuren aus dem Blut in die Zellen ausgeschüttet werden. Nur Tryptophan ist davon nicht betroffen und verwendet alle frei gewordenen Waggons im Blut, um luxuriös in die Zirbeldrüse zu gelangen. In die Praxis umgesetzt, entspricht dies dem berühmten Großmütterrezept »Warme Milch mit Honig vor dem Schlafengehen«.

Eine Supplementierung von Melatonin mit niedrigen Dosen von weniger als 1 Milligramm wirkt oft besser als die Einnahme von 3 Milligramm. Die als Zehn-Tage-Kur gedachte abendliche Einnahme folgender Zusatzstoffe kann helfen, die physiologische Melatoninproduktion anzukurbeln: 100 Milligramm Nicotinamid, 1000 Milligramm Kalzium, 500 Milligramm Magnesium.

Das unterstützende Vitamin B_6

Tiere leiden bereits an einem Melatonindefizit, wenn sie einen nur geringen Vitamin-B_6-Mangel (Pyridoxin) aufweisen. Es besteht kein Zweifel, dass dies auch für Menschen gilt. Von offiziellen Stellen empfohlen werden im Alter mindestens 3 Milligramm Vitamin B_6 pro Tag. Das wäre leicht zu schaffen. In einer großen Banane sind bereits 2 Milligramm Vitamin B_6 enthalten. 150 Gramm Lachs oder die gleiche Menge Hühnerbrust haben 3 Milligramm. Aber die Praxis zeigt, dass es durchaus sinnvoll ist, täglich mindestens 25 Milligramm

Vitamin B_6 aufzunehmen. Messungen haben gezeigt, dass viele Bevölkerungsgruppen einen Vitamin-B_6-Mangel aufweisen. Dazu gehören neben alten Menschen auch junge Frauen, die die Antibabypille verwenden, ältere Frauen, die Östrogene einnehmen, Raucher, Menschen, die viel Industriezucker oder auch viel Kohlenhydrate in Form von Pasta konsumieren, und an Depressionen Leidende.

Zu den Nahrungsmitteln, die viel Vitamin B_6 enthalten, gehören Avocados, Weizenkeime, Weizenvollkornmehl, Sojabohnen, Bohnen, Reis, Linsen, Karotten, Bananen, Bierhefe, Haselnüsse, Lachs, Thunfisch, Krabben, Geflügel sowie Leber vom Rind und vom Schwein.

Doch Vorsicht, auch hier macht die Dosis das Gift! Vitamin B_6 ist in hohen Dosen (ab 200 Milligramm pro Tag) toxisch und wirkt als Nervengift.

Die Bildung von DMT aus Serotonin

Mit der Bildung und Ausschüttung von DMT wird die Melatoninproduktion verstärkt mit einer positiven Verstärker-Rückwirkungsschleife. Das geht natürlich auf Kosten des Serotonins. Bei niedrigem Serotoninlevel reduziert sich dann auch die DMT-Bildung. So entsteht eine negative Rückkopplungsschleife, die uns vor zu viel Melatonin bewahrt.

Die DMT-Erzeugung geschieht – wie bereits dargestellt – durch das Enzym Indolethylamin-N-Methyltransferase (INMT), synonym: Tryptamine N-Methyltransferase, Amin N-Methyltransferase, Arylamin N-Methyltransferase, Nicotin N-Methyltransferase. Das Enzym arbeitet unter zwei Voraussetzungen: Es braucht die Co-Faktoren Betain (Trimethylglycin) und die B-Vitamine (B_3, B_6, B_{12} und Folsäure), und es benötigt zwingend S-Adenosyl-Methionin (SAM), die Verbindung von Methionin mit ATP. Dazu ist wiederum die essenzielle Aminosäure L-Methionin aus der Nahrung notwendig.

Betaingehalt in ausgesuchten Lebensmitteln

Lebensmittel	Betain mg/100 g
Quinoa (Reismelde, Reisspinat, Perureis, Inkareis und -weizen)	630
Spinat roh oder gekocht	100–500
Rote Bete, eingelegt	220–260
Roggenmehl	150
Spinat, gefroren	nur noch 110
Amarant	70

Quinoa, Spinat, Rote Bete sind Gänsefußgewächse *(Chenopodiaceae)* und glutenfrei. Pro Tag brauchen wir mindestens 500 mg Betain, maximal 2 g

Schauen wir zuerst auf Betain. Betain ist eigentlich oxidiertes Cholin und mit der Aminosäure Glycin verwandt (Derivat). Cholin bilden wir in Leber und Niere aus den Aminosäuren Lysin und Methionin. Das Abbauprodukt von Cholin ist dann eben Betain. Es ist aber hauptsächlich in Pflanzen zu finden (siehe Tabelle), und es kommt selten vor, dass ein sogenannter sekundärer Pflanzenstoff auch im menschlichen Organismus produziert wird. Wir sollten Betain nicht mit Betanin verwechseln, obwohl diejenigen Pflanzen, die einen hohen Betaingehalt aufweisen, gleichzeitig auch reich an Betanin sind.

Betain ist neben S-Adenosylmethionin (SAM) die wichtigste Quelle für Methylgruppen. Es ist allgemein dafür bekannt, Homocystein abzubauen, das durch Demythylierung aus der essenziellen Aminosäure Methionin entsteht. Betain spendet eine Methylgruppe, sodass aus dem toxischen Homocystein wieder Methionin entsteht.

Der Methioningehalt in ausgesuchten Lebensmitteln

Lebensmittel	Methionin mg/100 g
Eiweißpulver	2937
Stockfisch, tiefgefroren	1965
Casein	1875
Rind, Keule (mittelfett), getrocknet	1668
Schaf, Hinterhaxe (mittelfett), getrocknet	1312
Weizengluten-Trockenprodukt	1296
Blumenkohl, getrocknet	1202
Fischerzeugnisse, gegart	1049
Brennnessel, getrocknet	1041
Schwein, Schwarte, gekocht	928
Sojaeiweißkonzentrat	897
Hartkäse, Dreiviertelfettstufe	886
Parmesan, Dreiviertelfettstufe	886
Leidener Käse, Halbfettstufe	874
Hartkäse, Magerstufe	871
Sonnenblumenkernmehl, entfettet	869
Bierhefe	862

Quelle: http://www.naehrwertrechner.de/naehrstoffe/methionin.html

Alkohol aus unseren Genussgetränken kann das Enzym Methionin-Synthase beeinträchtigen, das den letzten Schritt in der Regeneration von Methionin aus Homocystein mithilfe des Co-Faktors Vitamin B$_{12}$ katalysiert. Betain kann diese Beeinträchtigung durch die Aktivierung von Homocystein-Methyl-Transferase ausgleichen und zumindest gegen frühe Stadien der alkoholischen Leberschädigung schützen (Barak et al. 1996).

Nun zum Methionin. Der tägliche Bedarf eines gesunden Erwachsenen liegt für L-Methionin bei 19 Milligramm pro

Kilogramm Körpergewicht. Bei einem Gewicht von 70 Kilogramm sind das jeden Tag 1,3 Gramm L-Methionin, die mit der Nahrung aufgenommen werden müssen. Die Tabelle gibt einige Beispiele dafür, wie viel L-Methionin welche Lebensmittel enthalten. Überraschend ist der hohe Gehalt in der Brennnessel, wenngleich man davon nicht große Mengen essen wird.

Beeinträchtigungen der Zirbeldrüse

Verkalkter Corpus pineale

Man muss bei dem Stichwort »Verkalkungen« im Zusammenhang mit der Zirbeldrüse zwei unterschiedliche Vorgänge getrennt betrachten.

1. Bei jungen Personen ab dem fünften Lebensjahr ist die Zirbeldrüse bereits mehr oder weniger kalzifiziert. In das Gewebe der Zirbeldrüse sind oft konzentrisch geschichtete, verschieden große Kalkkonkremente eingebaut. Die Konkremente werden auch als »Hirnsand *(Acervulus cerebri)*« bezeichnet. Dieser Prozess hängt mit der verstärkten Bildung von Hydroxylapatit-Kristallen zusammen, die hydroxylierte Kalziumphosphatsalze darstellen, die auch im Knochen und in den Zähnen Hauptbestandteile sind. Diese Form der »Verkalkung« scheint physiologischen Zielen zu dienen, wie gesagt ähnlich wie die Otolithen oder Statolithen aus Calcitkristallen (Gehörsand) im Innenohr für Gleichgewichtsfunktion.

2. Dann aber kann die Zelle auch im Fall einer Vergiftung durch Kalzifizierung das Problem eingrenzen, sodass Nachbarzellen die Verursachung nicht übernehmen können. Da die Zirbeldrüse nicht dem Schutz der Blut-Hirn-Schranke unterliegt, passiert die Vergiftung leicht, zum

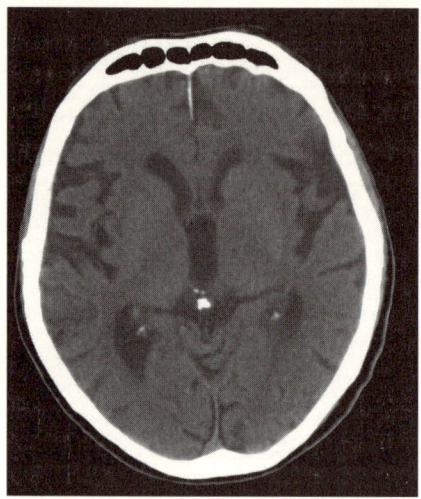

Abb. 19: Verkalkter Corpus pineale.

Beispiel bei der Aufnahme hoher Fluoriddosen. Auch die Krebszelle ist oft kalzifiziert.

In den Jahren vor der Pubertät hat die Zirbeldrüse normalerweise ihre höchste Sekretionsleistung für Melatonin. Falls die Verkalkung Auswirkungen auf die Hormon- und Drogenproduktion haben sollte, ist dann der Mensch ab diesem Lebensabschnitt laufend mehr von den spirituellen Visionen abgeschnitten? Wenn das Verkalkungsniveau ein hohes Sättigungsniveau erreicht, kann dies laut Untersuchungen die Melatoninproduktion tatsächlich verringern (Bayliss et al. 1985). Zirbeldrüsenverkalkung immobilisiert definitiv die Pinealocyten-Funktion, wodurch die Gesamtproduktion von Melatonin verringert wird (Kunz et al. 1999). Darüber hinaus kann sich die Verkalkung auf die Schlafmuster auswirken.

Bereits im Jahr 1978 vermutete man, dass eine übermäßige Verkalkung der Zirbeldrüse eine Bedeutung für die Ätiologie des Brustkrebses haben könnte (Cohen et al. 1978). Das hat sich wohl bestätigt. Denn die Melatoninproduktion ist wichtig für das Immunsystem, um Prostata- und Brustkrebs zu bekämpfen (Liburdy et al. 1993). Auch Multiple Sklerose (MS) könnte mit der Kalzifizierung der Zirbeldrüse zusammenhängen: Eine Studie zeigt, dass 100 Prozent der untersuchten MS-Patienten eine verkalkte Drüse haben, verglichen mit 45 Prozent der vergleichbaren Kontrolle. Umgekehrt zeigen Volksgruppen mit niedriger MS-Inzidenz (Afrikaner, Japaner) weniger Pinealkalzifizierung.

Eine Reaktivierung durch Auflösung der Kalkkapsel ist laut Erfahrungen in der Praxis mit folgenden Maßnahmen möglich (es handelt sich hier nicht um Versuchsergebnisse):

> Zedernnussöl (nicht Zedernholznussöl) und/oder Kokosöl; 1 EL täglich,
> Vitamin K_2 (kann allgemein dekalzifizieren),
> Chlorella, Spirulina (25 bis 30 Tabletten am Tag),
> die Kräuter Gotu Kola, Petersilie, Alfalfa, Beifuß,
> eine Mischung aus Bentonit und Zeolith; Pulver: dreimal täglich 1 gehäufter TL; Kapseln: dreimal täglich zwei Stück mit viel Wasser.

Die Ansammlung von Fluor in der Zirbeldrüse

Die Zirbeldrüse von Erwachsenen enthält erstaunlich viel Fluorid: im Weichgewebe etwa 300 und in den Hydroxyapatit-Kristallen sogar bis zu 21000 parts per million (ppm). Diese Menge kann toxisch auf die Enzymaktivität wirken.

Laut einer Dissertationsarbeit von Jennifer Luke von der University of Surrey in England wurde an Tieren und Menschen festgestellt, dass die Zirbeldrüse eine besonders hohe Affinität zu Fluorid ausübt und dass das angesammelte Fluorid die Melatoninproduktion negativ beeinflussen kann. Sie fasste ihre Befunde wie folgt zusammen:

»Die menschliche Zirbeldrüse enthält die höchste Konzentration von Fluorid im Körper. Fluorid ist mit einer depressiven Pineal-Melatonin-Synthese bei präpubertären Rennmäusen und einem beschleunigten Beginn der sexuellen Reifung in weiblichen Rennmäusen (Gerbil) verbunden« (Luke 1997).

Die Folgen der Schädigung der Enzymfunktion können zu defizitärer Kollagenproduktion, zu Ekzemen, zu Gewebeschäden, zu Hautfalten, genetischen Schäden und Immunsuppression führen. Auch DMT durch Hemmung der Methyltransferase wird nur noch gering oder nicht mehr gebildet.

Die UNICEF hat sich zum Problem Fluorid folgendermaßen geäußert: Fluoride wurden ursprünglich in den Vierzigerjahren eingesetzt, um Zahnkrankheiten vorzubeugen. Man wusste, dass Fluoride Bestandteil von Enzymen sind, die Bakterien erzeugen, die wiederum jene Bakterien vernichten, die den Zahnschmelz angreifen. Außerdem meinte man, Fluoride binden Kalziumionen und verhärten den Zahnschmelz schon im Kindesalter. Viele Forscher betrachten dies nun als Behauptung und nicht mehr als einen Fakt, weil Studienbeobachtungen aus Indien der vergangenen zehn bis fünfzehn Jahre vorliegen. Diese sagen einheitlich, dass Fluorid ab einer bestimmten Dosierung einen Kalziumverlust bewirken und somit auch das Kalzium in der Zahnmatrix zerstören kann. Dieser Ablauf verursacht eine dentale Fluorose. Einige chronische Überdosierungen können auch eine unheilbare Fluorose des Skeletts bewirken (Fawell et al. 2006). Fluorid soll fünfzigmal giftiger als Schwefeldioxid sein. Es ist ein möglicherweise karzinogenes Gift und wird mit Asbest, Blei und Aluminium auf einer Liste aufgeführt.

In Deutschland reichert man industriell manche der folgenden Produkte mit Fluorid an, was kontrovers diskutiert wird: Gele, Mundspülungen, Tabletten (Fluoretten), diverse

Zahncremes, Speisesalz und Psychopharmaka. Es handelt sich bei den Zusätzen um Kaliumfluorid, Natriumfluorid, Natriummonofluorphosphat, Amin- und Zinnfluorid. Die Aufnahme von Fluorid geschieht durch:

> Wasser (Trinkwasser in Deutschland hat durchschnittlich weniger als 0,3 Milligramm pro Liter, aber zum Beispiel in der Eifel bis zu 1,0 Milligramm pro Liter, Mineralwasser sollte maximal einen Fluoridgehalt von 0,05 Milligramm pro Liter haben, hat aber häufig sehr viel mehr),
> Speisesalz (es gibt auch fluoridfreie Sorten),
> Zahnpasta,
> Fluoridlack (ein Lack, den Zahnärzte auf Zähne auftragen),
> Aspartam,
> viele Kosmetika und Mundwasser,
> eventuell Schokolade,
> Nebelmaschinen in Clubs,
> Neuroleptika und Psychopharmaka,
> Tranquilizer-, Rohypnol- und Valiumtabletten,
> Antibiotika,
> Milch (natürliches Vorkommen an Fluorid gibt es bereits etwas in Milch, der natürliche Gehalt liegt zwischen 0,14 und 0,29 Milligramm pro Liter; Sojamilch hat relativ viel und Muttermilch keinerlei Fluorid).

Bestimmte Nahrungsmittel haben relativ hohe Werte natürlicher Fluoride:

> Rindfleisch, Schweinefleisch, Leber,
> schwarzer und grüner Tee,
> Walnüsse, Erdnüsse,
> Fisch, Garnelen,
> Petersilie, Spargel, Feld- und Eisbergsalat, Spinat,

> Backwaren, Vollkornprodukte, Buchweizen, Roggen, Gerste, Hirse,
> Milch, Käse,
> Eier,
> Kaviar,
> Weißzucker (besser Rohzucker verwenden).

Bereits im Jahr 2005 fasste das Bundesinstitut für Risikobewertung in seiner Information Nr. 037 vom 12. Juli das Problem mit den folgenden Worten zusammen: »Fluorid ist für den Menschen nicht lebensnotwendig. Dagegen kann ein Zuviel an Fluorid zu einem Gesundheitsrisiko werden.« Denn Fluoride werden mit zahlreichen Wirkungen in Verbindung gebracht wie Arthritis, Diabetes, Schilddrüsenerkrankungen, Nierenleiden und vielen mehr.

Fluorid häuft sich auch in der Zirbeldrüse eines Kindes an. 2012 gab es ein Statement des Institute of Environmental Health Sciences über die Auswirkungen von Fluorid bei Kindern: Forscher der School of Public Health der Harvard University (HSPH) und der China Medical University in Shenyang haben in einer gemeinsamen Analyse die Auswirkung von Fluoriden, denen karieshemmende und zahnhärtende Eigenschaften nachgesagt werden, auf Kinder untersucht. Hierfür wurden 27 bereits durchgeführte Studien zum Thema »Fluoride« einer wissenschaftlichen Überprüfung unterzogen. Die Forscher fanden »deutliche Hinweise« darauf, dass die Gabe von Fluoriden besonders bei Kindern in der Entwicklungsphase katastrophale Auswirkungen auf die Entwicklung der kognitiven Fähigkeiten und die Funktion des Gehirns hat. In einer Metaanalyse mit 8000 Schulkindern im Jahr 2013 entdeckten die Forscher, dass Fluorid die kognitive Entwicklung von Kindern beeinflusst. Tatsächlich fanden 26 der 27 Untersuchungen einen Zusammenhang zwischen erhöhten Fluoridwerten und einem deutlich niedrigeren Intelligenzquotienten (Choi et al. 2012). Philippe Grandjean, Professor an der Harvard University, sagt hierzu:

> »Kupfer, Quecksilber oder ein anderes Gift dieser Art, wie auch Fluorid, mögen nur einen leichten Effekt auf das menschliche Gehirn besitzen, aber in Kombination können sie einer ganzen Bevölkerung großen Schaden zufügen. Insbesondere in Bezug auf die Gehirnleistung wird dies bereits für die nächste Generation ein starkes Problem für uns alle« (Choi und Grandjean 2013).

Die Ursachen liegen in der Beeinträchtigung jeder kontaminierten Zelle: Durch Fluoridverbindungen wird zum Beispiel Enolase gehemmt, das ist ein Enzym der Glykolyse in Nervenzellen. Andere Fluorverbindungen führen zur Unterbrechung des Citratzyklus durch die Blockierung des Enzyms Aconitase mit weniger Energiezufuhr zu den Körperzellen. Weiterhin ist Fluorid ein Antagonist zu Jod und wird in der Medizin zur Bekämpfung von Schilddrüsenüberfunktion eingesetzt.

Folgendes Zitat wird der U. S. Environmental Protection Agency EPA und dem Wissenschaftler Robert J. Carton zugeordnet:

> »Im Widerspruch zu dem, was der Bevölkerung erzählt wird, verursachen Fluoride beschleunigte Alterung, zerbrechlichere und sprödere Knochen, und sie interagieren im Grunde mit sämtlichen Enzymprozessen im Körper. Zahnärzte belehren den Menschen: ›Fluor hilft bei Löchern‹, doch sämtliche statistischen Analysen der bisher erstellten Fluorierungsstudien enttarnen diese als hochgradig betrügerisch. Ich halte die Fluorierung für den größten Schwindel in diesem Jahrhundert!«
> (Carton 2006).

Israel hat eine Regierungsverordnung erlassen, wonach bis zum Jahr 2014 sämtliche zugesetzte Fluoride im Trinkwasser verboten wurden. Gleiche Verordnungen haben einige Länderbezirke in Australien, Portland, Oregon, Windsor und Ontario erlassen. In Deutschland findet eine Trinkwasserfluoridierung ebenfalls nicht statt.

Die kolportierten Gegenstrategien sind nicht wissenschaftlich geprüft und beruhen auf Erfahrungen, die aber immer auch Placeboeffekte sein können:

> Vermeidung weiterer Aufnahme von Fluorid.
> Einnahme von Hilfsmitteln zur Entkalkung der Zirbeldrüse wie Vitamin K_2.
> Einnahme von Hilfsmitteln zur Ausleitung des Fluorids.
> Anregung der Zirbeldrüse zur Regeneration: zum Beispiel durch Vibrationen wie beim Sprechen und Singen tiefer Töne. Angeblich hat das Einatmen des ätherischen Neroliöls eine stimulierende Wirkung.

Bio-Nahrung ist immer zu bevorzugen, da Pflanzenschutzmittel oft mit Fluorid versetzt sind. Selbst Fertiggerichte können unerwünschte Fluoridlieferanten sein.

Elektrische, magnetische und elektromagnetische Störfelder

Es wurde schon kurz angedeutet, dass der nächtliche Melatoninspiegel negativ mit der geomagnetischen Aktivität korreliert. Das heißt, je stärker die Erdmagnetfeldschwankungen, desto geringer ist die Melatoninausschüttung (Persinger 1988). Studien mit menschlichen Probanden, die 60-Hertz-Magnetfeldern ausgesetzt waren, zeigten ebenfalls eine Reduzierung der Melatoninlevel (Burch et al. 1999).

Über Schlafstörungen und Melatoninmangel im Umkreis von 300 Metern um Mobilfunkantennen berichten mehrere

Forscher übereinstimmend (Santini et al. 2002 und andere). Studien haben gezeigt, dass die Exposition gegenüber einem magnetischen 50-bis-60-Hertz-Feld (elektrische Hausstromversorgung und Stromleitungen über dem Haus) signifikant die Fähigkeit der Zirbeldrüse reduziert, Melatonin während der Nachtzyklen zu erzeugen (Elektrosmog) (Burch 1999). Das geht so weit, dass sogar die Inzidenz von Brustkrebs mit der Exposition zu den physikalischen Feldern und der damit verbundenen Reduktion von Melatonin ansteigt (Liburdy 1993). Studien mit Hamstern zeigten, dass bei Exposition gegenüber GSM-900 (Handystrahlung) die Zirbeldrüsenfähigkeit deutlich reduziert ist, Melatonin während der Nachtzyklen zu erzeugen (Chacón et al. 2001).

Mangelnde Motivation und Gegenmaßnahmen

Auch dieses Thema wurde ausführlich in unserem Buch *Bionische Regeneration* beschrieben (Warnke und Warnke 2017), woraus ich einige Absätze zitiere, die für unseren Zusammenhang wichtig sind.

Alle drei Motivationshormone, also Dopamin, Serotonin und Noradrenalin, werden von ein und demselben Enzym, der Monoaminooxidase (MAO), laufend zerlegt und unwirksam gemacht. Die Halbwertszeit aller drei Substanzen liegt im Minutenbereich. Findet die Zerlegung der Hormone und Neurotransmitter zu schnell statt und geht ihr Neuaufbau gleichzeitig zu langsam vonstatten, werden wir depressiv. Dann fehlt uns die Motivation für alles im Leben. Eine Öffnung des Dritten Auges ohne die dazugehörige Motivation kann nicht gelingen. Motivation ist der Wille des Unterbewusstseins.

Motivationshormone für eine gesteigerte Spiritualität
Dopamin ist bekanntlich stark an spirituellen Momenten beteiligt und stellt eine Verbindung zum Universellen oder »Göttlichen« her. Kreative Künstler haben häufig erhöhte Dopaminwerte. Dass dieses Hormon auch unsere fein abgestimmte Motorik bei Bewegungen steuert, etwa beim Tanzen oder Musizieren, macht es nur noch interessanter, zumal sich die Menge des ausgeschütteten Dopamins weiter erhöht, wenn eine Rückkopplung durch Feinmotorik erfolgt. Spielt ein Mensch Klavier oder Geige, wozu perfekte Feinmotorik notwendig ist, erhöht sich der Dopaminlevel, was wiederum die Perfektion am Instrument durch Feinmotorik erhöht. Aber auch zu tanzen wie die Derwische und rhythmische Bewegungen erhöhen die Dopaminspiegel.

Einige Pflanzen haben Inhaltsstoffe, die nach ihrem Verzehr erhöhte Dopaminwerte erzeugen. Dazu gehört Salsolinol im Kakao, auch in der Schokolade (Melzig et al. 2000).

Die vielleicht berühmteste Pflanze, die L-Dopa (oder L-Dihydroxyphenylalanin) als Vorstufe von Dopamin enthält, ist *Mucuna pruriens* (die bereits erwähnte »Juckbohne«, Sanskrit: Kapikacchu). Die bis zu 18 Meter hoch kletternde Bohnenpflanze stammt ursprünglich aus Ostindien, Südchina, Myanmar und der indonesischen Halbinsel. Nach der Blüte entstehen sogenannte Samtbohnen, die geerntet und als Nahrungsmittelergänzung angeboten werden, meistens in verriebener Pulverform. Der Pflanzenextrakt wird seit mehr als 4500 Jahren in der ayurvedischen Medizin verwendet. Die Pflanze und ihre Früchte sind psychoaktiv. In rund 500 Milligramm Extrakt sind 40 Prozent L-Dopa enthalten. Außerdem enthält die Pflanze sogar DMT und Serotonin. Daneben kommen auch noch 5-MeO-DMT, Bufotenin und Nikotin vor. Das reichhaltig vorhandene L-Dopa kann im Gegensatz zu Dopamin die Blut-Hirn-Schranke passieren. Allein die drei Substanzen L-Dopa, Serotonin und DMT machen 7 bis

10 Prozent des Trockengewichts der Pflanze aus. Und da Dopamin und Serotonin zwei wichtige antidepressiv wirkende Neurotransmitter sind, wird *Mucunia pruriens* zur Stimmungsverbesserung eingesetzt. Einige Anwender berichten auch von erhöhter Traumtätigkeit und verbessertem Schlaf bei regelmäßiger Einnahme.

In der Tradition wird *Mucuna pruriens* zusammen mit dem Kraut *Tribulus terrestris* (Erd-Burzeldorn, Gokshura) gegeben, weil diese Pflanze einen hohen Anteil an MAOI enthält. Dadurch kann sich L-Dopa vermehrt in Dopamin umformieren.

Auch die Rosenwurz *(Rhodiola),* die angeblich schon bei den Wikingern ein beliebtes Mittel gegen Unruhe war und für gute Stimmung sorgte, kann durch Hemmung des Dopaminabbaus in der Funktion eines MAO-Hemmers den Dopaminlevel steigern (van Diermen et al. 2009).

Noradrenalin hat im Gehirn eine etwas andere Wirkung als im übrigen Körper. Die Lust an der Aktion ist hauptsächlich abhängig von diesem Hormon und Neurotransmitter. Und dieses Hormon ist auch der Aktivator der Zirbeldrüse.

Über Serotonin als »Glückshormon« und Ausgangssubstanz der körpereigenen Drogen ist weiter oben bereits ausführlich geschrieben worden. Es gibt aber noch ein System, das uns Freude und Glücksgefühle beschert und das durch Pflanzenstoffe, sogenannte Phytonutrienten, effektiv stimuliert werden kann: die körpereigenen Opioide. Diesen Namen haben sie aufgrund ihrer identischen Wirkungen mit dem Opium. Das Synonym ist »Endorphine« (vom griechischen *éndon* für »innen«). Wie Morphin wirken Endorphine stimmungsaufhellend, geben ein schönes Lebensgefühl und sind schmerzstillend. Während von außen zugeführte Drogen wie Opium, Morphium, Kokain, Heroin und Haschisch süchtig machen, führen die endogenen Drogen eigentlich nicht zu Abhängigkeiten, obwohl manische Verhaltensweisen, die ja immer auch auf endogenen Botenstoffen basieren, manchmal verdächtig an Süchte erinnern.

Auch unsere ganz normale Nahrung enthält Morphine und Moleküle, die den Endorphinen gleichen. Manche Morphine entstehen aber auch erst bei der Verdauung, etwa von Milch, Getreide und Fleisch. Aus größeren unwirksamen Molekül-einheiten werden Bruchteile freigesetzt, die an Rezeptoren im Darm und nach der Blutpassage auch an Rezeptoren im Gehirn andocken und eine opiumähnliche Wirkung entfalten. Es handelt sich um mehrere Stoffe, die »Exorphine« genannt werden. In blutigem Fleisch sind es die Hämorphine. Auch bei den Beta-Casomorphinen, die bei der Verdauung des Milchproteins Casein aus Milch, Quark und Käse entstehen, handelt es sich um Exorphine. Casein war früher besonders hoch konzentriert in Trockenmilch enthalten, bis man erkannte, dass man Kleinstkinder damit nicht »high« machen sollte. Seitdem werden die Quellen für Morphine aus dem industriellen Produkt herausgezogen. Bei Muttermilch ist der Casomorphin-Effekt viel geringer.

Gliadorphine (Gluteomorphin), die bei der Verdauung von Gluten aus Weizen entstehen, wirken deutlich stärker als das Morphin des Schlafmohns, bleiben aber relativ unbemerkt, weil sie üblicherweise in geringen Mengen aufgenommen werden. Dennoch könnte die Gluten-Empfindlichkeit mancher Menschen mit diesen Gliadorphinen zusammenhängen. Je nachdem, mit welchen Enzymen zum Abbau von Morphinen verschiedene Menschen ausgerüstet sind, werden die Opiatrezeptoren unterschiedlich bedient, und die opioide Wirkung entfaltet sich jeweils anders.

Das Salatopium aus Kopfsalat, Endivien, Chicorée und Radicchio wirkt über seine Sesquiterpene wie Lactulin und Lactucopikrin stark beruhigend. Da durch diese Salate, wenn man sie ganz frisch isst, auch körpereigene Opiate länger wirken, weil das Enzym Enkephalinase blockiert wird, werden sie zu einem echten Beruhigungsmittel und Antidepressivum.

Sogenannte psychotrope Substanzen sind als Amine oder Alkaloide in vielen Gewächsen enthalten, die unsere Stimmung grundlegend beeinflussen können. Diese Alkaloide sind in der Pflanze als Abwehrsystem gegen Pilze und Fraßfeinde tätig.

Inzwischen hat sich herumgesprochen, dass die Nüsse des Muskatnussbaums *(Myristica fragrans)* bei hoher Dosierung auch für Menschen richtig giftig sind. Nach dem Genuss mehrerer Nüsse besteht akute Lebensgefahr. In sehr geringen Mengen genossen, ist Muskatnuss aber durchaus ein Stimmungsaufheller. Unter den von der Äbtissin Hildegard von Bingen (1098–1179) empfohlenen Rezepten findet man gebackene Törtchen aus Weißmehl mit Muskatnuss, Nelke und Zimt, die »die Bitterkeit des Herzens dämpfen« und »den Geist fröhlich machen«.

Die Wirkstoffe der Muskatnuss sind Elemicin und Myristicin, die in der Leber zu Amphetaminen umgewandelt werden und dort auch als MAO-Hemmer wirken. Je nach Menge, in der man Muskatnuss zu sich nimmt, kommt es zu Bewusstseinsveränderungen bis zu Halluzinationen. Elemicin und Myristicin sind auch in Lebkuchen und Cola nachweisbar. Wenn man Nelken zugibt, kommt noch das psychotrope Eugenol dazu, das auch in Lorbeer und Basilikum zu finden ist. Eugenol wird ähnlich umgesetzt wie die Muskatnussdrogen Elemicin und Myristin. Wir können den Mix auch noch mit Anethol aus Anis anreichern, das in seiner Wirkung den anderen erwähnten Drogen gleichgestellt ist. Alle aufgezählten Substanzen wirken in niedrigen Dosen beruhigend und schmerzstillend.

Heute kennt man mehr als zwölftausend Alkaloide, die alle mehr oder weniger berauschend sind und sogar Halluzinationen auslösen können. Dazu gehören außer dem erwähnten Morphium auch Koffein, Nikotin, Theobromin, Ergotamin, Solanin, Strychnin und so weiter. Piperin und Capsaicin aus Pfeffer, Paprika und Chili gehen einen indirekten Weg. Sie aktivieren die Hitzerezeptoren in uns, und als Reaktion schütten wir zwecks Schmerzstillung Endorphine aus, die dann euphorisierend wirken.

Eine ganz besondere Wirkung hat der Glühwein, ein Gebräu aus Wein, Zimt, Nelken und Pfeffer. Die psychotropen Inhalte von Zimt und Nelken sind alkohollöslich, was bedeutet, dass sie zusammen mit Alkohol besonders intensiv ins Blut gehen und so schnell zu vielen Rezeptoren im Körper gelangen. Wenn der Alkohol dann zu Acetaldehyd (Aldehyd des Ethanols) abgebaut wird, geht die Euphorisierung erst richtig los. Denn Acetaldehyd verbindet sich mit biogenen Aminen, die teilweise aus dem Wein kommen und teilweise bereits in unserem Körper auf diesen Verbindungsprozess warten. Acetaldehyd und biogene Amine wie Tryptamin – auch Serotonin gehört dazu – reagieren zu Beta-Carbolinen, Alkaloiden, die dann die oben beschriebene MAO-Hemmung durchführen. Im Endeffekt werden wir enthemmt und fühlen uns überschwänglich glückselig.

Wohl jeder kennt die Verbindung von Zucker und Proteinen, die als Bräunungskruste beim Backen, Braten und Rösten entsteht. Auch bei dieser Reaktion entstehen Beta-Carboline mit opioiden Effekten. Das gegrillte Hähnchen ist sozusagen der Prototyp dafür. Löschen wir es dann noch mit Rot- oder Weißwein oder verspeisen wir es zusammen mit marinierten, leicht sauerlichen Salaten, haben wir die perfekten Bedingungen zur Entstehung von besonders zahlreichen Indolalkaloiden wie die erwähnten Beta-Carboline. Das fast obligatorische Glas Wein als Getränk zum Hähnchen bewirkt einen speziellen Resorptionskick für die Glücksdrogen, die dann besonders zahlreich an unsere Opiatrezeptoren andocken.

Spezielle natürliche Antidepressiva
Zu den natürlichen Motivationsverstärkern und Antidepressiva gehören selbstverständlich auch die eher dafür bekannten Pflanzen:

> *Echtes Johanniskraut (Hypericum perforatum)* ist eine Drogenküche, in der eine Kaskade von Rezeptoren aktiviert wird. Die Flavonoide Isorhamnetin und Rutin erhöhen die extrazelluläre Konzentration von Serotonin im präfrontalen Cortex. Hyperforin bewirkt eine Hemmung der Wiederaufnahme von Serotonin, Dopamin und Noradrenalin in die Präsynapse. Damit bleiben diese entscheidenden Motivationshormone länger tätig. Auch GABA und Glutamat bleiben länger aktiv. Das Hypericum entspricht in seinen Effekten dem synthetischen Antidepressivum Imipramin.

> *Kratom (Mitragyna speciosa)* ist je nach eingenommener Dosis sedierend oder genau das Gegenteil, nämlich euphorisch stimulierend. Achtung, es besteht Suchtgefahr! Deshalb sollte man es nicht öfter als einmal wöchentlich einnehmen.

> *Kakao* enthält Anandamide, die auch im menschlichen Körper vorkommenden Cannabinoiden gleichen.

> *Kolanuss (Cola nitida/Cola acuminata)* mit der Wirksubstanz Koffein beziehungsweise Theobromin sorgt für einen Motivationsschub. Die gleiche Wirkung haben Guarana *(Paullinia cupana)*, Mate *(Ilex paraguariensis)*, Kaffee sowie grüner und schwarzer Tee. Alle müssen niedrig dosiert eingenommen werden, da ansonsten erhöhte Nervosität den Motivationseffekt zunichtemacht.

> *Safran*, gewonnen aus den Narben der Blüten des *Crocus sativus*, wirkt ähnlich wie Hopfen krampflösend, und auch ihm wird eine antidepressive Wirkung zugeschrieben, die schon in uralten Schriften erwähnt ist, etwa von

dem griechischen Arzt Galenos von Pergamon (129–200). Dem Lebensmittelchemiker Udo Pollmer zufolge ist die Wirkung von Safran mit den Inhaltsstoffen Crocin und Safranal vergleichbar mit der Wirkung des Antidepressivums Imipramin (Dürr 2015).

> *Gotu Kola (Centella asiatica, Brahmi)* wächst verbreitet in Südafrika, in China, Indien, Indonesien, Japan, Sri Lanka und auf verschiedenen Inseln im Südpazifik. Gotu Kola ist in der ayurvedischen Medizin und im daoistischen China schon sehr lange dafür bekannt, dass es kognitive Funktionen wie das Erinnerungsvermögen verbessert. Es regeneriert Gehirnzellen und verbessert die Neuronenfunktion. Kinder, die in einem einjährigen Versuch täglich 500 Milligramm Gotu-Kola-Extrakt einnahmen, hatten einen signifikant besseren intellektuellen Status (Appa Rao 1973). Heute sind noch weit mehr Wirkungen von Gotu Kola bekannt. Die Pflanze wird wegen ihrer harmonisierenden Wirkung auf Geist und Körper als Adaptogen eingestuft. Sie wirkt gegen Ängste und gegen das Stressgefühl. In den ayurvedischen Texten wird Gotu Kola als »Kraut der Erleuchtung« bezeichnet. Man will heute erkannt haben, dass es die Verbindung von rechter und linker Gehirnhälfte fördert. Dadurch wird das soziale Umfeld mit mehr Empathie und Wohlwollen betrachtet. Und weil es den Blutkreislauf anregt, die Wundheilung beschleunigt und die Verdauung verbessert, ist es auch ein lebensverlängerndes Mittel. Man kann die Wildpflanze getrocknet oder als Pulver käuflich erwerben und als Tee trinken. Sie schmeckt dann leicht bitter. Im Himalaja und in Indien wird der Tee mit Ghee angereichert, damit der Geschmack milder wird und die Substanzen von Gotu Kola besser resorbiert werden.

> *Phenylethylamin (PEA)* ist ein Neuroamin des Gehirns, das großes Wohlbefinden auslöst. Es ist bei Verliebten

besonders ausgeprägt vorhanden, verzaubert sie geradezu. Auch bei Langstreckenläufern sammelt es sich an.
Aber bei Depressiven gibt es kaum PEA im Gehirn. PEA geht leicht durch die Blut-Hirn-Schranke und steht dem Gehirn schnell zur Verfügung. Dort erhöht es die Motivationshormone Dopamin und Noradrenalin. Es verbessert die Stimmung schneller als die Amphetamine, aber ohne ein Abhängigkeitsgefühl. Nebenwirkung ist eine Steigerung des Blutdrucks (Sabelli et al. 1996).
PEA lindert Depressionen bei etwa 60 Prozent der Fälle, ähnlich wie das in den USA weitverbreitete Medikament Prozac, aber Kontraindikationen und Nebenwirkungen fallen bei PEA weit milder aus. Patienten, die zur Behandlung einer Depression bereits ein Pharmapräparat als Monoaminooxidase-Hemmer nehmen, sollten die Aufnahme von PEA meiden, da die Kombination zu einem starken Blutdruckanstieg und Kopfschmerzen führen kann.
Man kann PEA auch über die Nahrung aufnehmen und verstärkt damit die körpereigene Wirkung. Weithin bekannt ist der geringfügige Gehalt von PEA in Schokolade. Dorthin kommt es natürlich durch den Grundstoff von Schokolade, den Kakao. Je unverfälschter und hochkonzentrierter die Kakaobohneninhalte in der Schokolade Verwendung finden, desto glücklicher macht sie. Die neuerdings immer häufiger angebotene Schokolade mit 96 bis 98 Prozent Kakaogehalt hat geschmacklich kaum noch etwas mit der gewohnten Schokolade zu tun. Sie schmeckt unangenehm bitter und ist als Droge zu bezeichnen, findet ihre Liebhaber aber dennoch, vielleicht, weil sie ein wohliges Gefühl auslöst.
PEA gibt es seit mehr als zwanzig Jahren auch als Nahrungsergänzungsmittel. Es wird aus der blaugrünen Alge *Aphanizomenon flos-aquae* (AFA) extrahiert.

Solange es einem akut notwendig zur Stimmungsverbesserung erscheint, kann man PEA oral in einer Tagesdosis von 3 bis 10 Milligramm einnehmen. Das sollte man allerdings nicht wochenlang tun, weil sich die Rezeptoren für PEA dann zurückziehen. Eine höhere Dosis – was in diesem Fall eine größere Menge über kurze Zeit bedeutet und identisch ist mit einer kleineren Menge über lange Zeit – kann zur Gewöhnung führen.

Der Aufbau der Neurotransmitter für die Tiefenentspannung

Von der Steigerung der Motivation zur Tiefenentspannung gibt es fließende Übergänge. Denn wenn wir uns wohlfühlen, haben wir keine Ängste oder fühlen keinen unangenehmen Druck, wir entspannen. Tiefenentspannung heißt vollständige Muskelrelaxation, was nur mit zentraler Dämpfung funktioniert. Menschen haben sich dabei schon immer von Tranquillanzien helfen lassen. Als Beispiel wurde bereits die Rosenwurz *(Rhodiola)* erwähnt, die schon bei den Wikingern konsumiert worden sein soll. Die Pflanzenstoffe sorgen für die notwendige Reduktion von Gedanken mit Unruhe, Aggressivität und Angst. Dabei stehen die Freisetzung von GABA oder das Andocken an seine Rezeptoren als Agonisten im Mittelpunkt. Es gibt eine ganze Reihe von Pflanzen, die diese Bedingungen mit ihren Wirkstoffen erfüllen. Auch Dopamin- und Serotoninrezeptoren werden dabei bedient.

L-Theanin ist eine Aminosäure, die nicht als Baustein für Proteine dient. Sie wird aus den Blättern des grünen und auch aus den fermentierten Blättern des schwarzen Tees *(Camellia sinensis)* gewonnen. Diese Aminosäure kommt auch im Maronenröhrling *(Xerocomus badius)* vor, einem der wertvollsten Speisepilze. Traditionell wird Theanin verwendet, um Stress und Angstgefühle zu reduzieren. Das funktioniert allerdings nur bei höheren Dosen, weil sich dann durch Theanin die Dopamin-, Serotonin- und GABA-Spiegel erhöhen. Der Blutdruck wird durch die Harmonisierung des vegetativen Nervensystems gesenkt, weil bei hoher Dosierung keine Stimulierung von Noradrenalin stattfindet. Ist die Dosis jedoch gering, wird Serotonin im Gehirn sogar erniedrigt, und gleichzeitig werden die Catecholamine (Dopamin, Noradrenalin, Adrenalin) erhöht. Das führt dann zu einer Erhöhung des Blutdrucks. Berichtet wird auch von einer Reduktion der Fettleibigkeit, Verbesserung der Blutfette und Reduzierung des Krebsrisikos, ohne dass die spezifische Dosierung für diese Effekte genannt wird. Theanin hat sich eher in der Erfahrung und weniger in der Erprobung als eine spezifische Anti-Aging-Aminosäure erwiesen.

In der Volksmedizin gibt es eine Reihe weiterer Pflanzenstoffe, die sowohl als Beruhigungsmittel wie auch als Stimmungsaufheller wirken. Schon im Mittelalter war die beruhigende Wirkung des Hopfens *(Humulus lupulus* oder *Cannabis lupulus)* vor allem in der Klostermedizin bestens bekannt. Hopfen wurde sogar geraucht, was ja heute noch mit der verwandten Hanfpflanze *Cannabis sativa* geschieht. Das beruhigende Alkaloid des Hopfens ist Hopein, das zu den Morphinen gehört. Die Verbindung von Hopfen und Malz in alkoholischer Gärung, die als Bier getrunken wird, hat eine besonders intensive Wirkung. Beim Mälzvorgang entsteht Hordenin, ein Dimethyltyramin, das als mildes Aufputschmittel der Wirkung des Hopfens gegensteuert und dafür sorgt, dass man beim Biertrinken nicht ziemlich schnell einschläft.

Hopfen ist nicht nur ein Bestandteil von Bier, sondern auch ein Phytotherapeutikum. Die Schlingpflanze kommt in ganz Europa vor, in Auwäldern, an Flussufern, Gebüschen und Wegrändern. Die weibliche Blüte erzeugt die Hopfendolde. Die darin enthaltenen Wirkstoffe sind Humulon, Lupolon, Chalkone, Harz, Catechine und ätherische Öle. Durch Abbau im Körper entsteht 2-Methyl-buten-2-ol (Hänsel et al. 1980). In den Blättern findet man Quercetin, Kämpferol, Vitamin C (Ascorbinsäure) und Proanthocyanidine. Bei den Wirkungen steht eine stimmungsaufhellende Beruhigung und Gelassenheit im Vordergrund, aber je nach Dosierung können auch Schmerzen mit Hopfen behandelt werden sowie Blasenerkrankungen und Menstruationssymptome, die sich in Krämpfen äußern. Bei der Ernte der Hopfendolden kann es zu einer Dermatitis, bekannt als »Hopfenpflücker-Krankheit«, und zu Augenentzündungen kommen.

Baldrianpräparate *(Valerianae radix)* haben für diese Mechanismen einer Tiefenentspannung zahlreiche Wirkstoffe: lipophile Valepotriate wie Valtrate, Baldrinale als Abbauprodukte von Valtraten sowie ätherische Öle als Sesquiterpene, Valeranon, Valerenal, Valerensäure und Acetoxyvalerensäure.

Als weitere wirksame Pflanze gilt der Polynesische Rauschpfeffer *(Piper methysticum),* auch »Kava-Kava rhizoma« genannt. Diese Pflanze hat Wirkstoffe wie Kavapyrone (Kawain, Dihydro-Methysticin, Yangonin) mit stark muskelrelaxierender und anxiolytischer Wirkung (Kretschmar 1995).

Eine hypnotisch-sedative Wirkung hat die Passionsblume *(Passiflora incarnata).* Alle Arten der Passionsblume enthalten Flavonoide (Chrysin, Vitexin, Isovitexin, Orientin und Isoorientin) sowie Saponine wie Quadrangulosid (Maluf et al. 1991, Speroni und Minghetti 1988).

Das Flavonoid Chrysin aus *Passiflora caerulea* bindet an GABA-Rezeptoren. Maracujasaft wird aus *Passiflora edulis* gewonnen.

Inhaltsstoffe der Melisse *(Melissa officinalis)* sind Monoterpene wie Citronellal, Citral und Linalool. Auch sie haben beruhigende Wirkungen. Melisse oder Zitronenmelisse wirken am besten in Kombination mit Hopfen, Baldrian und Lavendel, was dann täglich für zwei bis drei Wochen lang eingenommen werden sollte.

Echter Lavendel *(Lavandula angustifolia, Lavandula vera oder Lavandula officinalis)*, auch Schmalblättriger Lavendel: Hier gilt das Gleiche wie bei der Melisse.

Die Ruhe und Unbesorgtheit, die all diese Pflanzen auslösen, werden hauptsächlich durch den hemmenden Neurotransmitter Gamma-Aminobuttersäure (GABA) bewirkt. Dieser wird aus Glutaminsäure synthetisiert und neutralisiert die anregenden Effekte des Glutamats (Salz der Glutaminsäure). Ein hoher GABA-Spiegel und Stress schließen sich gegenseitig aus. Mit zunehmendem Alter nimmt die GABA-Konzentration im Gehirn ab, und chronischer Schmerz zusammen mit Stress lassen die GABA-Werte rapide sinken. Es ist nützlich, GABA-haltige Lebensmittel zu konsumieren. GABA befindet sich in gedämpften Tomaten und Kartoffeln und im gekeimten Reis (in Japan Hatsuga Genmai).

Inzwischen gibt es einen »GABA-Tee«, quasi ein grüner Tee mit Funktion. Dafür wird frisch geernteter Tee mehrere Stunden in einem Edelstahlbehälter mit zugeführtem Stickstoff gelagert. Durch diese Prozedur unter Sauerstoffausschluss wandeln sich einige Aminosäuren aus den Blättern in die Aminosäure GABA um. Schließlich ist die Aminosäure mit 150 bis 400 Milligramm pro 100 Gramm Tee so hoch angereichert, dass ein GABA-haltiges Lebensmittel entstanden ist.

Auf GABA-Rezeptoren wirken auch die Inhaltsstoffe weiterer Pflanzen. Häufig verwendet werden die Wurzeln der Schlafbeere, auch »Ashwagandha« genannt *(Withania somnifera)*, und die bereits genannte Passionsblume *(Passiflora)*.

Ashwagandha aus der Ayurveda-Medizin ist das wohl stärkste Adaptogen mit sehr großer Wirkungsbreite. Es reduziert den Cortisolpegel, senkt den Blutdruck durch verstärkte Bildung von Stickstoffmonoxid, regeneriert Nervenzellen, wirkt antidepressiv, kann den Neurotransmitter Acetylcholin erhöhen und wird deshalb bei Alzheimer-Demenz angewendet. *Es darf nicht von schwangeren Frauen eingenommen werden.*

Zu GABA als Nahrungsergänzungsmittel gibt es viele Studien mit folgenden Ergebnissen: 60 Minuten nach der Einnahme legt sich die Anspannung vollständig. Mit der tiefen Entspannung verschwindet jedes Angstgefühl. Ein durch Stress geschwächtes Immunsystem erholt sich. Schlaf wird gefördert, aber im Gegensatz zu zahlreichen Schlafmitteln ohne die Schläfrigkeit tagsüber. In Verbindung mit Inositol und Nicotinamid wird eine wohltuende Stimmung erzeugt.

3. TEIL:

WIE SIEHT DIE INTERWELT AUS, UND WAS ERWARTET UNS DORT?

Quantenphilosophie des Jenseits-Moduls

» Wenn man wirklich Neuland betreten will,
kann es vorkommen, dass nicht nur neue Inhalte
aufzustellen sind, sondern dass auch die Struktur
des Denkens sich ändern muss, wenn man das
Neue verstehen will.«
WERNER HEISENBERG

DMT- und Nahtod-Erfahrung: Indikatoren des Jenseits-Mechanismus

Wir haben in den bisherigen Kapiteln gelesen, dass die Zirbeldrüse unter dem Einfluss einer ausgeklügelten Hormon-Drogen-Rezeptor-Kaskade eine ganz besondere Wahrnehmung ermöglicht. Wie wir bereits mehrfach angedeutet haben, passiert dies auch bei der sogenannten Nahtod-Erfahrung, im internationalen Gebrauch abgekürzt mit NDE *(near-death experience).*

Es gibt in diesem Bereich längst eine wissenschaftliche Sterbeforschung, die »Thanatologie« genannt wird (vom griechischen *thánatos* für »Tod«). Möglich wurde dieser Wissenschaftszweig unter anderem, nachdem immer häufiger Menschen von Ärzten wiederbelebt wurden, die bereits »klinisch tot« gewesen waren.

Die Erforschung des Phänomens Nahtod-Erfahrung ist so wichtig für uns, weil die elementarsten Eigenschaften unseres Lebens einer Aufklärung nahegebracht werden: Es geht dabei um die Geist-Seele mit Bewusstsein und Unterbewusstsein. Wenn sich die Prozesse, die bei der Nahtod-Erfahrung ablaufen, belastbar verifizieren lassen, dann ändert sich aber nicht nur das derzeitige Paradigma der Psychologie, sondern das der gesamten Medizin. Worum geht es also?

Die Wissenschaftler sind hier gespalten, sie vertreten sozusagen zwei verschiedene Richtungen, den sogenannten Bottom-up- und den Top-down-Ansatz:

1. *»Bottom-up-Ansatz«:* Bewusstsein, Psyche und Geist-Seele sind ein Nebenprodukt der Gehirnzellenaktivität (das ist die Mainstream-Ansicht).
2. *»Top-down-Ansatz«:* Bewusstsein, Psyche und Geist-Seele sind separate Instanzen (Entitäten), die nicht von Gehirnzellen hervorgebracht werden, aber Einfluss auf die Gehirnaktivität nehmen.

Tatsächlich gibt es bis heute keinen Beweis dafür, dass Bewusstsein, Geist und/oder Seele vom Gehirn hervorgebracht werden. Nur der Zusammenhang zwischen Gehirnzellenaktivität und Gedanken ist offensichtlich. Wir haben keine Ahnung, ob und wie Lebewesen Gedanken aus elektrischem Gehirnstrom oder Molekülen erzeugen können. Gedanken und Bewusstsein einer Person können nicht in ein Protein oder irgendein anderes chemisch-physikalisches Molekül und auch nicht in Elektrizität aufgespalten werden. Sam Parnia, Assistenzprofessor für Intensivmedizin und Leiter des Wiederbelebungsteams an der Universitätsklinik von Stony Brook auf Long Island in New York, fragt: Ist das Gehirn eher eine Festplatte eines Computers, die Erinnerungen speichert? Dann dürften bei einem zerstörten Gehirn keine Erinnerungen mehr speicherbar sein. Oder ist es eher ein Arbeitsspeicher (RAM, *random access memory*), der für die Funktionen im Alltagsgeschehen notwendig ist, aber Erinnerungen nicht speichert (Parnia 2013)?

Es gibt jedenfalls eine unbedingte Voraussetzung für die Wiedergabe der Nahtod-Erfahrung, und die betrifft unsere materielle Komponente: Das Gehirn muss so weit wiederhergestellt sein, dass ein Aussprechen oder Aufschreiben der Erinnerungen möglich ist. Ansonsten kann die Umwelt von den individuellen Erlebnissen nach dem Erlöschen sämtlicher Gehirnfunktionen keine Kenntnis bekommen.

Schauen wir uns das Nahtod-Geschehen einmal aus der Sicht der Physiopathologie an:

> Nach circa zwanzig Sekunden Kreislaufstase verliert der Mensch das Bewusstsein. Unser Gehirn hat jetzt die niedrigste Toleranzgrenze erreicht.

> Nach fünf Minuten treten aus den Nervenzellen im Hirn Auflösungsenzyme aus (Lysozym und andere), die irreparable Schäden anrichten.

> Die nun unversorgten Herzzellen halten ungefähr noch weitere fünfzehn bis dreißig Minuten durch und sterben dann ab, ihnen folgen die Zellen von Leber und Lunge.

> Das Lungengewebe beginnt nach ein bis zwei Stunden abzusterben.

> Nach zwei bis vier Stunden setzt die Totenstarre ein, zuerst am Kiefergelenk, nach acht Stunden am ganzen Körper.

> Das letzte Organ, das erst nach ein bis zwei Tagen kapituliert, ist der Magen-Darm-Trakt.

> Nur die Spermien des Mannes schaffen es, bis zu drei Tage lang zu funktionieren.

> In der Hornhaut des Auges lassen sich noch nach sieben Tagen lebendige Zellen finden.

> Mit dem Absterben des Magen-Darm-Trakts und der Fülle seiner Bakterien beginnt die Zersetzung des Körpers.

> Hepatitiserreger leben noch mehrere Tage weiter, Tuberkulosebakterien sogar jahrelang. Das HI-Virus »stirbt« schon nach wenigen Stunden.

Fakt ist: Post mortem gibt es einen mRNA-Anstieg im Gehirn – »Thanatotranscriptom« genannt (als »mRNA [messenger RNA]« oder »Boten-RNA« wird das einzelsträngige RNA-Transkript eines zu einem Gen gehörigen Teilabschnitts der DNA bezeichnet). Bei Menschen mit Leberzirrhose wurde nach dem Tod eine erhöhte mRNA im Gehirn gefunden (Pozhitkov et al. 2016).

Wenn das Gehirn wiederbelebt wurde, erfahren wir von realen Erlebnissen, die von den Betroffenen gemacht wurden, als das Gehirn tot war.

Doch wie können im kurzfristig toten Gehirn reale Wahrnehmungen entstehen? Übermittelte Nahtod-Erfahrungen ergeben immer die gleichen Schilderungen, schon seit Urzeiten. Bereits im Gilgamesch-Epos (2100–600 v. Chr.) wurden Nahtod-Szenen übermittelt, die allen späteren Nahtod-Berichten gleichen:

> »Gilgamesch verließ diese Welt und kroch durch einen dunklen endlosen Tunnel. Schließlich sah er Licht und einen wunderschönen Garten. Die Bäume trugen Perlen und Juwelen, und ein wunderbares Licht sandte über alles seine Strahlen. Gilgamesch wünschte, im Jenseits zu bleiben. Aber der Sonnengott schickte ihn durch den Tunnel zurück in dieses Leben« (DeutschlandRadio Kultur 2014).

Ausführliche Berichte gibt das *Tibetische Totenbuch*. Auch die altägyptischen Priester hatten viel weises Wissen zu diesem Thema und sammelten es als Zeugnis in Wandmalereien (im *Ägyptischen Totenbuch*). Der Tod war für sie das Höchste aller Mysterien, ein »Heraustreten ins Licht«, wie der wirkliche Titel des Totenbuches lautete. Die chinesischen Taoisten sagen wie Meister Lie-Tse: »Der Tod ist die Rückkehr unseres innersten Wesens.«

Pierre-Jean du Monchaux (1733–1766), ein Militärarzt aus Nordfrankreich, unternahm bereits im 18. Jahrhundert den Versuch, einen NDE-Fall aus dem Jahr 1740 »wissenschaftlich« zu erklären, und zwar in seinem Werk *Anecdotes de Médecine* (du Monchaux 1766). Er starb im Alter von 33 Jahren.

Ende der Siebzigerjahre des 20. Jahrhunderts gründeten die Mediziner Raymond A. Moody, John Audette, Michael Sabom und Bruce Greyson sowie weitere Fachleute die Association for the Scientific Study of Near-Death Phenomena. Das Phänomen NDE sollte endgültig auf eine wissenschaftlichere Plattform gestellt werden.

Laut repräsentativen Studien hatten in den vergangenen fünfzig Jahren weltweit 25 Millionen Menschen eine Nahtod-Erfahrung. In Deutschland liegt die Anzahl wohl bei mehr als drei Millionen. Nahtod-Erfahrungen von Kindern werden seit den Achtzigerjahren dokumentiert. Signifikant ist, dass einige der befragten Kinder bereits mit zwei oder drei Jahren Nahtod-Erfahrungen machten, obwohl in bewegten Bildern erst später im Leben geträumt werden kann (Parnia 2013).

Die schweizerisch-amerikanische Psychiaterin Elisabeth Kübler-Ross (1926–2004) veröffentlichte in ihrem Buch *Interviews mit Sterbenden* im Jahr 1969 erstmals Berichte über NDE (Kübler-Ross 2001). Demnach hatten viele Sterbende Ähnliches erfahren. Diese »Standarderfahrungen« bestätigte der Psychiater Raymond A. Moody 1975 im Buch *Leben nach dem Tod* (150 Fallberichte mit NDE; Moody 2001). Auch Forscher wie der niederländische Kardiologe Pim van Lommel sprechen später davon (344 Wiederbelebungen mit 61 NDE). Er ist überzeugt: »Fast jeder Tod ist schön« (van Lommel et al. 2001).

Licht, Engel, Musikklänge, Reisen
Einige Sterbende erzählten von einem grellen Licht, Begegnungen mit anderen Wesen, verstorbenen Verwandten und

Freunden. Manche traten aus ihrem Körper, blieben aber in der physischen Welt neben ihrem Körper, reisten in bekannte Ortschaften oder wurden in anderweitige Realitäten versetzt.

Gerhard Roth, Professor für Verhaltensphysiologie und Neurobiologie, Direktor des Instituts für Hirnforschung der Universität Bremen und promovierter Philosoph (Jahrgang 1942), wurde als 29-Jähriger an einem unbewachten Bahnübergang mit seinem Auto von einem Zug erfasst und 100 Meter mitgeschleift. Dabei hatte er diese Erfahrung: »Ich bewegte mich durch einen Tunnel mit einem hellen Licht am Ende … Und dann war da diese extreme Euphorie. Es ist schon paradox, dass der vielleicht glücklichste Moment meines Lebens jener war, in dem es mir körperlich am schlechtesten ging« (Roth 2003).

Zu einem anderen Ergebnis als einem »schönen Tod« kommt Hubert Knoblauch, Professor für Soziologie an der TU Berlin (Knoblauch 1999). Sein Buch umfasst 2044 Berichte »aus dem Jenseits«. 4 Prozent haben demnach ein NDE (hochgerechnet auf Gesamtdeutschland circa 3,3 Millionen), davon erlebten 60 Prozent der Ostdeutschen und 30 Prozent der Westdeutschen die Hölle. Heute wird immer deutlicher: Die derzeitige generelle Lebenseinstellung mit Bewusstsein und Gedanken, Gefühlen und Erwartungen, die eigene Biografie sind das Maß der späteren NDEs neben den Standarderfahrungen wie Tunnel und Licht (10 bis 20 Prozent). Ein Horrortrip ist möglich, wenn bereits vorher regelmäßig schlechte Gedanken den Menschen beherrscht haben.

Laut Knoblauch variieren die Berichte von Kultur zu Kultur. In Indien reitet man schon mal auf einer Kuh in den Himmel oder wird von den allgegenwärtigen Bürokraten und Buchhaltern des Landes am Zutritt zum Jenseits gehindert. In einigen chinesischen Berichten geht das Hinausgehen aus dem Körper nach unten und nicht nach oben.

Systematische Untersuchungen der NDE wird es aus ethischen Gründen niemals geben: Nahtod-Zustände durch künstlich induzierte Todesnähe verbieten sich. Menschen im Todeskampf dürfen auch keinem Sonderexperiment wie etwa einem Gehirnscan ausgesetzt werden.

Michael Schröter-Kunhardt, Psychiater und Psychotherapeut in Heidelberg, Leiter der deutschen Sektion von IANDA (International Association of Near Death Studies), führt in seiner Abhandlung mit dem Titel »Nah-Todeserfahrung – Grundlage neuer Sinnfindung« eine Statistik der Erlebnisse und Erfahrungen auf: Das Gefühl von Ruhe, Frieden und Wohlbefinden liegt mit 89 Prozent an der Spitze, gefolgt von dem Gefühl von Freude und Glück mit 80 Prozent. Eine Lichtwahrnehmung haben 77 Prozent, und den Eintritt in eine »überirdische«, jenseitige Welt erleben 63 Prozent. Auch die bisherige Realität wird noch von fast der Hälfte aller Nahtoten (48 Prozent) wahrgenommen. Die Begegnung mit Wesen und früher Verstorbenen wird von rund einem Drittel berichtet (Schröter-Kunhardt 2002).

Nahtod-Erfahrungen treten nach wissenschaftlicher Definition irgendwann im Zeitfenster zwischen »klinischem Tod« und Reanimation auf. Der Intensivmediziner Eric Baccino von der Universitätsklinik Montpellier sagt: »Eine biologisch exakte Definition des Todes gibt es nicht.«

Auf dem OP-Tisch liegt ein Organspender, der von den Ärzten bereits vier Stunden zuvor für tot erklärt wurde, aber die aufgezeichneten Werte der Botenstoffe Dopamin und Adrenalin im Gehirn steigen dennoch sprunghaft an – genau in dem Moment, in dem der Arzt die Bauchdecke des Manns mit einem Skalpell öffnet. Ein anderer richtet sich plötzlich auf und verschränkt die Arme (im Video zu sehen). Die Untersuchungen des Mediziners Hans-Joachim Gramm zeigen: Bei zwei von dreißig als hirntot diagnostizierten Organspendern steigen die Werte der Botenstoffe im Gehirn bei der

Organentnahme sprunghaft an, und die Toten zeigen durchaus Lebenszeichen bei der Operation (Gramm 1992). In einigen Ländern, etwa in der Schweiz, ist es daher gesetzlich vorgeschrieben, die toten Organspender während der Operation unter Vollnarkose zu setzen. Eine Erklärung für die kurzfristige Wiederbelebung bestimmter Körperfunktionen gibt es bis jetzt nicht.

In verschiedenen Ländern gelten unterschiedliche Kriterien für den Tod. Eine Definition wurde vom Deutschen Wissenschaftlichen Beirat der Bundesärztekammer im Jahr 1993 vorgelegt:

»Der Organismus ist tot, wenn die Einzelfunktionen seiner Organe und Systeme sowie ihre Wechselbeziehungen unwiderruflich nicht mehr zur übergeordneten Einheit des Lebewesens in seiner funktionellen Gesamtheit zusammengefasst und unwiderruflich nicht mehr von ihr gesteuert werden« (Prien und Hönemann 2003).

Erklärungsversuche für das Unmögliche
Es gibt keine überzeugende Antwort auf die Frage, auf welche Weise zum Beispiel blind Geborene alles, was im Operationssaal während des klinischen Todes passierte, detailliert beschreiben konnten. Immerhin wurde diese Tatsache durch die Umfrage unter mehr als 200 blinden Frauen und Männern bewiesen, die Kenneth Ring in den USA durchgeführt hatte (Ring und Cooper 2011).

Ebenso schwer nachvollziehbar ist es, dass Menschen, die jahre- oder jahrzehntelang im Koma lagen oder unter nahezu vollständiger, irreparabler Gehirnschädigung (auch extremer Demenz) litten, kurz vor ihrem Tod unter Umständen geistig völlig klar sind, ihre alten harmonischen Gesichtszüge zurückgewinnen und an die völlig verblüfften Verwandten oder Familienmitglieder eine letzte Botschaft mit wichtigen persönlichen Informationen richten (Nahm 2012). Die Erklärungen für NDE innerhalb der Mainstream-Wissenschaft halten sich an die »Hypothese vom sterbenden Gehirn«: Akuter Sauerstoffmangel, Kohlendioxidüberschuss, übermäßig ausgeschüttete neurochemische Botenstoffe – das alles bewirkt eine verwirrende Halluzination. Es ist bekannt, dass Kohlendioxid das Säure-Basen-Gleichgewicht im Gehirn verändert, wobei ungewöhnliche Erfahrungen wie helles Licht, Visionen, außerkörperliche Erfahrungen oder selbst mystische Erlebnisse induziert werden (Klemenc-Ketis et al. 2010). Wilfried Kuhn, Professor für Neurologie in Schweinfurt, hält dagegen:

Sauerstoffmangelpatienten sind wahnhaft verändert, delirant, unruhig, zittern, geben keine adäquaten Auskünfte. Das ist aber bei NDE nicht der Fall (Kuhn 2014).

Inzwischen weiß man: Lebensbedrohlichkeit und Gasdifferenzen von Sauerstoff und Kohlendioxid im Gehirn sind kein notwendiges Kriterium für NDE. Das Phänomen entsteht durch – auf den ersten Blick – ganz unterschiedliche Anlässe:

> den klinischen Tod,
> einen unmittelbar drohenden Unfall (van Lommel 2001),
> eine schwere Krankheit (ebenda),
> Epilepsie,
> die komplizierte Geburt eines Kindes,
> schwere Depression und existenzielle Krise (ebenda),
> Hyperventilation (Willmann 1999).

Aber eben auch durch tiefe Meditation und luzide Träume – beides ist wissenschaftlich belegt. Auch ohne Nahtod-Situation

> verlassen Personen ihren Körper,
> sehen sich selbst und ihre Angehörigen,
> beobachten das Geschehen unter sich,

> gleiten in die »andere Welt«, um dort fremdartige Umge-
bungen, Lichter oder Musik wahrzunehmen, und
> begegnen sogar bereits verstorbenen Angehörigen.

Kampfpiloten im Training können von ähnlichen Dingen berichten. Die Piloten werden während ihrer Trainingseinheiten
in Beschleunigungszentrifugen oft ohnmächtig. Während dieser Bewusstlosigkeit erleben sie vergleichbare Phänomene wie
klinisch Tote: Manche sehen ein helles Licht am Ende eines
Tunnels, sie verlassen ihren Körper, fühlen sich sehr glücklich
oder treffen Bekannte wieder. Die Erklärung für die Phänomene steht noch aus. Meine Vermutung ist eine starke mechanische Anregung der Zirbeldrüse innerhalb einer in Bewegung
gesetzten Gehirnflüssigkeit des dritten Ventrikels. Der Effekt
ist die übermäßige DMT-Bildung, die die Gehirnnetzwerke
verändert. Und wie bei LSD kann DMT die Trennung der beiden Netzwerke, die später noch detailliert beschrieben werden, aufheben und zusammenarbeiten lassen.

Eine Fallstudie des Schweizer Neurologen Olaf Blanke
macht einen weiteren Mechanismus deutlich (Blanke et al.
2014): Anlässlich eines chirurgischen Eingriffs an einer Epi-
lepsiepatientin hat die elektrische Anregung einer Hirnregion
im rechten Scheitellappen dazu geführt, dass sie sich von der
Zimmerdecke her im Bett liegen sah. Diverse Drogen oder
Medikamente wie das Narkosemittel Ketamin können außerkörperliche Erfahrungen und Euphorie ebenfalls auslösen.

Also – alles nur Halluzinationen? Als Halluzination wird
es bezeichnet, wenn die betreffende Person etwas sieht, hört,
fühlt oder riecht, was gar nicht vorhanden ist, aber dennoch
felsenfest an die Realität ihrer Wahrnehmung glaubt. Demnach wären Träume Halluzinationen, denn im Traum kann
kein Mensch merken, dass dies nicht die Alltagswirklichkeit
ist. Anders verhält es sich im luziden Traum, der schon eher
die NDE widerspiegelt.

Walter van Laack, Professor für Medizintechnik und Orthopädie in Aachen, ist überzeugt: »Es geht weiter nach dem Tod.« Zu dieser Überzeugung gelangte er aufgrund der Ergebnisse seiner Studie an 617 Patienten (van Laack 2017):

> Drei Viertel der Teilnehmer (76 Prozent) berichteten über Gefühle von Liebe, Freude und Frieden.
> 57 Prozent erzählten, dass sie von jemandem begrüßt wurden, meist einem Verstorbenen und oft jemandem, den man gar nicht gekannt hat, zum Beispiel einem Großelternteil.
> 47 Prozent gaben an, den Körper verlassen zu haben.
> Den gern zitierten »Rückblick aufs Leben« schilderten dagegen nur 14 Prozent.
> Praktisch alle Befragten verloren durch die Erfahrung die Angst vor dem Tod.

Aufsehen erregte der Fallbericht über Alois Serwaty, weil er als glaubhaft eingestuft wurde. Der studierte Bauingenieur war Berufsoffizier bei der Bundeswehr und ist seit 2005 Major a. D. Er weiß aus eigener Erfahrung: »Du stirbst nicht. Es gibt den Tod nicht.« Während einer Operation, bei der es zu Komplikationen kommt, macht er eine außerkörperliche Erfahrung, »sieht« sich auf dem OP-Tisch liegen und kommt schließlich zu dem Schluss, dass er weiterlebe, in welcher Form auch immer.

Dass man eigentlich nicht stirbt, wie es bei Alois Serwaty anklingt, beschreibt schon die Bibel (1. Kor 15):

> »Es wird gesät ein natürlicher Leib und wird auferstehen ein geistiger Leib« (44).
> »Siehe, ich sage euch ein Geheimnis: Wir werden nicht entschlafen, wir werden aber alle verwandelt werden, und das plötzlich, in einem Augenblick« (51 f.).
> »Tod, wo ist dein Sieg? Tod, wo ist dein Stachel?« (55).

Können Menschen während eines EEG-Stillstands tatsächlich ihre reale Umgebung scannen? Skeptiker sagen, dass der außergewöhnliche Bewusstseinszustand nicht dann auftritt, wenn das Gehirn komatös oder klinisch tot ist, sondern kurz vorher. Diese Spekulation der Skeptiker wäre erledigt, wenn hieb- und stichfest die Erinnerung vom »Toten« an Detailbeobachtungen zu der Phase der eindeutigen Hirntod-Zustandsmessung kausal korreliert werden könnte. Das ist bisher – allgemein wissenschaftlich anerkannt – tatsächlich (nur) einmal zweifelsfrei in der Studie AWARE gelungen.

Das Kürzel AWARE steht für »AWAreness during REsuscitation« (»Wahrnehmung während der Wiederbelebung oder Reanimation«). Mediziner, Neurowissenschaftler und Psychologen untersuchten mit strengen wissenschaftlichen Standards Herzpatienten aus insgesamt fünfzehn Kliniken in Großbritannien, den USA und Australien über einen Zeitraum von fünf Jahren. Die Ergebnisse sind im Fachjournal *Resuscitation* veröffentlicht, auch online verfügbar (Parnia et al. 2014).

Was wurde gemacht?

> 2060 Patienten mit Herzstillstand wurden ausgewählt.
> 330 von ihnen überlebten.
> 140 Patienten wurden in die Studie aufgenommen.
> 101 Patienten kamen nach Befragungen für die Beurteilung eines Nahtod-Erlebnisses infrage.
> 46 Prozent von ihnen erinnerten sich an Gedanken und Gefühle in dieser Zeit: Angst, Tiere oder Pflanzen, helles Licht, Gewalt oder Verfolgung, Déjà-vu, Familie. Sie erinnerten sich auch an Ereignisse nach dem Herzstillstand; an Ereignisse aus der Zeit ihres Herzstillstands konnten sie sich nicht erinnern.
> 9 Prozent berichteten von einer typischen Nahtod-Erfahrung.

> 2 Prozent beschrieben den Eindruck, tatsächliche Ereignisse aus der Zeit ihres klinischen Todes gesehen oder gehört zu haben. Einer starb.

> Ein einziger Fall, ein 57-jähriger Sozialarbeiter, war zweifelsfrei beweiskräftig: Bewusstsein und Wahrnehmung des Patienten traten während einer dreiminütigen Periode ohne Herzschlag auf. Das Gehirn stellte typischerweise innerhalb von zwanzig bis dreißig Sekunden nach Beginn des Herzstillstands seine Funktionen ein. Innerhalb dieser drei Minuten des klinischen Todes hatte der Patient reale visuelle Wahrnehmungen, an die er sich später nach der Reanimation erinnerte und deren Inhalt vom Wissenschaftsteam bestätigt wurde.

Was erlebte der Patient? Der Mann schwebte an der Decke und beobachtete bis zu drei Minuten nach dem Herzstillstand das medizinische Personal bei der Wiederbelebung: Eingeschlossen waren die verbale Kommunikation der anwesenden Mediziner und das Aussehen des operierenden kahlköpfigen Arztes aus der Draufsicht. Er hörte zwei Pieptöne einer Maschine, die Geräusche in einem Drei-Minuten-Intervall macht. Außerdem hörte er eine Computerstimme, die immer wieder befahl: »Shock the patient, shock the patient.« Sam Parnia glich diese Aussagen mit dem Wiederbelebungsprotokoll des Krankenhauses ab und fand heraus, dass die Maschine tatsächlich existierte und ein automatisches Notfallprogramm angesprungen war, das den Ärzten Anweisungen erteilt hatte. Der Sauerstoffpartialdruck im Gehirn war über die kritische Grenze abgesunken, und das EEG war längst erloschen. Der Patient fühlte sich unbeschwert und zufrieden.

Folgendes Zitat stammt von dem ehemaligen Oberhaupt der katholischen Kirche, Papst Johannes Paul II. (1920–2005):

»Es herrschen ganz besondere Bedingungen nach dem natürlichen Tod. Es handelt sich um eine Übergangsphase, in welcher der Körper sich auflöst und das Weiterleben eines spirituellen Elements beginnt. Dieses Element ist ausgestattet mit einem eigenen Bewusstsein und einem eigenen Willen, und zwar so, dass der Mensch existiert, obwohl er keinen Körper mehr besitzt«
(Holzbauer 1999).

Erstaunlich ist immer wieder die Gleichartigkeit der Erlebnisse von Nahtoten. Nahtod-Erlebnisse sind meistens verbunden mit *Out-of-body*-Ereignissen. Pim van Lommel hat sich die Geschehnisse über die Zeitachse genau angesehen (van Lommel et al. 2001). Der Patient bekommt einen Herzstillstand. Der Blutfluss im Körper stoppt. Das Gehirn reagiert in den ersten 6,5 Sekunden noch nicht auf die Unterbrechung der Versorgung und lebt von seinen Sauerstoffreserven. Dann kommt es zu Sauerstoffmangelsymptomen. Die Energie reicht nicht mehr für die Funktion der Nervenzellen aus. Mehr und mehr verflacht das elektrische Summenfeld der Nervenaktivitäten (EEG). Wenn nun innerhalb eines Zeitrahmens von durchschnittlich 37 Sekunden das Herz wieder zum Pumpen gebracht wird, kehrt das EEG zu normaler Form zurück, obwohl der Patient noch unbewusst bleibt.

Genau in diesem Zeitbereich vor der Wiederherstellung tritt die Erfahrung eines Nahtod-Erlebnisses auf. Das Wichtigste bei dem ganzen Geschehen ist, dass dieses nach der Reanimation oft erinnert werden kann. Das aber bedeutet, dass während des gesamten Nahtod-Erlebnisses ohne jedes Lebenszeichen des Körpers, also bei einem Nulllinien-EEG, die Abspeicherung der Einzelheiten des Erlebnisses irgendwo stattgefunden haben muss und dass diese Abspeicherung auch wieder von einem Bewusstsein abgerufen werden kann. Das aber würde bedeuten – wenn wir das allgemein anerkannte

Lehrwissen von Medizinern, also unser heutiges Mainstream-wissen, zugrunde legen –, dass Teile des Gehirns auch bei Energielosigkeit von Nervenzellen noch irgendwie tätig sein können.

Tatsächlich gibt es auch bei Unterbrechung des Blutflusses noch ein Austauschmedium im Gehirn, das sogar die Hormone und Drogen der Zirbeldrüse weiterführt, es ist die Spinalflüssigkeit des Ventrikelkammersystems. Die Strömung der Spinalflüssigkeit ist zwar auch auf Pulsationen angewiesen, aber Thalamus und Zirbeldrüse sind enge Nachbarn, und die DMT-Signale der Zirbeldrüse können in kürzester Zeit direkt zum Thalamus diffundieren. Das heißt aber nicht, dass das Neuronennetzwerk für die Abspeicherung noch ausreichend mit Energie versorgt wird.

Im Prinzip lohnt es gar nicht, diesen Weg der versteckten Zellversorgung als Erklärung der NDE weiterzuverfolgen. Denn die Berichte über die NDE gleichen den Erlebnissen, die unter DMT-Einfluss erlebt werden. Und die finden bei einem vollkommen physiologisch gesunden und einwandfrei funktionierenden Gehirn statt. Man kann deshalb annehmen, dass die Mechanismen der DMT-Erfahrung weitgehend identisch sind mit denen der NDE. Für beide existiert ein und dasselbe Prinzip: Im DMT-Einfluss werden Teile des Neocortex ausgeschaltet, die im Alltag als Zensor arbeiten. Während der NDE ist das gesamte Gehirn einschließlich Zensor ausgeschaltet.

Wir haben bereits beschrieben, welche Mechanismen sich die Evolution ausgedacht hat, um uns Menschen zeitweise in eine andere Welt als die materiebehaftete Alltagswelt zu führen. Es ging um die körpereigenen Drogen DMT zusammen mit Pinolin, die uns dabei helfen.

Die Frage, die sich nun stellt, ist: Wie schaffen diese Drogen es, uns bewusst die Interwelt erleben zu lassen? Dies geschieht ja mit allen Sinnen. Denken Sie an den Traum. Wir hören, wir fühlen, wir sprechen, wir laufen, manchmal riechen wir auch; aber die üblichen Überträger von Kräften für unsere Sinne, die elektromagnetischen Kräfte, sind nicht vorhanden. Das ist schwer verständlich? Dann stelle ich die Frage: Wo ist der akustische Wandler, wenn wir im Traum hören? Wo ist die Landschaft, durch die wir gehen, wo ist der Autounfall, den wir hautnah erleben?

Es sind alles Ereignisse unserer geistig-seelischen Erinnerung. Aber wo sind diese Erinnerungen, und warum können wir im Traum, in Hypnose, in Trance, im Nahtod vollkommen Neues erleben und erfahren?

Unter Würdigung aller bisherigen Ergebnisse drängt sich mir ein Verdacht auf: Kann es sein, dass unsere Sinne weiter funktionsfähig sind – und zwar als reine »Software«? Auch im Computer können wir durch reine Software alle Konstruktionen zur Funktion bringen. Das ist ja geradezu die Grundlage der Mechatronik (Mechanical Engineering, Electronic Engineering). Jede neue Maschine, jede Bauarchitektur, viele Neuentdeckungen der Genetik, der Mikrobiologie, der Chemie werden erst einmal mithilfe eines Softwareprogramms, also virtuell, auf Funktionalität und Belastung erprobt. Dies ohne jede reale materielle Komponente als Virtualitätskonstrukt.

Wir haben in diesem Buch immer wieder betont, dass in der Interwelt Wissen verborgen ist, das wir uns zu eigen machen können. Jede Entdeckung ist bekanntlich ein »Ent-decken« von etwas, was bereits vorhanden ist. Wir müssen nur die Decke abziehen. Wenn aber Entdeckungen bereits vorhanden sind, dann müssen die unentdeckten Geschehnisse, Formen und Bilder vor ihrer Entdeckung bereits als Informationskomplexe vorliegen, abgespeichert irgendwo und irgendwie vielleicht in einem Feld, wie die Physik Phasen mit besonderen Eigenschaften nennt. Die große Frage ist nun: Wo ist dieses Feld, und wie können wir diese Information nicht nur durch Traum, sondern bewusst und beliebig abrufen?

Die Antwort liegt für mich zweifelsfrei in den Abläufen der Quantenphilosophie.

Wenn wir diese massefreie, rein geistige Informationswelt bewusst aufsuchen, dann sind wir auch nicht mehr durch die physikalischen Gesetzmäßigkeiten der Massen behindert. Alle Gedanken können ohne jedes Hindernis sofort umgesetzt werden. Vorstellungen, Erwartungen als Software finden sofort die angestrebten Informationskomplexe. Jede Konstruktion mit ihrer Funktion, jedes Wesen kann abgerufen werden. Genau so berichten es die ehemaligen Nahtoten.

Kommen wir auf die Frage zurück: Wie schaffen die körpereigenen Drogen wie DMT und Pinolin es, diese Interwelt zu präsentieren? Es ist eben nicht so, dass diese Drogen selbst die Kraft haben, uns in die Interwelt zu führen – wie denn auch? Sondern sie verändern die Gehirnstrukturen so, dass unser Zensor und unser Autopilot als wirkungsvolles Hemmnis uns nicht mehr in unserem Alltagskäfig einschließen können. Wir werden durch diese körpereigenen Drogen von Zwängen befreit, und unser unterdrücktes Bewusstsein, nämlich unser Unterbewusstsein mit Motivation, kann im Ursprung erkannt werden als universell vorhandenes Bewusstsein mit dem universell vorhandenen Willen, als Diener unseres Selbst. Es ist der Bereich, der zwar dauernd auch in unserem Alltagserleben mitschwingt, der aber nicht bewusst dirigiert werden kann. Es ist der Bereich des Unbewussten, des Informationsspeichers, der nicht nur vom Geist verwendet wird, sondern auch von dem, was wir »Seele« nennen.

Gibt es irgendwelche plausiblen Hinweise darauf, dass dieses unser Leben tatsächlich weit mehr bietet als das, was wir täglich abrufen? Schauen wir uns mein Modell der Quantenphilosophie nochmals an, ich habe es ja bereits in mehreren Büchern beschrieben, aktualisieren es infolge neuester Ergebnisse und fällen dann aufgrund der Plausibilität unser Urteil.

Als Präambel hatten wir bereits vorgegeben: Wenn wir unser Leben nicht in Selbstverständlichkeiten, Gewohnheiten und Routine verschwenden wollen, lohnt es, die enormen Möglichkeiten herauszufinden, die ein Menschenleben impliziert.

Mein plausibles Postulat dazu: Organismen – auch der Mensch – sind materielle Raum-Zeit-Konstruktionen, dies aufgrund quantenphysikalischer Gesetzmäßigkeiten. Diese Konstruktionen »schwimmen« in einem Meer von Wahrscheinlichkeiten aus virtueller Energie und potenzieller Information (identisch mit der in der Physik bekannten Dunklen Energie und Dunklen Materie) und schalten Realität, dies aufgrund quantenphilosophischer Gesetzmäßigkeiten.

Warum Quantenphilosophie?

> *»Wissenschaft ohne Religion ist wie ein Lahmer;*
> *Religion ohne Wissenschaft ist wie ein Blinder.«*
> ALBERT EINSTEIN

Quantenphysik ist für Leben verantwortlich – diese Tatsache ist in der Wissenschaft, in der verantwortlichen Politik und in der allgemeinen Öffentlichkeit weitgehend unbeachtet. Der renommierte österreichische Quantenphysiker Anton Zeilinger sagte, was eigentlich jedem bewusst sein müsste: »Erst durch Quantenphysik ist Chemie möglich, und erst durch Chemie sind wir möglich« (Zeilinger 2005). Weiter: »Quantenphysik ist eine Wissenschaft der Information« (ebenda). »Information ist die fundamentale Währung der Physik«, schrieb Carl Friedrich von Weizsäcker (1912–2007; von Weizsäcker 1971). »Information ist die Grundlage alles Seienden«, heißt es bei Thomas und Brigitte Görnitz (Görnitz und Görnitz 2008).

Und nach dem überragenden US-amerikanischen Quantenphysiker John Archibald Wheeler (1911–2008) ist alles im Universum Quantenphysik (Wheeler 1989, Wheeler et al. 1973). Der ganze Kosmos besteht aus Quantenfeldern von Informationen.

Wie kann Information definiert werden für den Menschen im »Geistfeld«? Es ist, wie gesagt, sinnlos, von Information zu sprechen, ohne dass diese als solche erkannt wurde und ohne dass sich diese auf etwas bezieht. Information ist Festlegung eines energetisch wirkenden Musters aus dem Rauschen heraus durch Geben von Sinn und Bedeutung, also durch zielgerichtetes Verstehen der Information. Sie entspricht codierter Energie, die auf Frage gelesen und verstanden wird.

Information ist ein geistiges Prinzip mit physikalischer Grundlage. Das grundlegendste Element an Information ist die Alternative: ja/nein (schlecht/gut) = 1 Bit. Energie kann nur wirken, wenn sie von einer Zielstruktur erkannt und resorbiert wird. Information kann nur wirken, wenn sie von einer Zielstruktur verstanden und mit »Sinn und Bedeutung« versehen wird.

Alles, was wir haben, ist Information, die wir über entsprechende Kanäle abrufen, ausgehend von:

> unseren Sinneseindrücken,
> Gefühlen, die sich zur Bewertung einer Situation einstellen,
> intellektuell bearbeiteten Antworten auf Fragen, die wir stellen, und von
> der Interpretation und dem Geben von Sinn und Bedeutung.

Die Wirklichkeit konstruieren wir erst danach, abgeleitet von diesen so erhaltenen Informationen. Unsere Welt einschließ-

lich der Natur entsteht letztlich durch unser geistiges Konstrukt aufgrund unserer Eindrücke durch zufließende Information. Auf diese Weise sind wir keinesfalls separiert von der
Natur und von einem Forschungsobjekt, sondern wir erschaffen die Natur – auch unser Leben – durch unsere geistige Aktivität des Bewusstseins und Unterbewusstseins.

Dazu muss der Inhalt einer Information ausgelesen werden
können: Wir geben Sinn, Bedeutung und Ziel. Dies ist im
Prinzip ein geistiger Prozess. Wenn wir gesendete Information
als codierte Energie ansehen, dann setzt der Informationsempfang Decodierung voraus.

Tatsächlich sind alle naturwissenschaftlichen Disziplinen,
auch Mikrobiologie, Biologie und Genetik, daraus abgeleitet.
Sogar die Medizin ist grundlegend quantenphysikalisch und
informationsvermittelnd. Unser Leben und das aller anderen
Lebewesen wird von einer übergeordneten gewaltigen Intelligenz konstruiert und gesteuert. Beispiel dafür sind die Evolution, die Ontogenese, das Vermögen geistig-seelischer Prozesse – das aber heißt, wir sind Teilhaber dieser Intelligenz.

Intelligenz ist – laut meiner Definition – die zielgerichtete
Verarbeitung von Information. Unser Geist erkennt Informa-
tion und verarbeitet sie zielgerichtet nach Aufforderung durch
Wille (bewusst) und Motivation (unbewusst). Geist ist ein
Diener des Menschenwesens mit den Werkzeugen »Bewusst-
heit« und Wille sowie Motivation als Wille des Unbewussten.
Es gibt (wie bei der Energie) destruktive und konstruktive In-
formation. Sie liegen andauernd im Kampf miteinander. Jede
Therapie ist mit diesem Problem konfrontiert.

Bereits wenn wir die alltägliche Materiewelt beeinflussen,
geht es in einer untersten Stufe um Information, erstens als
Folge elementarer Eigenschaften verschiedener Teilchen wie
elektrische Ladungen und Feld, Spin mit Magnetfeld, Masse,
Ort, Impuls und anderem und zweitens als Folge des Verhaltens der Teilchen individuell und im Kollektiv.

Die Quantenphysik zeigt uns nun die Grenzen einer »realistischen« Weltanschauung auf. Zeilinger schreibt im Vorwort zu seinem Buch *Einsteins Schleier:* »Viele der Dinge, die wir als vernünftig annehmen, oder wie sich die Welt eben vernünftig verhalten sollte, werden durch die Quantenphysik außer Kraft gesetzt« (Zeilinger 2005). Die Quantenwelt widerspricht der klassischen Physik durch folgende Erkenntnisse, die wir als Stichworte kurz erwähnen wollen:

> *Unschärferelation (kein Messproblem, sondern inhärent)*: In der Quantenwelt kann von einem Objekt nie Information über mehrere verschiedene Eigenschaften gleichzeitig abgerufen werden, zum Beispiel kann von einem Elektron entweder nur der Ort oder nur die Geschwindigkeit bestimmt werden, niemals aber beides gleichzeitig. Ist der Ort unbestimmt, befindet sich das Elektron als Wahrscheinlichkeit, als Möglichkeit überall gleichzeitig. Beim Größerwerden der Objekte verlieren die Unschärfeaussagen immer mehr an Einfluss, und schließlich erkennen wir scheinbar kausale Vorgänge, die aber nicht der Quantenwirklichkeit entsprechen (Preuß 1997).
> Es handelt sich bei unserer kausalen Wahrnehmung um eine ordnende Spielregel in der Alltagswelt (Täuschung, *Maya*). Gesundheit und Krankheit entstehen aber an strategisch wichtigen Weichenstellungen, die Quantencharakter, also Wirklichkeitscharakter, haben.

> *Superposition und Nichtlokalität*: Das Wahrscheinlichkeitsfeld oder »Meer aller Möglichkeiten« wird mathematisch-physikalisch als eine kohärente Überlagerung aller Möglichkeiten angesehen. Die kohärente Superposition ist im ganzen Universum ausgebreitet, und zwar in der Phase des Quantenvakuums. Erst durch die Messung beziehungsweise Beobachtung (»Be-ob-Achtung«) kristallisiert sich *eine* der Möglichkeiten her-

aus, und somit entsteht in diesem Augenblick *eine* Eigenschaft.

> *Kohärenz*: Alle Teilchen einer Sorte zeigen im Kollektiv sklavisch exakt dieselbe Eigenschaft. Je größer die Menge kohärenter Teilchen, desto größer die Kraft an Massen, zum Beispiel der Lichtdruck bei Lasern, das Magnetfeld bei Spin-Ausrichtung. Auch Bewusstsein zeigt sich im Alltagsgebrauch erst bei ausreichender Kohärenz der elektrischen Gehirnaktivitäten.

> *Quantenverschränkung ermöglicht Teleportation*: Im Jahr 1995 konnte Anton Zeilinger Quantensysteme hier am Ort verschwinden und einige Meter entfernt wieder auftauchen lassen; 2007 gelang dies über 143 Kilometer Entfernung zwischen den Inseln La Palma und Teneriffa (Ma et al. 2012). Quantensysteme, die aus einer Quelle stammen, zeigen einen Zusammenhang auch in ihrem Verhalten unabhängig von ihrer Entfernung. Wird eines dieser Quantensysteme irgendwie beeinflusst, dann reagieren alle anderen unmittelbar ebenfalls, selbst dann, wenn sie in verschiedenen Galaxien sind.
Die Quantenphysik entspricht nicht mehr dem »gesunden Menschenverstand«, deshalb wird sie nicht in unser Vernunftdenken integriert. Sie ist akausal – das heißt, die Ordnungsfaktoren Raum und Zeit spielen teilweise keine Rolle – oder nichtlinear. Raum und Zeit sind an das Quantenteilchen gebunden und veränderbar. Zum Beispiel entsteht ein Ereignis schneller, als die Lichtgeschwindigkeit es zulässt, oder es passieren *Time-reversed*-Effekte: zurück in die Vergangenheit.

> *Beobachtereffekt*: Die Wahrscheinlichkeitsfunktion kollabiert, wenn von einem Energieteilchen Information in ein »Bewusstsein« gelangt, also erkannt und abgerufen wird. Dadurch werden Eigenschaften erschaffen beziehungsweise geschöpft. Die abgerufene Eigenschaft ist nun zur Wir-

kung befähigt, was nur über Quanten möglich ist. Alle Quantenphänomene sind undefiniert bis zu dem Moment, wo sie irgendwie von einem bewussten Wesen »gemessen« werden (Energie- und Informationsaustausch). Die Teilchenbildung ist somit von einem geistigen Prinzip abhängig (so die bereits mehrfach erwähnte »Kopenhagener Deutung« durch Bohr und Heisenberg).

Informative Resonanz ist eine weitere Form der Messung in diesem Sinn. Quantensysteme haben vor der Messung/Beobachtung keine festen Eigenschaften. Sie sind nur virtuelle Teilchen aus Wahrscheinlichkeiten einer Wellenfunktion. Kein Quantenteilchen besitzt zum Beispiel einen Spin, bevor es gemessen wird.

Materie ist abhängig von Information. Information kann nur durch Erkennen Information sein. Materie ist abhängig vom Erkennen. Ohne Zuordnung von Eigenschaften existiert nichts in Raum und Zeit. Erst Elektronen, denen Sinn und Bedeutung, also Funktion, zukommen, outen sich als Quelle von Ladung und Information für Kraft und Zeit. Die Wellenfunktion der Elektroneneigenschaft kollabiert dabei. Kollaps der Wellenfunktion ist der Übergang vom Potenziellen zum Wirklichen.

Der britische Physiker Paul Davies sagte: »Die Lehre der Quantenphysik ist, dass Materie eine konkrete, gut abgegrenzte Existenz allein in Verbindung mit dem Geist erlangen kann« (Davies 1987).

Johannes Kofler vom Max-Planck-Institut für Quantenoptik (MPQ), Garching, sagte: »In der Quantenwelt sind die Eigenschaften eines Teilchens erst bei seiner Messung festgelegt … Wir leben in der Tat in einer Welt, in der physikalische Eigenschaften unter bestimmten Bedingungen nicht unabhängig von ihrer Beobachtung existieren … Der lokale Realismus der klassischen Welt ist ein für alle Mal widerlegt« (Giustina et al. 2013). Nach Niels

Bohr ist eine Erscheinung nur dann eine Erscheinung, wenn sie eine beobachtete Erscheinung ist. Und John Wheeler ergänzt, dass ein Beobachter jemand ist, der am Entstehen des Sinns beteilig ist.

Mystische Quantenphilosophie

> *Der wichtigste Unterschied von der klassischen Theorie besteht darin, dass bei der Beobachtung irgendeiner physikalischen Größe die Störung wesentlich in Betracht gezogen werden muss, die das zur Beobachtung ausgeführte Experiment am zu messenden System hervorruft.*
>
> WERNER HEISENBERG

Was macht die Quanten-Entität, bevor sie beobachtet und damit real geworden ist? Laut neuer Physik und experimentell vielfältig bewiesen: Die »unbeobachtete« Entität existiert in einer kohärenten Überlagerung aller möglichen Zustände, die durch Wellenfunktionen erlaubt werden (Schrödinger 1926). Aber in dem Augenblick, in dem eine Messung, analog eine Beobachtung, durchgeführt wird, kollabiert die Wellenfunktion mit den vielen Zustandswahrscheinlichkeiten, und das System ist gezwungen, einen einzigen Zustand anzunehmen. Das System ist in die Realität geschaltet worden. »Sein ist Wahrgenommensein«, sagte bereits der anglikanische Theologe George Berkeley (1685–1753).

Nicht nur Wellenfunktionen der Energie, sondern auch Wellenfunktionen der Information (Qubits) können kollabieren (Dekohärenz). Damit wird Information in einen »klassischen Zustand« versetzt, also aus dem Meer der Möglichkeiten werden definierte Entitäten mit »Sinn und Bedeutung«, zum Beispiel Gefühlsqualitäten. Superposition, die von der Umgebung isoliert ist, bleibt in diesem Stadium, bis ein bewusster, fühlender Beobachter auftritt. Experimente haben erstaunlicherweise ergeben: Wenn eine Maschine Quantensysteme misst, bleiben die Ergebnisse so lange in einer Superposition, bis ein bewusster Mensch die Messung der Maschine beobachtet. Bewusstsein und Unterbewusstsein lässt die Wellenfunktion kollabieren. Der Geist *(mind)* kreiert Realität. Der amerikanische Physiker Hugh Everett (1930–1982), der für seine Viele-Welten-Interpretation der Quantenmechanik bekannt geworden war, folgerte: Jeder Kollaps kreiert eine andere Welt, sodass eine unendliche Anzahl von parallelen Universen existieren müssen (Everett III 1957).

Fassen wir das Phänomen Beobachtereffekt zusammen: Die Wahrscheinlichkeitsfunktion kollabiert, wenn von einem Energieteilchen Information in ein »Bewusstsein« gelangt, also erkannt und abgerufen wird. Dadurch werden Eigenschaften erschaffen beziehungsweise geschöpft: Das wiederum passiert durch das Geben von Sinn und Bedeutung. Die abgerufene Eigenschaft ist nun zur Wirkung befähigt, was nur über Quanten möglich ist.

Bereits diese Beispiele lassen möglich erscheinen, dass es eine Geist-Seele-Institution als eigenständige Entität gibt, die Information selbstständig generieren und zielgerichtet absenden kann.

Die Gestaltung der Realität

Geist-Seele mit Bewusstsein/Unterbewusstsein ist für jeden von uns also der entscheidende Realitätsschalter – eine pure subjektive Angelegenheit. Und schon stecken wir in einem großen Problem, denn es kann laut dieser Erfahrung und Erkenntnis offensichtlich keine Wissenschaft geben, die vollkommen objektiv ist. Denn natürlich setzt auch Wissenschaft den subjektiven interpretierenden Geist voraus und kann ohne ihn nicht existieren. Da aber Geist-Seele und Bewusstsein/Unterbewusstsein an sich nicht ohne Weiteres messbar und dementsprechend wissenschaftlich nicht bewiesen ist, werden diese »unwissenschaftlichen Instrumente« besser stillgeschwiegen und außer Acht gelassen.

Auf den Punkt gebracht heißt das: Wissenschaft wird betrieben mit wissenschaftlich unbewiesenen Instrumenten. Ein Dilemma – und schnell müssen »Spielregeln« aufgesetzt werden, die notwendigerweise Scharlatanen Tor und Tür verschließen: »Es gibt nur objektive Wissenschaft.« Leider durchschauen viele Vertreter der Wissenschaft dieses Spiel nicht und machen aus den Regeln ein Dogma, nennen sich dann oft Skeptiker.

Die Folgen dieser Missachtung sind gravierend: »Alle Weltbilder sind falsch, weil sie unterstellen, dass es eine Welt gibt, auf die wir von außen blicken«, wie Markus Gabriel, Inhaber des Lehrstuhls für Erkenntnistheorie und Philosophie der Neuzeit an der Universität Bonn, sagt (Leick 2013).

Realität – so die Wissenschaft – ist das, wo messbare Kräfte wirken. Kräfte haben eine Richtung und wirken immer nur an Massen. Sie verändern gerichtet die Massen; es gibt deshalb einen Vorher- und einen Nachher-Zustand. Das wiederum bedeutet einen Zeitverlauf. Kraft- und Zeitoperationen in einer definierten dimensionalen Welt machen dementsprechend unsere reale Alltagswelt aus.

Der Mensch in der Alltagswelt hat aber eine ganz andere Erkenntnis: Für ihn ist Realität das, was er mit Sinn und Bedeutung versehen hat. Es wird dann zu »körpereigenem Wissen«. Die materielle Welt kann in keinem Fall existieren ohne die Spiegelung der »inneren Welt«. Das »Ich« nimmt die Energie der äußeren Welt in seine Innenwelt (Geist-Seele mit Bewusstsein/Unterbewusstsein) auf, prägt dann innere Bilder (Verwandlung) und gibt diese Vorstellungen als Schöpfung in die äußere Welt effektiv zurück (Manifestation). Der englische Journalist und Autor Paul Brunton (1898–1981) sagte demgemäß: »Wenn wir glauben, wir erlebten eine Welt außerhalb von uns, erleben wir in Wirklichkeit das Selbst innerhalb von uns« (Brunton o. J.).

Es gibt keine objektive Außenwelt, so wie wir sie wahrnehmen, sondern immer nur ein dynamisches Zusammenspiel zwischen Bewusstsein/Unterbewusstsein und materieller Welt. Demnach ist alles Geist-Seele-gesteuert. Pointiert könnte man sagen: Wir handeln unwissenschaftlich, wenn wir die Fragestellungen nach dem Geist und seiner Wirkung auf Materie und Leben missachten. Der Mangel dieser Erkenntnis macht sich heute in unserer Gesellschaft massiv bemerkbar.

Die Arbeitsgruppe von Leonard Mandel, Universität Rochester, zeigte: Bereits das potenzielle Wissen des Beobachters über eine Messmöglichkeit reicht aus, Quanten in die Realität zu befördern (Horgan 1996). Die bloße Möglichkeit, dass es aufgrund einer erdachten Methode eine Information über einen genauen Quantenweg geben könnte, zwingt das Quant, sich zu outen.

Zweifel löscht die gefestigten Bindungen und damit diesen Teil der Realität (Quantenlöschen). Momentan nicht benötigte, nicht abgefragte, nicht beobachtete, also nicht (mehr) in die Realität beförderte Strukturen ordnen sich als erneute Wellenfunktion wieder ins universelle Informationsfeld (Geist) ein. Aus diesem Ergebnis konstruierte Johnjoe McFadden, University of Surrey in Guildford, UK, folgendes Modell: »Nichtcodierende DNA-Sequenzen sind im universalen Wellenfunktionszustand, solange keine Information abgefragt wird« (Al-Khalili und McFadden 2015).

Bringen wir die Fakten nochmals auf einen Nenner:

> Wahrnehmung und Gestaltung der Realität ist verbunden mit dem »Geben von Sinn und Bedeutung«.
> Das »Geben von Sinn und Bedeutung« ist verbunden mit Intellekt (Vernunft) einerseits und (Bewertungs-)Gefühl

andererseits – dies entspricht dem Einsatz von Bewusstsein und Unterbewusstsein.

John Wheeler warnte jedoch bereits Anfang der Siebzigerjahre vor allzu voreiliger Hybris:

»Aus der Erkenntnis, dass das Bewusstsein das Agens ist, das ein subatomares Teilchen, etwa ein Elektron, existent werden lässt, sollten wir nicht voreilig schließen, wir seien die einzigen Agenzien in diesem schöpferischen Prozess. Wir erschaffen zwar subatomare Teilchen und dazu das gesamte Universum, aber umgekehrt erschaffen sie auch uns. Eins erschafft das andere im Rahmen einer ›selbstregulierenden Kosmologie‹« (Wheeler et al. 1973).

Spiritualität bezieht sich auf die Natur des Geistes. Das englische Wort *spirit* für »Geist« kommt vom lateinischen *spiritus,* und das bedeutet »Atem« – ein veränderliches Feld, angefüllt mit identischen immateriellen Entitäten. Spiritualität ist keineswegs vergleichbar mit Religion. Der Begriff »Religion« bezeichnet vielmehr ein organisiertes Glaubenssystem einer ethnischen Gruppe oder einer Kultur (vom lateinischen *religio,* was eigentlich »Rückbindung« heißt). In diesem Verbund werden bestimmte Verhaltensregeln, Praktiken und Rituale gepflegt.

Es gibt Religion ohne Spiritualität, und es gibt Spiritualität ohne Religion. Aber beiden Einstellungen ist dennoch etwas gemeinsam: Studien haben gezeigt, dass religiöses Empfinden und Spiritualität mit besserer Körpergesundheit verbunden sind, einschließlich größerer Langlebigkeit, gesundheitsbezogener Lebensqualität (auch bei terminaler Krankheit), weniger Angst, Depression und Selbstmord (Mueller et al. 2001). Es gibt eine Metaanalyse zur Assoziation von Religiosität und depressiven Symptomen, die die Ergebnisse von 147 unabhängigen Untersuchungen mit insgesamt 98975 Probanden zusammenfasst. Demnach ist Religiosität gering, aber robust mit einem niedrigeren depressiven Symptom verbunden (Moreira-Almeida et al. 2006). Eine Studie über die Auswirkungen von Religion und Spiritualität bei Schizophrenen zeigte eine positive Bewältigung bei 71 Prozent der Patienten, bei 14 Prozent verschlimmerten sich die Symptome (Mohr et al. 2006).

Geist bewegt Materie
Wie kann mein Wille, mein Geist, meine Psyche die Quantenenergie der Massen dirigieren? Sie machen es jeden Moment meiner aktiven Lebensführung. Wie sollten wir ansonsten mit nichts anderem als unserem Willen, einem puren geistigen Prinzip, sprechen, laufen und alle anderen motorischen Aktivitäten ausführen? Wie sollten wir sonst mit Traurigkeit, einer puren seelischen Empfindung, unsere Tränen hervorbringen können?

Wenn wir diese alltäglich willentlich-geistig ausgelösten Materieeffekte, zum Beispiel das bereits erwähnte Heben des Arms, zurückverfolgen bis in die molekularen Konstrukte und Quantenstrukturen, finden wir dann tatsächlich einen Umschalter vom Geistigen zum Materiellen? Schauen wir uns das einmal an:

> Um den Arm zu heben, müssen Muskeln kontrahieren.
> Damit Muskeln kontrahieren können, müssen Membranen für bestimmte Minerale (Natrium, Kalium, eventuell Chlorid) durchlässig gemacht werden (Auslösung eines elektrischen Aktionspotenzials).
> Damit Membranen durchlässig werden, müssen bestimmte Proteine/Enzyme Membrantore bewegen und öffnen.
> Damit Proteine/Enzyme Membrantore öffnen können, müssen sie ihre Form/Struktur/Gestalt (Konfiguration)

zu einer neuen Form/Struktur/Gestalt (Konformation) verändern.

> Damit eine Änderung zu der aktiven Proteinkonformation stattfindet, müssen Kraft- und Zeitoperationen auf Molekülbindungen der Proteine/Enzyme einwirken.
> Für diese Kraft- und Zeitoperationen müssen Spins der Elektronen als Atombindungen ihre Eigenschaften ändern.
> Damit Spins ihre Eigenschaften ändern, müssen Informationen fließen.
> Eine Kanalkaskade dieser Informationsquellen ist Geist mit Wille und Bewusstsein.
> Erst unter diesen Voraussetzungen kontrahiert der Muskel.

Der Geist mit Wille und Bewusstsein hat also die Fähigkeit, aktiv Information zu senden, die von den materiellen Quanteneigenschaften wie Spins erkannt werden und Molekularkräfte erzeugen oder vorhandene Kräfte neutralisieren. Placebo- und Noceboeffekte oder auch die neueren Disziplinen Psychoendokrinologie und Psychoneuroimmunologie sind hervorragende Beispiele der materiellen Effektivität des Geist-Seele-Systems.

Der bereits zitierte Carl Friedrich von Weizsäcker hat es richtig erkannt: »Materie ist Form ... Masse ist Information. Energie ist Information« (von Weizsäcker 1955). Wenn Botenteilchen Informationen für Kräfte übertragen, was sie ja alle tatsächlich machen, dann setzt das voraus, dass Information als solche erkannt und diese Information zielgerecht umgeformt wurde.

Genau dieser Vorgang ist in unserer Definition als ein geistiger Prozess zu bezeichnen. Mit diesem geistigen Prinzip der Informationserkennung und Verarbeitung wurde unter anderem unser Körper erbaut (Gefäß der Geist-Seele).

Alle Organismen sind bis in die kleinsten Subeinheiten ausgerüstet mit der Fähigkeit der Informationsverarbeitung. Aber woher kommt dieses Prinzip? Es ist uns »angeboren«, aber dennoch nicht in der Vererbungsmasse DNA zu finden. Vielmehr funktioniert auch die DNA nach diesem Prinzip.

Bewusstsein als Feld der Interwelt

> »Erkenntnis ist in der Tat eine Aufgabe, ja die Hauptaufgabe des Menschen, sogar die einzige, die ihn von den übrigen Lebewesen unterscheidet, denn alle seine weiteren Aufgaben leiten sich eigentlich von dieser ersten ab.«
> ANDRÉ MERCIER

Bewusstsein als Modus der intelligenten, das heißt zielgerichteten Erkennung und Verarbeitung von Information ist nach Modellen von vielen erkennenden Wissenschaftlern wie etwa dem australischen Neurophysiologen und Nobelpreisträger John Carew Eccles (1903–1997) nicht im Gehirn lokalisiert, sondern kommt, wie er meinte, von außerhalb. Gemeinsam mit dem österreichisch-britischen Philosophen Karl Popper (1902–1994) beschrieb er in ihrem gemeinsamen Buch *Das Ich und sein Gehirn* das Modell einer dreigeteilten Welt (Eccles und Popper 1982). Die erste ist die physische Welt, dann gibt es als zweite die psychische Welt einschließlich des Bewusstseins und unbewusster Zustände. Und schließlich ist die dritte Welt die der Inhalte des Denkens und die der Erzeugnisse des menschlichen Geistes, ein aktiver Prozess, der einer Nachschöpfung gleicht. Die zweite Welt verbindet die erste und die dritte Welt miteinander. Sie folgerten auch: »Der sich seiner selbst bewusste Geist muss als etwas vom Gehirn Getrenntes aufgefasst werden.« Eccles hatte bereits 1975 darauf hingewiesen, dass ein Bewusstsein selbst dann weiterhin existiert, wenn große Teile der Großhirnrinde entfernt wurden. Er schloss daraus, dass das Bewusstsein außerhalb des Gehirns existiert und unabhängig von Raum und Zeit ist (Eccles 1975).

Aus zwei Erfahrungsquellen entsteht noch ein anderes Bild: erstens aus den inzwischen zahlreichen wissenschaftlichen Untersuchungen besagter Nahtod-Erlebnisse und zweitens durch Erkenntnisse der Quantenphilosophie.

Die Quantenphilosophie legt nahe: Die Interwelt mit ihren geistig-seelischen Eigenschaften ist überall in uns und um uns herum und enthält die Ur-Information für Körper, Gesundheit und Heilung. Dem Thomasevangelium zufolge sagt Jesus analog: »Ich bin das Licht, dieses, das über allen ist. Ich bin das All; das All ist aus mir herausgekommen. Und das All ist zu mir gelangt« (77). Und er meint uns alle damit. Diese Überall-Information ist abrufbar von unserer Geist-Seele.

Dieses Postulat ist nicht weit entfernt von den früheren Annahmen, die Physiker seit Erwin Schrödinger (1887–1961) festschrieben: Die Quelle aller Materiekonstruktionen – so heißt es – ist Ψ (Psi). So wird seither von allen Wissenschaftlern das (sich zu denkende) Wellenfeld einer Energie- und Informationsgröße genannt. Psi selbst ist nicht beobachtbar und im ungestörten Zustand alternativ ohne Raum und Zeit, also nicht kausal. Psi-Funktionen gibt es nicht nur für Elektronen und Atomkerne, sondern auch für Moleküle, Kristalle, letztlich für alle Teile der Materie. Ψ^2 ist die Intensität und ein nachweisbares Wahrscheinlichkeitsfeld und gibt laut Erfahrung die Wahrscheinlichkeit eines Energieteilchens an einer Stelle zu einer bestimmten Zeit an. Immer größer werdende Massen unterliegen immer stärker der Kausalität (Preuß 1997).

Quanten sind tatsächlich Vehikel für Informationen. Sie senden Botenteilchen mit Informationen für Kräfte an Massen.

Vier Urkräfte waren bisher bekannt: Schwache Kraft mit den Botenteilchen Bosonen, Starke Kraft mit den Botenteilchen Gluonen, Gravitation mit den Botenteilchen Gravitonen und Elektromagnetische Kraft mit den Botenteilchen Photonen. Seit einigen Jahren sind neue Botenteilchen der Dunklen Materie dazugekommen: »Weakly Interacting Massive Particles (WIMPs)«, über die noch berichtet wird. Allen Kräften zugrunde liegen immer energetisch-informative Botenteilchen, die aus dem »Meer aller Möglichkeiten« erst einmal erzeugt werden müssen, erst dann entstehen Kraft- und Zeitoperationen im Raum.

Genau mit diesem geistigen Prinzip der Informationserkennung und -verarbeitung wurde das erbaut, was Carl Friedrich von Weizsäcker »das Gefäß der Seele« nannte, unter anderem unser menschlicher Körper.

Wenn Botenteilchen Informationen für Kräfte übertragen, was sie ja tatsächlich machen, dann setzt das voraus, dass Information als solche erkannt wurde und diese Information für den Wirkeffekt zielgerecht umgeformt wurde. Genau das bewirkt der Geist-Seele-Komplex.

Wenn wir so ein Verfahren »geistige Tätigkeit« nennen, dann ist der allumfassende Geist bereits in den kleinsten physikalischen Teilchen sichtbar. Denn auch sie erkennen Information und verarbeiten diese zielgerichtet, um Formen, Strukturen, Gestalten aufzubauen, die sogar ein Eigenleben entwickeln. Damit ist der Geist Vorläufer aller Dinge, die Grundessenz alles Existierenden. »Vom Geist gehn alle Dinge aus, sind geistgeschaffen, geistgeführt«, heißt es im *Dhammapada*.

Die Alltagswelt kann mit dem Erleben der Interwelt sogar gemischt werden (Strassman 2004). Wir nehmen dabei Informationen nicht von der Alltagswelt auf, sondern aus einem »Feld«, in dem sie gespeichert sind. Wir verwerten diese Informationen dann intelligent (zielgerichtet), verknüpfen sie mit Sinn und Bedeutung, schalten und verarbeiten sie insgesamt mit einem Bewusstsein, das Erfahrung ermöglicht.

Albert Einstein wusste: »Ein menschliches Wesen ist ein Teil des Ganzen, das wir ›Universum‹ nennen … Es erfährt sich selbst, seine Gedanken und Gefühle, als etwas von allem anderen Getrenntes – eine Art optische Täuschung seines Bewusstseins« (Wilber 1984). Inhaltlich ähnlich formulierte Schrödinger:

> »… so unbegreiflich es der gemeinen Vernunft scheint: du – und ebenso jedes andere bewusste Wesen für sich genommen – bist alles in allem. Darum ist dieses dein Leben, das du lebst, auch nicht ein Stück nur des Weltgeschehens, sondern in einem bestimmten Sinn das *Ganze*. Nur ist dieses Ganze nicht so beschaffen, dass es sich mit *einem* Blick überschauen lässt. – Das ist bekanntlich, was die Brahmanen ausdrücken mit der heiligen, mystischen und doch eigentlich so einfachen und klaren Formel: Tat twam asi (das bist du). – Oder auch mit Worten wie: Ich bin im Osten und im Westen, bin unten und bin oben, *ich bin diese ganze Welt*« (Schrödinger 1986; Hervorhebung im Original).

Es geht um universelle, alles durchdringende Felder als »wesenhafte« Informationsspeicher und Ideengeber. Traditionelle asiatische Wissenschaften sprachen immer schon von einer universellen »Lebensenergie« oder einer Lebenskraft, die unseren ganzen Körper, alle Organe, alle Gewebe, alle Zellen durchdringt und alle Funktionen grundlegend aktiviert. In China ist es »Chi«, in Japan »Ki«, in Indien »Prana«. Das »universale Feld« in der indischen Kultur heißt »Asat«, das einheitliche Feld reiner Potenzialität, bei den Chinesen ist es das Tao.

Bis heute sind der Physik zufolge vier alles durchdringende energetisch-informative Felder bekannt:

1. Dunkle Energie (indirekt nachgewiesen),
2. Dunkle Materie (zu mehr als 85 Prozent nachgewiesen),
3. Higgs-Feld (zu mehr als 97 Prozent nachgewiesen; Nobelpreis 2013 für den britischen Physiker Peter Higgs),
4. Gravitationsfeld (nachgewiesen).

Alle diese Felder hängen irgendwie zusammen; sie machen 96 Prozent aller Energien des Universums und auch der Erde aus. Man muss sich das richtiggehend vorstellen: Keiner kann diese Energien sehen, mit Ausnahme der Gravitation kann keiner sie spüren, niemand weiß, was sie dem Wesen nach sind. Und doch sind sie allgegenwärtig und stark genug, um den ganzen Kosmos zu stabilisieren.

Mit 85-prozentiger Sicherheit wurden vor relativ kurzer Zeit die Teilchen der neuen Urkraft Dunkle Materie entdeckt. Es sind die bereits weiter oben genannten WIMPs.

Die WIMPs korrespondieren als Informationsteilchen mit der Schwachen Kernkraft und der Gravitation. Die Schwache Kraft ihrerseits hat in jedem Körper eine Schlüsselrolle:

> Sie baut die Atomkerne aller Körper auf und verursacht den Spin.
> Sie ändern das Energieniveau der Materie.
> Sie bewirkt die für das Leben essenzielle chirale Linkshändigkeit der Aminosäuren, die Proteine aufbauen, und die essenzielle chirale Rechtshändigkeit der Zucker, die Nukleinsäuren aufbauen. (»Chiralität« ist ein auf das Griechische zurückgehendes Kunstwort und bedeutet »Händigkeit«. Bei einem chiralen Molekül unterscheiden sich die beiden Enantiomere [das sind sich wie Spiegelbilder zueinander verhaltende Moleküle] im Aufbau räumlich voneinander ähnlich wie die rechte und die linke Hand.)

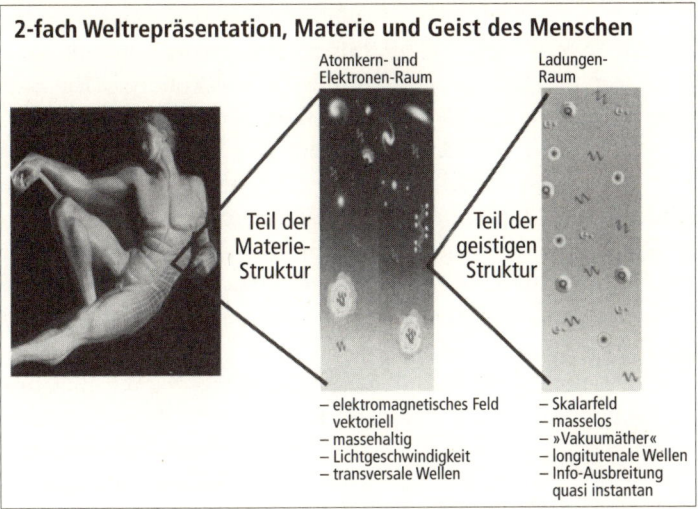

2-fach Weltrepräsentation, Materie und Geist des Menschen

Atomkern- und Elektronen-Raum

Ladungen-Raum

Teil der Materie-Struktur

Teil der geistigen Struktur

– elektromagnetisches Feld vektoriell
– massehaltig
– Lichtgeschwindigkeit
– transversale Wellen

– Skalarfeld
– masselos
– »Vakuumäther«
– longitutenale Wellen
– Info-Ausbreitung quasi instantan

Abb. 20: Alle Körpermaterie besteht aus Masse und Information. Nur die Welt der Masse ist physikalisch zugänglich, da hier Kräfte entstehen. Sie macht aber nur 0,000 000 001 Prozent des Körpervolumens aus.

Diese schwache Urkraft ist somit interaktiv verantwortlich für alle Formen der Materie, auch unserer funktionellen Moleküle (besonders der Enzyme), der Zellen, der Organe, letztlich unseres ganzen Körpers, beeinflussbar durch die WIMPs der Dunklen Materie.

Wir hatten bereits gesagt, dass diese energetisch-informativ aktiven Phasen in uns und außerhalb von uns verbreitet sind. Aber wo genau befinden sie sich?

Wir und alle andere Materie bestehen immer nur aus Atomkernen und Elektronen; es sind die Massen, die der Schwerkraft unterliegen. Erstaunlicherweise machen diese Massen in uns aber nur 0,000000001 Prozent des Raumvolumens der

Materie aus. Das aber heißt – wir haben diese äußerst wichtige Zahl bereits genannt –: 99,999999999 Prozent in uns sind masseleerer Raum, der mit dem Begriff »Vakuum« belegt und voller Energie und Information ist (Teil der geistigen Struktur). Dort herrschen vollkommen andere physikalische Gesetzmäßigkeiten, zum Beispiel gibt es keine Kräfte und keine Zeit, die immer erst an Massen entstehen, dafür jede Menge Information wie die der Botenteilchen. Wenn man diese enorm verbreitete Vakuumphase aus dem Körper eines Menschen entfernte, blieben circa 20 Mikrometer Größe übrig – man müsste ihn mit dem Mikroskop suchen.

Mit diesem verschwindend geringen Masseanteil hält uns die Gravitation an der Erdoberfläche. Darüber hinaus werden mit diesen Masseteilchen Resonanzstrukturen gebildet und Zusammenhaltekräfte möglich. Aber der allergrößte Anteil in uns ist Information und Energie. Energie, an die wir nicht ohne Weiteres herankommen. Das »Vakuum« einer Glühbirne zum Beispiel enthält laut John Wheeler, einem der größten Pioniere der Quantenphysik, so viel Energie, dass alle Meere dieser Erde zum Kochen gebracht werden könnten (Wheeler 1989, Wheeler et al. 1973). Die riesige Vakuumphase in unserem Körper geht fließend über in das Vakuum des umgebenden Luftraums und weiter in die Erdatmosphäre und in den gesamten Kosmos – es ist ein Hintergrundfeld, unendlich und ewig.

Wieder hatte das Jesus längst erkannt; er sagte dem Thomasevangelium zufolge: »Wenn jene, die euch führen, zu euch sagen: ›Siehe, das Königreich ist im Himmel‹, werden euch die Vögel des Himmels zuvorkommen. Sagen sie zu euch: ›Es ist im Meer‹, werden euch die Fische zuvorkommen. Aber das Königreich ist innerhalb von euch und außerhalb von euch!« (3).

Synonyme als wissenschaftliche Bezeichnung hierzu sind das bereits erwähnte Psi-(Ψ-)Feld, das international als »zero-point field (Nullpunktfeld)« bezeichnet wird. Da die enormen Energie- und Informationsinhalte erst einmal virtuell und potenziell sind, nenne ich diese Phase das »Meer aller Möglichkeiten«.

»Alles« entsteht aus der Vakuumphase heraus. Die Vakuumphase ist eine quasiintelligente Datenbank. Jedes manifestierte Objekt in unserer Alltagswelt ist ursprünglich eine Vakuum-Musterbildung als »Idee« und wird zu einem Energie-Informations-Konglomerat in Raum und Zeit durch spezifische Beziehungen. John Wheeler sagte: »Alles, was wir kennen, hat seinen Ursprung in einem unendlichen Energiemeer, das so aussieht wie das Nichts« (Guitton et al. 1993).

Genau diese in uns und gleichzeitig universell verbreitete Vakuumphase setzt sich zusammen aus Dunkler Energie, Dunkler Materie und dem Higgs-Feld. Durch den Informationsgehalt wird sie zu einem Plenum mit höchst intelligenten und schöpferisch tätigen Feldern überall und in allem verbreitet – also nicht nur »im Himmel«. Es ist das in allen alten Kulturen erwähnte Feld mit übergeordneter Einheitswelt. Ein sichtbares Beispiel für die Tätigkeit dieses intelligenten universellen Informationsfeldes ist, wie gesagt, die Evolution und die Ontogenese. Was immer wieder übersehen wird, ist die Tatsache, dass alle Aufbauten der Natur, alle Körperstrukturen, auch der Gehirnaufbau und die damit verbundenen Funktionen von irgendeiner »Intelligenz« bis ins kleinste Detail zielgerichtet durch Information konstruiert wurden. Wer hier Zufall postuliert, verkennt die ungeheure Komplexität der Konstruktionen. Die energetisch-informative Ur-Blaupause davon ist abgespeichert im massefreien Raum.

Intelligent wollen wir hier ein System bezeichnen, das zielgerichtet Information verarbeiten kann. Da das alles durchdringende Hintergrundfeld in diesem Sinne Intelligenz aufweist (Max Planck: »Wir müssen einen bewussten intelligenten Geist hinter dieser Kraft annehmen« [Planck 1944]), kann man es als Wesenheit auffassen. Mit Wesenheiten, von denen wir Teil sind, denn das Feld ist ja auch in uns, können wir korrespondieren, oder wir können diese Wesenheiten auch in unserem Sinne umformen und nutzen.

Die plausible Annahme des Modells ist also: Die Vakuumphase mit Dunkler Energie, Dunkler Materie und Higgs-Feld beherbergt Universalinformation, unter anderem unsere angeborenen Gefühle, unsere Erinnerungen und Erfahrungen und den dazugehörigen Bewusstseinshalter. Dieser Bewusstseins-/Unterbewusstseins-Modus ruft gezielt Informationen ab; die Schwache und Elektroschwache Kraft übertragen die Codierung auf Materie als Emotion.

Das programmierbare Universum

In der Vakuumphase gibt es primär nur Möglichkeiten und Wahrscheinlichkeiten, die Physik spricht von der »Superposition«. Im Superpositionsstadium (»Meer der Möglichkeiten«) können die Quanteninformationseinheiten Qubits ohne Zeit- und Raumlimit korrespondieren (instantan und nichtlokal), das heißt mit aus unserer gewohnten Sicht »unendlicher« Potenzialität.

Seth Lloyd, Professor für quantenmechanische Technik, Massachusetts Institute of Technology in Cambridge (MIT), und Y. Jack Ng, Physikprofessor, University of North Carolina in Chapel Hill, schreiben: »Alle Interaktionen im Universum übertragen nicht nur Energie, sondern auch Information: Partikel kollidieren nicht nur, sie kalkulieren. Mit fortschreitender Kalkulation entfaltet sich die Wirklichkeit« (Lloyd 2006).

Die Informationskapazität wird auf 10^{107} Zustandsmöglichkeiten pro Planck-Volumen geschätzt. Das Planck-Volumen ist unvorstellbar winzig. Auf der Planck-Skala finden wir die fundamentale kleinste Größe als 10^{-33} Zentimeter; das

Planck-Volumen ist also $(10^{-33})^3$ (10 hoch minus 33 hoch 3) Kubikzentimeter groß, das sind 10^{-99} Kubikzentimeter. Das Planck-Volumen ändert sich in der Planck-Zeit von 10^{-41} Sekunden.

Seth Lloyd muss man große Kompetenz zusprechen, denn er war der Erste, der einen funktionsfähigen Quantencomputer präsentierte. Er wusste deshalb auch: »Das Universum ist ein Computer, der aus zwei Komponenten besteht.« Zum einen besteht das Universum demnach aus Materie mit einem Informationsspeicher von 10^{92} Bits und einem Rechentempo von 10^{14} Hertz. Aber vielmehr besteht es noch aus Dunkler Energie mit einem Speicher von etwas weniger als 10^{123} Bits und einem sehr langsamen Rechentempo von 10^{-18} Hertz.

Aus der Prämisse, das Universum sei ein Computer, zieht Seth Lloyd den Schluss, dass dieser auch programmierbar sein müsse (Lloyd 2006). Seit Längerem gibt es darüber hinaus wissenschaftliche Abhandlungen zu dem Thema »Der Kosmos ist programmierbar«. Bereits im Jahr 1997 hat der Wissenschaftler und Computerspezialist Jürgen Schmidhuber die Idee eines Universums als Riesencomputer veröffentlicht (Schmidhuber 1997).

Und noch früher befand der inzwischen für seine visionären Ideen berühmte Konrad Zuse (1910–1995): »Das ganze Universum funktioniert wie ein großer Computer; mit einem Code, der alles ermöglicht« (Zuse 1970).

Die diesseitige Alltagswelt ist demnach definiert als derjenige Aspekt, der rational zugänglich ist – das entspricht ebender Materie als Raum-Zeit-Konstruktionen mit Massen, die Kraft- und Zeitoperationen ermöglichen. Die jenseitige Interwelt (hier Computer) liest Informationen aus dem Diesseits aus (»interessengesteuert und aufwandsoptimiert«, also intelligent). Dies geschieht mit den Modi individuelles und universelles Bewusstsein. Das Jenseits greift steuernd ins Diesseits ein, was sich als Pseudozufälle der Quantenwelt äußert.

Wenn das Universum ein Computer ist, wie sehen dann die elementaren Informationseinheiten für die Programmierung aus? Wir kennen das Bit als ja/nein oder plus/minus. Das Universum macht es noch viel besser, es hat sogenannte Preonen, die als Informationseinheiten für seinen Quantencomputer dienen könnten. Vorerst sind Preonen in der Physik hypothetische Eigenschaftskennzeichnungen der fundamentalen Bausteine der Materie, den Leptonen und Quarks. Die Theorie stammt von dem pakistanischen Physiker Abdus Salam, der als erster Muslim einen Nobelpreis für Physik erhielt. Die Eigenschaften der Materiebausteine wie elektrische Ladung, Masse, Flavour (Quantenzahlen der Elementarteilchen mit *charm*, *strange*, *top* oder *truth* und *bottom* oder *beauty*) sowie Spins können mit Preonensymbolen codiert werden. Alle Teilchen, die eine Rolle spielen, enthalten unterschiedliche Preonencodierungen. Es gibt auch andere Modelle. Allen gemeinsam ist aber die Untergliederung der elementaren Bausteine der Materie, was experimentell bisher noch nicht bewiesen ist.

Ein Beispiel für Preonencodierungen sind die Eigenschaften unserer elementaren Bausteine der Materie wie Atomkern und Elektron und ihrer Antiteilchen. Allein für die elektrische Ladung ergeben sich verschiedene Kombinationen der Preonensorten, wie in der Tabelle aufgezeigt wird.

Damit lässt sich trefflich kombinieren und programmieren. Die universelle Hintergrundmatrix des Lebens ist »programmierbar« mithilfe diverser Informationseinheiten durch Quantenphilosophie, durch unser individuelles und universelles Bewusstsein. Aber Bewusstsein, Geist, Wille – und damit auch die »objektive Realität« – stammen ebenfalls aus dem Vakuumbereich (Massen-Leere).

Kombinationen der Preonensorten für die elektrische Ladung

Teilchen	Enthaltene Preonen	Ladung
Anti-Elektron (Positron)	+++	+1
Up-Quark	++0	+2/3
Anti-down-Quark	+00	+1/3
Elektroneutrino	000	0
Anti-Elektroneutrino	$\bar{0}\bar{0}\bar{0}$	0
Down-Quark	$-\bar{0}\bar{0}$	−1/3
Anti-up-Quark	$--\bar{0}$	−2/3
Elektron	−−−	−1

Vergleich der Grundeinheiten eines herkömmlichen Computers mit dem Universum als Computer

Funktion	Herkömmlicher Computer	Universum
Informations-einheiten	Bit	Qubits als Preonen
Speicher	Festplatte und so weiter	Vakuumphase mit Dunkler Materie und andere
Betriebssysteme	Windows, Macintosh, Unix usw.	Bewusstsein mit Wille (Ich), Unterbewusstes als Motivation (Wille des Selbst)
Programme	Word, PowerPoint, Excel usw.	Empfindungen wie Überzeugung, Zuversicht
Steuerungs-programme	Apps	Schwache Wechselwirkung mit Spin-Zuordnungen
Output	Bilder, Grafik, Schrift	Realität aus Sicht des Ichs

Das Bewusstsein dient als Verbindung zwischen Input und Rechenchips, sagt Gregg Braden (Braden 2006). Programme sind das, wovon wir überzeugt sind: Demnach programmieren Überzeugungen die Wirklichkeit, was wir dann als »Output« bezeichnen.

Wenn das Betriebssystem des universellen Computers der Wille mit Bewusstsein (die Motivation im Unterbewusstsein) ist und Überzeugungen die Programme sind, dann müssen Gebete Programmierungen hervorrufen. Diese Idee ist uralt. Die Mönch-Weisheit in Tibet lautet: »Das Gefühl ist das Gebet.« Und nach der christlichen Tradition soll man beten ohne Hintergedanken, und man sei umgeben von der Antwort.

Jedes Lebewesen leistet so einen Beitrag zur Gestaltung der Realität. Das Energie- und Informationsfeld ist primär, alles ist daraus abgeleitet. Was wir »Erlebnisse« nennen, sind Reaktionen, die auftreten, wenn Energien aufeinandertreffen. Niels Bohr sagte, das bewusste Denken bringe winzige Energieaustausche mit sich, und deshalb sei nur eine quantenphysikalische Erklärung qualifiziert, das Bewusstsein zu beschreiben. Dafür gibt es zwei Möglichkeiten:

1. Konkrete Materieenergie begegnet und berührt geistig codierte Energie (Information). Nehmen wir das Beispiel bewusste Wahrnehmung: Der Wille zur Fokussierung eines Sinnesorgans, wie des Auges, begegnet elektromagnetischer Schwingung (Licht) eines Senders, woraus Erkennen resultiert; oder
2. »Rauschenergie« aus dem »Meer aller Möglichkeiten« berührt geistig codierte Energie und filtert damit Energien und Informationen aus bestimmten Phasen des Vakuums.

Der Quantenphilosophie zufolge existieren die Dinge der materiellen Welt bekanntlich nur in Beziehung zu einem Bewusstsein. Mitschöpfertum ist eine inhärente Eigenschaft.

Oder mit den Worten Anton Zeilingers: »Ohne einen Sinneseindruck gibt es keine Beobachtung. Ohne Beobachtung, ohne Messung können wir keinem System irgendwelche Eigenschaften zuordnen« (Zeilinger 2005). Und der emeritierte US-amerikanische Professor für Physik Shimon Malin bemerkte: »Jede Wechselwirkung, zum Beispiel mit einem Elektron, die prinzipiell dazu genutzt werden kann, etwas über das Elektron zu erfahren, zählt als Messung ... Messung bewirkt, dass ein Elektron wirklich existiert, Quantenphysik ist in diesem Sinne schöpferisch tätig« (Malin 2003).

Allgemein formuliert: Eine Wahrscheinlichkeitswelle wird im universellen Kontext zu lokaler konkreter Information, wenn wir Menschen als Raum-Zeit-Konstruktion, die wir darstellen, bewusst fragen, beobachten, messen, um Wissen zu erzeugen. *Nichtlokale* Gesetzmäßigkeiten, wie sie die Welle repräsentiert, verknüpfen die Dynamik universeller, virtuell verborgener Information mit der *lokalen* Materie und schalten damit reale semantische Information. Aber wie wir schon John Wheeler zitiert haben, sollten wir nicht voreilig schließen, wir seien die einzigen Agenzien in diesem schöpferischen Prozess. Obwohl wir subatomare Teilchen und dazu das gesamte Universum kreieren, erschaffen sie umgekehrt auch uns. Eins erschaffe das andere im Rahmen einer »selbstregulierenden Kosmologie« (Wheeler et al. 1973).

Der Spin als elementarer Schaltmechanismus
Wir müssen uns immer wieder bewusst machen, dass unsere »Menschkonstruktion« und alle anderen »Naturkonstruktionen« ausschließlich aus Energiewirbeln (Teilchen), ihren unterschiedlichen Eigenschaften und ihren Wechselwirkungen mithilfe von energetisch-informativen Botenteilchen bestehen. Alle Naturkräfte sind Kombinationen aus Masse und Spin. Die Forschung zeigt einen Aufbau der Materie aus immer kleineren Spinbauteilen: Auch Atomkernkräfte und zwi-

schenatomare und -molekulare Kräfte sind spinabhängig. Quarks innerhalb der Atomkerne zergliedern sich in Tohus und Wohus mit eigenem Spin (die hebräischen Worte *tohû wa bohû* bedeuten »Wüste und Öde«). Spin- und Bahnbewegung von Elektronen sind die Ursachen von Molekülbindungen und somit von Form/Struktur/Gestalt – mikroskopisch und makroskopisch. Wenn sich die Form/Struktur/Gestalt ändert, müssen sich vorab die Bindungskräfte ändern. Die Information für diese Kräfte ist in den Spins codiert. Null- oder ganzzahlige Spins (Photon, Gluon) ergeben anziehende Kräfte. Halbzahlige Spins ergeben abstoßende Kräfte. Die Gesamt-Spins bedingen die bereits genannte »Händigkeit« (Chiralität) der Aminosäuren- (linkshändig) und Kohlenhydratmoleküle (rechtshändig). Wenn aber Spins die Architekten von funktionellen Molekülen sind, dann sind sie es auch vom kompletten Organismus. Fazit: Der Spin sorgt für ein Ordnungsschema.

Überraschend zeigen nun wissenschaftliche Versuche, dass Gedanken und Vorstellungen des Menschen tatsächlich Spins von Elementarteilchen schalten können – so bewegen wir unsere eigene Materie, wenn wir sprechen oder laufen. Die Festlegung von Spin-Koordinaten im Raum geschieht durch den Geist. Paul Davies, der die Versuche dazu beschrieb, folgerte bereits 1990: »Die neue Physik stellt den Geist zurück in eine zentrale Stelle in der Natur ... Wenn jemand ein Atom anschaut, dann springt das Atom auf eine charakteristische Weise, die keine gewöhnliche physikalische Wechselwirkung nachmachen kann« (Davies 1990). Alles, was Spins beeinflusst, beeinflusst demnach auch Krankheit und Heilung.

Die Schwache Wechselwirkung

Informationen führen zu Kräften im Aufbau der Materie. Übliche Darstellungen unterschlagen dabei häufig die »Schwache Kraft«. Sie spielt aber eine elementar wichtige Rolle.

Die Schwache Wechselwirkung funktioniert nur auf sehr kleinen Distanzen. Die Wirkungen entstehen durch Botenteilchen von Informationen. Es gibt drei verschiedene Botenteilchen, »Bosonen« genannt, die unsymmetrisch arbeiten und die Chiralität unserer Bausteine bewirken. Das Z^0-Boson ist neutral, den W-Bosonen schreibt man entweder eine negative oder positive Ladung zu.

Die W^+-, W^-- und Z^0-Botenteilchen der Schwachen Kraft haben eine große Masse, also auch große Energie (circa 80 Gigaelektronenvolt [GeV]). Mit dieser großen Masse können die Teilchen sich nicht weit bewegen, die Reichweite beträgt nur 10^{-18} Meter. Aber dennoch wechselwirken die Teilchen der Schwachen Kraft mit *allen* anderen Teilchen. Das heißt, jedes Atom, jede Molekülbindung spürt die Schwache Wechselwirkung. Die elektromagnetische Coulombkraft ist sowieso immer mit der Schwachen Kraft zu der Elektroschwachen Wechselwirkung vereint. Diese Elektroschwache Kraft ist entsprechend mit allem verbunden.

Es gibt mehrere besondere Eigenschaften der Bosonen-Teilchen dieser Nahkraft. Wir wollen nur eine genauer ansehen, denn diese eine besondere Eigenschaft ist dafür verantwortlich, dass wir die Körpermaterie bewegen können: Bosonen brechen die Symmetrie auf und geben den Spins Impulse. Damit werden Formen, Strukturen der Proteine (Enzyme) und Nukleinsäuren (Gene) aufgebaut. Und dadurch werden Funktionssteuerungen durch unseren »Willen« überhaupt erst möglich.

W-Bosonen koppeln zum Beispiel nur an linkshändige Fermionen (Quarks und Leptonen einschließlich Elektron). Z^0-Bosonen, an linkshändiges Elektron koppelnd, wirken abstoßend. Z^0-Bosonen, an rechtshändiges Elektron koppelnd, wirken anziehend. Ohne Z^0-Information haben Elektronen nur Kreisbahnen. Wenn wir Elektronen im Atom betrachten, meinen wir immer in unserer Anschauung, sie würden um den

Atomkern kreisen. Aber über die Z^0-Boson-Information wird die Kreisbahn zur Spiralbahn, was andere spezifische Wirkungen hervorruft, zum Beispiel in der Bindung zwischen den Atomen. Das Ergebnis der Spiralität ist dann ebenjene Händigkeit oder Chiralität im Organismus, also L-Aminosäuren und D-Kohlenhydrate, ohne die kein Leben möglich wäre.

Wir sind selbstverständlich davon überzeugt, dass Menschen »intelligent, gefühlvoll und empfindsam« sind, aber Kräftekonstellationen unmöglich so etwas zuwege bringen können. Diese Überzeugung beruht natürlich nicht auf einem wissenschaftlichen Beweis. Umgekehrt ist aber klar, dass tägliche Intelligenz an die Aktivität des Körpers und Gehirns gebunden ist, und die unterliegt unweigerlich der Elektroschwachen Kraft, also könnten prinzipiell auch Kräftekonstellationen »intelligent« sein, wie die italienische Astrophysikerin Giuliana Conforto meint (Conforto 2006). Ansonsten müssen wir zwingend fragen: Wo denn sonst befindet sich Intelligenz, Gefühl und Empfindsamkeit in uns?

Mithilfe der allgemein nicht beachteten Schwachen Wechselwirkung, vor allem als Träger der Motivation des Unterbewusstseins, kommen wir an die abgespeicherten Informationen der Vakuumphase (einschließlich Dunkler Materie), was wir beim Bewusstwerden dann »Intuition« nennen. Warum meine ich, dass diese Annahme und dieses Modell plausibel ist?

Zwei völlig unterschiedliche Welten
Wir hatten konsequent vom Beginn dieses Buches an wiederholt deutlich gemacht, dass wir in zwei Welten leben: einerseits in der Alltagswelt mit dem dirigierenden Ich und andererseits in der Interwelt mit dem »immer existierenden« Selbst.

Die alltägliche Ich-Welt muss sich mit den Materiekonstruktionen auseinandersetzen, während die Interwelt hauptsächlich aus dem Meer aller Möglichkeiten besteht, Informationen und Energien enthält, Abspeicherungen von Erfahrungen tätigt und die Heimat unseres Selbst ist.

Die materielle Alltagswelt setzt auf das Photon-Botenteilchen »Gamma« und auf die elektromagnetische Welle mit Lichtgeschwindigkeit. Alle unsere Sinne, mit denen wir ja die Alltagswelt abtasten, wodurch sie für uns entsteht, arbeiten mit dieser Urkraft. Daher erleben wir in der Alltagswelt Raum und Zeit. Alle von uns gesehenen Bilder der Alltagswelt hängen von der Aktivität der Elektronen ab, die sich in uns und um uns herum befinden. Indem sie von einem Energieniveau zum anderen springen, absorbieren oder senden (reflektieren) Elektronen gewöhnliche Photonen. Es ist dieser elektromagnetische Kanal, der das Bild jedes Körpers und Gegenstandes übermittelt.

Das, was wir sehen können und als Lebensumstände definieren, macht aber nur einen geringen Teil der Energien aus. Fakt ist: 95 bis 96 Prozent der universellen Umweltenergien sind für die Wissenschaft nicht erfassbar beziehungsweise folgen nicht den Gesetzen, die wir normalerweise »Naturgesetze« nennen. »Unsere sichtbare Welt« als Bilder besteht allein aus der elektromagnetischen Energie, die nur 4 bis 5 Prozent ausmacht, größtenteils aber kosmisches Plasma ist. Nur 0,5 Prozent baut die sichtbare Materie auf der Erdoberfläche auf.

Die alles beherrschende Dunkle Energie und Dunkle Materie ist nicht »baryonisch« (das, was Materie aufbaut), sie folgt keinem bekannten »Naturgesetz«, sie ist übernatürlich; sie gleicht laut Giuliana Conforto den Gesetzen, denen Informationen durch Gefühle unterliegen.

Man muss sich das noch einmal vorstellen: Keiner kann diese Energien sehen, mit Ausnahme der Gravitation kann keiner sie spüren, niemand weiß, was sie dem Wesen nach sind. Und doch sind sie allgegenwärtig und stark genug, um den ganzen Kosmos zusammenzuhalten beziehungsweise auseinanderzutreiben, das heißt zu stabilisieren.

Geschätzt eine Milliarde Botenteilchen WIMPs durchqueren unseren Körper innerhalb weniger Sekunden (WIMP-Koinzidenz), ohne dass wir die Energie direkt merken (Smith und Spooner 2000). Die Treffer mit dem Atomkern sind ohne Maßnahmen selten. Diese im Normalfall unmerkliche Wechselwirkung kann die Ursache für eine willentliche beziehungsweise auch gefühls- und empfindungsgemäße Schaltmöglichkeit sein. Denn wäre die Kraft dauernd wirksam, würden selektive Schaltmomente im allgemeinen Kräfterauschen untergehen.

Die Postulate von vorerst wenigen Wissenschaftlern – es sind Giuliana Conforto (Astronomie), Rick Strassman (Medizin), Eben Alexander (Neurologie) und Ulrich Warnke (Biologie) – besagen: Die Dunkle Materie ist Träger unser aller Gefühle und Empfindungen (Seele). Sie ist über die bereits erwähnten Botenteilchen »Weakly Interacting Massive Particles (WIMPs)« beteiligt an der Materiebeeinflussung durch Gefühle und Empfindungen. Dadurch werden Emotionen an Massen erzeugt, gesteuert über die Quantenphilosophie.

Eines der Bosonen-Botenteilchen, es ist Z^0 (»der Schwache Neutrale Strom«), verhält sich wie unsere Gefühle und Empfindungen; es kennt keinen Raum und keine Zeit, auch keine elektrische Ladung und keine elektromagnetische Lichtgeschwindigkeit. Wir haben alle identische Gefühle zur Auswahl. Jeder kann bestimmte Gefühle zu jeder Zeit abrufen. Das geschieht unbewusst.

Gefühle in Verbindung mit Vektor-Bosonen-Teilchen geschehen jenseits von Raum und Zeit. Sie sind immer und überall da. Obwohl es heißt, Gefühle sind uns angeboren, gibt es kein Gen für jeweils eine einzelne Gefühlsqualität.

Abgespeicherte Erfahrungen sind inhaltlich zwar an Raum und Zeit gebunden, da sie ja aus der Alltagswelt stammen, aber die Abspeicherung in der Interwelt ist ebenfalls raum- und zeitlos, da keine elektromagnetische Lichtgeschwindig-

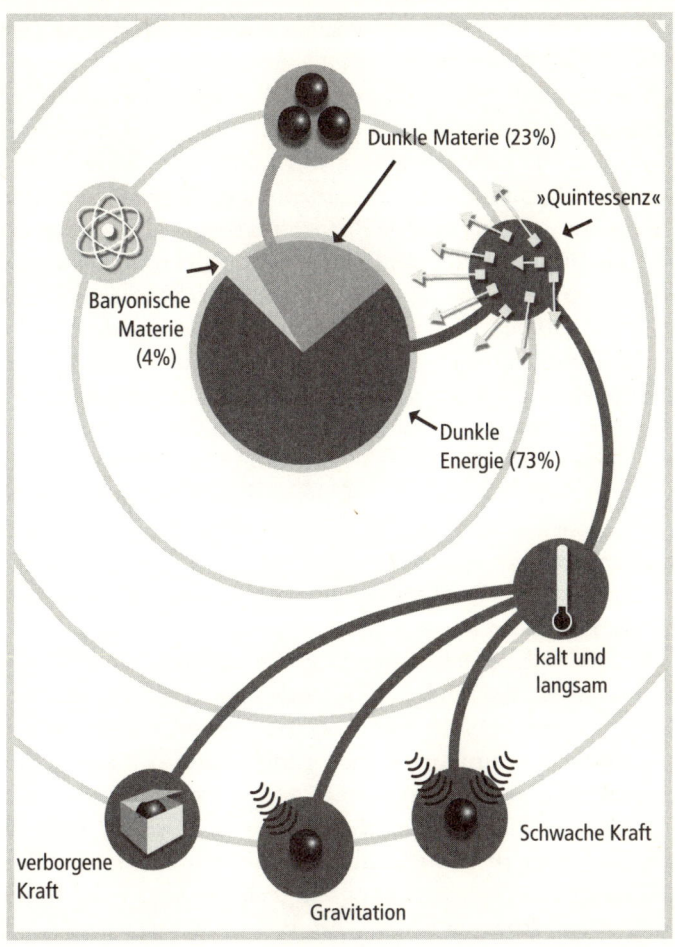

Dunkle Materie (23%)

»Quintessenz«

Baryonische
Materie
(4%)

Dunkle
Energie (73%)

kalt und
langsam

verborgene
Kraft

Gravitation

Schwache Kraft

Abb. 21: Information und Kräfte bestimmen die Zusammensetzung der Materie und ihrer Umgebung. Hier wird der hypothetische Zusammenhang einiger beteiligter Energien aufgezeigt, die sich aus dem alles dominierenden Vakuum heraus entwickeln. Die Dunkle Materie und die Dunkle Energie haben Verbindung zur Schwachen Kraft, zur Gravitation und zu den WIMPs.

keit in Kilometern pro Sekunde als »Raumstrecke« pro »Zeiteinheit« eine Rolle spielt.

Der Ich-Wille des Alltagsbewusstseins ist photonenaktiv und kann zur Zeit und zum Raum hin vermitteln; das ergibt das Erleben der Alltagswelt mit Vernunft.

Das Selbst des Unterbewusstseins der Interwelt ist ohne Raum und Zeit, da Vektor-Bosonen-Z^0-aktiv; hier existieren die Empfindungen, die abgerufen werden, um Sinn und Bedeutung zu geben und damit die Realität aus Sicht der Alltagswelt zu schalten. Mit der Schwachen Wechselwirkung können wir nicht nur Information der Interwelt, sondern auch Materie dirigieren. Z^0-Bosonen stecken in allem, in Hormonen, in DNA, Enzymaggregaten, Muskeln und so weiter und werden mit jedem Gedanken direkt oder indirekt beeinflusst. »E-motionen« entstehen durch Gefühle und verwenden dafür die Botenteilchen Z^0, W^+ und W^-. Damit wird Materie veränderbar – wie wir es täglich erleben.

Ordnung und Qualität von Enzymen und Hormonen hängen vom Kernspin ab, was wiederum von der Menge und Aktivität der Botenteilchen der Schwachen Kraft Z^0 abhängt – Eigenschaften, die auch dem kausalen Einfluss von Gefühlen zugeschrieben werden (zum Beispiel Psychoendokrinologie und Psychoneuroimmunologie). Um mithilfe der Schwachen Kernkraft Spins zu verändern oder Neutronen zu Protonen zu verwandeln und umgekehrt, ist nur notwendig, dass die Quarks im Innern ihre Identität wechseln (Alchemie: Um Blei in Gold zu verwandeln, müsste lediglich die Anzahl der Protonen und Neutronen im Atomkern verwandelt werden).

Gibt es Hinweise dafür, dass Gefühle und Kern- beziehungsweise Elektronenspin direkt miteinander verbunden sind, so, wie eben im Modell dargestellt? Von Wissenschaftlern der Harvard-Universität (USA) kommt die Feststellung: »Kernspin-Beeinflussung macht glücklich« (dpa 2010). Depressive Patienten fühlen sich nach einer Untersuchung im

Kernspintomografen (MRT) für Stunden beziehungsweise bis zu einer Woche deutlich zufriedener.

Es funktioniert auch in umgekehrter Richtung. Der amerikanische New-Age-Autor David Spangler schrieb:

»Die ganze Kernenergie ... reagiert empfindlich auf Einflüsse aus dem Bewusstsein. Sie kann durch Feedback beeinflusst werden, das von der physischen Ebene der Manifestation kommt, oder noch wirksamer von der Ebene des Gefühls oder Geistes oder von spirituellen Ebenen jenseits davon« (Spangler 1978).

Boguslaw Lipinski nahm im Jahr 1985 als Professor in Boston in verschiedenen Kirchen, unter anderem auch in der Kirche des Wallfahrtsortes Medjugorje, Energiemessungen vor (Lipinski 1985). Er verwendete dafür ein Elektroskop, das gleichzeitig die elektrische Ladungsmenge und die Ionisierungsaktivität radioaktiver Quellen messen kann. Das Dosimeter für ionisierende Strahlungen zeigte die Radioaktivität in Millirad (mR/Zeit) an. Übliche Messwerte während der Gottesdienste waren 100 bis maximal 4000 mR/h. In Medjugorje (St.-James-Kirche) jedoch wurden während einzelner Gebete kurzfristig 100000 mR/h gemessen bei einer Luftionenmenge von dicht unter 100000 Ionen pro Kubikzentimeter Luftvolumen. Eigentlich ist eine derart überhöhte Dosis der Radioaktivität für die Menschen höchst gefährlich, aber die Anwesenden wurden nicht krank. Lipinski konnte auch die Werte mit der Anzahl der Menschen korrelieren, die intensiv beteten. Je mehr Pilger sich zum Gebet einfanden, desto höher stieg der gemessene Wert am Elektroskop. Und dieser Wert sank wieder, wenn die Menschen die Kirche verließen. Interpretiert wurde das Geschehen so, dass Energiefelder der Isotope mit dem Gerät messbar sind, dass es sich aber in den Kirchen nicht um die übliche Radioaktivität handelt, sondern um eine Kraft, die ein atomares Geschehen auslöst, das der Radioaktivität ähnlich ist.

Orte mit Strahlung sind bei Naturvölkern mitunter heilige Orte. Die Autorin Ute Wittmann schreibt:

»Während Uran in unserer Zivilisation zu materiellen (destruktiven) Zwecken verwendet wird, bezeichnen die Ureinwohner, wie die Aborigines in Australien und wie die Indianer, Uranlagerstätten als heilige Orte oder Orte der Kraft, nutzen ihre offensichtlich psychischen Auswirkungen zur Wahrnehmungserweiterung und warnen gleichzeitig davor, das Uran aus der Erde zu holen ...«
(Wittmann 1984).

Die Kernstrahlung einiger Isotope wie K40 von Patienten – gemessen mit Radioaktivitätsmessgeräten – verändert sich um 3 bis 6 Prozent unter Heilungsbehandlungen (Benford 2000). Alle Kernstrahlung ist immer auch mit der Schwachen Kraft verbunden, die offensichtlich durch Gefühle wahrscheinlich über die Dunkle Energie oder Dunkle Materie beeinflusst wird.

Fassen wir das Modell zusammen: Unsere Ich-Instanz, eingesetzt von den Selbst-Instanzen, unterliegt den Prinzipien der Quantenphilosophie. Zugrunde liegen Informationen, die genutzt werden können, um Kräfte an Massen zu schalten; und so entstehen aus Molekülen Formen/Strukturen/Gestalten. Erst jetzt kommt die Zeit ins Spiel, die immer erst an Massen entstehen kann. Die Heimat der Selbst-Instanzen ist aber die massefreie Vakuumphase – eine Interwelt des unbewussten Erlebens und der Datenspeicherung. In der Vakuumphase können die Selbst-Instanzen mangels Massen nicht zwischen Vergangenheit, Zukunft und Gegenwart unterscheiden – alles, was das Leben ermöglicht und was das Ich erlebt, ist gleichermaßen in der zeitlosen Interwelt abgespeichert. Die Inhalte des Speichers sind universell präsent und können über beliebige Entfernungen wirken. Sie sind Teil eines universellen Energie- und Informationsfeldes. Ich und Selbst mit Wille und Motivation sind mit dem Hilfswerkzeug Bewusstsein/Unterbewusstsein fähig, quasi durch Programmierung dieser universellen Matrix, Geschehnisse hervorzurufen und zu erfahren. Dies geschieht mithilfe der Dunklen Materie und der Schwachen Wechselwirkung.

Im Nahtod, im Traum, während Trance und Meditation wird das Ich mit seiner elektromagnetischen Alltagserlebniswelt, der Photonenwelt, zurückgelassen, und das Selbst mit seiner Bosonenwelt übernimmt das Geschehen. Dies geschieht, indem Filter, Barrieren, Zensoren der Gehirnfunktion stillgelegt werden. Was in den Traditionen »die Öffnung des Dritten Auges« genannt wurde, entspricht diesem Vorgang, wobei das im Ritual bewusst und willentlich geschieht.

Aus dem Modell können wir folgenden Nutzen ziehen: Wenn wir es im normalen Alltagsleben schaffen, die elektromagnetisch vermittelte Außenwelt auszusperren, können wir hochkonzentriert die Welt der Dunklen Materie, die Innenwelt des Selbst mit ihren unendlichen Möglichkeiten aufsuchen.

4. TEIL:

WAS MÜSSEN
WIR TUN?

Der Schlüssel: den Zensor und Autopiloten abschalten

»In dem Moment, in dem man die Intuitionsenergie einschließlich ihrer vollständigen Gefühlsspektrums – der Seele zugehörig – mit dem Willen beherrscht, erlangt man universelles Bewusstsein (›Gott sehen‹, Gottes-Bewusstsein).«
MARTINUS

Methoden zur Aktivierung der Zirbeldrüse

Wenn ich im Folgenden versuche, meine Methoden zur Aktivierung der Zirbeldrüse nachvollziehbar zu erklären, dürfen wir die Tatsache nicht außer Acht lassen, dass wir sie in einem Körper aus Materie etablieren müssen, der bereits durch angeborene genetische Funktionen, Lernen und Konditionierungen eine eingeprägte Funktion hat.

Ich habe mich zuerst gefragt, was für das Träumen physiologisch notwendig ist. Denn im Traum besuchen wir ja regelmäßig das Unterbewusstsein, das wir hier als Teil der Interwelt und als Bewusstsein des Selbst interpretieren. Die nächste Frage war, wie ich die Trauminhalte bewusst lenken kann. Denn Träume sind chaotisch und folgen nicht einem vorgegebenen Ziel der Besuche der Interwelt. Luzide Träume dagegen können – wenn alles gut läuft – entsprechend dem Willen ablaufen und das genannte Ziel gut erreichen. Um entweder luzide Träume zu haben, was schwierig genug ist, oder aber analoge Zustände zu luziden Träumen neu aufzubauen, was leichter zu erreichen ist, müssen mehrere Wissensbereiche verstanden und verinnerlicht werden, die ich hier punktuell als Stichworte aufführe (anschließend wird alles detaillierter erklärt):

1. *Hypnogene Zustände:* Diese Zustände ermöglichen den Besuch in der Interwelt.
2. *»Default-Mode-Netzwerk«:* Dieses Netzwerk vermittelt die Ausschaltung der Außenreize.
3. *Frontalhirn:* Hier wird die Steuerung der Erlebnisse zum Körper hin gestaltet.
4. *Rechter und linker präfrontaler Cortex:* Hier wird unsere Stimmung festgelegt und der Wille zur bewussten Beeinflussung eines Geschehens gestartet.
5. *Neuroplastizität:* Dies bedeutet eine neue »Verdrahtung« von neuronalen Netzwerken über Synapsenschaltungen.

Hypnogene Zustände

Es klang immer wieder an: Um eine neue Wahrnehmung in Welten außerhalb des gewohnten Alltags bewusst zu erhalten, müssen wir etwas an unserer Hirnverschaltung ändern. Das ist keinesfalls ungewöhnlich, sondern nur unüblich. Denn mit unseren Träumen sind wir wie gesagt bereits regelmäßig in einem Teil dieser Nichtalltagswelten. Das nutzt uns aber wenig, denn Träume sind ohne besondere Maßnahmen nicht mit dem Bewusstsein steuerbar, und sie sind schlecht erinnerbar. Beides wäre aber eine Voraussetzung, um das Potenzial der Interwelt vollkommen auszuschöpfen. Wir wollen auf diesem Weg Wissen erlangen, Probleme lösen, Intuitionen bekommen, die wir mit dem Bewusstsein als brauchbare Information abrufen und erinnern wollen – das funktioniert nicht im normalen Traum.

Dennoch – wenn wir uns klarmachen, wie der Traum sich vom wachen Alltagserleben unterscheidet, dann kennen wir schon mal den Weg, wie wir diese Jenseitswelt aufsuchen können. Das Entscheidende kommt danach, nämlich wie wir aus dem unermesslichen Energie- und Informationsbereich der

Interwelt Antworten auf unsere Fragen bekommen; eben auch, wie wir die Gesundheit durch den Wirkeffekt des Placebos optimieren können. Wir werden uns also den Schlaf mit dem Traum gleich ansehen müssen.

Auf die Frage, welcher Mechanismus hinter dem aktiven Aufsuchen der Interwelt steckt, haben wir bereits mehrfach die Antwort angedeutet: Wir müssen den Zensor abschalten. Gemeint sind damit bestimmte Netzwerke des Neocortex.

Aber bereits an dieser Stelle ist eine Warnung fällig: Sobald wir die Netzwerke für alltägliche Gedanken stilllegen, also bestimmte Teile des Neocortex hemmen, werden die bis dahin zensierten Teile des Zwischenhirns aus ihrer Zwangsjacke entlassen und deshalb hyperaktiv. Es kann bei noch ungeübten Anfängern der Methode zur plötzlichen Freisetzung unterdrückter Ereignisse kommen, mit einer kaum zu bändigenden Explosion verborgener Empfindungen. Unangenehme negative Erinnerungen können dann schmerzlich bewusst und übermächtig werden. Aber hierin liegt auch die große Chance der Reinigung und des Löschens dieser Abspeicherungen: Was bisher im Unbewussten weggesperrt war, unerreichbar für das Ich-Bewusstsein, kann nun mithilfe der Bewusstheit reguliert werden. Die Bilder und Handlungen können bewusst bewertet, gerichtet und in Ordnung gebracht werden. Das Löschen ist dann nur noch eine Zeit von Tagen, in denen sie beliebig erinnert und durch bewusste »Einsichtigkeit« abgebaut werden können.

Reduzierte Ich-Präsenz – Traum, Trance, Hypnose, Nahtod, Meditation
Schauen die Forscher mit bildgebenden Verfahren in das Gehirn, dann fällt auf, dass Traum, Trance, Nahtod, Hypnose und Meditation sowie durch zahlreiche psychoaktive Drogen verursachte veränderte Wahrnehmungszustände das Merkmal einer geringen Aktivität des vorderen Gehirnbereichs, des

Frontalhirns, aufweisen (Dietrich 2003). Das heißt, der Gehirnbereich hinter unseren Augen und hinter unserer Stirn senkt seine Durchblutung, seinen Sauerstoff- und Glucoseverbrauch, damit seine Nervenfunktionsaktivität. Ist das der Fall, dann entstehen für uns Gefühle von Zeitlosigkeit, es vermindert sich die strategische Planung, die Bewertung eines Geschehens reduziert sich, kurz gesagt, wir verlassen das übliche Alltagsdenken. Wir haben damit freie Ressourcen, um in das Unbewusste einzutauchen. Damit verlassen wir auch die gewohnte Kontinuität von Ursache und Wirkung in zeitlicher Folge. Das verändert sogar unsere gewohnte soziale Integrität. Wir erfahren ein neues Individuum – es ist die Stilllegung des Ichs, sodass das Selbst zum Vorschein kommt.

Die besten Gelegenheiten für die Hemmung der Frontalhirnaktivität und für einen Besuch des Unbewussten finden wir erst einmal im Schlaf mit seinen eigenartigen Einschlaf- und Aufwachzuständen und den Traumstadien. Dann aber auch zum Selbstausprobieren in Trance, im besonderen Fall in der Hypnosetrance.

Schauen wir uns zuerst den Schlaf an – für uns alle selbstverständlich, gewohnt und doch sehr seltsam, verglichen mit den Alltagswahrnehmungen.

Ungefähr ein Drittel des Lebens verbringen wir im Schlaf, in dem unsere alltägliche Wahrnehmung ausgeschaltet ist und durch virtuelle Anschauung ersetzt wird. Nicht das Ich hat nun weiterhin die Kontrolle, sondern die für das Ich unbewussten Selbst-Instanzen. Das gewohnte Ich wird ausgeblendet, und sein Doppelgänger, das ansonsten unbewusste Einfache Selbst, spielt nun die Hauptrolle.

Wir wollen verfolgen, wie der Nachtschlaf und der Traum eingeleitet werden. Zuerst registrieren spezialisierte Netzhautzellen unserer Augen einen Lichtwechsel. Auch Blinde haben diese Zellen und können das schwindende Sonnenlicht mit der Farbänderung ins Rote unbewusst registrieren. Wenn wir jetzt nicht den Fehler machen, bläuliches Fernseh- oder Computerlicht in die Augen zu strahlen, schaltet der Körper bereits auf Müdigkeit. In der Zirbeldrüse wird nun Melatonin produziert, weil der Neurotransmitter Noradrenalin die spezialisierten Zellen innerhalb der Pinealozyten dazu auffordert.

Die Körperkerntemperatur sinkt leicht ab, um nur ein halbes Grad, aber so schnell, dass wir vielleicht ein Frösteln spüren können. Im Bett angekommen, liegen und entspannen wir. Die Nervensignale aus den Füßen, Beinen, Händen und dem Körper verebben und verschwinden aus der Gehirnaktivität. Die elektrischen Aktivitäten der Gehirnneuronen schalten eine andere Gangart ein. Es kommt zu einem einheitlichen Feuern unterschiedlicher Neocortex-Regionen. So entsteht ein kohärentes elektrisches Summenfeld im niederfrequenten Impulsrhythmus, je nach Frequenz »Alpha-«, »Theta-« und »Delta-Rhythmus« genannt. Sobald wir die Augen schließen, verändern sich die elektrischen Hirnwellen von Beta- (10 bis 30 Hertz) zum Alpha-Rhythmus (um 10 Hertz). Die zusätzliche Entspannung bewirkt den Theta-Rhythmus (um 4 bis 8 Hertz). Dieses elektrisch eigenartige Summenfeld hat weitreichende Konsequenzen für die Zirbeldrüse, was uns später noch sehr beschäftigen wird.

Das Zwischenreich beim Einschlafen – Hypnagogie

> *»Der Traum ist die Spiegelung der Wellen des unbewussten Lebens am Boden der Fantasie.«*
> HENRI-FRÉDÉRIC AMIEL

Bereits in der Phase kurz vor dem Einschlafen sind unsere Muskeln erschlafft, der Körper braucht dadurch weniger Sauerstoff, der Herzschlag sinkt, und die Atmung wird deshalb flacher. Geräusche der Umgebung werden nicht mehr vollständig in den Neocortex durchgeschaltet, einzelne Geräusche, die unbewusst als latente Gefahr gedeutet werden, sind überhöht laut, sozusagen als letzte Warnung vor der vollkommenen Abschottung zur Umwelt. Dahinter steckt ein Sinken des Muskeltonus im Ohr, der Hammer, Amboss und Steigbügel nun nicht mehr strafft. Ohne Tonus schwingen die Schallüberträger deutlich stärker und vermitteln damit hohe Lautstärke.

Mit der Abtrennung von den Eindrücken aus der Außenwelt wird der Alltagsmodus verlassen. Jetzt hat die uralte Struktur im Gehirn, die wir »Thalamus« nennen, ihre Aktivität eingestellt; dies geschieht etwa neun Minuten früher als beim Neocortex. Der Dienstleister für das Bewusstsein ist somit zuerst gehemmt und schaltet danach vollkommen ab. Da der Thalamus der Torwächter aller elektrischen Signale unserer Sinne zum Neocortex ist, gelangen nun keinerlei Sinnesinhalte mehr zur Wahrnehmung. Damit verschwindet auch jedes ordnende Denken.

Die Folge ist ein »hypnagoger Zustand« (von den griechischen Wörtern *hýpnos* für »Schlaf« und *agōgós* für »[herbei] führend«). Nicht mehr wir (unser Ich) sind geistig aktiv, sondern uns werden Bilder und Szenen aufgeprägt; sie kommen bereits aus der Interwelt, gesteuert von den Aktivitäten des Selbst. Das bedeutet: Ideen und Gedanken, die uns jetzt in der Hypnagogie überfallen, korrespondieren direkt mit der Interwelt. Wenn wir bereit genug für diesen Zustand sind, kann nun ein Fluss von Intuitionen auf uns niederprasseln. Sind wir geübt, diese Phase bewusst zu erleben, dann können wir, wie zum Beispiel der bereits genannte Chemiker August Kekulé, Wissen zugespielt bekommen. Er bekam im Jahr 1865 beim Dösen im Wachtraum am Kaminfeuer die lange gesuchte Struktur des Benzolmoleküls als Vision – eine Schlange, die sich in den Schwanz beißt – und wusste intuitiv sofort die Bedeutung des Symbols. Oder der schottische Schriftsteller Robert Louis Stevenson (1850–1894): Ihm wurde im hypnagogen Zustand die Geschichte *Der seltsame Fall des Dr. Jekyll and Mr. Hyde* eingegeben. Auch Paul Klee (1879–1940) bekam die Ideen für viele seiner Gemälde als Intuition in diesem Zustand. Einstein ist bekannt für seine Meinung, dass sein Wissen vornehmlich über Intuition beim »Nichtsdenken« zustande kam.

Wenn wir Anfänger sind und diesen Zustand während des Einschlafens noch nicht konservieren können, schließt sich das Hypnagogie-Fenster nach einigen Minuten wieder – dann verpassen wir Nacht für Nacht unsere wichtigsten Chancen. Denn im Prinzip ist die Hypnagogie während des Einschlafprozesses genau der Zustand, der das Dritte Auge öffnet: ein Beinahe-Schlaf mit Bewusstsein.

Schauen wir uns einmal an, wie sich der Traum einstellt; er hat ebenfalls etwas mit dem Dritten Auge zu tun. Zuerst müssen wir einschlafen. Das erste Schlafstadium (Schlafstadium 1) wird durch Theta-Wellen angezeigt, unterbrochen durch auffällige Wellenstrukturen, die als Sekundenimpulse viermal höhere Amplituden als die Theta-Wellen haben – es sind die Schlafspindeln. Im Schlafstadium 2 werden die Theta-Wellen im Rhythmus schneller bis doppelt so hoch in ihrer Frequenz. In diesem Stadium sind wir von unserer Umgebung weiterhin getrennt, und ab und zu träumt es uns mit ziemlich rationalen Inhalten. Dieses Stadium hält uns zehn bis fünfzehn Minuten im Bann, bis wir sehr plötzlich ins Schlafstadium 3 abtauchen. Dieses Stadium 3 zeichnet sich durch ein elektrisches Delta-Wellen-Feld aus mit deutlich langsameren Schwankungen als die Theta-Wellen.

Während für unsere Geist-Seele der Traumschlaf notwendig ist, ist für unsere Körpermaterie der Tiefschlaf das Wichtigste. Beide Phasen, Traum- und Tiefschlaf, sind unbedingt erforderliche Phasen der Regeneration. Im Traum kann die

Geist-Seele sich selbst erleben und unter Umständen repariert werden. Im Tiefschlaf werden Wachstumshormone fontänenartig ausgeschüttet, und beschädigte Gewebe werden durch Bildung neuer Zellen und Gen-Aktivierung repariert.

Das Schlafstadium 3 geht fließend über in dieses wertvolle Tiefschlafstadium 4 mit noch größeren, noch langsameren Wellen *(Slow Wave Sleep)*. Die Regeneration läuft auf Hochtouren. Für den Körper ist das die mit Abstand wichtigste Erholungsphase. Eigentlich sollten wir unsere Körpererholung nicht an der Gesamtdauer des Nachtschlafs festzurren, also sieben oder acht Stunden Schlaf, wie überall proklamiert wird, sondern an der Dauer, Tiefe und Häufigkeit des Tiefschlafs. Zwei, drei ausgeprägte Schlafstadien 4 können uns fitter machen als acht Stunden Schlaf ohne diese Phasen.

Schlafende erobern die Umgebung

In diese Phase des Schlafstadiums 4 kann ein eigenartiges Phänomen fallen: das Schlafwandeln. Der im Tiefschlaf befindliche Mensch steigt aus dem Bett, läuft zielsicher herum, ohne über Hindernisse zu stolpern; er geht in die Küche, holt sich etwas zu trinken oder sogar zu essen, schließt die Wohnungstür auf, läuft auf den Bürgersteig, meidet die Straße. Das Gesicht ist ohne jede Mimik, die Augen blicken starr in die Ferne oder sind fest geschlossen. Der Ausflug wird beendet, indem der Schlafwandler schnurstracks zurück ins Bett geht. Eine Erinnerung daran ist ihm versagt. Es soll sogar vorgekommen sein, dass Somnambule Morde begangen haben und sich morgens nicht mehr daran erinnern konnten. Und in verschiedenen Fällen soll dann sogar der Staatsanwalt von der »Unschuld« des Delinquenten überzeugt gewesen sein.

Wie kann man das Schlafwandeln erklären? Das Bewusstsein ist nicht tätig, die Sinneswahrnehmungen und die Muskeln sind es aber schon – verrückt ist der Zustand, denn die Augen fixieren nicht, sie akkommodieren auch nicht auf Ferne und Nähe, ja, sie können sogar geschlossen sein, und dennoch läuft dieser Mensch zielsicher durch die Peripherie, kann – wie berichtet – Flüssigkeiten in Behälter gießen, eine feinmotorische Höchstleistung, Kuchen backen; eigentlich sind alle alltagstauglichen Aktivitäten möglich. Wie sieht dieser Schlafwandler, wie hört er, wie erkennt er sein Ziel, zum Beispiel zurück ins Bett? Man weiß es nicht, aber das Phänomen existiert und kann nicht weggeredet werden.

Der Schweizer Neurologe Claudio Bassetti schaffte es, schlafwandelnde Probanden in einem Gehirnscanner zu untersuchen (Hürter 2010). Es ergab sich ein eindeutiges Bild: Der präfrontale Cortex, der letztlich für unseren individuellen Willen steht und das Alltagsbewusstsein repräsentiert, war in seiner Aktivität deutlich reduziert, während diejenigen Zentren, die für emotionale Reaktionen zuständig sind, bestens mit Sauerstoff versorgt wurden und dementsprechend aktiv waren.

Wir als Selbst der Interwelt

Nach etwa dreißig Minuten in der Tiefschlafphase tauchen wir wieder auf und durchleben rückwärts die Schlafstadien 3 und 2. Bisher haben wir sechzig bis neunzig Minuten des Nachtschlafs hinter uns. Aber unvermittelt zucken unsere Augenlider, und unter den Lidern rollen die Augäpfel hin und her; wir gelangen in die REM-*(rapid-eye-movement-)*Phase, die Traumphase mit schnellen Augenbewegungen. Wieder ergibt sich eine vollkommen neue Situation, denn unsere Skelettmuskulatur ist von den Befehlen aus den Projektionszentren im Neocortex vollständig abgekoppelt; es kommen keine koordinierten Impulse mehr zu den Muskeln, im Prinzip sind wir gelähmt.

Und das ist auch dringend notwendig. Denn die REM-Phase lässt uns aufregende virtuelle Sensationen mit allen Einzelheiten des Erlebens erfahren. Wir können keineswegs unterscheiden, ob dieses Erleben nun in der realen Alltagswelt stattfindet oder ob es »nur« ein Traum ist. Wir hören und sehen ohne Aktivität unserer Sinnesorgane. Und damit wir die Szenerie nicht ausleben können, etwa uns mit einem Sprung aus dem Fenster vor den Verfolgern retten, gegen die Wand laufen und uns auf diese Weise verletzen, sind wir während der REM-Phasen gelähmt. Die sogenannte Schlaflähmung zeichnet sich dadurch aus, dass die Koordination der Muskelfasern ausfällt. Soll ein Muskel sich verkürzen, muss in allen einzelnen Muskelfasern, die einen Muskel ausmachen, exakt zur gleichen Zeit die gleiche Kontraktionsstärke einsetzen. Bei der Schlaflähmung reagieren zwar die Muskeln entsprechend zum Traumgeschehen immer noch, aber mehr als kurze Zuckungen kommen nicht zustande, weil es keine Gemeinsamkeit der Muskelfaseransteuerung mehr gibt. In den Träumen kann dieser Umstand für uns ab und zu deutlich werden, wenn wir fliehen wollen, dann aber die Lähmung spüren, sobald wir schreien wollen, dann jedoch kein Wort herausbekommen. Auch die Gehirnzentren für Laufen, Hören, Sehen, Lachen können im Traum durchaus aktiv sein, aber die Umsetzung in die Materie fehlt.

Allerdings haben einzelne Personen eine Störung genau dieses Lähmungsmechanismus im REM-Schlaf, genannt »REM Sleep Behavior Disorder (RBD)«. Bei ihnen erschlafft die Skelettmuskulatur nicht, sie können deshalb komplexe, zielgerichtete Bewegungen im Traum ausführen. Das kann über blaue Flecken hinaus zu katastrophalen Verletzungen führen. Mehr als 80 Prozent der Betroffenen haben das Alter von sechzig Jahren überschritten.

Wenn wir die virtuelle Szenerie wahrnehmen, sind die entsprechenden Gehirnzentren tatsächlich aktiv, als ob wir im Alltag wären. Durch die Gehirnaktivität einzelner Zentren wandelt sich das EEG im Traum von Theta-Wellen in die schnelleren Alpha- und Beta-Wellen um. Dieser Zustand kann länger oder kürzer als zehn Minuten andauern oder auch nur sehr kurz sein. Zum Morgen hin wird er aber immer länger. Das ist eine absolute Notwendigkeit. Denn im Nachtschlaf kühlen wir aus, weil unsere normale Heizung, also die Muskeltätigkeit und die Nahrungsverbrennung, nicht mehr stattfindet. Würde unsere Kerntemperatur unter 36 Grad Celsius sinken, kämen die Diffusionsprozesse für Sauerstoff in die Zellen hinein ins Stocken. Weniger als 35 Grad Celsius Kerntemperatur kann bereits tödlich sein. Ein aufregender Traum mit Ausschüttung von Adrenalin kurbelt aber die Verbrennung der Fette wieder an, und damit heizen wir den ausgekühlten Körper erneut hoch. Jede REM-Phase lässt die Kerntemperatur vorübergehend etwas ansteigen. Zum Morgen hin am Ende der langen Nacht ist die Auskühlung besonders kritisch und braucht deshalb eine ausgedehnte aktivierende Traumphase.

Immerhin werden in der gesamten Nacht 20 bis 25 Prozent unseres Schlafs im Traumschlaf stattfinden, bei den meisten Menschen sind das etwa ein bis zwei Stunden, und ebenso viel im Tiefschlaf; der Rest besteht aus leichtem Schlaf (Schlafstadium 2). Säuglinge und Kleinkinder dagegen bekommen die Hälfte ihres Schlafes als Traumphase geschenkt und konstruieren damit ihr Gehirn-Netzwerk. Wie sollten sie es auch sonst schaffen, da sie noch keine Umweltreize durch Explorieren aufnehmen können, um Synapsen durch Lernen zu schalten?

Den Traum erleben wir als einen Teil unseres Selbst in der Interwelt. Der finnische Philosoph und Neurowissenschaftler Antti Revonsuo hält REM-Träume für »Bewusstsein in Reinform« (Zeit Wissen 2013). Wir haben nun keine Körpermaterie mehr, unterliegen deshalb auch nicht mehr der Schwerkraft, wir können fliegen und machen von unserer Masselosigkeit Gebrauch, indem wir durch Mauern gehen. Wir sehen weit entfernte Geschehnisse, übernehmen als internes Erlebnis die

Taten anderer und spüren die Leiden, die anderen Menschen angetan werden. Wir können mit Tieren und Pflanzen sprechen. Wir denken uns an schöne Strände und gleich danach auf eine blühende Alm. Wir sehen unsere Lieben, die längst verstorben sind, und wir streiten mit unseren Partnern und lieben sie.

Dies alles mutet extrem seltsam an, wenn wir es jetzt lesen, aber im Traum fühlt es sich völlig normal an. Es passiert wirklich, und entsprechend reagieren alle vegetativen Prozesse in unserem Körper, wir schwitzen, wir zittern, wir sind erregt. Nicht nur in aufregenden Situationen schütten wir alle Hormone aus, die wir auch in identischen Szenen der Alltagswelt ausschütten würden, sondern jede Szene wird mit den dazugehörigen Emotionen aufgrund ausgeschütteter Neurotransmitter bedient: Freude, Wohlgefühl, Glückseligkeit oder das Gegenteil.

Und somit kann etwas Unglaubliches passieren: Wenn wir im Traum die reale Szenerie der Heilung erleben, werden tatsächlich alle zur Heilung notwendigen Prozesse aktiviert. Und warum heilen sich dann so wenig Menschen mithilfe dieses Phänomens?

> Weil Heilung kein Sekunden- oder Minutenphänomen ist. Trauminhalte sind aber oft Sekundenphänomene, auch wenn sie uns immens lang erscheinen.

> Und weil für alle notwendigen Details einer fortschreitenden Heilung diese besondere Traumsituation sich über Wochen immer wieder wiederholen müsste. Denn nur eine Zellkolonieerneuerung im Gewebe zum Zeitpunkt X macht noch keine Gewebe- oder Organheilung.

> Und weil für eine willentlich geordnete fortschreitende Heilinformation das Bewusstsein in Form des Placeboeffekts eingesetzt werden muss, was aber nicht nur im Traum existieren darf, sondern als Erinnerung im Alltag

die Fortsetzung finden sollte. An Träume erinnert man sich aber meistens nicht.

Alle diese Punkte sind in *einem* gewöhnlichen Traum nicht erfüllt. In der Antike gab es deshalb für die Heilung Heiltempel unter der Leitung von Priestern, die den Heilschlaf lehrten. Hier wurde den Kranken beigebracht, wie die Geist-Seele mithilfe der Trance den Heilprozess Tag und Nacht ausüben kann. Wir müssen genau diese Methoden wieder lernen. Denn eine entscheidende Besonderheit der Traumszenerie ist ja gerade, dass diejenige Instanz, die kritisch überdenkt und eine Wertung vornimmt, also der Verstand, der wesentlich zum Geben von Sinn und Bedeutung (unserem Realitätsschalter an Massen laut Quantenphilosophie) dazugehört und ordnet, nicht vorhanden ist. Alles wird im Traum so hingenommen, wie es ist, und sei es noch so chaotisch, von Ordnung ist oft keine Spur vorhanden. Heilung aber ist Ordnungswiederherstellung.

Laut Umfragen geben fast zwei Drittel der Menschen an, Déjà-vu-Träume erlebt zu haben. Der Psychologe Arthur Funkhouser, Bern, hat mithilfe von Fragebogen im Internet herausgefunden, dass 6 Prozent der insgesamt 1055 Befragten mindestens einmal täglich ein Déjà-vu erleben. Der Psychologe Christopher Moulin von der Universität Leeds hat rund ein Dutzend Menschen ausfindig gemacht, die in einer permanenten Wiederholungsschleife leben (Funkhouser und Schredl 2010).

Wenn die Träume uns ungünstigen oder sogar schädlichen Einflüssen wiederholt aussetzen, sind wir diesen ausgeliefert, was sehr unbefriedigend ist. Tatsächlich ergab die Auswertung der Trauminhalte von mehr als 650 Probanden in einem Schlaflabor in Montreal, dass häufiger von Versagen, Missgeschicken und Unglück geträumt und erinnert wurde als von schönen, freudigen, wohltuenden Erlebnissen (Robert und

Zadra 2014). Das bezog sich auf mehr als ein Drittel der Träume, die sämtlich von Angst und Furcht geprägt waren. Ob diese Häufung nun normal-natürlich ist oder durch alltägliche unschöne Umwelteinflüsse ausgelöst wird oder auch durch schreckliche allabendliche Filme im Fernsehen oder Computerspiele, sei momentan dahingestellt. Wichtig ist, wir *müssen* die negativen Träume nicht hinnehmen. Wir hatten ja bereits erfahren, dass das Geben von Sinn und Bedeutung aus dem Meer der Möglichkeiten jeweils einen Möglichkeitskomplex herausfischen kann, was wir dann zur Realität gestalten. So erschaffen wir uns die Alltagswelt, denn wir haben damit konkrete Informationskomplexe erzeugt, die nun Kräfte und Zeit an Massen der Materie im Alltag vollziehen. Wäre unser Alltagsbewusstsein auch im Traumzustand vorhanden, könnten wir die Traumwelt auch so lenken, wie es uns nutzt.

Genau dieses gewollte und gelenkte Geben von Sinn und Bedeutung, das im Traum fehlt und das sehr hilfreich im geordneten Heilungsprozess sein kann, können wir dagegen im sogenannten luziden Traum einbauen – einem Traum mit bewusster Vernunft. Haben wir dieses inzwischen wissenschaftlich erforschte luzide Träumen erlernt, können wir beliebig durch den Einsatz des Alltagsbewusstseins den Traum »schönträumen«.

Traumkräuter
Eine gewisse Fortsetzung der Tradition zum Heilschlaf findet sich bei den Naturvölkern. In der Pflanzenwelt gibt es regelrechte Traumkräuter. Dazu gehört die Afrikanische Traumwurzel *(Silene capensis)*. Sie wächst in den Tälern des Grünen Flusses in den östlichen Kapprovinzen in Südafrika. Bei den Xhosa-Stämmen ist diese Pflanze heilig, weil sie besonders intensive Träume hervorruft und laut Konsumenten auch Prophezeiungen bewirkt. Wirkstoffe sind Saponine (Triterpenoide). Eine weitere Pflanze ist *Calea zacatechichi,* ein Traumkraut,

das die Chontal-Indianer Mexikos das »Blatt Gottes« nennen. Weiter vorn hatten wir sie bereits erwähnt. Der Tee aus diesen Pflanzen fördert laut den Erfahrungen Träume und Hellsichtigkeit. Vermutlich werden die Rezeptoren unseres Gehirns durch die Pflanzenwirkstoffe bedient, die zum Neurotransmitter der Traumeinleitung gehören, wie etwa Acetylcholin.

Die Schlafforscher des US-amerikanischen National Institute of Mental Health injizierten Versuchspersonen eine Substanz mit Namen Arecholin, das dem Acetylcholin sehr ähnlich ist (Borbély 1998). Daraufhin träumten die Probanden früher und länger, was über das gut sichtbare Augenrollen während der REM-Phase gemessen wurde. Wenn sie dagegen den Acetylcholinhemmer Scopolamin gaben, verzögerte sich die REM-Phase. Durch weitere Versuche kann inzwischen ziemlich sicher geschlossen werden, dass die Acetylcholin erzeugenden Zellen und ihre Rezeptoren, die sich im Bereich des Pons Varolii (der Gehirnbrücke) des Hirnstamms befinden, offensichtlich die REM-Phasen-Anschalter sind. Ausgeschaltet wird diese Phase dann ebenfalls durch Zellen im Pons, die aber Noradrenalin erzeugen. Und immer wieder spielt Serotonin eine wichtige Rolle. Wurde die Serotoninausschüttung auf chemischem Wege blockiert, oder zerstörte man die serotoninbildenden Zellen, blieb der REM-Schlaf aus, und der Schlaf war stark verkürzt.

Früher meinte man, der Hirnstamm als Auslöser und Abschalter des REM-Schlafs sei auch der Ort der Traumsteuerung. Das hat sich als falsch erwiesen. Die vom Hirnstamm ausgelösten Nervenimpulse verbreiten sich vielmehr über Bereiche des Neocortex und werden dort mithilfe verschiedener aktivierter Zentren umgesetzt in Bilder und Geschehnisse, so wie es tagsüber mit den realen Sinnesreizen ebenfalls geschieht. Dabei werden die Reservoirs von Empfindungen und des Langzeitgedächtnisses geöffnet; beide Kategorien gehören nach unserer spekulativen Interpretation der Interwelt an.

Das Gehirn ist dabei immer nur ein Vehikel, um vom materiellen Körperzustand zum Geistigen zu kommen.

Zirbeldrüse und Traum

Wieder einmal wird klar, dass wir im Traum andere Welten betreten, die nicht mit den alltäglich verwendeten Sinnen erkannt werden und deren Vorhandensein Erlebnisberichten zufolge teilweise absolut real, also keine Halluzination, ist. Ich hatte bereits beschrieben, dass mit offenen und geschlossenen Augen – anders als bei Träumen – die gleichen Dinge wahrgenommen werden können. Die Alltagswelt kann mit dem Erleben der Interwelt sogar gemischt werden – das ist einmalig (Strassman 2004).

Jim DeKorne, der viel in diese Richtung experimentiert und durchaus plausible Berichte abgegeben hat, schreibt:

»Ich war wach, in meinem Zimmer, meine Frau schlief neben mir; ihr Gesicht seltsam errötet, und neben ihr im Bett lag … Ich! Ich schwebte passiv über meinem Körper und blickte zur Tür … Die Erfahrung war mit Sicherheit mit dem ›normalen‹ Wachbewusstsein nicht identisch … Aber das war keine Halluzination – ich kann immer noch die Möbel sehen, die Art, wie der Raum eingerichtet war. Es waren keine Lampen eingeschaltet, aber ich konnte alles so klar unterscheiden, als ob helles Tageslicht geherrscht hätte. Der Raum war von einem schattenlosen bernsteingoldenen Schein erfüllt« (DeKorne 1995).

An anderer Stelle beschreibt er den Besuch bei einer fremden Frau:

»Obwohl ich mich in einem veränderten Bewusstseinszustand befand, war ich trotzdem auf eine bestimmte Art vollständig wach – sie hingegen verhielt sich wie jemand, der träumte. Während dieser Erfahrung gab es dieses deutliche Gefühl eines Unterschiedes unserer Bewusstseinszustände ... Ich folgte ihr ›kraft meines Willens‹ – ich wüsste nicht, wie ich das sonst beschreiben sollte. Es ist nicht die Art, als wenn man sonst beginnt zu gehen. Ich ›schwebte‹ durch den Raum und den Flur hinunter hinter ihr her – ein Gefühl wie kein anderes! Man ›denkt‹ es, und bewegt sich schon!« (ebenda).

Um den »Traum des Wissens« zu erreichen, gab sich DeKorne eine Anleitung: Er musste die kritische Instanz wecken, die im Traum nicht in Funktion zu sein scheint. Und deshalb schärfte er seinem Geist ein, dass es dieser Instanz nicht erlaubt sein sollte zu schlafen; er beauftragte die Instanz regelrecht, wach zu bleiben und sich auf alles zu stürzen, was im Traum wertvoll erschien. Heute ist wissenschaftlich anerkannt, dass die Instanzen für Schlaf, Traum und Bewusstsein getrennten Gehirn-Netzwerken angehören und separat voneinander arbeiten.

Es liegt nahe, dass die Traumphasen während des Schlafs mit den erhöhten Melatonin- und Pinolinwerten irgendwie kausal zusammenhängen, wie auch J. C. Callaway vermutete (Callaway 1988). Er geht davon aus, dass die Wechselwirkung von Pinolin und Serotonin mit Gehirnrezeptoren jeweils die REM-Traumphasen bewirkt. Auch Klarträume und außerkörperliche Erfahrungen sowie besondere Wahrnehmungen während der Meditation hätten laut Callaway hier ihren Ursprung.

Wird bei dreizehnjährigen Jungen morgens um 9.00 Uhr Melatonin und Arginin-Vasotocin in niedriger Dosis verabreicht, schlafen diese innerhalb von fünfzehn Minuten ein. Da aber am helllichten Tag sehr wenig Pinolin aufgebaut wird, ist die Dauer (Latenz) bis zum Einsetzen des REM-Schlafs nach Schlafbeginn bis auf zwanzig Minuten verlängert (Pavel et al.

1981). Bereits an diesem Beispiel sieht man, dass Traum und Schlaf verschiedene Seiten einer Medaille sind.

Die Stimulierung des Schaltmechanismus DMT geschieht durch zwei Möglichkeiten:

1. direkte Aktivitätsreduzierung von Teilen des Neocortex durch physiologische Prozesse wie Schlaf und Traum,
2. indirekte Aktivitätsreduzierung von Teilen des Neocortex durch Neurotheologie (wissentliche Disziplin).

Eine direkte Aktivitätsreduzierung von Teilen des Neocortex geschieht durch Erniedrigung des Sauerstoffpartialdrucks infolge Absenkung der Körpertemperatur im Schlaf mit der Folge verringerter O_2-Diffusion. Die physiologische Folge davon ist die Traumeinleitung. Heftige Traumerlebnisse mit allen Begleiterscheinungen wie Adrenalinausschüttungen sind zwingend nötig, um die Körperkern-Temperatur wieder anzuheben und damit die O_2-Diffusion zu erleichtern.

Der Torwächter Thalamus schließt das Tor zu Teilen des Neocortex. Sinnesreize aus der Körperperipherie gelangen dann nicht mehr in den Neocortex. Eine zusätzliche besondere Aktivierung des präfrontalen Cortex und nachfolgend des Hippocampus dämpft weiterhin neuronale Erregungen in verschiedenen Regionen des Neocortex. Bei beiden Maßnahmen wird die »Alltagsbarriere« abgebaut.

Das Zentrum des Ichs

Ein Bereich hebt sich bei der Steuerung des Traums also besonders hervor: Es ist das Frontalhirn, also der vordere Teil des Gehirns hinter dem Gesichtsbereich. Menschen, deren Hirnstamm beschädigt ist, haben keinen REM-Schlaf mehr, aber sie können weiterhin träumen. Umgekehrt: Wenn das Frontalhirn beschädigt ist, kann der Mensch einen REM-Schlaf haben, aber nicht mehr träumen – so die offizielle Meinung der Forscher. Diese Meinung überzeugt aber nicht, denn es ist genauso gut möglich, dass ohne Frontalhirn die bewusste Erinnerung an den Traum verschwindet. Denn andere Ergebnisse, auch diejenigen, die mithilfe des Hirnscanners erbracht wurden, zeigen ziemlich deutlich: Im Traum wird das Frontalhirn gedimmt, wenn nicht sogar abgeschaltet. Aber ohne Frontalhirnaktivität wissen wir nichts vom Traum.

Ziehen wir eine Zwischenbilanz: Rund um das Frontalhirn spielen sich sehr komplizierte Funktionen ab. Aber genau hier ist auch der Schlüssel für die Öffnung des Dritten Auges; deshalb haben wir weiter hinten ein Extrakapitel zum Frontalhirn angelegt. Aber bereits hier sei gesagt: Da dieses Zentrum außerordentlich wichtige Funktionen ausübt, besitzt es mehrere Unterabteilungen, die unabhängig voneinander steuern können. Je nachdem, welche der Unterabteilungen gerade gehemmt werden, ergeben sich ganz unterschiedliche Traum- und Wahrnehmungsinhalte. Ist, wie oft, die Abteilung logische Vernunft gehemmt, laufen die gefühleübertragenden Zentren auf Hochtouren. Begierden, Instinkte, Triebe sind dann vollkommen ungehemmt und dominieren die Szene. Aber auch die geistige Bildgebung kennt keine Schranken mehr. Daher sind Träume meist bildlich, unlogisch, gefühlsbetont.

Nach heutiger Kenntnis kann jeder Traum durchaus als bewusster Zustand interpretiert werden. Warum merken wir so wenig davon? Erstens laufen die Wahrnehmungen auf einer vollkommen anderen Ebene als im Alltagswachsein, und zweitens findet die Rekrutierung und Abspeicherung der Trauminformationen nur dort statt, wo das Wachsein durch erneute Zensur keinen Zugriff mehr hat, eben in der Interwelt, also unserem sogenannten Unbewussten. Bewusst oder unbewusst ist demnach abhängig vom Blickwinkel des Ichs oder des Selbst. Bei eingeschalteter Funktion des Zensors sprechen wir (spricht unser Ich) von Bewusstsein und vergessen die versteckten Informationen im Unbewussten. Ist der Zensor ausgeschaltet, leben wir das Selbst und können auch zu den versteckten Informationen gelangen. Das Selbst verwendet immer das universell vorhandene Bewusstsein, das aus dem Blickwinkel des Ichs Unbewusstes ist. Fällt das Ich aus wie im Traum, ist alles traumbewusst.

Die oberste Zensor-Kommandozentrale sitzt gleich hinter dem Augen-Stirn-Bereich, im Frontalhirn. Genau hier hat unser Ich sein Zentrum. Von hier aus herrscht die logisch-analytische Vernunft, die zusammen mit unseren Empfindungen (Zwischenhirnbereich) Sinn und Bedeutung gibt und damit die subjektive Wirklichkeit an der Materie schaltet. Mit diesem Zentrum spielt das Selbst. Das merken wir nur im hypnagogen Zustand.

Dieses überraschende Ergebnis revolutionierte die ganze Schlaf- und Traumtheorie: Ziemlich sicher wissen wir heute, dass REM-Schlaf und Traum zwei unterschiedliche Prozesse sind. Die Mechanismen führen uns auch zur Öffnung des Dritten Auges, was wir später bei den Themen »Default-Mode-Netzwerk« und »Frontalhirn« noch weiter beleuchten wollen.

Das Zwischenreich beim Aufwachen – Hypnopompie

Uns fehlt noch die Beschreibung des Aufwachens, auch dieser Vorgang ist sehr speziell. Das Erwachen des Gehirns geht wieder über einen Zwischenzustand, »Hypnopompie« genannt (nach dem griechischen Wort *pompé* für »Sendung, Geleit«). Dieser Zwischenzustand ist für unsere Zwecke fast genauso interessant wie der Zwischenzustand des Einschlafens, den wir bereits als »Hypnagogie« kennengelernt haben. Der Zwischenzustand des Einschlafens ist in seinen Eigenschaften nicht identisch mit dem des Aufwachens, wie man früher meinte. Beim Einschlafen hat der Thalamus seine Aktivität etwa neun Minuten früher eingestellt als der Neocortex, wodurch die Hypnagogie entstand. Das Aufwachen aber verläuft in beiden Instanzen gleichzeitig. Der Thalamus nimmt seine Aktivitäten zum gleichen Zeitpunkt wieder auf wie weite Teile des Neocortex. Das funktioniert aber nicht sofort. Die Bilder des PET-(Positronenemissionstomografie-)Scan-Verfahrens zeigen, dass besonders der präfrontale Cortex eine verhältnismäßig lange Zeit braucht, um den Wachzustand wiederaufzunehmen; das kann bis zu zwanzig Minuten dauern.

Allerdings gibt es einen Bereich im Frontalhirn, der die lange Aufwachzeit partout nicht mitmacht; es ist der vordere cinguläre Cortex oder Gyrus cinguli gleich hinter dem Stirnhirn (vom lateinischen *cingulum* für »Gürtel«). Dieses für unseren Willen und unsere Selbstwahrnehmung verantwortliche Zentrum zeigt uns unmittelbar nach dem Aufwachen das Dasein, das Zurücksein in der Alltagswelt an, während die Zentren für Konzentration und Reaktion noch schlummern. Wir wissen demnach relativ schnell nach dem Besuch in anderen Welten während des Schlafs wieder, wer wir sind. Dagegen sind die Kognition, also das Erkennen, und das Gedächtnis gleich nach dem Aufwachen messbar schlechter als nach 24 Stunden Schlafentzug. Das ist auch der Grund, warum wir beim Aufwachen oft nicht unmittelbar wissen, wo wir sind.

Allerdings gibt es auch in diesem Aufwachprozess mit der Hypnopompie einen sehr wichtigen Vorgang: Bestimmte Gefühle werden wahrnehmbar, was ansonsten unmöglich ist. Wir stehen ja noch mit einem Bein im Unbewussten, in der Interwelt. Und es sind nicht nur die Gefühle. Uns können auch voraussehende Empfindungen präsentiert werden: ob der Tag eine Überraschung bringt, ob er schön wird. Man kann die bewusste Perzeption dieses prophetischen Zustands morgens trainieren, was den Altvorderen in Zeiten ohne Smartphone und ohne Terminhetze natürlich deutlich besser gelang.

Im Prinzip sind die Hypnagogie und die Hypnopompie genau der Zustand, der das Dritte Auge öffnet: ein Beinaheschlaf mit Bewusstseinseffekten sowohl vom Ich als auch vom Selbst. Die Zusammenlegung von Alltagsgeist und universeller Geist-Seele – wie in der Alchemie postuliert – funktioniert in diesen Momenten.

Auch die Medizin hat diesen besonderen Zustand bereits für sich entdeckt.

Therapeutische Trance und Hypnose

Hypnose setzt Trance voraus, und Trance ist ein Zustand wie beim Einschlafen und Aufwachen, den wir bereits als Hypnagogie und Hypnopompie kennengelernt haben. Allen diesen Zuständen ist gemeinsam, dass die oberste Kommandozentrale, der präfrontale Cortex, zeitweise entmachtet wird.

Obwohl auch der Begriff »Hypnose« vom griechischen Wort *hýpnos* stammt, handelt es sich doch noch um etwas anderes als den Schlaf.

Hirnforscher der Universität Genf wie Yann Cojan setzten zur Erforschung des Gehirns unter Hypnose die bildgebende Magnetresonanztomografie ein (Cojan et al. 2011 und 2013). Sie konnten auf ihren Bildern des Gehirns sehen, dass die unter Hypnose entstehende Paralyse, also die teilweise Lähmung von Armen und Beinen, dadurch entsteht, dass die Befehle aus dem Gehirn nicht mehr die Muskulatur erreichen, ein Zustand, den wir bereits vom REM-Schlaf kennen. Aber im Unterschied zum Schlaf ist eine Hirnregion während der Hypnose besonders aktiv, und zwar diejenige, die zum Netzwerk gehört, das bewusste Aufmerksamkeit und das Selbstbewusstsein vermittelt. Es ist der sogenannte Precuneus, ein Areal, das auch »superiorer parietaler Cortex« heißt. Mit der Aktivität des Precuneus bei gleichzeitiger Trance mit REM-ähnlicher Paralyse entsteht ein ganz exklusiver Moment. Es ist der Zusammenschluss von Bewusstsein und Unterbewusstem, oder, um es in unserer Interpretation zu benennen: Es ist das Aufgehen, die Verschmelzung des Ichs in das Erleben des Selbst mit seinem universellen Bewusstsein. Dieser Moment wird in der Medizin als therapeutische Trance verwendet, um Heilung einzuleiten. Die sichere Methode dafür ist: tief entspannen, ruhig und tief atmen, keine logische Bewertung vornehmen, sondern allein emotionale Intelligenz wirken lassen mit der Empfindung, dass etwas Wertvolles geschieht. Andererseits entsteht dieser besondere Zustand ähnlich auch durch Meditation, wenn wir in das Hören angenehmer Musik versunken sind oder auch durch »Tagträumerei«.

Erkenntnisse, Einblicke, Ideen und Lösungsmöglichkeiten kommen nun ganz von selbst und sind deutlich besser, als sie durch logische Überlegung hätten konstruiert werden können. Wir können mit einiger Übung das Wissen des Unterbewusstseins (das Wissen des Selbst) abrufen. Das ist keine Zauberei, denn das Unbewusste ist für das Ich immer dem Bewusstsein vorgelagert. Wir hatten ja schon dargelegt, dass für unser Selbst überhaupt kein Unterschied zwischen bewusst und unbewusst existiert. Alles ist bewusst. Alle unsere Verhaltensweisen und Handlungen, unsere Entscheidungen, unsere Worte, die wir aussprechen, beruhen auf vorher »unbewussten« Informationen. Mit der Trancemethode haben wir lediglich einen erweiterten Zugriff darauf, weil das Ich mit seinen Zensorfunktionen zurücktritt. Zusätzlich befindet sich der menschliche Geist während der Trance in einem besonders kreativen und aufnahmebereiten Zustand, weil er nicht mehr vom Zensor begrenzt wird. Durch die Trance können die Ressourcen und das Potenzial eines Menschen über den direkten Zugang zum Unbewussten (zum Selbst) nutzbar gemacht werden. Dies alles funktioniert nachvollziehbar und wird entsprechend abgespeichert, es ist somit im Gegensatz zum Traum voll erinnerbar. Für medizinische Zwecke allerdings muss der in Hypnose ausgebildete Therapeut ran. Ohne seine Hilfe können im Selbstversuch Psychosen oder schizophrene Störungen entstehen und vorhandene sogar verstärkt werden.

Das Default-Mode-Netzwerk

> *»Wende dich nicht nach außen! Bei dir selbst kehre ein! Im Innern des Menschen wohnt die Wahrheit.«*
> AUGUSTINUS

Wenn wir meinen, im Schlaf oder in der Narkose seien die Neuronen im Gehirn deaktiviert, so täuschen wir uns gewaltig. Obwohl dieser Glaube an die Inaktivität des Gehirns in der Ruhephase jahrzehntelang Lehrmeinung war, ist heute in der Wissenschaft das anerkannt, was nach Untersuchungen von Marcus Raichle von der Universität in St. Louis, Missouri, als »energetisches Grundrauschen« bezeichnet wird (Raichle 2009 und 2010). Dieses Phänomen wurde lange übersehen, denn ein normales EEG zeigt diese Aktivität nicht, da es sich um sehr langsame Potenzialschwankungen außerhalb der Bandbreite der Aufzeichnungsverstärker handelt.

Bereits in den Fünfzigerjahren konnte bei *entspannter Wachheit* im frontalen Cortex ein regional erhöhter Blutfluss im Körperruhezustand gemessen werden (Ingvar 1979). Mit den späteren bildgebenden Methoden PET und fMRT (funktionelle Magnetfeldresonanztomografie) fiel dann auf, dass die Mittelstrukturen des Gehirns vom medialen präfrontalen Cortex – das ist der mittlere Bereich des Stirnhirns bis zum hinteren (posterioren) Cingulum – und zusätzlich zwei seitliche Areale (medialer temporaler Cortex) in eine kooperative Aktivität fielen, obwohl der Körper vollständig im Nichtstun ruhte beziehungsweise die Person tagträumte.

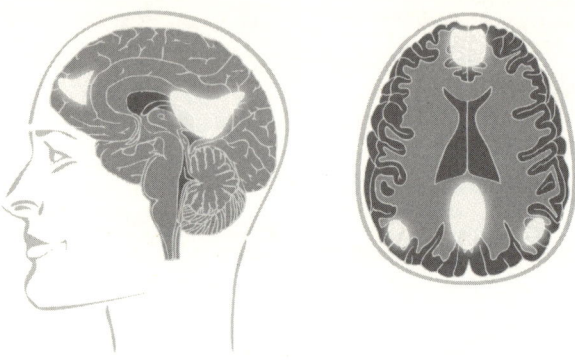

Abb. 22: Hirnregionen (hell) des Default-Mode-Netzwerks (DMN); links: Seitenansicht, rechts: Sicht von oben.

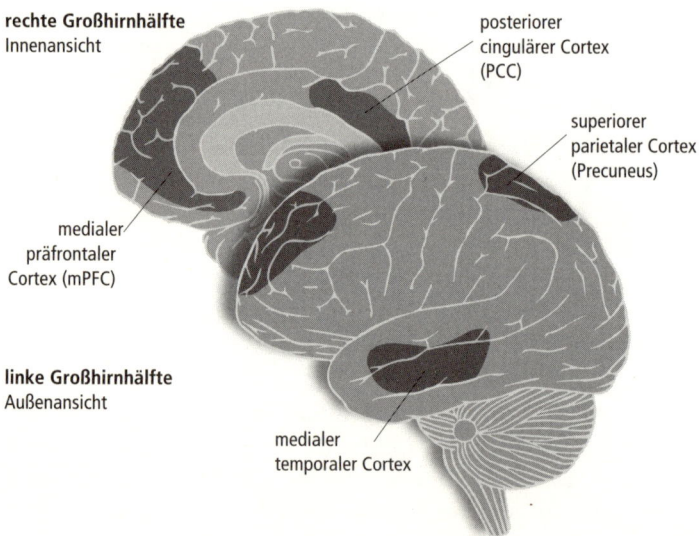

Abb. 23: Zentren des Default-Mode-Netzwerks (dunkel), die nach der Aktivierung eine kohärente elektrische Aktivität aufweisen.

Wenn die Versuchspersonen mit offenen oder geschlossenen Augen absolut ruhig im Scanner lagen, leuchteten immer gleiche Bereiche im Gehirn auf. Interessant ist die Aktivierungszone um den posterioren cingulären Cortex in nächster Nähe zur Zirbeldrüse (Müller 2010).

Für diese Erscheinung eines Aktivierungszustands des Gehirns bei absoluter Körperruhe gab es keinerlei Erklärung, und früher wurde dies von den Wissenschaftlern deshalb als »mysteriöse Region« und »mystische Mittelhirnaktivität« bezeichnet. Wie gesagt, präsentierte Marcus Raichle der Fachwelt überzeugende Studien zu diesem energetischen Grundrauschen und nannte als Erster im Jahr 2001 das Phänomen »Default-Mode-Network« (DMN), was man sinnvoll als »Basis-« oder »Ruhemodus-Netzwerk« übersetzen kann, auch »Leerlauf-Netzwerk des Gehirns«, wobei »Ruhe« und »Leerlauf« sich nicht auf das Gehirn, sondern auf die Körperaktivität bezogen (Raichle et al. 2001). Viele Wissenschaftler

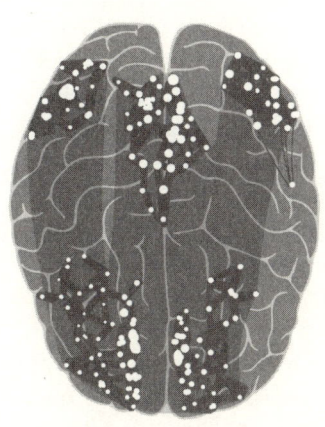

Abb. 24: Elektrisches Feld des Default-Mode-Netzwerks: Alle markierten Bereiche befinden sich nach dem Aufrufen des Netzwerks in einem kohärenten elektrischen Schwingungszustand. Die dunklen Bereiche mit den Punkten sind die Zentren des Default-Mode-Netzwerks, die nach Aktivierung eine kohärente elektrische Aktivität aufweisen.
Unten: präfrontaler Cortex. Oben Mitte: Precuneus. Oben seitlich, links und rechts: linker und rechter parietaler Lappen (Lobes).

nennen das Netzwerk, um Missverständnisse zu vermeiden, auch »Standardnetzwerk«.

Mithilfe der heutigen fMRT-Geräte, die Gehirnbilder sehr fein auflösen können, gilt das Netzwerk als bewiesen. Ein Netzwerk ist allgemein durch die synchrone Aktivität der Nervenzellen verschiedener Bereiche definiert. Zum DMN gehören der präfrontale Cortex, der posterior cinguläre Cortex, der Precuneus, der mittlere Schläfenlappen (medialer temporaler Cortex) und auch der Hippocampus. Diese senden in einem langsamen, geordneten Takt ihre Signale aus (< 0,1 Hertz), sodass sich ein großflächiges, weitgehend zeitlich kohärentes elektrisches Impulsfeld verbreitet (Raichle 2001, Pievani et al. 2011, Otti et al. 2012, Horn et al. 2013).

Das genaue Muster der Netzwerkzusammensetzung kann durch die Höhe der synchronen Schwingungsfrequenz variiert werden (Salvador et al. 2008). Auch schizophrene Patienten haben eine im Vergleich zum Normalkollektiv erhöhte Oszillationsfrequenz der am DMN beteiligten Areale (Bluhm et al. 2007, Garrity et al. 2007, Calhoun et al. 2008).

Das Anti-Correlated-Netzwerk
Das DMN ist nicht das einzige. Vom DMN lässt sich das Anti-Correlated-Netzwerk (ACN) abgrenzen, das die Verarbeitung der Außenreize durch einzelne Gehirnzentren übernimmt. Die beiden Netzwerke sind miteinander gekoppelt, verlaufen aber beim spontanen »Signalfeuern« zeitlich gegeneinander. Ohne zusätzliche Stimulation sind hohe Signalamplituden des einen mit niedrigen Amplituden des jeweils anderen Netzwerks verbunden. Die gekoppelten Gehirnareale sind dann für unser geistig-seelisches Innenleben aktiv, wenn Sinneseindrücke unbearbeitet bleiben. Wenn vorher also vom Stilllegen des Neocortex gesprochen wurde, dann ist in erster Linie das ACN gemeint, das von außen kommende Sinnesreize überträgt und verarbeitet. In zweiter Linie

sind aber auch Entkopplungen innerhalb des DMN eingeschlossen.

In einer groß angelegten Studie des Max-Planck-Instituts
für Bildungsforschung in Berlin in Kooperation mit der Freien
Universität Berlin und dem Universitätsklinikum Freiburg untersuchten die Wissenschaftler erstmals gleichzeitig 1,6 Milliarden Verbindungen zwischen insgesamt 40000 Regionen des
Gehirns (Max-Planck-Institut 2014). Dabei zeigte sich, dass
das DMN immer dann einen Informationsfluss aufwies, wenn
die Probanden dösten und sich in Gedanken verloren. Statt
Aufgaben zu lösen, überließ sich das Gehirn seinem Autopiloten, wobei die Aktivität des ACN heruntergefahren wurde.
Umgekehrt setzte das DMN weitgehend aus, wenn gezielte
Aufgaben in Richtung Umwelt erledigt werden müssen. Geschätzt rund 50 Prozent unserer Wachzeit verbringen wir in
einem Zustand des Tagträumens, in dem die Gedanken um-
herschweifen und das DMN aktiv ist.

Weithin bekannt ist, dass das Gehirn 20 Prozent unseres
gesamten Körperenergieverbrauchs benötigt, obwohl es nur
2 Prozent der Körpermasse darstellt. Im Modus der Aufga-
benerledigung verbraucht das Gehirn gegenüber der Körperruhe und dem Leerlaufmodus im Maximum nur unwesentlich
mehr Energie. Demnach ist die DMN-Aktivität bereits ein
stark energieverbrauchender Prozess – ein früher undenkba-
rer Zustand. Tatsächlich setzt das Gehirn seinen Energieverbrauch mehrheitlich, etwa im Bereich von 60 bis 80 Prozent,
für innere Belange ein. Für die Verarbeitung von Umweltreizen und Sinneswahrnehmungen werden entsprechend
nur etwa 30 bis 40 Prozent eingesetzt. Genau dieser Umstand
deutet darauf hin, dass etwas besonders Wichtiges im Default-Modus passiert, denn der Organismus ist immer darauf
aus, den Energieverbrauch so niedrig wie möglich zu halten.
Während absoluter Ruhe, so auch in der Entspannungsmeditation, schwingt sich aber das DMN zu höchster Aktivität mit

hohem Energieverbrauch auf. Warum passiert das? Wenn im Nichtstun und im Schlaf, sogar in der tiefen Narkose, der Energieverbrauch entgegen jeder Erwartung hochgefahren wird, muss das einen wichtigen Zweck erfüllen.

Der Schlafforscher und Neuroendokrinologe Jan Born von der Universität Lübeck verwendet statt »Default-Modus« den Begriff »Offline-Modus« und vergleicht damit das Gehirn mit einem Computer, der vom Internet (das wäre hier vergleichbar mit der Außenwelt) getrennt ist und nur auf die Informationen auf seiner Festplatte zugreifen kann (das wäre bei unserem Modell die Interwelt) und nun seine eigenen Festplattendaten ordnet (Zeit Online 2010). Keine schlechte Idee, denn eine Wiederherstellung der Ordnung ist die Voraussetzung für Selbstheilung, und die dazu notwendige Sichtung der abgespeicherten Daten ist die Voraussetzung einer Einprägung und einer Prognose für zukünftige Ereignisse.

Genau diese drei Erledigungen, erstens Wiederherstellung der Ordnung, zweitens Einprägungen und drittens Voraussagen von Möglichkeiten, scheinen Inhalt des DMN zu sein. Das wäre ein Blickwinkel. Ich habe aber eine weiterführende Perspektive: In meinem Modell der Quantenphilosophie und der Interwelt ist der »Default-Modus« mit reduzierter Frontalhirnaktivität gerade der Moment, in dem das Ich sich zurückzieht und wir als unser ureigenes Selbst an die Interwelt ankoppeln und von dort Informationen abrufen können. Wenn wir das über das Angelernte und Konditionierte (den Autopiloten) hinaus bewusst und willentlich machen, bedeutet das bereits eine hohe Weiterentwicklung.

Reizunabhängiges Denken zur inneren Einkehr
Man charakterisiere diesen Zustand als sogenanntes reizunabhängiges Denken (auf Englisch *stimulus-independent thought* [SIT]). Und man kann diese Aktivitäten mit einer Art Bereitschaftszustand für die innere Einkehr kennzeichnen,

wobei im Mittelpunkt des Geschehens offenbar auch Voraussagen über die Zukunft stehen. Es wird ein modellhaftes Wissen von der Welt erlangt, meist in visionären Bildern, um im Alltag auf alles vorbereitet zu sein. Die hohe innere energetische Aktivität wird letztlich im Gehirn verwendet, um bereits abgespeicherte Wahrnehmungen immer weiter zu vervollständigen und, darauf aufbauend, Vorhersagen machen zu können. Wieder sind Abteilungen des präfrontalen Cortex in der ersten Reihe. Wem mentale Projektionen (Meditation und Visionen), in Ruhe und losgelöst von konkreten Sinneswahrnehmungen, besonders leichtfallen – »perceptual decoupling« genannt – und wer diesen Zustand häufig abruft, hat einen durchschnittlich größeren medialen präfrontalen Cortex als ein Mensch, der fantasielos durchs Leben hetzt.

Judson A. Brewer von der Yale University stellte bei seinen Untersuchungen mittels fMRT fest, dass Meditierende mit einer Erfahrung von mehr als zehn Jahren gegenüber Anfängern den DMN-Zustand beliebig modulieren können, was auch eine Bremse des Depressionszustands bewirken könnte (Brewer et al. 2001). Die Fähigkeit der Meditation, Menschen im »Hier und Jetzt« leben zu lassen, ist seit Tausenden von Jahren bekannt, sagt Brewer. Dies hilft gegen Schmerzen, Depressionen, schizophrene Momente, ADHS, Angst – und Aufmerksamkeitsstörungen.

In den Ruhezuständen des Menschen offenbaren sich also verschiedene Grundbefindlichkeiten des Geist-Seele-Verbundes. Der Indikator dafür ist das Muster des Default-Netzwerks.

Was ist zusammenfassend bisher bekannt?

> Der Default-Modus ist auch im Schlaf und in einer Anästhesie, also ohne Bewusstsein, aktiviert, verliert aber, je nach Schlafstadium, einen Teil seiner Verknüpfung untereinander. Im leichten Schlaf lösen sich Teile

des Hippocampus heraus. Der Neurowissenschaftler Steven Laureys von der Universität Lüttich hat herausgefunden, dass die Tiefe eines Komazustands direkt mit der Schwere einer Default-Mode-Netzwerk-Schädigung zusammenhängt (Hubert 2010).

> Der Einsatz von Wille und Motivation zeichnet sich durch intensive Aktivität des präfrontalen Cortex innerhalb des Default-Mode-Netzwerks aus. Diese Erkenntnis führte zu einem weiteren wichtigen Schritt in der Funktion unseres Gehirns. Man kann innerhalb des DMN-Zustands von ungewollten zu gewollten Gedanken überspringen. Wenn der Wille einsetzt, springt der Tagträumer zusätzlich in das exekutive Kontrollnetzwerk und beginnt damit das zielgerichtete Denken. Genau so lässt sich das luzide Träumen erklären: Im Traum wird der Wille zugeschaltet. Der Wille hat seinen Ursprung im präfrontalen Cortex. Eine Aktivierung des präfrontalen Cortex ist identisch mit dem Einsetzen der Willensfunktion: Wille in unserem Materiekörper ist aktivierter präfrontaler Cortex. Die dabei vorausgehende Motivation, wie oben erklärt, ist der Wille des Unbewussten.

> Im Schlaf, vor allem im Tiefschlaf, bricht die Aktivität des präfrontalen Cortex zusammen und fällt damit aus dem übrigen weiter aktiven Netzwerk heraus.

> Ab Schlaftiefe 2 (isoliert von Außenreizen und leicht träumend) hin zu tieferen Schlafstadien wird die Gegenläufigkeit der beiden Netzwerke Default-Mode und Anti-Correlated aufgehoben. Dadurch – so können wir spekulieren – ist die Pseudorealität in Träumen wohl erst konkret erlebbar. Denn die Gehirnbereiche für die Verarbeitung von Außenreizen laufen nun synchron mit denjenigen Gehirnregionen, die Visionen hervorholen.

> Der präfrontale Cortex nimmt die Wahrnehmung von Schmerz vorweg, bevor der Schmerzreiz in der dafür vor-

gesehenen sensorischen Gehirnregion registriert wird (Versuchsergebnis von Valentin Riedl und Christian Sorg am Klinikum rechts der Isar der Technischen Universität München [ebenda]).

Was können wir nun aus diesen bisherigen Erkenntnissen schließen? Da es dazu kaum wissenschaftliche Hinweise gibt, müssen hier eher Vermutungen herhalten.

Der Default-Modus enthält zwei unterschiedliche Zustände: Er ist erstens aktiv ohne Präfrontale-Cortex-Funktion und gibt damit unbewusst (»traumbewusst«) und im Alltag nicht erinnerbar die Welt des Traumschlafs wieder. Er ist zweitens aktiv zusammen mit dem präfrontalen Cortex und gibt bewusst und erinnerbar eine Welt wieder, die wenig mit der materiellen Alltagswelt zu tun hat, aber im luziden Traum und während der Kombination einer Entspannungs- und Achtsamkeitsmeditation aufgesucht werden kann.

Wir hatten Bewusstsein definiert als Schaltung zum Erkennen von Information und ihrer zielgerichteten Verarbeitung. Nun stellen wir fest, dass das Default-Mode-Netzwerk ein Wirkmechanismus für das Ich im menschlichen Körper ist, um mithilfe der beiden Frontallappen des frontalen Cortex sehr nahe an das reine Bewusstsein heranzukommen. Es spricht viel dafür, dass wir über diesen DMN-Modus das reine Bewusstsein verwenden können, obwohl wir uns (unser Ich) im begrenzenden Materiekörper befinden.

Das ist eine äußerst spannende Erkenntnis, denn je enger unsere Gedanken, Vorstellungen, Suggestionen mit dem Zustand des reinen Bewusstseins, also mit dem Default-Mode-Netzwerk plus Präfrontaler-Cortex-Aktivität, zeitlich verbunden sind, desto mehr gelangen wir zu einem neuen Wahrnehmungszustand, der Ordnung (Heilung) und Wissen vermittelt. Das ist nach meiner Überzeugung die Ursache der positiven Hypnose- und Placeboeffekte.

Genau hier muss deshalb der Schlüssel für die neue Erlebniswelt eingesetzt werden.

Wenn wir von Wiederherstellung der Ordnung sprechen, dann ist es wichtig zu fragen, welche Ordnung wir meinen. Im Organismus gibt es nur eine grundlegende Ordnung; es ist diejenige, die als Ur-Information der Natur die Lebewesen, einschließlich uns Menschen, aufbaut und die im Lebewesen wirkt. In der Natur sind alle Lebewesen – Pflanze, Tier, Mensch – jeweils durch Ur-Informationen hervorgebracht worden. Diese Ur-Information ist die pure unumstößliche Wahrheit, sie hat sich über viele Millionen Jahre bewährt und wird unentwegt innerhalb der Evolutions- und Ontogenese-Phasen bemüht. Auch die Genetik mit ihren Erbfaktoren, die wir immer wieder als oberste Ordnungsinstanz im Organismus ansehen, hat eine übergeordnete Instanz, eine Blaupause der Konstruktion, die dem System Informationen zuschleust, damit alles funktioniert.

Je mehr wir also diese Ordnung der Ur-Information wiederherstellen, desto mehr können wir Gesundheit erwarten. Wie von mir in vielen Vorträgen immer wieder in Bezug auf die Körpermaterie definiert, ist nach meinen Vorstellungen folgende Definition des Begriffs Gesundheit sinnvoll: »Gesundheit ist vordergründig die Wiederherstellung von Form, Struktur, Gestalt des Körpers zum Zwecke der adäquaten Funktion.«

Form, Struktur, Gestalt ist Ordnung. Alles in uns vom Kleinsten bis zum Großen ist Form, Struktur, Gestalt – jedes Molekül, jedes Hormon, jedes Enzym, jede Zelle, jedes Organ, jeder Organismus. Je mehr Ordnung, desto gesünder ist der Organismus. Das Gegenteil ist die Verletzung, das Trauma, also die Beschädigung von Form, Struktur, Gestalt, etwa ein Beinbruch oder ein Schnitt in die Haut. In diesen Fällen ist für uns die Erkrankung offensichtlich.

Es sei an dieser Stelle nochmals wiederholt: Ordnung des inneren Körpers geht vom medialen präfrontalen Cortex aus.

Er verbindet sich mit dem hinteren Gyrus cinguli, und nun werden Empfindungen und die Erinnerung an die Ur-Information aktiv – alles zusammen eine weise geistige Autorität der Selbstheilung des materiellen Körpers. Ein Placeboeffekt ist deshalb auf die aktive Funktion der Frontallappen angewiesen, besonders auf dasjenige Zentrum innerhalb des Stirnhirns, das »präfrontaler Cortex« genannt wird.

Die Steuerungszentrale Frontalhirn

Das Frontalhirn (Frontallappen, Vorderhirn), das sich aus dem präfrontalen Cortex (Stirnhirn) und dem vorderen cingulären Cortex zusammensetzt, ist beim Menschen – verglichen mit Tieren – im Volumen am stärksten entwickelt und macht etwa 35 Prozent des Neocortex aus. Es gliedert sich in einen linken und einen rechten Teil.

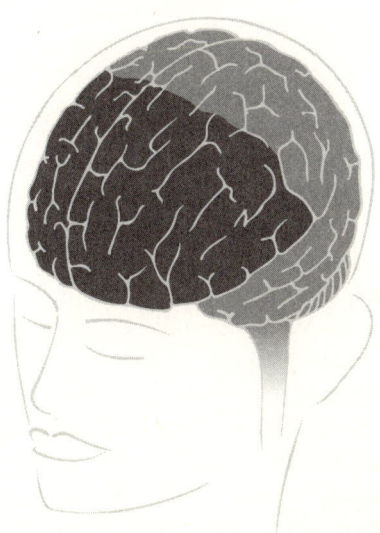

Abb. 25: Das Frontalhirn.

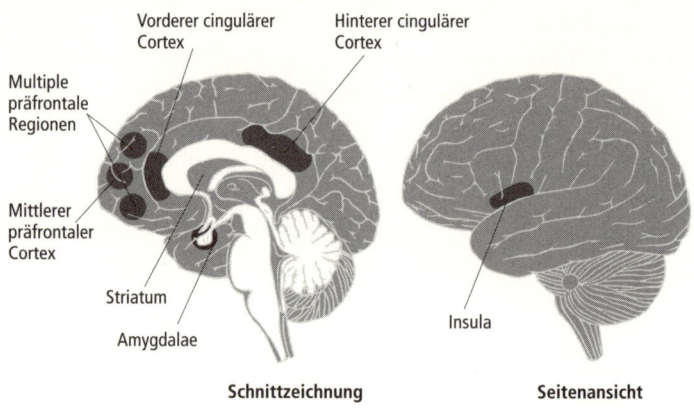

Vorderer cingulärer Cortex

Hinterer cingulärer Cortex

Multiple präfrontale Regionen

Mittlerer präfrontaler Cortex

Striatum

Amygdalae

Insula

Schnittzeichnung

Seitenansicht

Abb. 26: Wichtige Zentren der Ich-Präsenz im Frontalhirn und ihre Kommunikationszentren (dunkel). Das Frontalhirn gliedert sich in vier Zentren: oberer, mittlerer, unterer präfrontaler Cortex und vorderer cingulärer Cortex. Jedes Zentrum unterteilt sich in rechts und links und erfüllt spezifische Aufgaben.

Wenn wir mehrfach gefordert haben, den Neocortex stillzulegen, um bewusst über die Öffnung des Dritten Auges in die Interwelt einzusteigen, dann ging es auch um die Rolle des Frontalhirns und speziell um den präfrontalen Cortex. In allen bisher besprochenen besonderen Wahrnehmungszuständen wie Schlaf, Traum und Hypnose einschließlich Trance hatten wir festgestellt, dass der präfrontale Cortex großenteils stillgelegt ist. Die Folge war ein weitgehend unbewusster Eintritt in die Interwelt, also ins Unterbewusstsein.

Der Nachteil dieses Pfades ist aber wie gesagt, dass der bewusste Wille zur Steuerung des Geschehens außen vor blieb. Wenn der ordnende Wille fehlt, sind Interwelt-Inhalte chaotisch, eben so, wie wir es vom Traum her kennen.

Jetzt wollen wir besprechen, wie wir den Hypnagogiepfad unter Kontrolle des Bewusstseins und des Willens gehen können. Das bedeutet, dass Teile des Frontalhirns für das willentliche bewusste Einsteigen in die Interwelt von der Stilllegung nicht nur ausgenommen sind, sondern sogar extra aktiviert werden müssen. Die Menschen, die das beherrschen, bekommen wie gesagt in asiatischen Ländern wie Indien oder Tibet traditionell einen roten oder schwarzen Punkt (Bindi) auf die Stirn gemalt.

Spezielles mentales Training mit dem Fokus auf den präfrontalen Cortex verändert das Aktivitätsmuster nicht nur direkt in diesem Gehirnbereich, sondern gleichzeitig in allen Bereichen, die mit dem Frontalhirn direkt und indirekt verbunden sind. Wir wollen uns die Verhältnisse und die Bedeutung des Frontalhirns genauer ansehen – dieser Gehirnteil ist einfach zu elementar für uns.

Die Teile des Frontalhirns im Neocortex sind die wohl wichtigsten Zentren unseres Verhaltens. Und weil so viele Aufgaben übernommen werden, gibt es noch eine Untergliederung des präfrontalen Cortex in einen oberen, mittleren und unteren Teil. Hier werden alle notwendigen Belange für das gemeinschaftliche Leben entwickelt wie das Anstreben von Zielen, Vorstellungen, Visionen, Lernfähigkeit, Gewissen, Vernunft, Aufmerksamkeit, Empathie und soziale Gefühle, aber auch Erfindergeist, Kreativität, Konstruktivität und schließlich der Umgang mit Emotionen jeglicher Couleur unter Abwägung aller Konsequenzen.

Im Frontalhirn befindet sich unser »Arbeitsspeicher«, und gleichzeitig wird auch unser Zugang zum »Langzeitspeicher« hier gesteuert. Daraus entsteht unser reflektiertes, ichhaftes und einheitliches phänomenales Erleben. Letztlich machen die Aktivitäten dieser Gehirnstrukturen die Persönlichkeit des Individuums aus. Die Frontallappen sind natürlich nicht allein zu diesen Eigenschaften fähig, sondern sie delegieren sämtlichen Input zu den dafür spezialisierten anderen Gehirnbezirken und koordinieren diese wie ein Mastermodul zu einem Gesamtverhalten, das wir als »moralisch« oder »ethisch« bezeichnen können.

Der portugiesische Neurowissenschaftler António Rosa Damásio meint, dass im Frontalhirn der Vermittler von der Vernunft mit der Quelle Großhirnrinde und dem Gefühl mit der Quelle limbisches System steckt (Damásio 2000). Hier ist erst einmal wichtig, dass das Frontalhirn starke Verbindungen zum Hypothalamus, zum limbischen System mit den Thalamuskernen und den Basalganglien, Mandelkernen (Amygdalae), Hippocampus, Hypothalamus und den cingulären Abschnitten (Gyrus cinguli) hat. Viele dieser Verbindungen sind Quellbereiche der Gefühle und Empfindungen. Die Verbindungen senden Signale in beide Richtungen, also vom Frontalhirn zu den anderen Zentren und zurück. Als Feedbackschleifen bestätigen die verschiedenen Gehirnbereiche dem Frontalhirn immer wieder den Austausch ihrer Signale. Das Frontalhirn hat deshalb auch wichtige Funktionen in der emotionalen Kontrolle.

Nicht nur der Wille, auch unser Selbstbewusstsein (bitte nicht verwechseln mit dem hier öfter beschriebenen »Bewusstsein des Selbst«, was vom Ich aus als Unterbewusstsein empfunden wird) hat seine Repräsentation innerhalb des Stirnlappens. Ebenso unterliegen alle vegetativ wirksamen Zentren wie Thalamus und Formatio reticularis und zusätzlich alle sensorischen und motorischen Zentren des Neocortex seiner Kontrolle, einschließlich der Augenstellungen, die der gezielten Aufmerksamkeit folgen. Dies hat Auswirkungen auf die Meditationspraxis, etwa beim Betrachten des Mandalas.

Letztlich wird von hier aus auch unsere Gesundheit gesteuert. Man kann durchaus folgenden Vergleich ziehen: Das Gehirn ist ein Orchester, und das Frontalhirn ist der Sitz des Dirigenten.

Beide Hälften des Frontalhirns arbeiten mit unterschiedlichen Aufgaben und unterschiedlichen Zielen. Wenn sie gehemmt und wenig aktiv sind, dann sind die älteren Hirnbereiche ohne Kontrolle und werden ihrerseits unbewusst aktiv aufgrund von internen Erfordernissen. Das ist der Zustand, den wir »unbewusst« nennen, weil eine Automatik die Steuerung unseres Körpers übernimmt. Hinter der Automatik stecken Routinen aus uralten Evolutionszeiten, aber auch aus neuen und individuellen Erlebnissen mit angelernten und konditionierten Abläufen. Auch die von der Familie und der Gesellschaft bereits bei Kleinstkindern bis ins Erwachsenenalter fortwährend eingeprägten Verhaltensmuster sind Bestandteile der Automatik. Beispiele hierfür sind auch die teilweise mühsam erreichten Lernergebnisse wie das Sprechen, das Laufen, das Rad- und Autofahren. Alles wird nach dem Lernvorgang weiterhin von einem reaktiven Verstand ausgeübt ohne jedes Nachdenken, automatisch eben. Dafür braucht man kein Frontalhirn.

Passiert aber etwas Unerwartetes, dann springen sofort Zentren im Frontalhirn als Modul wieder an, analysierend und delegierend. In genau diesem Mechanismus liegt der Effekt, dass etwas Neues uns auf ein völlig anderes Geschehensniveau führt. Dies betrifft jedes Neulernen und auch die akute Beeinflussung unseres Körpers, aber – im Konsens dieses Buchthemas – ebenso das Erlangen spiritueller Möglichkeiten, die auch auf Neugier (Neu-Gier) beruhen.

Die Aktivierung der Frontallappen bedeutet das, was allgemein »Wille« (bewusst) genannt wird und eine Voraussetzung dafür ist, die Routineautomatik und den Autopiloten zu beenden. Die Motivation (unbewusst) ist diesen Geschehnissen immer vorgeschaltet: erst Motivation (Wille des Selbst), dann Wille des Ichs.

Die Medizin ist in ihrer Geschichte immer wieder Irrwege gegangen. Einer davon ist das Verfahren der Lobotomie, was bedeutet, dass Teile des Frontallappens und Nervenstränge zum Thalamus in einer Operation im Verlauf einer »Psychochirurgie« zerstört wurden, um psychisch auffällige Menschen wieder »normal« erscheinen zu lassen. Für diese Methode wurde sogar an einen der Erfinder, den Portugiesen António Egaz Moniz (1874–1955), im Jahr 1949 der Nobelpreis für Medizin vergeben.

Verbreitet war dieses martialische Verfahren zur Zerstörung der Persönlichkeit in den Vereinigten Staaten von Amerika, während es in Deutschland in den Siebzigerjahren verboten wurde. Weltweit insgesamt rund eine Million Menschen wurden auf diese Weise wahrscheinlich psychisch verstümmelt. Die Folgen waren: Unfähigkeit für zielgerichtetes Denken und Handeln, sexuelle Triebenthemmung, übermäßige Nahrungsaufnahme, große emotionale Labilität mit abwechselnder Apathie und extremer Reizbarkeit, Misstrauen, Verfolgungswahn, oft sinnloses und andauerndes Reden.

Minderdurchblutungen des Frontallappens durch Schlaganfälle ergeben ähnliche Effekte wie die Lobotomie. Manche Menschen haben aber auch eine verminderte Durchblutung immer dann, wenn der Frontallappen zu wenig benutzt und eingesetzt wird.

Im Alter ist auch ohne Demenz der mediale Frontallappen einschließlich des präfrontalen Cortex deutlich schlechter durchblutet und hat eine entsprechend schlechtere Stoffwechselrate; das zeigt eine große PET-Multicenter-Studie (Sperling et al. 2009). Aber jeder Mensch kann sein Frontalhirn trainieren. Jede Frontallappenaktivierung des Gehirns bedeutet geistig-seelischen Zuwachs. Mithilfe von Wille und Motivation werden neue Ziele anvisiert und durch Einsatz von Bewusstsein dann auch erreicht. So entstehen unter anderem unsere Zukunft und immer wieder die Beeinflussung unserer Gesundheit (Placebo/Nocebo). Denn das Frontalhirn hat die wichtigsten Stationen der Selbstheilung unter seiner Kontrolle, alle Hormondrüsen des Gehirns, alle Neurotransmitter, alle körpereigen hergestellten Drogen.

Wir haben schon das besonders interessante Versuchsergebnis von Christian Sorg und seinem Kollegen Valentin Riedl erwähnt, nämlich dass ein Schmerz, völlig unerwartet, nicht zuerst in der dafür vorgesehenen Projektionsrinde des Gehirns als Nervenerregung erscheint, sondern vorher bereits als bloße geistig-bewusste Wahrnehmung innerhalb des Frontallappens. Um es uns noch einmal zu vergegenwärtigen: Das Frontalhirn erwartet also etwas, was *später* tatsächlich in einem für den Schmerz zuständigen Hirnteil auftritt. Das ist eine Umkehrung der bisher gedachten Verhältnisse. Das geistige Signal ist früher vorhanden als das Signal in der physiologischen Materie. Dieses Ergebnis ist frappierend, aber in keiner Weise neu.

Das Bereitschaftspotenzial – ein Indikator für Vorwissen

Der Ablauf geistiger Aktivitäten, die direkt im Frontalhirn stattfinden, ist uns ohne Messung natürlich nicht direkt bewusst, gehört also in die Rubrik Unterbewusstsein. Dieses Unterbewusstsein ist aber messbar in Form von ultralangsamen Gleichspannungspotenzialen. Das sind elektrische Felder des Gehirns, wie beim Default-Mode-Netzwerk, die in einzelnen Bereichen des Frontalhirns besonders kohärent sind.

Die ultralangsamen Gleichspannungspotenziale innerhalb des Gehirns erinnern an das bereits kurz erwähnte Bereitschaftspotenzial, um das jahrzehntelang wissenschaftliche Kontroversen stattfanden, weil es angeblich den freien Willen abschafft.

Die beiden deutschen Wissenschaftler Lüder Deecke und sein Doktorvater Hans Helmut Kornhuber von der Neurologischen Universitätsklinik in Freiburg hatten bereits im Jahr 1964 nach den Gehirnzentren für einen freien Willen gesucht (Kornhuber und Deecke 2009). Dabei mussten Probanden

den rechten Zeigefinger krümmen, und über viele Elektroden auf der Kopfhaut wurde die elektrische Aktivität der Gehirnabschnitte vermessen. Der Untersuchungsfokus lag auf der Zeitspanne, kurz bevor der Zeigefinger tatsächlich gekrümmt wurde. Die beiden Neurologen fanden ein elektrisches Hirnpotenzial, das immer etwa 1 oder 2 Sekunden vor der Fingerkrümmung auftrat. Sie nannten dieses seltsame Potenzial »Bereitschaftspotenzial«. Heute hat dieses Potenzial in der ganzen Welt diesen deutschen Namen, so wie auch »Kindergarten«, »Rucksack« und »Sauerkraut«.

Im Ausland konstruierten Hirnforscher wie Benjamin Libet und in Deutschland Gerhard Roth und Wolf Singer eine These, die letztlich darstellte: »Wir haben keinen freien Willen«, denn das unbewusste Bereitschaftspotenzial, das zeitlich weit vor einer bewussten Handlung auftritt, machte messbar deutlich, dass längst alles in den Gehirnneuronen geplant war, *bevor* der Wille auftrat (Bild der Wissenschaft 2001).

Da diese Forscher hohes Ansehen genießen und man ihre These deshalb glaubte, wurde sogar in Erwägung gezogen, unser Rechtssystem zu ändern. Denn wenn wir keinen freien Willen haben und nur Marionetten unseres Unterbewusstseins, letztlich also von Prägung und Erziehung beherrscht sind, können wir auch nicht für Straftaten verantwortlich gemacht werden. Roth behauptete laut einem *Spiegel*-Artikel (34/2016): »Nicht das Ich, sondern das Gehirn entscheidet.« Aber die Urheber der Experimente, Kornhuber und Deecke, haben so etwas nie behauptet. Sie sahen das Unbewusste immer als einen superintelligenten Filter an. Deecke sagte im *Spiegel*-Interview (siehe oben) treffend: »Das Unbewusste sortiert vor und legt dem Bewusstsein sozusagen nur unterschriftsreife Agenden zur Entscheidung vor. Am Ende ist der Wille immer beteiligt.«

Seit der Berliner Hirnforscher John-Dylan Haynes aufgrund seiner Versuche mit Computern die Hirnströme online aufzeichnet, kommt mehr Klarheit in das Problem. Er kann mit Bestimmtheit sagen, dass unser bewusster Wille immer ein Vetorecht bei Planungen des Unbewussten hat: »Wir haben demnach einen freien Un-Willen«, wie er es formuliert, gegen das, was vorgeplant war (Wildermuth 2015).

Auch sollten wir nicht vergessen: Alles Unbewusste zeichnet das Bewusstsein unseres Selbst aus. Das Ich passt die Bedingungen an die Alltagswelt an, was wir »Bewusstsein« nennen.

Unser Frühwarnsystem im Gehirn für Gefahren wurde von Wissenschaftlern wie Joshua Brown von der Washington University, St. Louis, gefunden (Schäfer 2005). Es ist identisch mit einer Hirnregion, die sich nah am Frontalhirn befindet und den englischen Namen »Anterior Cingulate Cortex (ACC)« hat, verdeutscht: vorderer cingulärer Cortex. Es ist eine Schnittstelle zwischen Vernunft und Gefühlen. Die Abwägung, ob eine Situation für uns gut oder schlecht ist, wird uns über das Frontalhirn mit seinen vielen Kommunikationswegen zur Kenntnis gegeben. Das Ergebnis einer Abwägung ergibt entweder den Zustand »unbehaglich«, es fühlt sich falsch an, oder »angenehm«, es fühlt sich richtig an. Sogar intuitive Voraussagen werden von diesem Zentrum gemacht, besonders dann, wenn unser Verhalten in eine persönliche Katastrophe abzudriften droht.

Der präfrontale Cortex als Wächter der Welten
Der wichtigste Teil des Frontalhirns ist die vorderste Front, eben der schon oft genannte präfrontale Cortex (PFC), der sich direkt hinter der Stirn befindet. Im präfrontalen Cortex werden Gedankeninhalte zusammengeführt, auch solche aus der Erinnerung, und sie werden emotional bewertet, um die aktuelle Handlung zu planen und zu steuern, was »Supervisory Attentional System (SAS)« genannt wird. Dies impliziert unser Arbeitsgedächtnis mit einprogrammierter Erwartungs-

haltung. Damit ist der präfrontale Cortex das unangefochtene Mastermodul des Neocortex, ein Organisator geistig-seelischer Ressourcen, wo Prioritäten gesetzt werden.

Weil der präfrontale Cortex Netzwerke steuern kann, hat er auch einen entsprechend starken Einfluss auf Angststörungen und kann Ruhe und Gelassenheit erzeugen. Der präfrontale Cortex hat also zwei herausragende Funktionen: Einerseits ist er sozusagen der emotionale Manager des Menschen und dämpft unschöne Gefühle, die von den Amygdalae und weiteren limbischen Bereichen erzeugt wurden. Und andererseits ist das, was wir als Bewusstsein empfinden, davon abhängig, ob der präfrontale Cortex diese Information als bewusst einstufen »möchte«. Alle Informationen sind ja erst einmal unbewusst und werden im Thalamus gesammelt. Ob dann der Thalamus die Information zu verschiedenen Zentren des Neocortex weiterleitet, wird vom präfrontalen Cortex bestimmt. Hier werden die Informationen gedeutet und dann zielbestimmt ausgeführt.

Placebo unter Vermittlung des präfrontalen Cortex
Der Placeboeffekt nutzt diesen eben erklärten Mechanismus. Er ist, wie gesagt, eins der stärksten Argumente, dass unser Geist-Seele-Komplex die Materie beherrschen kann. Das Forscherteam des Collegium Helveticum um Peter Krummenacher, einer Forschungsstätte der ETH und der Universität Zürich, konnte im Jahr 2010 nachweisen, dass bei den Probanden eine Schmerzlinderung auftrat, wenn sie ein Magnetfeld direkt auf den Bereich des präfrontalen Cortex strahlten – so sagten sie es den Versuchspersonen jedenfalls (Deutsche Schmerzgesellschaft 2010). In Wirklichkeit waren die Magnetfelder der Geräte aber nicht eingeschaltet. Da die Schmerzen dennoch signifikant reduziert wurden, zeigten diese Versuche einen Placeboeffekt an. Wurde der präfrontale Cortex dagegen so beeinflusst, dass er vorübergehend seine Funktion einbüßte, ver-

schwand auch der Placeboeffekt. Da der präfrontale Cortex viele weitere Gehirnzentren kontrolliert, war zu erwarten, dass dieser Gehirnbezirk nur den geistig relevanten und nicht den physiologischen Effekt auslöst. Die Wissenschaftler suchten deshalb weiter nach dem direkten Quellenort des spürbaren Placeboeffekts und fanden diesen im Gyrus cinguli. Dieser cinguläre Cortex, der dem Verbindungsbalken (Corpus callosum) zwischen den beiden Gehirnhälften aufliegt, ist, wie wir wissen, wiederum ein Teil des limbischen Systems und mit dem Hirnstamm und verschiedenen Relaisstationen des Rückenmarks verbunden, wo die Schmerzhemmung schließlich stattfindet. Als Antischmerzvermittler gelten die Opioidrezeptoren. So kann Morphin diese Rezeptoren bedienen und den Schmerz auslöschen. Auch der Placeboeffekt läuft über diese Opioidrezeptoren. Obwohl den Probanden statt des angekündigten Morphiums nur eine Kochsalzlösung gespritzt wird, bilden sich körpereigene Opioide, die an die Rezeptoren andocken und den Schmerz reduzieren. Die Opioidrezeptoren lassen sich aber durch ein Pharmakon mit Namen »Naloxon« bestens blockieren. Wird das gemacht, gibt es auch keinen Placeboeffekt mehr.

Damit schließt sich der Kreis: Der Glaube an ein Antischmerzmittel aktiviert den präfrontalen Cortex. Dieser aktiviert den Gyrus cinguli. Und die Nervenvernetzung zu den Schmerzzentren im Hirnstamm und Rückenmark bewirkt die Bildung von Opioiden, die über ihre Rezeptoren den Schmerz herunterfahren.

Beim Noceboeffekt ist Gleiches zu erwarten, aber meines Wissens noch nicht im Zusammenhang mit dem präfrontalen Cortex bewiesen. Auch hier wird sicherlich der präfrontale Cortex geistig angefunkt, was über die Vernetzung schließlich eine Funktionsstörung auslösen kann. Sogar unsere Körperhaltung und unser Aussehen unterliegen der Aktivität des Frontalhirns.

Ist es durch Verletzung beschädigt, werden alle oben beschriebenen Eigenschaften und Auswirkungen zurückgesetzt. Das Ergebnis ist fatal. Die Persönlichkeit des Betroffenen wird vollständig ausgelöscht. An ihre Stelle tritt ein lethargischer »Automatikmensch«, dem unser typisches flexibles Wesen fehlt. Kritiklosigkeit und Gleichgültigkeit, aber auch unerwartete plötzliche Wutausbrüche sind weitere Merkmale. Die Person ist unfähig, ihre Aufgaben innerhalb der Gesellschaft zu tätigen, obwohl der Verstand ohne Auffälligkeit ist, denn alle Intelligenztests fallen positiv aus. Aber ein Reiz, den der Mensch aufnimmt, muss für die Realitätsschaltung immer mit Sinn und Bedeutung belegt werden. Dies gelingt nur mit Gefühl und Verstand gemeinsam. Werden diese beiden Erregungen nicht zusammengeführt, ist eine adäquate Entscheidung fast unmöglich. Die Zusammenführung geschieht durch ein intaktes Frontalhirn. Genau hier wird jede Entscheidung getroffen.

Linker und rechter präfrontaler Cortex vermitteln
unterschiedliches Verhalten
Im Jahr 1992 stellte der amerikanische Forscher Richard Davidson von der Universität von Wisconsin in Madison fest, dass die EEG-Aktivität im präfrontalen Cortex den emotionalen Zustand der Probanden widerspiegelt (Davidson und Begley 2012). Seither wurden immer mehr konkrete Ergebnisse bekannt, über die man nur staunen kann. Denn die Unterteilung des präfrontalen Cortex in eine rechte und eine linke Seite kennzeichnet jeweils sehr unterschiedliche Emotionen, die auch zu sehr unterschiedlichen Verhaltensformen führen.

Ist der linke Frontallappen hochaktiv, dann ist der Mensch energetisiert, enthusiastisch, fröhlich, fühlt sich wohl und hat ein Gefühl von Selbstbestimmung und hoher Eigenakzeptanz. Ist dagegen die rechte Seite aktiver, überfallen die Person negative Emotionen mit Ärger, Angst und Traurigkeit. Selten gibt es für diese Menschen ein Hochgefühl und Freude. Bleibt die Aktivität der rechten Seite gegenüber der linken Seite auf Dauer erhöht, kommt es zur klinisch relevanten Depression. Die Menschen sind davon überzeugt, ihr Leben nicht unter Kontrolle zu haben, mit tief sitzender Enttäuschung auch in ihrer Beziehung und ihrer Arbeit.

Wie sehr unsere Persönlichkeit vom rechten Frontallappen einerseits und vom linken Frontallappen andererseits abhängt, zeigen Effekte durch Defekte der jeweiligen frontalen Gehirnbezirke. Fällt der linke Präfrontallappen aus, so werden die Personen ängstlich und sorgenvoll, sehen ihr Leben negativ und sind niedergeschlagen, haben Depressionen, sind misstrauisch. Fällt dagegen der rechte Teil aus, sind die betroffenen Menschen überaus optimistisch und fröhlich, auch wenn die Situation dieser Reaktion gar nicht angemessen ist.

Man kann aus den Ergebnissen der Untersuchungen schließen, dass der linke Teil des präfrontalen Cortex als der Ort der emotionalen Kontrolle von unangenehmen Gefühlen angesehen werden muss. Das weiß man auch deshalb sehr genau, weil Menschen, deren linker Frontallappen traumatisch oder durch einen Schlaganfall zerstört wurde, bei geringsten Anlässen zu unbändigen Wutanfällen tendieren. Eine Schädigung im rechten Teil des Frontallappens hat keine derartigen Wirkungen beim Menschen wie auch beim Tier, beide bleiben gelassen.

Andere Versuchsergebnisse zeigen, dass der rechte (dorsolaterale) Präfrontal-Cortex die Vermittlung der Aufmerksamkeit und das Zeitgefühl für die Planung unserer Handlung übernimmt. Diese rechte Seite ist für Initiative und Willensentfaltung zuständig.

Davidson ist der Spezialist für das Ungleichgewicht der präfrontalen Aktivität, er schrieb bis 2006 mehr als fünfzig Fachartikel teilweise zusammen mit seinen Kollegen über dieses spannende Gebiet. Im Mittelpunkt seiner Untersuchungen

stand auch die Frage, wie unser Geist-Seelen-Feld auf den präfrontalen Cortex wirkt.

Geist und präfrontaler Cortex bilden eine Einheit
Es gibt Hinweise darauf, dass die jeweiligen Seiten gezielt beeinflusst werden können. Uns interessiert der Einfluss auf die
positive Grundstimmung. Gut bekannt ist bereits, dass die
Achtsamkeitsmeditation Depression und Zwangsstörungen
verbessern und sogar beseitigen kann (Davidson, zitiert in Begley 2007).

Davidson bezeichnet die Möglichkeit der physischen Ge-
hirnveränderung durch pures mentales Training als »Transformation des Geistes«. Er stellt in Aussicht, dass dadurch
der Sollwert des Glücksgefühls positiv beeinflusst wird. Seine
Erfahrung beruht auf der jahrzehntelangen Versuchspraxis
im Labor, auch mit tibetischen Mönchen. Einer von ihnen
konnte seinen linken präfrontalen Cortex in der Aktivität so
stark steigern, dass die Messgeräte am Anschlag waren und
die überbordenden Messwerte nicht mehr registriert werden
konnten. Der Dalai-Lama ist in Übereinstimmung mit der
Meinung von Davidson davon überzeugt, dass der Geist sich
selbst in unermesslicher Weise beeinflussen kann; er sagt:

> »Diese Ergebnisse lassen vermuten, dass wir einen Zu-
> stand des Glücks durch ein auf das Gehirn einwirkendes
> Geistestraining bewusst kultivieren können«
> (Dalai-Lama 2005).

Sicherlich ist es zu einfach, wenn man nur den präfrontalen
Cortex für sein Glück verantwortlich macht. Es bleibt aber
der Fakt bestehen, dass bei aktivem linkem präfrontalem Cortex die Stimmung des Menschen bestens ist. Selbst negative
Erlebnisse werden weggesteckt, man spricht hier von emotionaler Festigung.

Wiederholen wir noch einmal: Die mentale Aktivierung der linken Hirnhälfte im Frontalbereich ergibt Zustände, die mit folgenden Stichworten beschrieben werden können: Glück, Vergnügen, Zufriedenheit, Entzücken, Lust, Sinneslust, Befriedigung, Erheiterung, Fröhlichkeit, Stolz, Euphorie, gute Laune, Ekstase, im Extrem: Manie. Menschen mit diesen Eigenschaften sind im Allgemeinen in der sozialen Gemeinschaft beliebt und im Geschäftsleben beziehungsweise beim Umgang mit Freunden und Partnern erfolgreicher.

Mit hoher Aktivität der rechten Hirnhälfte im Frontalbereich bei gleichzeitig niedriger Aktivität der linken Seite werden folgende Eigenschaften genannt: Furchtsamkeit, Nervosität, Besorgnis, Zaghaftigkeit, Unentschlossenheit, Gereiztheit, Entsetzen, Schrecken, im Extrem: Phobien und Panik. In Persönlichkeitstests zeigte sich bei den betroffenen Probanden eine deutliche Negativität. Ihr Leben und die Welt waren für sie schlecht, voller Trübsal und Leid; sie waren melancholisch, niedergeschlagen, unsicher, depressiv, ständig müde, misstrauisch und hatten Angstzustände, Selbstmitleid wie auch ein miserables Sexleben.

Auch eine ausgewogene Gehirnhälftenaktivität des Frontalhirns wurde hinsichtlich Emotionen und Verhalten bewertet: Die Probanden waren insgesamt in ihrer Freundlichkeit ausgeglichen, zeigten eine gute Einfühlsamkeit, hatten Vertrauen, im Extrem allerdings wurden Anbetungsverhalten und Vernarrtheit beobachtet (Begley 2007).

So wie die unentwegt arbeitende Herzpumpe die Funktion des Körpers erhält, so sind die stetig ablaufenden Gedanken und Empfindungen, gesteuert vom präfrontalen Ich-Zentrum, für die Funktion des Ichs notwendig. »Ich denke, also bin ich«, wie es Descartes formulierte. Unser Ich lebt von den geistigen Vorstellungen, von den Reflexionen aus der Vergangenheit und den Projektionen in die Zukunft, es assoziiert mithilfe von Erinnerungen und Einfällen und erwünscht sich ein aus diesen Visionen gezimmertes schönes und interessantes Leben. Genau diese so entstandenen Visionen sind dann die Basis aller Motivationen. Wenn das schöne und interessante Leben aber ausbleibt, Tagträumer zu zwanghaften Grüblern werden, dann bleiben die meist negativen Gedanken stehen, und die ehemals positive Stimmung schlägt um.

Glücklicherweise zeigen die Forschungsergebnisse, dass ein ungünstiges Aktivitätsgleichgewicht im präfrontalen Cortex – links niedrig, rechts hoch – im Kindheitsalter durch eine günstige Entwicklung im Erwachsenenalter abgelöst werden kann. Eine schreckliche Kindheit ist also nicht für immer festgezurrt. Und umgekehrt kann aber auch auf eine glückliche Kindheit eine schreckliche Erwachsenenzeit folgen. Der Glücksschaltkreis ist veränderbar, sagt Davidson (ebenda).

Den begrenzenden Autopiloten abschalten

Das Unbewusste steuert unentwegt Abermillionen automatisch stattfindender Prozesse auf allen Ebenen. Enzyme werden bereitgestellt und finden ihr Substrat, Hormone werden ausgeschüttet und steuern Enzyme, die Hormondrüsen werden aktiviert, wenn es für den Gesamtkörper opportun ist, unser Verhalten wird dadurch angepasst an eine Reizkonstellation. Dazu kommt die Einstellung des vegetativen Nervensystems, die Durchblutung, der Herzschlag, die Verdauung und so vieles mehr. Sogar unsere Mimik und unsere Körperhaltung werden unbewusst unserer Stimmung angepasst. Wir erfahren nie die direkten Eingriffe des Unbewussten, immer aber die Folgen davon. Das Unbewusste ist wie gesagt ein ganz besonders effektiver Schutz vor Überladung unseres bewussten geistigen Informationsverarbeitungssystems. Bekanntlich haben Wissenschaftler treffend für diese Automatik den Begriff »Autopilot« geschaffen. Im Traum, im Koma und im Leerlauf lässt er den Körper weiterhin existieren. Auch alles Angelernte, das zur Gewohnheit geworden ist, also Laufen, Autofahren, wird vom Autopiloten übernommen und schafft Kapazitäten für Multitasking. Aber es gibt auch zwei entscheidende Nachteile des Autopiloten:

1. Das immer wieder ablaufende Gewohnte verhindert eine Unterbrechung der Routine, um Neues zu erlernen. Letztlich ist der Autopilot eben der viel zitierte Zensor und Hemmnis für alles, was uns hätte weiterbringen können.
2. Unser präfrontaler Cortex verkümmert bei zu viel Autopilotaktivität, zu viel Routine, zu viel Gewohntem. Es fehlt an Neuem, was den präfrontalen Cortex auf Hochtouren laufen lässt. Das Neue ist der wichtigste Anschalter des Willens (bewusst) und der Motivation (unbewusst). Wille und Motivation widersetzen sich dem Autopiloten, unterbrechen viele seiner Handlungen oder passen die Automatik an das Erreichen des Willens- und Motivationsziels an. Wir kommen damit in eine positive, sich selbst verstärkende Funktionsschlaufe: Willenskraft äußert sich über den präfrontalen Cortex und setzt eine sich selbst verstärkende Rückkopplungsschleife in Gang: Die Effekte des präfrontalen Cortex, die neue Welt in allen ihren Facetten intensiv und bewusst zu erleben, wirken zurück auf den Willen und seine Einstellung, dem Geben von Sinn und Bedeutung. Die Einstellung (das Geben von Sinn und Bedeutung) bedingt den Gefühlsabruf. Daraus entsteht unsere Stimmung.

Aufgrund dieser unmittelbaren Zusammenhänge von präfrontalem Cortex, Wille, Bewusstsein, Einstellung, Gefühl und Stimmung wird einmal mehr deutlich, dass unser Wille auch für Heilung und Gesundheit eine entscheidende Größe sein kann. Die falsche Einstellung und die falsche Stimmung stören die richtige Einsetzung der Willenskraft und ergeben im schlimmsten Fall den Noceboeffekt, was zu Funktionsstörungen und anschließender Krankheit führen kann. Die Fach-

gebiete der Psychoneuroendokrinologie und der Psychoendo-
krinologie zeigten in bester Übereinstimmung mit dieser
Modellkaskade, wie Pessimismus oder Trauer Hormone und
Immunsystem zum Nachteil der Gesundheit verändern.

Dieser Zusammenhang macht sich sogar beim Hören von
Musik bemerkbar. Gefällt die Musik, sind Stirnhirnregionen
auf der linken Seite stärker aktiv, also auf derjenigen Seite,
die glücklich macht. Ist die linke Seite bereits vorstimuliert,
wird die Musik eher als schön bezeichnet. Umgekehrt ist es
mit unangenehmer Musik: Sie aktiviert die rechtsseitigen
Hirnareale.

Dieser Zusammenhang vom glücklich machenden linkssei-
tigen präfrontalen Cortex und Stimulans ist exakt identisch
mit gutem Essen, gutem Sex oder Drogenkonsum – das sagen
die beiden kanadischen Neurologen Anne Blood und Robert
Zatorre (Bethge 2003). Da immer gleichzeitig die Verbindungen zum limbischen System und den Mandelkernen (Amygdalae) gegeben ist, sind alle Ereignisse, die präfrontale Wirkungen haben, unausweichlich mit Emotionen gekoppelt.

Bei etwa 80 Prozent der Depressionskranken sind die Nervenzellen im linken präfrontalen Cortex vermindert aktiv.
Das können bildgebende Verfahren heute gut und leicht sichtbar machen. Diese Erkenntnis hat zu einer Therapiemethode
mit starken magnetischen Feldern geführt: der transcranialen
Magnetstimulation. Dabei wird dem Patienten eine handtel-
lergroße Schlaufe aus isolierten Kupferdrähten auf die linke
Seite des Stirnbereichs gelegt. Ein starker Strom, der durch die
Schlaufe fließt, erzeugt dann ein starkes Magnetfeld von bis
zu 2 Tesla mit Impulsen von 1 Millisekunde Dauer. Dies wiederum induziert berührungsfrei in das Gehirnareal des linken
präfrontalen Cortex stimulierende elektrische Wirbelströme.
Diese Wirbelströme regen die Aktivität der Neuronen an und
bewirken signifikant einen antidepressiven Effekt, der 20 bis
30 Prozent über dem Placeboeffekt liegt. In einigen Fällen ver-

schwanden die Depressionen vollständig für immer. Offensichtlich werden durch das Wirbelstromgewitter Nervenzellen und Rezeptoren aus ihrer Lethargie gerissen und neu geordnet. Die einzige Nebenwirkung, die bisher auftauchte, war, dass die Depressiven direkt in eine manische Stimmungshochphase gepusht wurden. Die Reizung muss deshalb individuell angepasst werden.

Sogar das vegetative Nervensystem lässt sich durch die Rechts-links-Dominanz des präfrontalen Cortex in entgegengesetzte Richtung steuern: Linksaktivität führt über den linken Hippocampus und nachfolgend linken Mandelkern (linke Amygdala) und schließlich über den lateralen Hypothalamus zur Sympathikussteigerung. Und umgekehrt führt die Rechts-

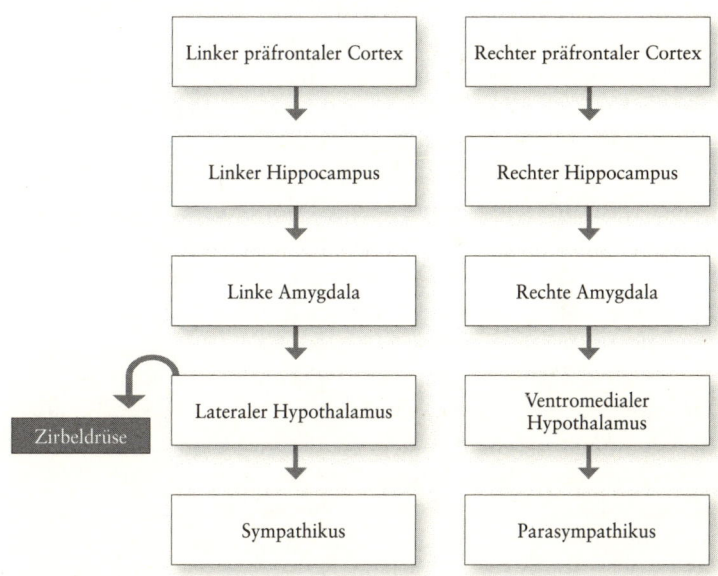

Abb. 27: Die Anregung des linken präfrontalen Cortex führt über einige Zwischenstationen zur Aktivierung der Zirbeldrüse.

aktivität über den rechten Hippocampus, den rechten Mandelkern, den ventromedialen Hypothalamus zur Parasympathikussteigerung.

Es gibt eine weitere Besonderheit der Linksaktivierung des präfrontalen Cortex, und diese Besonderheit führt zurück zum direkten Themenbezug dieses Buches: Indirekt über den lateralen Hypothalamus wird die Zirbeldrüse aktiviert. Es lohnt also in jeder Hinsicht, den präfrontalen Cortex zu trainieren, insbesondere die linke Seite.

Training von Freude und Glückseligkeit
Die Möglichkeit der Selbstregulation von psychosomatischen Funktionsstörungen durch ein antrainiertes verändertes Körpergefühl ist in der Gesellschaft noch weitgehend unbekannt. Dennoch weiß fast jeder, dass der Placeboeffekt zweifelsfrei wirkt. Warum sollten wir diesen Effekt nicht dauerhaft für uns nutzen? Dauerhaft bedeutet, dass sich unser Gehirn in seinen Neuronenkontakten umstellen kann. Die Gehirnaktivitäten laufen dann neue und optimierte Wege. Da diese Aktivitäten von der Plastizität des Gehirns als Muster eingebrannt werden und da die Veränderungen durch Erfahrung und Bewusstsein ausgelöst werden, ist es enorm wichtig, über diese Zusammenhänge Wissen zu haben und Praktiken zu Anreizen zu lernen, den präfrontalen Cortex in seiner linken Aktivität günstig zu beeinflussen.

Richard Davidson ist überzeugt, dass sich der linke präfrontale Cortex in seiner Funktion trainieren lässt: Wer übe, werde immer besser. Seiner Meinung nach wirkt konzentratives Training am besten. Kein Training läuft ohne den Willen dazu ab. Der Wille ist eine Kraft, die am Anfang jeder bewusst eingefädelten Veränderung steht. Auch die Gehirnbereichsmuster unterliegen in ihrer Veränderung dem Willen. Der Wille beeinflusst den Zustand des eigenen Geistes über die Steuerung der Aufmerksamkeit, getragen von Gedanken.

Es gibt den bewussten und den unbewussten Willen. Den Letzteren können wir auch als »Motivation« bezeichnen. Wir haben immer wieder betont, dass diese Motivation vor der Willensbildung steht. Wenn wir uns etwas vorstellen oder visualisieren, steht also eine Mischung von bewusstem Willen und unbewusster Motivation dahinter. Ist diese Vorstellung auf den präfrontalen Cortex oder ein anderes Gehirnzentrum gerichtet, über das wir »geglaubtes Wissen« besitzen, dann kann damit gerechnet werden, dass dieses Zentrum durch Wille und Motivation tätig wird.

Dabei entsteht eine Art Resonanz: »Geglaubtes Wissen« über die Bedeutung und Funktion eines Organs, auch eines Gehirnbereichs, kann in der Vorstellung oder Erwartung eingesetzt werden wie eine Sprache. Diese Sprache wird vom anvisierten Zentrum deshalb verstanden, weil die Bedeutung und Funktion dieses Zentrums ja weitgehend identisch mit unserem »geglaubten Wissen« darüber ist. Dieser Mechanismus ist analog zur Körperbewegung durch den Willen. Wir steigen morgens aus dem Bett, weil wir wissen, dass wir es können. Versuche haben gezeigt, dass vollständig fehlende Motivation tatsächlich das Aufstehen blockieren kann. Von den Hypnoseeffekten kennen wir exakt Gleiches: Fast jede Handlung kann nach Ausschaltung des Zensors, also Freigabe, durch Sprache befohlen werden und wird dann auch meistens ausgeführt.

Das für uns Wichtige in diesem »Resonanzmechanismus« ist nun, dass der unbewusste Wille (die Motivation) sein Ziel sucht, ohne dass wir bewusst eingreifen müssen. Man muss lediglich vorher die Freigabe »programmiert« haben, damit das Ziel erreicht werden kann. So meldet sich im Kindesalter nach einem entsprechenden Willenstraining die Blase selbst, wenn sie geleert werden will. Und dieser antrainierte Zustand bleibt im Erwachsenenalter erhalten. Das war im Kleinstkindalter noch nicht der Fall. Die Blase machte, was sie gerade wollte, und hat sich dann durch Wille und Motivation des

Ichs mit einem angelernten, später dann teilweise unbewussten Feedbacktraining dem Willen untergeordnet. Eigentlich gehören diese Prozesse zu der Rubrik Reflexe, aber es gibt unbewusste Reflexe und solche, die erst das Bewusstsein erreichen müssen, damit sie als Reflexe wirken können. Der Hustenreiz ist so einer; erst wenn wir nachts außerhalb des Schlafs den Reiz spüren können, wird er den Husten auslösen, ansonsten, also unbewusst, hat derselbe Reiz keine Wirkung. Und dann gibt es erlernte Reflexe, die vieles im Leben erleichtern.

Bei der Öffnung des Dritten Auges dahin zu kommen gelang bisher nur wenigen, die Wissen hatten und Zeit, und die waren oft Eremiten, konnten also ungestört üben. Von Jesus ist bekannt, dass er sich für diese Ziele regelmäßig in die Wüste begab.

Das Wichtigste: Am Anfang jedes adäquaten Trainings steht die Fixierung unseres Ziels, unserer Idee für das, was wir wollen. Dies aktiviert in der Folge nicht etwa unseren präfrontalen Cortex, sondern das Ziel und die Idee des Ichs *ist* bereits im Fall des präfrontalen Cortex die Aktivierung.

Um dieses Ziel aber richtig zu definieren, ist Vorwissen notwendig. »Nur der vorbereitete Geist ermöglicht den Zufall«, heißt es. Um den Geist vorzubereiten, lesen wir uns hier mühsam durch das Wissen über die Gehirnfunktionen. Ohne dieses Wissen wird weiteres Wissen nicht einfallen, denn die so wichtigen Assoziationen können nicht entstehen, weil es keine Informationsandockstellen für sie gibt. Wir bleiben dann im Hamsterrad.

Das Ergebnis des Trainings ist umfangreich. Da der wichtigste Gehirn-Master direkt betroffen ist, werden sowohl das Denken als auch die Reaktion auf Reize beeinflusst. Schlechte Angewohnheiten, die durch ungünstige interne Programme immer wieder ausgeführt werden, lassen sich ändern. Aus unbewusstem Reagieren kann gewolltes Agieren werden. Das gesamte Leben nimmt eine neue positive Richtung. Letztlich lässt sich auch die Selbstheilung mit diesen Mitteln verstärken.

Als Folge eines konsequenten Trainings verspricht der wissenschaftliche Experte Davidson innere Ruhe und Glücksgefühl. Tatsächlich zeigen Untersuchungen, dass der Neurotransmitter Dopamin, der für starke Motivation und kreatives, oft spirituelles Empfinden steht, durch ein Training angereichert wird. Einen Mangel an Dopamin findet man neben den Parkinson-Erkrankten beispielsweise auch bei den hyperaktiven Kindern (ADHS-Kindern), die oft mit dem Pharmakon Ritalin und dem Wirkstoff Methylphenidat zur vermehrten Dopaminverfügung medikamentiert werden.

Offensichtlich ist eine vergrößerte Durchblutung des Arbeitsgedächtnisses innerhalb des Frontalhirns gut trainierbar, was laut dem Forscher Torkel Klingberg, Karolinska Institutet, Stockholm, dem Dopaminsystem zugutekommt (McNab et al. 2009).

Will man den präfrontalen Cortex so trainieren, dass unbewusste Funktionen unter das Bewusstsein gelangen und dass dann dem Unbewussten willentlich Aufgaben zur Erledigung gegeben werden können, sind zielgerichtete Visualisierungen ohne gewichtige Ablenkungen nützlich. Es genügt bereits eine gezielte Konzentration über eine längere Zeit auf eine Struktur, auch als Bild; gut bekannt sind die Mandalas, die anfangs umso besser funktionieren, je mehr Neuheitswert in ihnen steckt. Später dann, wenn das Lernen des »Reflexes« abgeschlossen ist, braucht es keinen Neuheitswert mehr. Das Bild dient dann nur noch der Auslösung einer Konditionierung. Dann kann man dem Unterbewusstsein durch Visualisierung die Aufgaben übertragen und überlässt alles seiner Verwirklichung ohne weitere Einflussnahme.

Am besten für ein Training unbewusster Funktionen ist immer das Feedback. Mithilfe des Feedbacks haben wir gelernt, unsere Blase und unseren Darm zu kontrollieren und auch das Gleichgewicht beim aufrechten Gang gegenüber der Schwerkraft aufrechtzuhalten, ebenso das Sprechen und Lesen der Mimik durch Spiegelneuronen und vieles mehr.

Nun ist ein Feedback des präfrontalen Cortex mangels bewusst perzipierbarer Signale schwierig, wenn auch nicht unmöglich. Wenn wir uns immer wieder auf die Durchblutung des Stirnhirns konzentrieren und auf die damit entstehende Empfindung, dann verspürt man nach einigen Tagen in diesem Bereich die zunehmende Aktivität des Hirnbereichs als leichten Druck und ein auf die Stirnhaut projiziertes Kribbeln.

Die »Gänsehaut des Gehirns«, wie die Vulgärbezeichnung eines ähnlichen Effekts lautet, kann ebenso gut durch die geistige Konzentration auf leises Flüstern oder Knistern von Metall- oder Papierfolien ausgelöst werden oder durch leichtes Beklopfen des Ohrmuschelknorpels. Auch dabei reagieren Neuronen des Gehirns und projizieren ihre Aktivität auf die Schädelhaut, die dann den »Gänsehauteffekt« aufweist. Das Internet ist voll von diesen Sensationen.

In den Selbstversuchen zeigt sich erneut, dass die eigene geistige Einstellung entscheidend für den Erfolg ist.

Feedback von Gleichspannungssignalen
Am sichersten für die Trainingsmethode ist jedoch die Registrierung der ultralangsamen elektrischen Gleichspannungssignale, die immer mit der Aktivität des präfrontalen Cortex einhergehen. Die Aktivität des linken präfrontalen Cortex kann man leicht über das Biofeedback des Gleichspannungspotenzials steuern. Was man sieht oder fühlt, kann konditioniert werden. Das integrierende elektrische Gleichspannungspotenzial fällt immer dann hoch aus, wenn dieser Gehirnbereich besonders stark aktiv ist. Mit einem derartigen Messwert als Feedbacksignal, gemessen mithilfe von zwei Elektroden rechts und links im Stirnbereich, wird die Konditionierung deutlich

schneller erreicht. Ein Feedback des sichtbaren Messwerts von ultralangsamen Gleichspannungspotenzialen (ULP), die an beiden Seiten der Stirn durch Elektroden abgenommen werden, führt regelmäßig zur Konditionierung.

Nur – nicht jedermann hat so ein Gerät zur Verfügung, obwohl die Verstärkeranordnung einfach und preisgünstig aufgebaut werden kann. Im Prinzip braucht man ein extrem hochohmiges Voltmeter mit Frequenzfiltern. Sogar auf dem Markt werden solche Geräte zur Prüfung der Signale des präfrontalen Cortex angeboten. Ob sie die Kriterien erfüllen, konnte ich bisher nicht prüfen.

Die ultralangsamen Potenziale, auf die es ankommt, werden im klassischen EEG fast immer ausgefiltert und wurden deshalb von der Forschung lange Zeit übersehen. Dennoch berichtete Gerhard E. Eggetsberger bereits ab 1983 meist populärwissenschaftlich über diese besondere elektrische Gehirnaktivität. Sein 1991 erschienenes Buch trägt den Titel *Das neue Kopftraining der Sieger. Die Entdeckung und Nutzung des psychogenen Hirnfeldes* (Eggetsberger 1991).

Zu viel bewusster Wille blockiert allerdings das Erreichen des Ziels. Wenn man sein Ziel unbedingt erreichen will, sozusagen mit aller Macht, tritt regelmäßig das Gegenteil ein, der Gehirnbezirk stellt sich stur, die Aktivität wird gehemmt. Messen kann man diesen Kontra-Effekt sogar an der elektrischen Aktivität des präfrontalen Cortex, sie sinkt ab, anstatt sich zu erhöhen. Das ist verständlich, denn die Aktivität des präfrontalen Cortex *ist* der bewusste Wille des Ichs. Der Wille ist Werkzeug des Ichs und folgt der Motivation, die dem Willen des Selbst entspricht, also aus Sicht des Ichs unbewusst ist. Beide Werkzeuge verwenden die Rückkopplungsschlaufe (Feedback) zum »Emotionsgenerator-Zentrum« des limbischen Systems. Einige Gefühle aus dem Generator aktivieren den präfrontalen Cortex, andere hemmen ihn, wobei auch noch das Rechts-links-Verhältnis bestimmend ist. Das heißt, die den Willen begleitenden Gefühle können hemmend oder fördernd auf den präfrontalen Cortex wirken. Ein »Unbedingt-haben-Wollen« ist ein hemmend wirkendes Gefühl.

Das beste Beispiel dafür ist die misslungene Einleitung des Schlafs. Er lässt sich nicht durch den Willen erzwingen. Selbst bei großer Müdigkeit und Erschöpfung kann die Eigenforderung »Ich muss jetzt schlafen« sogar hellwach machen. Jeder hat diesen Kontra-Effekt schon einmal beim Einschlafen erlebt. Will man sich zum Schlafen zwingen, klappt das nicht, trotz Müdigkeit bleibt man wach. Dagegen können die Vorstellung und das Feedback der Schwere und Ruhe den Schlaf einleiten.

Ein interessantes weiteres Beispiel ist der Sex. Mit purem intellektuellem Willen funktioniert überhaupt nichts. Vielmehr findet die Steuerung fast ausschließlich über Empfindungen und Gefühle statt. Die Menschheit wäre längst ausgestorben, wenn nicht immer wieder die geistigen Vorstellungen und Erwartungen Blut in die Geschlechtsorgane gepumpt hätten, damit die Begattung funktioniert. Wenn alles normal abläuft, wird das Dopamin-Belohnungssystem dabei in einer Weise angeregt, die dem Konsum von Heroin oder Kokain kaum nachsteht. Der Orgasmus ist geradezu der Prototyp dafür, wie die Alltagsaktivität des Neocortex schlagartig verringert werden kann: eine Prämisse, die wir zum Aufsuchen der Interwelt immer wieder betont haben.

Bei Frauen konnte mithilfe der Gehirnscanner nachgewiesen werden, dass während des Orgasmus der Neocortex ausgeschaltet wird (ORF 2005). Damit öffnet sich auch in diesem Moment das Tor zur Interwelt, nur viel zu kurz, um einen bewussten Besuch genießen zu können. Einige Yoga- und Tantra-Methoden verlängern diesen Moment. Bei den Frauen im Versuch schalteten sich bereits vor den Höhepunkten einige Hirnareale ab, insbesondere der Frontallappen als Kontrollinstanz. Dazu gibt es inzwischen recht überzeugende Gehirnbilder aus dem PET: Wenn der Orgasmus rundum gelingen soll, muss der linke orbitofrontale Cortex, der für die Triebkontrolle und Selbstbeherrschung verantwortlich ist, sowie der dorsomediale präfrontale Cortex inaktiviert sein. Gleichzeitig, so zeigen die Gehirnscans, entstehen Theta-Wellen hoher Amplitude, ein untrügliches Zeichen besonders intensiven Erlebens außerhalb der Alltagswelt.

Als Nebenergebnis aus den Versuchen zeigte sich deutlich, dass ein vorgetäuschter Orgasmus zwar so gut gespielt sein kann, dass die Umgebung genarrt wird, aber im Gehirnscan einwandfrei als Fake erkennbar ist.

Der forcierte Wille ist bei allen diesen Prozessen kontraproduktiv, wenn bestimmte Hirnareale stimuliert und gleichzeitig andere gehemmt werden sollen. Das trifft auch auf die Erlangung spiritueller Momente zu. Wird dagegen der Wille spielerisch mit einer gewissen Neugier eingesetzt, ist der Erfolg sehr wahrscheinlich. Wie gesagt, wirkt bei der Schlafeinleitung besonders gut das Vorstellen mit dem Feedback der Schwere des Körpers, der Tiefe der Atmung, der Gelassenheit und Ruhe; letztlich alles Stationen des autogenen Trainings.

Wenn sich absolut kein Feedbacksignal einstellt, wenn man also von den anvisierten Organen keinerlei Empfindung erhält, dann ist es immer noch möglich, in seiner Vorstellung ein angenehmes Licht einzusetzen. Beim präfrontalen Cortex kann man sich analog zu den Bildern des fMIT vorstellen, dass der linke Frontallappen aufglüht und sich dieses Licht dann über den gesamten Lappen ausbreitet.

Wir wissen aus den Versuchen, die ich in meinem ehemaligen »Physiologischen Kurs« in der Universität des Saarlandes veranstaltete, dass dieser Vorstellungsmodus sofort bedient wird. Unser Versuch bestand darin, dass die Studentin oder der Student sich ein gleißendes Licht vor Augen vorstellt. Gemessen wurde mit einer leichten Brille, die einen fokussierten Strahl unsichtbaren Infrarotlichts in die Pupille strahlte und als Maß diente, wie viel dieses Infrarotlichts absorbiert wurde. Große Pupillen absorbieren viel, kleine Pupillen wenig. Wenn sichtbares Licht von außen auf die Pupillen fällt, ziehen sich die Pupillen zusammen. In diesem Fall wird wenig Licht absorbiert. Genau das passierte aber bereits durch die intensive Vorstellung von Licht bei unseren Probanden.

Dieser Effekt ist identisch mit dem Effekt bei der intensiven Vorstellung, in eine sehr saure Zitrone zu beißen. Stellen Sie sich das jetzt vor. Augenblicklich wird aus den Speicheldrüsen Flüssigkeit abgegeben, um die Säure im Mund zu verdünnen. Hat es auch bei Ihnen geklappt?

Ich bevorzuge eine andere Art der Vorstellung, um den präfrontalen Cortex zu aktivieren, als mir helles Licht vorzustellen. Wir wissen, dass vermehrte Durchblutung der Hirnwindungen mit vergrößerter Aktivierung Hand in Hand verläuft. Eine größere Perfusion nimmt ein größeres Volumen ein. Das heißt, das Frontalhirn dehnt sich aus. Nun hat das Gehirn selbst keine Rezeptoren für Ausdehnung, aber der Druck gegen die Schädelkalotte wird von der Spinnwebenhaut *(Arachnoidea encephali)* und der inneren Kernhaut *(Pia mater encephali)* mit ihrem glymphatischen System (erst 2012 und 2015 entdeckt) gering perzipiert. Wir registrieren dann ein leicht drückendes Kribbeln in der gedanklich fokussierten Region. Diese Empfindung kann mit etwas Übung verstärkt werden und ist nach einigen Tagen schnell wieder abrufbar.

Wenn wir die Vorstellung von hellem Licht oder das spürbare leicht drückende Kribbeln im linken Frontallappen etablieren und etwa dreißig Sekunden aufrechterhalten können, passiert bereits etwas. Je öfter wir das wiederholen, umso sensibler wird der gedankliche Feedbackkreis, bis sich schließlich auch materiell der Kreis einprägt, also sich die Neuroplastizität einstellt. Der Vorgang wird »Konditionierung« genannt. Die Konditionierung läuft desto besser ab, je mehr dieser Prozess spielerisch und mit einer gewissen Neugier und Erwartung angegangen wird.

Schließlich ist dieser Effekt mit dem rituellen Prozess der Entspannungsmeditation (alles muss stimmen: Unterlage, Temperatur, Abschattung der Augen) vollkommen konditioniert und beliebig abrufbar.

Mit der Festigung der gedanklichen Aktivierung des präfrontalen Cortex entsteht eine Kaskade weiterer Neukonditionierung, denn alle assoziativen Anhängsel an den präfrontalen Cortex wie Thalamus, Hypothalamus, Hypophyse können von Grund auf neu in ihren Outputs sortiert werden.

Erst ein Beispiel aus der Routine: Wenn die Amygdalae durch ein alltagsaktiviertes Frontalhirn Signale erhalten, werden die damit verbundenen Gefühle die Situation, die bisher mit den Gefühlen verbunden waren, als Stimmung wiederaufleben lassen. Der Autopilot ist eingeschaltet und konfrontiert uns mit der immer gleichen Routine, was belastend sein kann.

Marcus Raichles Studien machten schon früh deutlich (Raichle et al. 2001): Wenn das Default-Mode-Netzwerk unter Führung des präfrontalen Cortex auf längere Zeit nicht auf eine Routineaktivität herunterreguliert werden kann und ständig vermeintlich persönliche Defizite grüblerisch wiederholt werden, entstehen unweigerlich Depressionen mit sich verstärkender Selbstfokussierung. Ablenkende Außenreize kommen bei Daueraktivität des DMN nicht mehr durch, die Person lebt nur noch im Ich-Bezug von Vergangenheit und pessimistisch eingestellter Zukunft. Sich anbahnende Panikanfälle speisen sich aus den gleichen Mechanismen.

Wird dagegen der präfrontale Cortex mit Wille und Bewusstsein mit seinen uns nun bekannten Rechts-links-Funktionen neu aufgeschaltet, ist die Umprogrammierung der Routine möglich. Besonders gut gelingt das mit der Aufschaltung des linken präfrontalen Cortex, der den Zugriff auf Freude und Glücklichsein erlaubt.

Es muss nicht extra betont werden, dass mit dem beschriebenen Prozess selbstverständlich (für das Selbst verständlich) das Selbstwertgefühl im natürlichen Prozess verbessert wird. Wir empfinden dies als Belohnung (Dopaminvermehrung), was die Fortsetzung des ganzen Rituals unbewusst forciert.

Das »Meditationsgehirn« und die Achtsamkeitsmeditation
Meditation über längere Zeit dient der Neukonditionierung. Das bedeutet ein neu geprägtes Gehirn mit nachfolgend neuem Denken, neuen Emotionen, neuem Verhalten.

Davidson holte mithilfe des Dalai-Lama tibetische Mönche in sein Labor, um ihr Gehirn während der Meditation zu vermessen (Begley 2007). Mit der Magnetfeldresonanztomografie konnte er feststellen, dass während der Meditation der *linke* Frontallappen weit über Norm aktiviert war, was für eine positive Grundstimmung steht. Andere Gehirnareale wie diejenigen, die für die räumliche Orientierung zuständig sind, wurden ruhiggestellt. Dieses Ergebnis ist wichtig. Denn es zeigt deutlich, dass eine richtig durchgeführte Meditation etwas anderes ist als ein Trancezustand, eine Hypnose oder der Schlaf. Anders ist, dass Teile des Neocortex, ebendie Bereiche des präfrontalen Cortex, während der Meditation von Mönchen hochaktiv sind, was bedeutet, dass der Meditierende geistig hellwach ist und sich durch Stilllegung anderer Hirnbezirke gleichzeitig ohne Raumbegrenzung sieht. Wir wissen inzwischen, dass dieser Zustand das Gegenteil des Tiefschlafs ist, wo Messungen zeigten, dass der präfrontale Cortex fast vollständig abgeschaltet ist.

Die Achtsamkeitsmeditation stellt sich ein, weil die begrenzende Raumpräsenz des Ichs in der Meditation aufgehoben wird. Die Bezeichnung »Achtsamkeitsmeditation« bezieht sich ja darauf, die inneren Vorgänge im eigenen Organismus bewusst zu beobachten, aber keine Bewertung dabei vorzunehmen. Entscheidend ist dabei die Einnahme des Beobachterpostens außerhalb der eigenen Person, also quasi von außen. Man nimmt unbeteiligt und dadurch angenehm gleichgültig die bloßen Fakten wahr, die von Sinnen und Geist geliefert werden. Die Reaktion auf allen Ebenen wie körperlich, sprachlich, gedanklich fällt damit weg, und genau damit werden die Inhalte der Wahrnehmung aus dem eventuell belastenden Empfindungsraum in einen unbelasteten Zustand transformiert. Es hat damit die als sehr bedeutend einzuschätzende Transformation des emotionalen Geistes stattgefunden. Der Mensch bekommt Kontakt mit der objektiven Welt, also losgelöst vom Ich, die vorher durch das individuelle Geben von Sinn und Bedeutung mit allen Gefühlen, die zu Emotionen werden, mit allen Vorurteilen, Vorstellungen, Tagträumen nicht erreicht werden konnte.

In der Achtsamkeitsmeditation, die in allen Yoga-Traditionen eine wichtige Methode ist, nehmen wir beziehungsweise unser Ich mit entspannter Wachheit einen Standpunkt jenseits der Gedanken ein. Wir empfinden diese Gedanken, wie gesagt, ohne eine Wertung der Inhalte vorzunehmen. Dabei

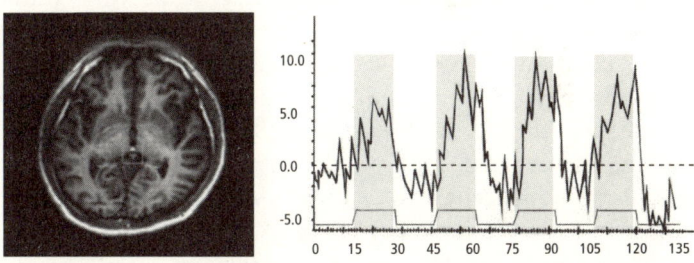

Abb. 28: Das Gehirn mit dem Zentrum Zirbeldrüse in der fMRI.
Abb. 29: In den Phasen der Meditation verstärkt sich die Signalaktivität in der Zirbeldrüse. Abszisse: Meditationsphasen und ihre Dauer in Minuten. Ordinate: relative Signalintensität der Zirbeldrüse in Prozent (Liou et al. 2016).

spielt die auf die Gegenwart gezielte Bewusstheit eine zentrale Rolle. Beliebt ist die Achtsamkeit des Ein- und Ausatmens, wobei zu uns kommende Gedanken, Erinnerungen, Impulse und Emotionen zwar zugelassen, aber nicht mit Sinn und Bedeutung versehen werden. Bei häufiger Wiederholung der Methode verändert sich das Gehirn zum Positiven. Der Autopilot mit immer gleichen Reaktionen auf die Alltagsgeschehnisse, gepaart mit eingefleischten Vorurteilen, wird zurückgedrängt.

Die Achtsamkeitsmeditation feiert große Erfolge bei der Bekämpfung von Depressionen und Angststörungen. Der emeritierte Medizinprofessor Jon Kabat-Zinn von der University of Massachusetts Medical School entwarf mit dieser Form der Meditation ein Stress-Reduktionsprogramm (Mindfulness-Based Stress Reduction [MBSR]) mit weiter Verbreitung auch in Deutschland (Kabat-Zinn 2011).

Entspannung, Meditation und Achtsamkeit sind alle drei die entscheidenden Generatoren des elektrischen Wechselfeldes als Theta-Rhythmus mit sechs bis zwölf Schwingungen pro Sekunde, wobei auch der Alpha-Rhythmus tangiert ist.

Entspannungsmeditation ohne Achtsamkeit hat schnell die Konsequenz der Einschaltung des Autopiloten. Im Autopilotenzustand verschwinden die wertvollen Theta-Wellen durch Aktivierung diverser emotionsgenerierender Hirnzentren, die dann auch Angst und Sorge unbewusst wirksam werden lassen. Aber selbst Freude und Sehnsucht nach Liebe, durchaus erstrebenswerte Gefühle, wären momentan kontraproduktiv. Deshalb ist es unbedingt notwendig, den Frontallappen in dieser besonderen Art der Achtsamkeit zu aktivieren und so lange wie möglich zu konservieren.

Der Neuheitseffekt

Das Neue und die Neugier sind, wie gesagt, der stärkste Aktivator des präfrontalen Cortex. Die eben erwähnte Achtsamkeit ist demnach auf die Erwartung des Neuen gerichtet. Nur diese Erwartung des Neuen bringt den enormen Entwicklungsschub. Alle Versuche haben gezeigt: Schwindet die Empfindung »neu«, kehrt das Gehirn in den gewohnten Autopilotenmodus zurück. Die Entwicklung des Gehirns bleibt dann aus. Die Kunst besteht also darin, die Neugier und Erwartung so lange aufrechtzuerhalten, bis sich die neuen Schaltkreise im Gehirn eingeprägt haben. Wenn die Einprägung abgeschlossen ist, braucht es fortan nur noch eine Erhaltungsaktivität. Die Erhaltungsaktivität besteht in der regelmäßigen Nutzung des neuen Schaltkreises. Man kennt diesen Prozess von der Etablierung des autogenen Trainings.

Derart aktivierte Frontallappen bringen dann die Ordnung und reparieren die physischen und psychischen Verletzungen. Am besten funktioniert das mit dem Gewahrwerden des reinen Bewusstseins. Erinnert sei an dieser Stelle, dass meine Definition des Bewusstseins mit der Schaltung von Information zu tun hat, Bewusstsein also letztlich einen Schalter darstellt und das reine Bewusstsein ein vollkommen ungestörter Schalter für jegliche Informationen ist. Das reine Bewusstsein erreichen wir in der Stille zwischen den plappernden und lärmenden Gedanken, die selbst viel störende Information verbreiten, quasi echte Störsender sind.

Durch eine konsequent über längere Zeit durchgeführte Meditation entsteht ein neues Frontalhirn, und darauf aufbauend begegnet uns ein neuer Geist. Damit wird die Welt in einer neuen Bedeutung wahrgenommen. Im Mittelpunkt steht ein neues Selbstbewusstsein. Damit werden alte Programme der Routine und Gewohnheiten gelöscht.

Es ist wenig sinnvoll, wenn man sich selbst oder durch die Hilfe eines Therapeuten nur wenige Male in die besondere Wahrnehmung einschleust. Es ist sehr sinnvoll, wenn man so häufig diesen Zustand erlebt, dass sich das Gehirn in seiner Verschaltung umstellt, wie wir es vom autogenen Training her kennen.

Die enorme Plastizität des Gehirns

Das Gehirn ist auch im Alter noch fähig, sich neuronal neu zu verdrahten. Dieser Ansicht war man nicht immer, denn die frühere Lehrmeinung sagte genau das Gegenteil. Es war unter Wissenschaftlern Konsens, dass ein ausgewachsenes Gehirn die Fähigkeit zur Neuroplastizität verloren hat. Auch eine Regeneration alter Nervenzellen schien ausgeschlossen. Falsch, sagt die neue Forschung, die sich auf bessere Methoden der Sicht ins Gehirn stützen kann. Der Mensch vergrößert in jedem Altersabschnitt diejenigen Gehirnbereiche, die er immer wieder für sein Denken und Tun gebraucht. Die Virtuosität des Geigers ist vom Training abhängig, genauso wie es ein hervorragender Sportler ist. Bei diesen durch Übung entstehenden Eingriffen werden alte Leitungen stillgelegt und neue Leitungen mit neuen Kontaktstellen gezogen.

Unser Ich mag ursprünglich ein unabhängiges Wesen sein, aber dieses Ich wird seit Beginn seiner Existenz an seinen Körper gewöhnt, und die Gewöhnung läuft über sein Gehirn. Damit entsteht seine Persönlichkeit, sein Wissen über sich und die Umwelt. Schlimm ist, wenn diese angelernte und konditionierte Verdrahtung dann immer wieder falsche Signale sendet. Schon das Wissen um diesen Prozess einer Löschung alter fehlgeleiteter Strukturen durch Neukonditionierung leitet die Heilung ein.

Helen Neville von der Universität in Oregon arbeitete mit Blinden und Gehörlosen und konnte zeigen, dass alle Ereignisse im Leben grundlegende Auswirkungen auf die Veränderungen des Gehirns haben (Sacks 2003). Auf Richard Davidson ist die inzwischen anerkannte Aussage zurückzuführen, dass die Kraft des Geistes das Gehirn in jede Richtung verändern kann.

Mit der Veränderung des Gehirns verändern wir auch uns selbst. Wenn wir uns aber ständig verändern, hat das Ich keine spezielle Natur. Es ist direkt davon abhängig, wie das Gehirn tickt. Der Geist ist eine Kraft, die man sich willentlich nutzbar machen kann und die das Ich formt. Dies lehrt uns der traditionelle, rund 2500 Jahre alte Buddhismus: Was wir denken, sind wir; wie wir denken, so handeln wir; und wie wir handeln, so werden wir sein. Wir können uns – unser Ich – immer wieder neu erschaffen.

Aber warum funktioniert das so? Wieder weiß schon der Buddhismus die Antwort: Es gibt demnach keine objektive Alltagswelt; was wir als Realität ansehen, sind immer nur eigene Projektionen, wobei unsere innere Welt und die äußere Welt durch unsere Gedanken verändert und teilweise sogar erschaffen werden.

Durch bestimmte Praktiken wie Meditation und weitere geistige Übungen können wir unsere Einstellungen, unsere Ansichten und sogar unsere Gefühle ändern, was unmittelbare Auswirkungen auf den gesamten Denkapparat hat – physisch und psychisch als geistig induzierte Transformation der Materie und der Geist-Seele.

Ursache dafür ist nicht nur der Einfluss auf bestehende Strukturen, die sich neu vernetzen, sondern auch der Einfluss auf das Wachstum neuronaler Stammzellen, die sich überall im Gehirn befinden, »Neurogenese« genannt. Diese neuen Nervenzellen, die sogar noch bei über Siebzig- und Achtzigjährigen hochaktiv sein können, wandern und schwimmen bevorzugt über die flüssigkeitsgefüllten Hirnhöhlen (Ventrikel) wie ein Floß jeweils dorthin, wo sie gebraucht werden, um neue Gehirnschaltkreise aufzubauen und alte stillzulegen. Auslöser dafür sind Empfindungen und Denken einerseits und motorische Bewegungen wie Laufen, Greifen, Ziehen und weitere Muskeltätigkeiten andererseits.

Alte Schaltkreise lassen sich innerhalb von vierzehn Tagen vollständig verändern, neue Schaltkreise brauchen etwa vier Wochen zu einem neuen Aufbau. Allerdings zeigt sich bei den verschiedenen Probanden im Alltagsgebrauch, dass ihre Gehirne in verschiedenen Bereichen sehr unterschiedlich plastisch sind, einige verändern sich andauernd, manche nur in bestimmten Zeitphasen. Das mag an unterschiedlichen Erfahrungen liegen, an einem unterschiedlichen Gewahrsein oder auch an unterschiedlichem Stress. Stress mit dem eiweißabbauenden Cortisol zerstört den neuen Aufbau, und weitere Stresshormone können sogar gerade gebildete neue Synapsen zerlegen. Richtig bleibt auch der Lehrsatz, dass junge Gehirne weitaus plastischer arbeiten als ältere. Kinder zeigen erstaunliche Wandlungen. So kann das Sprachzentrum, das sich immer nur in der linken Hirnhälfte befindet (nicht zu verwechseln mit dem linken präfrontalen Cortex), bei Kindern in der rechten Hirnhälfte ausgebildet werden, falls die linke Hirnhälfte durch eine Verletzung oder einen Tumor mit nachfolgender Operation ausgefallen ist. Das funktioniert aber nur bis zum sechsten, höchstens siebten Lebensjahr.

Wir alle kommen mit einem Überschuss an Nervenverbindungsmöglichkeiten zur Welt. Neugeborene haben durchschnittlich 2500 Verbindungsoptionen pro Nervenzelle, wobei je nach Gehirnbereich diese Möglichkeiten zwischen 1000 und 100000 schwanken, je nach Kommunikationsfreudigkeit der Nervenkomplexe untereinander. Und diese Fülle nimmt weiter zu. Wächst das Kleinstkind zu einem Dreijährigen und darüber hinaus heran, existieren bereits durchschnittlich 15000 Synapsen pro Nervenzelle. Es ist die Zeit der Prägung. Reize von außen werden nun bleibend verdrahtet. Bei noch älteren Kindern verliert sich diese Dichte an Bindungen. Es bleiben nur noch die trainierten Gewohnheitsverdrahtungen und die Neuverbindungen, die sich durch meistens von Schulen vorgegebene Lernmomente im Gehirn verankern. Bis ins junge Erwachsenenalter verschwinden geschätzt bis zu zwanzig Milliarden Synapsen täglich, weil sie ungenutzt sind. Aber das heißt auch, dass die geschätzt insgesamt hundert Milliarden Nervenzellen mit den übrig gebliebenen etwa hundert Billionen Verbindungen (tausend pro Nervenzelle) täglich unentwegt hin und her geschoben werden, sie verschwinden, tauchen neu auf, vernetzen sich neu. Vollkommen überraschend wurde erkannt, dass bereits die Gedanken des Menschen den Umbauprozess anstoßen.

Wie die Gedanken, pure Geistkonstrukte, in die Materiewelt der Neuronen derart massiv einwirken können, haben wir bereits dargestellt. Hier wollen wir uns nochmals die Wichtigkeit der Ergebnisse einer Neoplastizität des Gehirns deutlich machen, denn ihre Grundlagen sind inzwischen bestens durchforscht. Wir erfahren darüber nur zu wenig.

Richard Davidson beklagt, dass der Westen die Möglichkeiten der Neoplastizität permanent ignoriert. Er sieht das Glücksempfinden, das Wohlbefinden und die Zufriedenheit nicht als einen Zustand oder als ein Wesensmerkmal, sondern als den Effekt eines trainierbaren Ergebnisses mentalen Trainings.

In Versuchen mit Affen wurden diese Effekte bereits zahlreich erreicht. Als Indikator gilt das vergrößerte Volumen desjenigen Gehirnbereichs, der trainiert wurde. Auch bei Schlaganfallpatienten und Depressiven sowie Blinden und Gehörlosen gibt es inzwischen vielversprechende Ansätze für Erfolge des mentalen Trainings (Begley 2007). Leider sieht ein Großteil konservativer Wissenschaftler das mentale Training als einen Bereich der Spiritualität und Religion an, in dem die Naturwissenschaft nichts zu suchen habe – ein fataler Irrtum. Dennoch leugnet seit jeher niemand, dass es ein »Gefühlszentrum des Gehirns« gibt, das vielfältig beeinflussbar ist.

Aber das ist nicht einmal der neueste Stand der Erkenntnis. Inzwischen werden weitere überraschend neue Ergebnisse verbreitet, die glaubhaft machen, dass jeder Bereich des Gehirns, der gedankliche Vorgänge impliziert, immer gleichzeitig auch Emotionen generiert. Nervenzellen, die für das Denken zuständig sind, können simultan Gefühle erzeugen oder auch unterdrücken. Und – das ist die Quintessenz – Gefühle und Gedanken beeinflussen umgekehrt diese im Gehirn überall verbreiteten Nervenzellen. Aus der Gegenseitigkeit der Erzeugung und Beeinflussung webt sich unser Gedanken- und Gefühlsteppich, was für einen mentalen Trainingseinfluss spricht.

Zum Beispiel zeigten MRT-Messungen zur Aktivität des Mandelkerns, der an unseren elementaren Gefühlen wie Wut, Stress, Angst und Sorge maßgeblichen Anteil hat, dass durch angenehme Vorstellungen der Probanden die Aktivität der Amygdalae unmittelbar herabgesetzt wird. Aber zwischen den einzelnen Probanden gab es große Unterschiede in der Größe und Effektivität der Aktivitätsreduzierung. Diejenigen Probanden, die sich mit ihren Vorstellungen auf ihren präfrontalen Cortex konzentrierten, hatten bessere Ergebnisse bei der Abschwächung der Mandelkernaktivität erzielt als diejenigen, die von dieser Hilfsmaßnahme nichts wussten. Davidson kommt zu dem Schluss: »Das Signal im Mandelkern, der für negative Reaktionen verantwortlich ist, kann durch mentales Training beeinflusst werden« (ebenda).

Die Konsequenz daraus ist, dass wir bewusst bestimmen können, welche Funktionen des Gehirns wir abschwächen und welche wir verstärken wollen. Sogar die Gefühle und Empfindungen sind durch Training abschwächbar oder verstärkbar.

Das physische Muskeltraining, das zur Vergrößerung der Muskeln führt, ist jedem bestens bekannt, aber dass mentales Training analog Gehirnbereiche vergrößern kann, ist bis heute nicht allgemein bewusst. Eigentlich gibt es genug Hinweise darauf, beispielsweise das täglichen Üben des Klavier- oder Geigenspielers. Hier war bekannt, dass nicht nur die motorischen Areale für die Fingerfertigkeit sich verändern, sondern auch schlechte Gefühle zu positiven verwandelt werden, was mit der Ausschüttung des Hormons und Neurotransmitters Dopamin zusammenhängt. Feinmotorik verläuft über Dopamin. Das beim Klavier- und Geigenspielen ausgeschüttete Dopamin dockt an weitere Rezeptoren des Gehirns an und vermittelt schöne Gefühle.

Weniger bekannt ist, dass bereits einfaches Vorstellungstraining Gleiches auslöst. Durch schlichte Vorstellung greifen wir direkt in Gehirnfunktionen ein, die sich schließlich bei dauernder Wiederholung verfestigen. Training und Lernen gehen dabei Hand in Hand. Auch emotionale Schaltkreise lassen sich nachhaltig verändern. Aus Missmut wird bleibend Mitgefühl und Glück. Dementsprechend ist Davidson davon überzeugt, dass die derzeitige Lehre der Psychologie einen falschen Weg eingenommen hat. Sie geht noch meistens davon aus, dass im Gehirn feste Programme ablaufen, die alles bestimmen, also Persönlichkeit, Verhalten und die Sicht auf die Welt. Unberücksichtigt bleibt dabei der enorme Einfluss der Neuroplastizität, der alles ändern kann und aus dem psychisch leidenden Patienten einen anderen Menschen macht. Dabei ist Neuroplastizität (die zur Neoplastizität führt) die vorgegebene Variationsmöglichkeit aller Gehirne von Geburt bis ins hohe Alter. Das Gehirn ist in seiner Funktion davon abhängig, was wir aus ihm machen. Tun wir nichts und lassen wir nur die soziale Umwelt handeln, dann werden alle Gehirne mehr oder weniger egalisiert, und wir sind ein Spielball politischer, kultureller und gesellschaftlicher Formungsgrößen. So ist es bis heute oftmals der Fall.

Aber die Wirklichkeit kann ganz anders aussehen.

Das Team um Alvaro Pascual-Leone von der Harvard-Universität stellte im Jahr 2005 fest: »Verhalten führt zu Veränderungen in den Schaltkreisen des Gehirns, genauso wie Veränderungen in den Schaltkreisen zu Verhaltensänderungen führen« (Pascual-Leone et al. 2005). Es ist immer wieder derselbe Mechanismus: Eins verändert das andere und umgekehrt. Neuroplastizität ist unentwegt tätig. Dies natürlich auch mit negativen Folgen. Computerspiele mit viel unethischen Inhalten werden die meisten Jugendlichen zwangsläufig auf einen falschen Verhaltensweg führen. Selbst Tinnitus, der Dauerton im Ohr, kann infolge einer Neuroplastizität durch Stresswirkungen zur Dauerplage werden. Umgekehrt kann eine gezielt ablaufende Neuroplastizität den Altersabbau des Gehirns aufhalten. Es gibt viele Beispiele auf diesem Gebiet. Der wissenschaftliche Experte Michael Merzenich sieht Einflussmöglichkeiten auf Schizophrenie, Multiple Sklerose, Intelligenzmangel, Gedächtnisschwäche und Legasthenie (Merzenich et al. 2014). Er geht davon aus, dass jedes Gehirn neu verdrahtet werden kann, nachdem die Ursache für die bestehende Störung eliminiert wurde. Das alles ist nachvollziehbar, denn seit Langem ist bekannt, dass Neurogenese und Rezeptorbildung beziehungsweise -exponierung eine direkte Funktion der Anforderung ist.

Das Erkennen von Neuem, der Spaß dabei und die Belohnung ist die Basis allen Lernens. Zugrunde liegt ein Cocktail von Neurotransmittern und Hormonen, die ihre Andockstellen finden müssen. Unser Verhalten ist das Ergebnis der Wirkung von Acetylcholin, Serotonin, Dopamin, Noradrenalin und anderem. Je nach Mengenverhältnis machen und fühlen wir etwas Verschiedenes. Dieses Machen und Fühlen verändert wiederum die Cocktailzusammensetzung. Und wieder ändert sich unser Verhalten. Das Ganze in die optimalen Bahnen zu steuern erfordert Wissen. Dieses Wissen fehlt den meisten Menschen. Sie leben vor sich hin im Erfüllen gesellschaftlich vorgegebener Pflichten.

Die Modulation unseres Verhaltens als Folge der Neoplastizität widerspricht dem neurogenetischen Determinismus, dem die meisten Wissenschaftler noch anhängen. Dieser sagt, dass unser Verhalten weitgehend von den angeborenen Genen bestimmt ist: Depressive haben entsprechende Gene, glückliche Menschen ebenso, Gewaltbereite sind so, weil sie die Gene dafür haben – alles sei vorbestimmt (Rose 1995). Das aber kann falsch sein oder ist nur die halbe Wahrheit. Die andere ist, dass Neuroplastizität (Neoplastizität) durch Geist mit Bewusstsein und mentales Training ein Gehirn umformen und verändern kann, was bis in den Genpool hinein Auswirkungen hat. Hinweise dafür liefern die Kinder, die in Waisenhäusern ihr Leben fristeten. IQ und emotionale Beziehungen sind deutlich geringer als bei Kindern, die in normalen Familienverhältnissen aufwuchsen. Und in Tierversuchen mit Ratten, die Michael Meaney von der McGill-Universität in Montreal durchführte, zeigte sich, dass je nach den früheren und aktuellen Erfahrungen der Rattenmutter die von ihr aufgezogenen Babyratten völlig andere Genausstattungen für Stresshormone und ihre Rezeptoren bildeten, womit sich auch ihr Verhalten und ihre »Persönlichkeiten« teilweise entgegengesetzt entwickelten (Meaney et al. 1989). Wenn diese Ratten dann selbst Mütter wurden, behandelten sie ihre Kinder wiederum so, wie sie selbst behandelt wurden, also entsprechend ihrer guten oder entsprechend der vernachlässigten und ungünstigen »Persönlichkeit«. Alle Kinder wurden wie ihre Mütter, und die wurden, wie ihre Erfahrungen es vorgaben (Liu et al. 1989).

Die Aktivität und das Schweigen eines Gens wird maßgeblich über die Umwelt bestimmt. Durch Training und Gewohnheit, was auch eine Art von Training darstellt, verändern sich Gehirne, durchbrechen damit den Determinismus der Gene, weil sich die Gen-Exposition selbst durch das Training ändert.

Was hat das alles mit der Zirbeldrüse zu tun?
Wir hatten uns die Frage nach der adäquaten Methode zur Öffnung des Dritten Auges gestellt. Wir haben uns dann an die Methode »Traumphase« gehalten und die Zustände Hypnagogie und Hypnopompie sowie den luziden Traum als die

wohl besten nachahmenswerten Methoden ausgesucht. Der luzide Traum unterscheidet sich nur dadurch vom normalen Traum, dass nicht nur der Frontallappen aktiviert ist, sondern im besonderen Maße der präfrontale Cortex. Die Betonung liegt aber auf »nachahmenswert«, denn der luzide Traum und die Phasen des Einschlafens und Aufwachens sind zwar immer wieder mal bewusst erreichbar, aber nicht so konsequent in der Wiederholbarkeit, dass die Neuroplastizität uns dafür eine neue Verdrahtung ermöglicht.

Wir suchen eine analoge Methode, die unseren Zielen besser dient. Wenn wir uns nun das bisher Erklärte ansehen, kommen wir auf folgende wegweisende Punkte:

1. Die Zirbeldrüse liegt innerhalb des kohärenten elektrischen Felds im Default-Mode-Netzwerk von medialem präfrontalem Cortex (mPFC) und posteriorem cingulärem Cortex (PCC). Man kann davon ausgehen, dass die Zirbeldrüse innerhalb dieses kohärenten und deshalb amplitudenstarken Felds als Dielektrikum Energie aufnimmt. Je stärker die Aktivierung der beiden Gehirnzentren, desto besser ist der Effekt (Chien-Hui et al. 2007).

   Warum? Die Zirbeldrüse ist bekannt dafür, dass sie kleine kristallähnliche Konkremente enthält, den sogenannten Hirnsand. Weiterhin enthält sie ungewöhnlich kohärent geordnete Wassermoleküle, das sogenannte Clathratwasser (Kristallwasser), das sich um die Konkremente herum anordnet.

   Im kohärenten elektrischen Feld werden derartige Kristalle allgemein zu piezoelektrisch induzierten mechanischen Schwingungen angeregt. Das muss man zwingend auch im Fall der Zirbeldrüsenkristalle annehmen. Die Frequenz liegt bei 0,3 Hertz.

2. Über die Anregung des linken präfrontalen Cortex und die damit verbundene Anregung des lateralen Hypothalamus

wird direkt, das heißt über Nervenstränge, die Zirbeldrüse aktiviert.

3. Über die Anregung des linken präfrontalen Cortex wird außerdem ebenfalls direkt der Sympathikusnerv des Gehirns erregt, der eine direkte Verbindung in die Zirbeldrüse hinein hat und dort für die Stimulierung von körpereigenen Drogen wie DMT mitverantwortlich ist. Auch den umgekehrten piezoelektrischen Effekt – elektrische Schwingung wird zur mechanischen Schwingung – haben wir bereits kennengelernt.

Bekannt ist weiterhin:

4. Wenn kein Licht auf die Augen fällt, werden (über den SNC) dem Sympathikus diese Dunkelverhältnisse mitgeteilt und dann direkt in der Zirbeldrüse die Melatoninproduktion angeworfen, woraus der körpereigene MAO-Hemmer Pinolin erzeugt wird.

5. In der Tiefenentspannung kommt eine messbare Körper-Mikrovibration relativ hoher Amplitude zur Wirkung, die sich auf den mit Wasser gefüllten dritten Hirnventrikel überträgt und den dort hineinragenden Zirbeldrüsenfortsatz zum mechanischen Schwingen anregt.

Was ist beim luziden Traum von diesen Mechanismen 1 bis 5 vorhanden? Alle Punkte! Heureka! Unsere Aufgabe besteht also jetzt darin, alle Mechanismen beliebig abrufbar zu gestalten. Die Punkte 1 bis 3 haben wir aus den ausführlichen obigen Darstellungen geschlossen, die Punkte 4 und 5 bisher nur angedeutet. Sie wollen wir im Folgenden genauer erklären.

Ansteuerung der Zirbeldrüse durch Tiefenentspannung
Eine Tiefenentspannung des Menschen ruft zwei Schwingungen hervor, die im gleichen Frequenzbereich liegen, aber physikalisch verschiedenen Kategorien angehören:

1. ein *elektrisches* EEG-Summenfeld im Theta-Bereich mit 6 bis 12 Hertz,
2. ein *mechanisches* Schwingungsfeld im Theta-Bereich mit 5 bis 10 Hertz.

Bereits hier sei betont, dass diese Felder gleichzeitig auftreten. Und da es im Gehirn, überwiegend innerhalb der Zirbeldrüse, piezoelektrische Substanzen gibt, ist eine Umwandlung der mechanischen Schwingungen in eine elektrische Zusatzschwingung zum EEG zu erwarten. Da die Frequenzbereiche gleich sind, ist für die Aufaddierung der Amplituden nur die Phase der Schwingungen entscheidend. Im Fall einer Kohärenz ergeben sich große Resonanzeffekte.

Der Aufbau des elektrischen Neuronensummenfelds (Elektroenzephalogramm [EEG]) im Theta-Rhythmus ist bei der Entspannung keine Überraschung und gut bekannt. Woher kommt der Theta-Rhythmus bei der Entspannung?

Ein relaxierter Körper sendet nur einen Bruchteil von elektrischen Signalfrequenzen zum Gehirn, verglichen mit einem Körper in Vigilanz und erhöhtem Tonus beziehungsweise in Agitation. Die Druckrezeptoren an den Halsarterien, »Barorezeptoren« genannt, feuern bei Entspannung und entsprechend geringerem Blutdruck mit der besonders niedrigen Frequenz von etwa 6 Hertz. Gamma-Motoneuronen der Muskelreflexe, die die Dehnung messen, sind weitgehend inaktiv, und sonstige Aktionspotenziale von Neuronen und Muskeln aus der Peripherie sind stark reduziert.

In diesem Zustand entsteht das Delta-Sleep-Inducing Peptid (DSIP). Es erzeugt im Gehirn ein elektrisches EEG-Summenfeld mit Frequenzen unter 10 Hertz, oftmals sogar unter 5 Hertz. Bei diesen Frequenzen wird mithilfe des Hippocampus die aktivierende Formatio-reticularis-Funktion aktiv gehemmt und ebenfalls die breite Kommunikation von Thalamus und Neocortex.

Das ist das Signal, um die Bildung des Hormons Melatonin freizugeben, vorausgesetzt, es fällt kein Licht auf die Augen. Denn der Mechanismus der Tiefenentspannung ist archaisch für die Nacht programmiert.

Wichtiger Körper-Infraschall
Erstaunlich wenig bekannt ist die markante mechanische Körperschallschwingung, die im gleichen Frequenzbereich abläuft wie der eben beschriebene elektrische Theta-Rhythmus. Sie soll deshalb hier erklärt werden, zumal sie einen direkten und wichtigen Bezug zur Zirbeldrüse hat.

Jeder menschliche Körper ist von einem Infraschallfeld umgeben. Auch im Schlaf oder während der Narkose ist das Schwingungsfeld vorhanden. Unaufhörlich führen unser Körper und seine Oberfläche von Geburt bis neunzig Minuten nach dem Tod kleine Schwingungen mit nur etwa 0,5 bis 10 Mikrometer Amplitude durch. Dieses erstaunliche Phänomen wurde im Jahr 1943 von dem österreichischen Forscher Hubert Rohracher (1903–1972) mit juristischem und philosophischem Doktortitel am Psychologischen Institut der Universität Wien zufällig entdeckt, als er nach den elektrischen Aktivitäten des Gehirns Ausschau hielt. Er nannte die Schwingungen »Mikrovibration« (Rohracher 1949, Rohracher und Inanaga 1969).

Der Ursprung der Schwingung hat zwei Komponenten: Erstens ziehen sich einzelne Fasern unserer quer gestreiften Skelettmuskulatur stochastisch alternierend andauernd irgendwo zusammen, ohne dass sich der gesamte Muskel kontrahiert; zweitens stößt das Herz-Kreislauf-System durch seine Pulse ein Körperresonanzsystem an, wodurch der Körper und seine verschiedenen Organe in Eigenfrequenzen schwingen.

Der Körperschall liegt in einem Frequenzbereich von 7 bis 20 Hertz mit einem Maximum bei 8 bis 10 Hertz, was dem Theta-/Alpha-Bereich der elektrischen Gehirnaktivität entspricht.

Ich habe in unserer Universität eine Doktorarbeit zur Messmethodik dieses Phänomens angeregt, die interessante Ergebnisse hervorbrachte (Flemming 1981). Die damals neu entwickelte Methode konnte in 1 bis 10 Zentimeter Entfernung von der Körperoberfläche durch die Luft den Infraschall des Menschen aufnehmen und von Störungseinflüssen durch Gebäude und Bodenschwankungen und Luftdruckschwankungen abgrenzen, die sich auf die Fensterscheiben übertrugen. Dabei zeigten sich zwei verborgene periodische Anteile: einerseits 8 bis 12 Hertz als dominante Sinusschwingung und andererseits 12 bis 17 Hertz als sporadischer Rhythmus ohne periodische Anteile über längere Zeit.

Im schalltoten Raum des Physikalischen Instituts sowie im dortigen Hallraum wurden Gesetzmäßigkeiten der Schwingung erkannt. Ich ergänze diese Gesetzmäßigkeiten mit den Ergebnissen späterer Untersuchungen.
Die von der Körperoberfläche abgestrahlte Welle entspricht in ihrem physikalischen Verhalten dem Verlauf zwischen einer Zylinder- und einer Kugelwelle und nimmt proportional $1/r^x$ ab, wobei $0,5 < X < 1$ ist. Je mehr eine Person entspannt ist, desto niedriger ist der Infraschallton der Körperschwingung, im Extrem geht er bis auf 5 Hertz herunter. Sobald die Muskulatur belastet oder angestrengt wird, steigt die Frequenz über 10 Hertz an, bleibt aber unter 15 Hertz. Auch die Amplitude der Schwingung steigt mit der Muskelbelastung an. Wichtig ist, dass die Frequenz nach der Belastung trotz Entspannung noch einige Zeit im höheren Bereich stehen

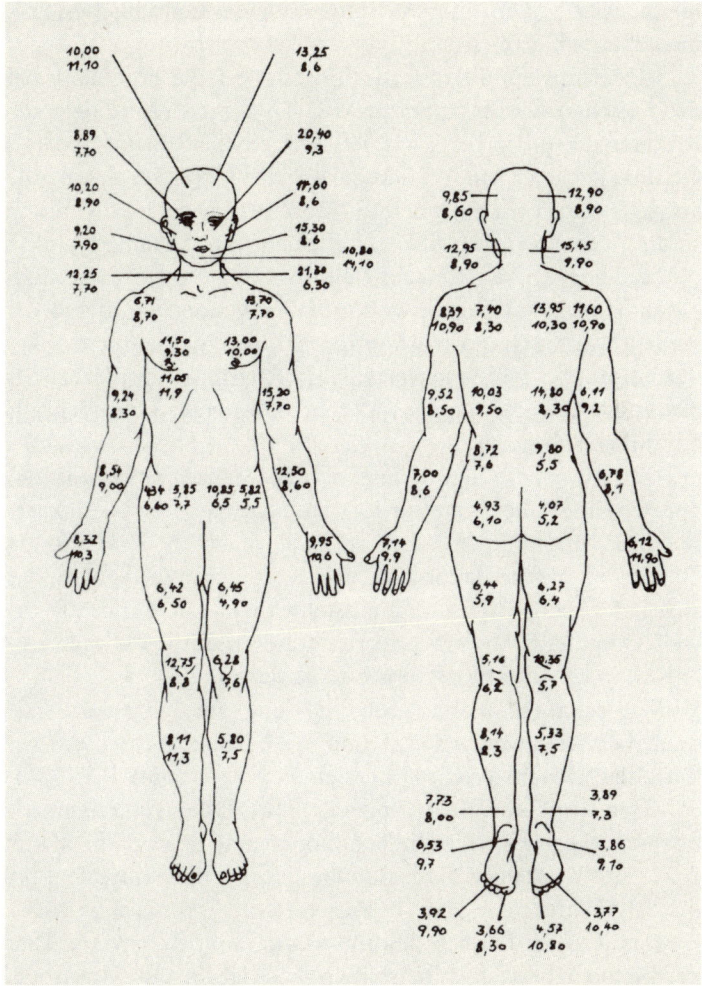

Abb. 30: Mikrovibration von verschiedenen Körperstellen mit gleicher Verstärkung (Aufnahme mit Philips-Erschütterungsaufnehmer). Die oberen Zahlen geben die Amplitude in Mikron, die unteren die Frequenz in Hertz an (Rohracher und Inanaga 1969).

bleibt, bis sie nach einigen Minuten wieder den üblichen Frequenzbereich erreicht.

Je wärmer der Körper, desto höher ist die Frequenz. Bei der üblichen Kerntemperatur von 37 Grad Celsius liegt die Resonanzfrequenz bei 8 bis 10 Hertz. Bei 38 bis 39,7 Grad Celsius wurden 12 Hertz und darüber 14 Hertz gemessen. Die auftretenden Frequenzen und Amplituden der Schwingung sind an verschiedenen Körperstellen stark unterschiedlich.

Im Thoraxbereich macht sich der Herz- und Aortenschall zusätzlich bemerkbar. Sowohl auf der Vorderseite der Brust (ventral) als auch am Rücken (dorsal) ist eine deutliche Gliederung des Schwingungsverlaufs im Rhythmus des Herz- beziehungsweise Pulsschlags sichtbar. Dies zeigt sich ebenfalls am linken Oberarm.

Die Mikroschwingung liegt an der Grenze der Perzeption. Speziell über die Meißner-Körperchen, die für Niedrigfrequenzen empfänglich sind, ist eine bewusste Empfindung denkbar. Ich gehe davon aus, dass das typische Kribbeln, das sich bei Tiefenentspannung einstellt, nicht nur durch die Erweiterung der Blutgefäße auftritt, sondern durch die verstärkte Kohärenz der Mikrovibration. Ist das möglich?

Wir schauen uns die Schallleistung an: Bei einem Frequenzbereich zwischen 5,8 und 11,2 Hertz liegen die gemittelten Druckwerte im Bereich von 0,33 und 0,74 Pascal. Der Kopf, die Brust und der linke Oberarm zeigen die höchsten Druckwerte. Die Schallintensität beträgt im Mittel $3,9 \times 10^{-4}$ Watt pro Quadratmeter. Die Schallleistung liegt bei 6×10^{-4} Watt.

Das liegt im Bereich dessen, was noch hörbar wäre. Aber der Frequenzbereich ist beim Hören zu tief für uns Menschen, könnte jedoch besagte Meißner-Körperchen anregen. Ein Tier mit Infraschallsensorik kann dagegen über die Schallabstrahlung sogar die psychische Verfassung des Menschen detektieren. Denn jede unangenehme Empfindung wie Stress ist automatisch mit einer höheren Muskelkontraktion verbunden, wodurch sich der Körperschallton erhöht und deutlich von dem tieferen Ton bei Ruhe unterscheidet. Eine Parallele dieses Phänomens finden wir bei der Sprache. Auch aus dem Tonfall der Sprache lässt sich auf die psychische Belastungsstärke des Menschen schließen. Dafür gibt es heute kleine computerunterstützte Messgeräte, die den Gemütszustand während eines Vortrags oder während des Vorstellungsgesprächs regelrecht ausspionieren.

Die Mikrovibration hat weitreichende Wirkungen. Erst einmal garantiert sie den Erhalt einer physiologischen Körpertemperatur auch nachts in der Ruhephase, denn die sporadischen Muskelfaserkontraktionen erzeugen Wärme. Um die Körpertemperatur bei Zimmertemperatur einigermaßen konstant zu halten, müssen nur 2,5 Prozent der gesamten Muskulatur vibrieren. Ist es kälter, nimmt die Frequenz der Vibration zu, die Amplitude aber ab. Davon merken wir nichts. Erst bei großer Kälte entsteht dann das bekannte Kältezittern mit sehr niedriger Frequenz, aber hoher Zitteramplitude. Hier schaltet die Mikrovibration auf eine Form der bewusst werdenden Makrovibration um.

Zirbeldrüsenanregung durch Mikrovibration
Unserer Großhirnrinde wird durch Mikrovibration das Körpergefühl vermittelt. Das ist eine durchaus wichtige Aussage, zumal diese auch bei vielen Fachleuten unbekannt ist. Eine ganze Batterie von Sensoren im Haut- und Muskelgewebe sowie in den Blutbahnen detektiert diese Schwingung und sendet sie an die sensorischen Projektionsareale des Neocortex.

Der Japaner M. Nagafuchi konnte zeigen, dass die Mikrovibration uns auch den Gleichgewichtssinn ermöglicht (Nagafuchi 1969). Die Flüssigkeit in den Bogengängen unseres Gleichgewichtsorgans im Innenohr wird durch die Mikrovibration in ständiger Schwingungsbewegung gehalten und reizt damit mehrere Sinneshaare gleichzeitig, dies eben auch bei vollständiger Ruhelage des Menschen.

Die Mikrovibration findet sich nur bei Säugetieren und Vögeln, nicht aber bei Reptilien und Fischen. Rohracher stellte die Hypothese auf, nach der alle Reptilien kurzbeinig sein müssen, weil ihnen der Mikrovibrations-Gleichgewichtsmechanismus fehlt und sie deshalb keine Balance mit langen dünnen Extremitäten halten können.

Wenn Wasser in den Bogengängen des Gleichgewichtsorgans durch die Mikrovibration in Schwingung gerät, dann trifft dieser bemerkenswerte Effekt ebenso auf die mit Wasser gefüllten Ventrikel des Gehirns zu. Auch der dritte Ventrikel, in den die Zirbeldrüse als eine gestielte Ausstülpung hineinragt, weist eine entsprechende Schwingung auf und lässt die Zirbeldrüse mitvibrieren.

Eingeschlossen in der Zirbeldrüse und oft auch in den Plexus chorioides sind, wie gesagt, weißliche oder gelbliche Körperchen, »Hirnsand« oder »Hirngrieß« genannt, korrekt als »Acervulus cerebri«, »Calculus pinealis« oder »Corpora amylacea« bezeichnet, aus phosphor- und kohlensaurem Kalk (Calcit, Calciumcarbonat, Ammoniumphosphat), manchmal auch mit Magnesiumsalzen angereichert. Diese Einschlüsse sind stärkehaltig und können kristallin ausfallen. Dazu kommen kristalline Strukturen aus gehärtetem überschüssigem Dimethyltryptamin (DMT), ebenjenes »Resinharz«. Alle diese Festkörperchen sind schwingungsfähig und wohl auch, wie alle Kristalle, piezoelektrisch anregbar.

Sowohl die extrem nahen elektrischen Felder des EEG mit Theta-Rhythmus als auch der mechanische Infraschall, beide im Frequenzbereich von rund 8 Hertz, dürften die Zirbeldrüse während der Körperentspannung innerlich intensiv anregen. Zusätzlich ergibt sich eine Modulation durch das elektrische Feld im Default-Mode-Netzwerk. Das alles zusammen ist einmalig, abgesehen vielleicht von den bereits genannten Otolithen

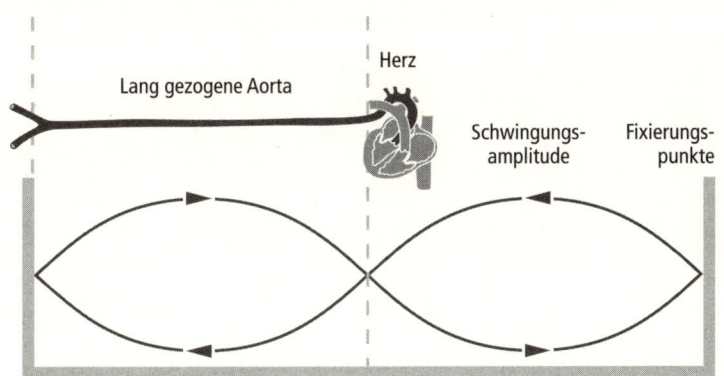

Abb. 31: Jeder Herzschlag dehnt die Aorta aus, wobei ein mechanischer Schall entsteht, was sich als Puls in der Peripherie fühlen
lässt. Der Schall wird an Fixpunkten reflektiert und kann sich, zusammen mit dem ankommenden Schall, zu einer stehenden Welle
mit besonders hoher Amplitude überlagern.

(Gehörsteinchen), die ähnlich funktionieren und eine Funktion
in der Raumorientierung haben. Bei Otolithen wurden die piezoelektrischen Eigenschaften ja bereits nachgewiesen.

Dass die Schwingungen in der Zirbeldrüse perzipiert werden, ist eine Voraussetzung der Funktion. Wie wir schon sagten, befinden sich in der Zirbeldrüse tatsächlich Rezeptoren
für mechanische Schwingungen. Das Gewebe ist angereichert
mit Meißner-Körperchen, die auf schnelle Schalldruckände-
rungen reagieren.

Alle diese Hinweise lassen darauf schließen, dass für die
Zirbeldrüse nicht nur die kohärenten elektrischen Felder aus
dem Default-Modus und aus der Tiefenentspannung eine
wichtige Rolle spielen, sondern auch der Infraschall.

Folgender Mechanismus ist von dem Ingenieur Itzhak Bentov herausgefunden worden (Bentov 1979). Er stellt fest:

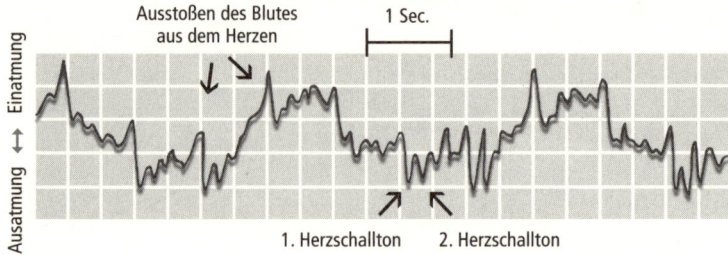

Ausatmung ↔ Einatmung

Ausstoßen des Blutes aus dem Herzen

1 Sec.

1. Herzschallton   2. Herzschallton

Abb. 32: Ballistogramm des menschlichen Körpers. Man sieht die Aus- und Einatmung als übergeordnete Schwingung. Aber auch der Herzschlag ist als mechanische Schwankung deutlich sichtbar. Es deutet sich hier bereits eine resonante Schwingung kleiner Amplitude im 7-bis-8-Hertz-Bereich an (nach Bentov 1977 und 1979).

»Wenn sich aus dem linken Ventrikel des Herzens Blut in die Aorta ergießt ... wandert eine Druckwelle diese entlang. Bei der Verzweigung des Ilias entsteht eine Stoßwelle, die wieder nach oben wandert.« Beide Wellen, die herunterlaufende und die reflektierte nach oben laufende, überlagern sich zu einer stehenden Stoßwelle.

Diese Schallwelle relativ hoher Amplitude stößt die Eigenresonanzen der inneren Organe, der Wirbelsäule und der relaxierten Skelettmuskeln an. Das Besondere an diesem Vorgang ist, dass alle drei Organsysteme identische Resonanzbereiche der Eigenschwingung aufweisen: Sie liegen wieder bei 7 bis 8 Hertz, also im Theta-Frequenzbereich des EEG (Simeon et al. 1999).

Die Eigenresonanz des limbischen Systems liegt eigentlich weit entfernt von der Resonanz bei 400 Hertz, wird aber durch die Niederfrequenz von 5 bis 8 Hertz gesteuert. Nur entspannte Muskeln schwingen mit physiologischen Eigenfrequenzen von 7 bis 12 Hertz. Verspannte, hypertone Muskulatur hat dagegen ein viel höheres Frequenzspektrum.

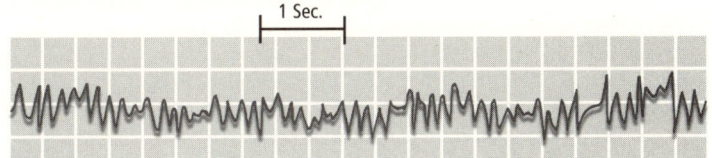

*Abb. 33: Ballistogramm des menschlichen Körpers während der
Entspannungsmeditation. Die Aus-und-Einatmungs-Schwingung
ist stark nivelliert. Die Herzschlagtöne als mechanische Schwankung sind kaum mehr sichtbar. Die resonante Schwingung des
Gesamtkörpers im 7-bis-8-Hertz-Bereich hat eine dominante,
relativ große Schwingungsamplitude bekommen (nach Bentov 1977
und 1979).*

Eine interne Stoßwelle wie Bentovs stehende Aortenwelle
kann im entspannten Zustand des Körpers die Mikroschwingungen der Nerven- und Muskelzellen synchronisieren und
dadurch eine Signalkohärenz ergeben, was als Mikrovibration messbar wird (Simeon et al. 1999). Im angespannten Zustand passiert das nicht.

Das Ballistogramm des Menschen
Bentov konnte seine These mit einer Ballistogrammaufzeich-
nung (Bewegungsbild) überzeugend belegen (nach dem griechischen *bállein* für »werfen, schleudern«).

Im nichtentspannten Zustand und bei normaler Atmung
sind die durch den Herzschlag und den Blutpuls verursachten
Schwingungen jener der Atmung aufgelagert. In der Entspannung während der Meditation kann es zu einem fließenden,
weniger abgesetzten Atemstrom kommen, ohne dass dies zu
einer Sauerstoffknappheit führt (der Bedarf ist bei Bewegungs-
losigkeit geringer). Ist dies der Fall, verliert sich die Dominanz
der Atemkurve, und es kommt zu regelmäßigen Schwingungen
einer Frequenz von circa 7 bis 8 Hertz.

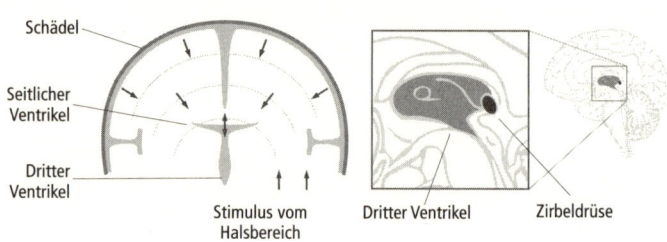

Mikrobewegungen des Körpers

Schädel

Seitlicher
Ventrikel

Dritter
Ventrikel

Stimulus vom
Halsbereich

Dritter Ventrikel

Zirbeldrüse

Abb. 34: Der Körperschall relativ hoher Amplitude wird während der Meditation an der Schädeldecke reflektiert und über das gebogene Schädeldach auf den dritten Ventrikel fokussiert. Das spekulative Modell sieht nun eine mechanische Anregung der Gehirnflüssigkeit im dritten Ventrikel vor, die auf die Zirbeldrüse übertragen wird (nach Bentov 1979).

Wie Bentov schreibt, werden die Wellen am Schädel beziehungsweise an den inneren Oberflächen des Gehirns reflektiert, und zwar in einem Frequenzbereich zwischen 7 Hertz und 12000 Hertz. In der Folge werden diese Wellen zudem gebündelt und fokussiert, wodurch sich unterschiedliche Energiedichten ergeben, die sich auf verschiedene Gehirnregionen stimulierend auswirken (Bentov 1979).

Da die Zirbeldrüse innerhalb des Hohlraums des dritten Ventrikels ziemlich genau im Zentrum des Gehirns liegt, wird der Körperschall, ähnlich wie bei einer Fernseh-SAT-Schalenantenne für elektromagnetische Schwingungen, an der konkaven Gehirnkalotte reflektiert und auf die Zirbeldrüse und die Plexus chorioides fokussiert. Der Schall kommt also deutlich verstärkt auf dem Bereich an, den wir spekulativ als »Das Auge des Horus« beschrieben haben.

Das erinnert an die Überlieferungen der Geheimbünde, wie sie der bereits erwähnte Manly P. Hall beschrieben hat:

»[Die Zirbeldrüse] ist ein spirituelles Organ, das dereinst wieder sein wird, was es ursprünglich war – ein Band zwischen dem Menschen und dem Göttlichen. Der vibrierende Fortsatz dieser Drüse ist die Wurzel Jesse sowie das Zepter des Hohepriesters. Durch bestimmte Übungen, wie sie sowohl die östlichen als auch die westlichen Mysterien vermitteln, wird dieser kleine Fortsatz zum Schwingen gebracht, und ein Summen und Brummen im Gehirn ist die Folge« (Hall 1924).

Die Zirbeldrüse liegt in der zähen Gehirnflüssigkeit und übernimmt die Schwingungen dieser Flüssigkeit. Bei Schaukelbewegungen wird die Gehirnflüssigkeit ebenfalls in Schwingung versetzt und überträgt den Schwingungszustand auch auf die Zirbeldrüse. Ist also die beruhigende Schaukelbewegung in der Wiege bei Kleinstkindern auf die Aktivierung der Zirbeldrüse zurückzuführen? Und können wir Erwachsenen diesen Mechanismus auch für uns ausüben? Ich meine – ja.

Die Anregung der Eigenresonanzen

> Stoßwellenpuls als stehende Welle zwischen Herz und Ilias: um 7 Hertz.
> Muskeln des Skelettsystems, entspannt: Eigenresonanz 7 bis 9 Hertz.
> Skelettsystem: Eigenresonanz 7 bis 9 Hertz.
> Innere Organe: um 8 Hertz.
> Thalamus-Schrittmacher: 6 bis 8 Hertz.
> Mikrovibration über ganzen Körper (Rohracher): um 8 bis 10 Hertz.
> Fortpflanzung der Vibrationen über Flüssigkeit der Gehirnvesikel mit Anregung der Zirbeldrüse.
> Piezomomente werden wirksam bei Gehirngrieß in Zirbeldrüse, bei Resinharz in Zirbeldrüse (DMT-Kristall).

> Angeregter Choroid-Plexus erzeugt Liquor und Klotho.
> Abfluss über Lymph-Venen-Verbindung (Strömung).

Wann bekommen wir das Resonanzoptimum? Es stellt sich ein bei gleichzeitiger

> Tiefenentspannung, normal nachts bei entspannter Muskulatur.
> Gehirnvibration im Gleichklang mit Thalamus-Rhythmus.
> Gehirnvibration im Gleichklang mit EEG-Theta-Rhythmus.
> Die Mikrovibration ist bei hoher Ansteuerung von Mechanorezeptoren als Kribbeln eventuell spürbar.

Die Temperatur ändert die Frequenz der Mikrovibration; je kühler, desto niedriger. Nachts fällt die Körperkerntemperatur ab, die Resonanzfrequenz im Bereich von 7 Hertz ist dann besonders wahrscheinlich.

Von der japanischen Firma Sony wurde ein Patent eingereicht, das beschreibt, wie mit Schallwellen Gedanken erschaffen werden können. Wie es in dem Publikationsorgan *New Scientist* im Jahr 2005 heißt, ist dies »… ein erster Schritt in Richtung Real-Life-Matrix. Detaillierte Pläne für eine sensorische Geist-Maschine-Schnittstelle unter Zuhilfenahme von Ultraschall-Impulsen« (Hogan und Hogan 2005).

Es gibt Hinweise darauf, dass der oben beschriebene Schalleffekt zusammen mit einer niederfrequenten kohärenten elektrischen Schwingung im EKG (HRV) und EEG während der Meditation als epigenetische Faktoren auch die Klotho-Expression steigern können. In einer Habilitationsschrift von Ulrike Steckelings an der Berliner Charité (Steckelings 2011) wird eingehend beschrieben, wie eine mechanische rhythmische 6-prozentige Dehnungsschwingung mit der Frequenz von

1 Hertz bei Blutgefäß-Endothelzellen eines Schweins die Expression des Enzyms CYP2C-Protein innerhalb von 18 Stunden deutlich erhöht hat gegenüber einem statisch gelagerten Präparat. Die Produktion des Proteins ist dabei durchschnittlich um das Siebenfache angestiegen – das ist eine enorme Steigerung, und dadurch werden auch die Folgeprodukte des Enzyms verstärkt (Epoxyeicosatriensäure [EET]).

Dieses wichtige Ergebnis weist darauf hin, dass Experimente in der Petrischale ohne Vibration nicht die wirkliche Physiologie wiedergeben. Es weist auch darauf hin, dass die Zirbeldrüse bei Körperschallvibration wahrscheinlich eine ebenso erhöhte Expression der Enzyme zur Umwandlung von Serotonin in Melatonin und zur Umwandlung in DMT und Pinolin mit sich bringt. Es ist deshalb auch damit zu rechnen, dass bei Anregung der Zirbeldrüse durch die rund 8 Hertz Körperschall bei tiefer Entspannung vermehrt Melatonin und Pinolin (Beta-Carbolin) ausgeschüttet wird, dies auch tagsüber. Melatonin wird ansonsten nur ausgeschüttet, wenn es weitgehend dunkel ist. Und wieder wirkt dann eine den Prozess verstärkende Rückkopplungsschleife. Die Pinolin-Ausschüttung wird durch die 8 Hertz angeregt, aber die ausgeschütteten Beta-Carboline erzeugen dann eine verstärkte Kohärenz von dem 8-Hertz-EEG beziehungsweise stabilisieren es – eine typische sich selbst verstärkende Rückkopplung (Airaksinen und Kari 1981a und b). In Tierversuchen zeigte sich, dass Harmalin, ein weiteres Beta-Carbolin, die EEG-Frequenz ebenso Richtung Theta- und Alpha-Bereich treibt.

Nicht nur die Zirbeldrüse, sondern der gesamte »Kristallpalast« kommt in die Anregung durch elektrische und mechanische Schwingungsfelder mit erstaunlichen Effekten.

Was kohärente Theta-Wellen bewirken
Ein Folgeeffekt der Stimulierung ist, dass kohärent schwingende Delta- und Theta-Wellen des EEGs mit ihren sehr nied-

rigen Frequenzen die Reizverarbeitung durch den Neocortex verhindern. Verschiedene Regionen des Neocortex, die sonst miteinander kommunizieren, werden durch die Frequenzgleichschaltung sozusagen abgeschnitten, so wie ein lauter Ton jedes Gespräch übertönt. Während auf diese Weise der Verstand abgeschaltet wird, ist die Gefühlswelt mit ihrem Unbewusstsein und damit die Interwelt dominant präsent.

Folgeeffekt Nummer zwei ist die verstärkte Ausschüttung von DMT und Pinolin. Jenseitserfahrungen mit der Interwelt sind damit programmiert.

Drittens wird auch der Gesundheitseffekt verstärkt. Melatonin und Pinolin sowie die resonierende elektrische Feldfrequenz des EEG haben Auswirkungen auf die DNA. Wasserstoffbindungen öffnen sich, und die DNA geht in die Replikationsphase. Das heißt, die Körperzellen regenerieren verstärkt.

Die resonante Stimulierung der Zirbeldrüse und ihrer Umgebung erinnert stark an Klotho-Effekte, und tatsächlich erfasst das Vibrationsfeld ja auch die Plexus chorioides, die Klotho ausschütten.

Das HeartMath Institute in Boulder Creek, Colorado, hat den 8-Hertz-Mechanismus getestet – mit sehr überraschenden Ergebnissen (HeartMath Institute 2017). Das Hormon Dehydroepiandrosteron (DHEA), ein wichtiges Regenerationshormon, das im Alter stark zurückfällt, erklomm Level, wie sie nur bei Jugendlichen zu finden sind. Bekannt ist: Niedrige DHEA-Spiegel bedeuten ein erhöhtes Risiko von Herzproblemen, Diabetes, Krebs, Osteoporose, Arthritis, Adipositas und des chronischen Erschöpfungssyndroms. Eine massive Ausschüttung von DHEA dagegen ist verbunden mit einer Verbesserung der Erinnerung, Abschwächung der Depression, starkem Wohlbefinden und einer Leistungssteigerung des Immunsystems.

Durch dieselbe Methode wurde außerdem Somatotropin stimuliert, das sogenannte Wachstumshormon. Es ist das einzige anabole Hormon, das die Innenwände (Endothelien) unserer Arterien und Venen reparieren kann. Verstärkte Ausschüttung von Wachstumshormon (weitere Synonyme: somatotropes Hormon, HGH *[human growth hormon]*) bewirkt »jugendliche« Erneuerung. Da ab dem 25. Lebensjahr die Ausschüttung immer stärker reduziert ist, muss der Mensch zunehmend mit abnehmender Knochendichte, schwindender Muskelmasse, Ansteigen von Körperfett, schwächerer Herzkontraktion, fehlender Motivation und sogar mit schlechterer Stimmung rechnen. Eine unerwartete Methode zur Steigerung der Bildung des Wachstumshormons auch tagsüber und auch bei älteren Menschen ist natürlich sehr willkommen. Somatotropin bewirkt auch, dass Cholesterin in Pregnelenon und dies wiederum in DHEA umgeformt wird, das auch ein Vorgängerhormon von Testosteron und Östrogen ist.

Alle diese Hormone haben starke anabole und gewebsschädenreparierende Eigenschaften, wobei Pregnelenon als neuroaktives Steroid auch noch stark angstlösend wirkt.

Bewusstes Gähnen und Qigong

Andrew Newberg, Professor an den Instituten für Radiologie, Psychiatrie und Religionsstudien, einer der Begründer der Disziplin Neurotheologie an der University of Pennsylvania, der seit vielen Jahren die Zusammenhänge von Spiritualität und Neurowissenschaften erforscht, hat zusammen mit dem Dozenten Mark Robert Waldman das Buch *Der Fingerabdruck Gottes. Wie religiöse und spirituelle Erfahrungen unser Gehirn verändern* geschrieben (Newberg und Waldman 2010). Er beschreibt, wie wichtig das Gähnen für die Gehirntätigkeit ist. Gähnen entspannt demnach nicht nur, sondern befördert uns in einen höheren kognitiven Wahrnehmungszustand mit großer Wachsamkeit. Das passiert laut Newberg schneller, als es die bekannten Meditationen vermögen. Der Wirkmechanismus liegt in der Aktivierung des vorher bereits mehrfach erwähnten Precuneus und der Regulierung von Temperatur und Stoffwechsel im Gehirn. Denn die bewusste Achtsamkeit (das Wachsambleiben) verbraucht viel Energie. Bei dem Gähnerlebnis ist vor allem der Neurotransmitter Dopamin beteiligt. Daneben auch Acetylcholin, Serotonin, Glutamat, Adrenocorticotropin (ACTH), Melanotropin, die Geschlechtshormone und opioide Peptide. Alle zusammen steigern die spirituelle Erfahrung.

Bewusstes Gähnen erfordert etwas Übung und den Mut zur Überwindung einer angelernten Hemmung: »Man gähnt nicht in der Öffentlichkeit.« Nun ist es mit einmal Gähnen nicht getan. Newberg fordert diese Maßnahme zehn- bis elfmal hintereinander. Erst dann werden wir, wie er schreibt, »die Kraft dieses verführerischen kleinen Tricks spüren. Ihre Augen mögen zwar anfangen zu tränen, und Ihre Nase mag anfangen zu laufen, aber Sie werden das Gefühl haben, vollkommen gegenwärtig, unglaublich entspannt und höchst wachsam zu sein. Nicht schlecht für etwas, das weniger als eine Minute dauert.«

Es liegt nahe, dass diese Effekte durch die mechanischen Druckvibrationen und den starken Muskeltonus ausgelöst werden.

Seit langer Zeit gibt es Qigong-Praktiken für die Aktivierung der Zirbeldrüse und Harmonisierung des Kristallpalasts, die ebenfalls auf mechanischer Druck- und Vibrationsauslösung beruhen:

1. *Tiefes Atmen:* Die Druckunterschiede des Ein- und Ausatmens stimulieren den Fluss der Zerebrospinalflüssigkeit und aktivieren die Zirbeldrüse und Hypophyse.
2. *»Tapping«:* Wenn die Stirn sanft zwischen den Augenbrauen beklopft wird, gerät das knöcherne Sphenoid (Keilbein) in Vibration. Diese mechanische Schwingung überträgt sich auf die Gehirnflüssigkeit und aktiviert direkt die Hypophyse innerhalb der kleinen Schädelhöhle Sella turci-

ca und die Zirbeldrüse. Außerdem ist zu erwarten, dass der präfrontale Cortex durch das »Tapping« ebenfalls sanft aktiviert wird. Ob das ausreicht, um auch indirekt die Zirbeldrüse anzuregen, ist nicht bekannt.

3. »*Toning*«: Beim Erzeugen von einzelnen Tönen (Chanten) sendet man Vibrationen in den Kristallpalast. Chanting mit tiefen Tönen verursacht das Räsonieren der Tetraederknochen am oberen Ende der Nase zur Stirnhöhle hin, wobei die Zirbeldrüse und andere Drüsen erregt werden. Diese Methode ist uralt und wird auch heute noch häufig angewendet.

4. »*Pressing*«: Eine weitere sehr alte Methode aus Asien ist das Drücken der Zunge auf das Dach des Mundes. Es soll die Hypophyse aktivieren, die sich tatsächlich oberhalb des Munddachs befindet. Und damit soll dann auch das angeschlossene Netzwerk, zu dem die Zirbeldrüse gehört, angeregt werden. Angaben zu Dauer und Druckstärke und Erfolg sind nicht bekannt.

5. »*Squeezing*«: Wenn wir unsere Augenlider zusammenpressen oder die Ohrmuskel kontrahieren, werden auch Muskeln stimuliert, die den schmalen Knochenabschnitten des Keilbeins und der Keilbeinhöhle (Sinus sphenoidalis) Schwingungen aufprägen. Diese Kontraktionen sind bestens hörbar. Auch dabei werden die Drüsen des Kristallpalastes angeregt. Ähnliche Folgen hat das Einsaugen unserer Wangen, das die Schädelpumpen der Gehirnflüssigkeit stimulieren soll.

Wir alle unterliegen zirkadianen Rhythmen. Tagsüber wechseln die Wachheitszyklen mit einer Alltagstrance in regelmäßigen Phasen. Dabei ist die linke Gehirnhälfte neunzig Minuten aktiv, während die rechte Gehirnhälfte nur dreißig Minuten hervorragende Aktivität zeigt. Die Rhythmen ähneln der Dauer der REM-Phasen. Für die Praxis zur Öffnung des

Dritten Auges ist es zweifellos sinnvoll, diese Rhythmen zu erkennen und zu beachten. Es ist nämlich sinnlos, tiefste Entspannung vom Körper zu erwarten, wenn gleichzeitig die Tagesuhr auf Aktivierung steht.

Die Vorteile einer intakten und aktivierten Zirbeldrüse

> *Physiologischer Bereich*: Durch erhöhte Melatoninausschüttung mit Pinolin und DMT antiradikale und antioxidative Effekte, Ausschüttung von anabolen Hormonen, das Immunsystem ist verbessert, die Regeneration optimiert.
> *Psychischer Bereich*: Euphorie und Glückseligkeit, hohe Intuition, Kreativität und Imaginationsfähigkeit, deutliche Minderung von Depressionen.
> *Spiritueller Bereich*: Quantenphilosophische Mechanismen greifen, Verstärkung des körpereigenen Wissens (Glaube), Vorauswissen (Antizipation) gesteigert, luzides Träumen verstärkt, Meditation wird trainiert und konditioniert.

Die Methoden-Rangordnung

> *» Wer das ›Das bist du‹ (Tat twam asi) erlebt,*
> *der hat keine Wünsche mehr,*
> *der hat den Sinn des Lebens erreicht.«*
> EDUARD ZBINDEN

Wir haben bisher viele verschiedene Maßnahmen angesprochen, um das Dritte Auge zu öffnen. Was davon ist unumgänglich, und was sollten wir uns deshalb unbedingt zu eigen machen?

Unser Ziel ist die willentliche, also bewusste Öffnung des Dritten Auges, was ja mit der Aktivierung der Zirbeldrüse gleichzusetzen ist. Das geht bekanntlich nicht ad hoc, ansonsten wäre es weltbekannt, und dieses Buch bräuchte nicht geschrieben zu werden. Der Weg zum Öffnen des Dritten Auges ist – sobald es bewusst geschehen soll – sogar recht kompliziert. Dies aber nur so lange, wie der Trainingseffekt nicht greift. Insofern unterscheidet sich das Lernen dieses Weges, wie gesagt, in nichts von dem Laufen- oder Autofahrenlernen und dem Lernen der Blasen- und Darmsphinkterkontrolle oder auch des autogenen Trainings.

Wir können uns dieses Lernen einfacher gestalten, wenn wir die meisten Finessen des Mechanismus entdeckt und verstanden haben. Das Wissen darüber unterstützt die Ausführung. Alle dafür notwendigen Schritte sind im Folgenden noch einmal erklärt:

1. Zunächst muss die Motivation für das Lernen und später für die Ausführung des Prozesses vorhanden sein. Dann brauchen wir eine angemessene Stimmung; nur mit einer besonderen Einstellung und Erwartung können die weiteren Mechanismen erfolgreich ablaufen. Alle Religionen und Philosophien, zum Beispiel auch das Christentum oder der Buddhismus, geben Rituale vor oder eine besondere Ausstattung der Umgebung wie Tempel oder Kirchen, um die Erwartung und Stimmung dann in eine bestimmte Richtung zu lenken. Uns genügt ein ruhiger Ort.

2. Das Wissen um die Funktionen fördert Assoziationen, die bei allen neuen Realitätsschaltungen unterstützend wirken. Zuerst einmal ist es deshalb sehr hilfreich, das Modell der »Konstruktion Mensch« und seine materiellen und geistigen Komponenten zu verstehen, wie wir sie in den ersten Teilen des Buches beschrieben haben. Dazu gehört das »Gesetz der Quantenphilosophie«, was be-

deutet, dass diejenigen Informationsstrukturen, denen mein Ich Sinn und Bedeutung gibt, in die individuelle Verwirklichung gebracht werden. Verwirklichung innerhalb der materiellen Alltagswelt ist alles das, was Kräfte an Massen ausübt; nur dies ist messbar, was wir dann »Realität« nennen. Daneben gibt es aber die geistig-seelische Realität, die von der Naturwissenschaft in der Regel ausgeklammert wird.

3. Weiterhin ist es hilfreich, wenn man sich mit der Bedeutung von Bewusstsein und Unterbewusstsein (dem Unbewussten) als Schalter zur Erkennung und Verarbeitung von Information vertraut macht. Ich habe diese Begriffe anders definiert als üblich. Demnach trifft das Wort »unterbewusst« nur aus der Sichtweise des Ichs zu. Das Ich ist ein erlerntes Konstrukt, als Idee oder als Mem vom Selbst eingesetzt, das wir in der materiellen Welt mit unserem materiellen Körper verwenden, um Erfahrungen sammeln zu können, die dem Selbst unmöglich sind. Wie gesagt schützt ein Unterbewusstsein (unterbewusster Datenspeicher) das Ich vor Datenüberflutung. Was wir allgemein »unterbewusst« und »unbewusst« nennen, wird von den Selbst-Instanzen durch das normale universell vorhandene Bewusstsein erzeugt und abgespeichert. Das Bewusstsein ist als Entität ein Modus, um Information als solche zu erkennen und zielgerichtet zu verarbeiten. Dieses »Werkzeug« ist universell verbreitet, wird bereits von Elementarteilchen verwendet und wurde dem Ich zur Nutzung übertragen. Gedanken, die auf Bewusstsein beruhen, können jede Idee ermöglichen. Alltagswahrnehmung (durch Bewusstsein) ist an Materie gebunden. Der Neocortex ist die Repräsentation dafür.

4. Es gibt eine Reihe von Zuständen, die unser Ich zurücktreten beziehungsweise mit dem Selbst verschmelzen lassen, um uns dann eins zu machen mit unserem Einfachen

oder sogar mit unserem Höheren Selbst. Zu diesen Verschmelzungszuständen gehören, wie wir wissen, Traum, Trance mit Hypnose, Nahtod, Meditation, manchmal auch Empfindungen wie unbedingte Liebe. Immer schon haben Menschen, um diesen besonderen Zustand des Einsseins zu erreichen, auch Drogen konsumiert. Doch produziert der menschliche Organismus selbst derartige Drogen, und durch die zeitweise Ausschüttung bestimmter Enzyme wird sogar dafür gesorgt, dass diese körpereigenen Drogen längere Zeit wirksam sein können.

Damit sich der Mensch in der materiellen Alltagswelt zurechtfinden kann, werden die körpereigenen Drogen im physiologischen Konsens nur nachts im Schlaf wirksam und ergeben dann den Traum oder die »Nahtod-Erfahrung«.

Trauminhalte haben, wie gesagt, den Nachteil, dass sie erstens stark chaotisch und unberechenbar und zweitens nicht immer erinnerbar sind. Will der Mensch bewusst und zu jeder Zeit den besonderen, sogenannten vierten Wahrnehmungszustand (Turiya) mit den abgespeicherten Inhalten des Unbewussten für sich bewusst nutzen, dann muss er die Mechanismen, die zum Traum führen, kopieren und unter die Kontrolle des Bewusstseinsschalters bringen.

5. Um die körpereigenen Drogen wie Dimethyltryptamin (DMT) und Pinolin bereitzustellen, muss mit der Nahrung vor allem die Aminosäure L-Tryptophan (essenziell) täglich ausreichend aufgenommen werden. Neben der Aufnahme von Nahrungssubstanzen für die Spiritualität müssen auch Substanzen für die Motivation und für die Gelassenheit mit der Nahrung zur Verfügung gestellt werden.

6. Der »Ich-Geist« unseres materiellen Daseins ist im präfrontalen Cortex repräsentiert. Der präfrontale Cortex

ist der oberste Manager unserer geistig-seelischen Möglichkeiten der Wahrnehmung, solange unser Ich mit dem Materiekörper verbunden ist. Das Netzwerk aus Neuronen und verschiedenen Neurotransmittern, Hormonen und Rezeptoren unseres Körpers passt uns an die Erfordernisse der Alltagswelt an und öffnet jeweils nachts oder in extremen Stresssituationen ein Fenster zur Interwelt. Der präfrontale Cortex wirkt über seine zwei Netzwerke (Default-Mode- und Anti-Correlated-Netzwerk) als Schalter eines Zensors, um sich in der Alltagswelt zurechtfinden zu können. Das Ausschalten des Zensors bedeutet eine Öffnung neuer Welten (Unterbewusstsein, Interwelt).

7. Als natürlich ablaufende Öffnung zur Interwelt finden folgende tägliche Gelegenheiten statt: die Einschlafphase (Hypnagogie), die Aufwachphase (Hypnopompie) und der Traum. Die Nutzung dieser Phasen für die eigene persönliche Optimierung findet nicht statt, weil der präfrontale Cortex in allen diesen Phasen weitgehend inaktiviert ist. Auch bei seltenem Gebrauch und im Alter ist der präfrontale Cortex wenig aktiv. Der Organismus wird in diesen Fällen von einem Autopiloten gesteuert. Damit ist gemeint, dass er nur noch Routinen durchführt.

8. Das oberste Ziel ist, den präfrontalen Cortex bewusst zu manipulieren bei gleichzeitiger tiefer Entspannung und Gelassenheit. Der *linke* präfrontale Cortex muss aktiviert werden, damit die Zirbeldrüse zur Produktion von Hormonen und körpereigenen Drogen angeregt wird. Der *rechte* präfrontale Cortex muss aktiviert werden, damit der Wille bewusst eingesetzt werden kann und zu seiner Funktion kommt. Linke und rechte Hälfte müssen im ausgewogenen Gleichgewicht stehen.

9. Die Aktivierung des präfrontalen Cortex geschieht durch verschiedene Ereignisse und Handlungen, zum Beispiel:
   > jedes Neuheitsmoment;

> jede geistige Konzentration (Achtsamkeit) auf ein Fokus-Gebilde, etwa eine Figur, eine Kerzenflamme, eine farbige Komposition, ohne eine Bewertung vorzunehmen, nur betrachten;
> die gedankliche Konzentration auf den linken und rechten eigenen präfrontalen Cortex mit dem Feedback seiner Aktivierung als leichtes Druck- oder Kribbelgefühl;
> die Schielstellung der Augen (cross eye) beim Betrachten von Zwillingsbildern,
> Konzentration auf die optischen Auffälligkeiten in den eigenen Augen als Fäden oder Lichtpunkte.
10. Die direkte Aktivierung der Zirbeldrüse wird möglich durch die verstärkte Mikrovibration des Körpers bei der Tiefenentspannung.

Wir wollen uns jetzt einige dieser punktuellen Erfordernisse noch einmal im Detail ansehen.

Die richtige Atmosphäre durch Einstellung und Stimmung
Das Unbewusste lässt sich nur bewusst öffnen, wenn wir das, was wir wollen, mit der richtigen Atmosphäre aufladen, also die entsprechende Einstellung und Stimmung einnehmen. Im Prinzip ist das die Aufgabe eines Rituals. Diese Erfahrung beruht auf einem uralten Glaubenssatz, der beim Menschen bereits seit undenklichen Zeiten in Höhlenzeichnungen wiedergegeben ist und bis in die heutige Zeit zu den verschiedensten wirksamen Ritualen geführt hat.

Auch alle Religionen wussten um diese Voraussetzung, die dann in der christlichen Religion zu enormen Anstrengungen beim Bau von Kathedralen geführt hat. Teilweise, wie bei der Kathedrale von Chartres, wurden neben vorchristlicher Architektonik von fantastischen symmetrischen Raumeffekten, die gleichzeitig Bewunderung und Schutz vermitteln, auch effektvolle Symbole des Heidentums mit verbaut. Ein Beispiel dafür ist das großflächige Labyrinth am Boden kurz nach dem Eingang. Diese Bauten dienten und dienen der Induktion bestimmter notwendiger Einstellungen und Stimmungen, wurden durch traditionelle Rituale gefestigt und hielten damit die Glaubensgemeinschaft zusammen.

Zur Einstellung, oder man kann auch »Geisteshaltung« sagen, gehören Erwartung und Vorfreude, Vertrauen, aber vor allem Neugier. Ungünstig sind Zweifel; auch Zweifel erzeugen nach quantenphilosophischen Gesetzmäßigkeiten ihre eigene Realität. Skeptiker sind das beste Beispiel dafür. Für sie ist der Kanal der Meditationseffekte schnell geschlossen.

Einstellungen ergeben sich bevorzugt durch Erfahrung. Erfahrungen sind im heutigen Alltag schwer bewusst zu steuern. Sie resultieren ja oft aus Konstellationen, denen wir den Begriff »Zufälligkeiten« oktroyieren.

Auch Stimmungen sind durch viele Faktoren auslösbar, wie Hormonstatus, Umweltreize, momentane und dominante Empfindungen, die ebenfalls von der aktuellen Kombination verschiedener Hormone und Neurotransmitter getragen werden. Ebenso spielen unterschiedlichste Konditionierungen eine wichtige Rolle, also das unbewusste Lernen an zufälligen Gegebenheiten, die oft zu Gewohnheiten werden.

Stimmungen werden, wie die jeweilige Einstellung, stark durch Erfahrungen moduliert. Ein Mensch mit positiven Erlebnissen gerät leichter in eine positive Stimmung als ein Mensch voller stressiger Begegnungen. Das bedeutet, Erfahrungen aufgrund von Erlebnissen stehen gewissermaßen im Mittelpunkt der Öffnung des Unterbewusstseins.

Wir können die bereits verschalteten, von der Evolution vorgesehenen Gehirnnetzwerke mit ihren Neurotransmitter- und Hormonaktivitäten verwenden. Das wird teilweise nicht verstanden und ausgehebelt. Zum Beispiel dient die adäquate Stimmung und Erwartung bei jedem erwachsenen Menschen als Antriebsmotor für Nahrungssuche, um Hunger zu stillen, oder auch als Voraussetzung für sexuelle Handlungen, wie das Anschwellen von Klitoris und Penis, die ohne die geistigen Gehirnaktivitäten nie zur erfolgreichen natürlichen Begattung dienen könnten. Verstärker für die sexuellen Stimmungen sind auch Pheromone, die beispielsweise als sogenannte Copuline (welch sinnige Wortfindung!) aus dem Vaginalsekret durch die Anheftung an die Schambehaarung eine beabsichtigte enorme Oberflächenvergrößerung erhalten, um freigesetzt, sozusagen verdunstet werden zu können. Auch die Achselbehaarung dient der optimalen Pheromonverteilung wie des Sexualwirkstoffs Androstenon. Die Natur wusste, was sie da konstruierte, nur wir Menschen verstehen immer weniger davon. Besonders beim Mann dienen die Haare der Achseln für die Verteilung des Androstenons, eines Umbauprodukts des Sexualhormons Testosteron, was für Frauen in der Phase des Eisprungs unbewusst hohe Sympathie für das männliche Gegenüber auslöst und sexuell hochattraktiv ist. Bei Frauen werden durch die Verhütungspille Pheromone und Copuline verhindert, und durch die Modeerscheinung, alle Scham- und Achselbehaarung zu entfernen, werden die natürlichen Mechanismen der Verbreitung von stimmungsfördernden und -anregenden Geruchsstoffen unterdrückt. Als nachweisliche Folgen verlieren Frauen und Männer dadurch gegenseitig an sexueller Attraktivität. Ausführlich habe ich das im Buch *Gehirn-Magie. Der Zauber unserer Gefühlswelt* beschrieben (Warnke 2014b). Es gibt viele weitere alltägliche Begebenheiten, nicht nur im sexuellen Bereich, die ohne adäquate Stimmung, Motivation und Erwartung nicht funktionieren können.

Um sich die komplexen Gehirnverschaltungen deutlich zu machen, hier ein kleiner Versuch, den jeder sofort durchführen kann: Nehmen Sie Ihre linke Hand, und öffnen Sie sie, sodass Sie den Handteller sehen. Nun nehmen Sie den Zeigefinger der rechten Hand und führen ihn so dicht wie möglich über den Handteller der offenen linken Hand, ohne sie zu berühren. Sie schließen die Augen und konzentrieren sich auf das, was Sie im Handteller spüren. Wenn Sie nun den Zeigefinger hin und her oder in kreisende Bewegung versetzen, stellen sich deutlich spürbare Sinnesempfindungen im Gewebe des linken Handtellers ein, die den Zeigefingerbewegungen folgen. Sie können Figuren mit dem Zeigefinger malen, bei geistiger Konzentration folgt die unberührte Haut des linken Handtellers immer mit deutlichen Spürmomenten den Figuren. Wie kommen diese physiologischen Empfindungen zustande?

Würden Sie die Haut berühren, wüsste das Gehirn sofort, wo im Handteller die Berührung stattfand. Das Gehirn kann jede Berührung exakt lokalisieren, weil die Rezeptoren diesen Kontakt den Projektionszentren des Gehirns mitteilen. Aber durch die Konzentration auf die Handfläche stellt sich eine Erwartung ein, die nun, bevor die wirkliche Berührung stattfindet, bereits den Zustand vorwegnimmt. Wir hatten schon weitere derartige Antizipationsbeispiele aufgezeigt.

Alle Antizipationseffekte, die ein quantenphilosophisches Phänomen sind und die die Erwartung und die adäquate Stimmung stark stimulieren, sind vorteilhaft zur Handlungsvorbereitung. Auch die Öffnung des Dritten Auges ist davon betroffen. Die Klangsequenzen zum Download dienen ebenfalls zur Voraktivierung des präfrontalen Cortex.

Wie bereits Louis Pasteur (1822–1859) treffend formuliert hatte, ist nur der vorbereitete Geist für unerhoffte Entdeckungen empfänglich. Wie gesagt, hat die Physiologielehre dafür den Ausdruck »Bahnung« erfunden.

Wie bekomme ich die »notwendigen Erfahrungen«, um Einstellung und Stimmung der Methode zur teilweisen Öffnung des Unbewussten anzupassen?

Eine sichere Methode, die notwendigen Erfahrungen zu erlangen, ist die Überzeugung. Erst wenn jeder einzelne Proband geradezu »körperlich« das Wissen hat, dass er mit seiner eigenen Geist-Seele plus Bewusstsein die eigene Realität erschafft – dies immer und ausschließlich –, kann er die weiteren Schritte durchführen, die jetzt beschrieben werden. Das Kapitel über die »Quantenphilosophie« klärt darüber auf.

Wichtig ist dabei: Nicht unser so gern eingesetzter Intellekt ist zu bemühen, sondern wir müssen intuitiv, fast instinktiv spüren, wie sich die Realität durch uns und in uns entwickelt. Denken Sie daran, dass alle Bilder, die Sie von den Objekten der Welt haben, wie der Baum, das Haus, das Auto, immer und ausschließlich durch Geist plus Bewusstsein entstanden sind.

Oder nehmen Sie das bereits erwähnte meditative *Crosseye*-Verfahren, also das schielende Fokussieren auf zwei nebeneinanderliegende, weitgehend gleiche Flächenbilder. Dabei entsteht ein drittes, vollkommen real wirkendes scharfes Bild, dreidimensional, etwas näher an den Augen und im Raum schwebend. Dieses dritte Bild haben Sie in sich erzeugt, es gibt dieses Bild »draußen« überhaupt nicht. Sie sehen es aber außerhalb des Körpers wie die gewohnte Umwelt.

Parallel dazu gibt es einen weiteren Effekt im akustischen Bereich: Sie hören in einem Musikstück plötzlich eine Harmonie, einen Klang, der so nirgends gespielt wurde, der sich also neu in Ihnen bildet. Schwingungen der Moleküle der Luft erreichen unser Ohr, werden in das Ohr geleitet und regen dort Sinneshärchen zu Schwingungen an. Wir sagen dann, wir hören den Schall. Aber es ist komplizierter: Wir hören nicht die Schwingungen der Luft als Schall, sondern unser Geist erzeugt einen Klang, nachdem die Sinneshaarbewegungen im Innenohr eine Reihe von elektrischen Impulsen im Gehirn ausgelöst haben. Wenn dann mehrere Töne eindringen, entsteht etwas Eigenartiges: Nehmen wir zum Beispiel nur zwei Töne mit bestimmtem Schwingungsabstand, hören wir eine Quarte. Physikalisch haben wir es aber mit zwei Tönen zu tun, von denen keiner eine Quarte bildet. Die Quarte, die wir hören, ist physikalisch überhaupt nicht vorhanden und erscheint erst über die geistig-sinnliche Wahrnehmung. In Wirklichkeit existieren nur zwei Töne, aber wir empfinden den Abstand der Töne, ihr eventuell harmonisches Verhältnis, was nur die geistige Aufarbeitung der Tonintervalle vermag.

Man kann bei allen diesen Beispielen von einer Realitätsbildung durch Lebendigkeit sprechen. Wenn Sie sich dieses Effekts dauernd bewusst sind, gestaltet sich das Leben neu; Zufälle werden dann anders bewertet, Ahnungen werden bewusst eingeordnet. Sie bekommen nun die richtige Einstellung für unser Ziel.

Wir wissen: Einstellungen, auch falsche, verhärten sich oftmals zu Überzeugungen. Sie steuern unsere Handlungen und werden von unserer sozialen Gemeinschaft eingeimpft. In diese Sparte gehören auch die Placebo- und Noceboeffekte. Wir haben beispielsweise die Überzeugung, dass ein vom kompetenten Arzt hochgelobtes Mittel heilt, und es heilt tatsächlich, obwohl das Scheinmedikament (Placebo) nur aus einer Zucker- oder Salzlösung besteht.

Luzide Träume

> »Wenn der Traumzustand anbricht,
> liege nicht wie eine Leiche in Unwissenheit da ...
> Erkenne deine Träume,
> und wandle Illusion in Illumination.«
> TIBETISCHER WEISHEITSSPRUCH

Das bereits mehrfach erwähnte luzide Träumen (vom lateinischen *lucidus* für »hell«), oft auch »Klarträumen« genannt, ist ein besonderer geistiger Zustand, der inzwischen eingehend wissenschaftlich untersucht wird. Während wir beziehungsweise unser Ich in den üblichen Träumen keine bewusste Kontrolle der Trauminhalte ausüben können, wird uns beim luziden Träumen der Traum bewusst und kann in bestimmten Grenzen willentlich formiert werden. Durch wiederholtes Klarträumen, was offenbar erlernbar ist, bekommen wir eine Art Ausbildung in den Belangen des Geistes, Einsichten in unser Verhalten, Wissen, an das wir ansonsten nicht herankommen, Bewertungen von unseren Überzeugungen und Annahmen. Da nun die bewusst gesteuerten Trauminhalte als Erfahrung erinnert werden, haben luzide Träume Auswirkungen auf unsere Alltagswelt.

Obwohl das Phänomen des luziden Traums intensiv erforscht wird, gibt es bisher keine verlässliche Methode, die reproduzierbar bei verschiedenen Persönlichkeiten den luziden Traum herstellt (siehe dazu auch meine Ausführungen im Buch *Quantenphilosophie und Interwelt* [Warnke 2013]). Jeder trainiert seine selbst erprobten und bewährten Methoden. Eine besteht zum Beispiel darin, dass man sich respektive seinem Ich vor dem Einschlafen autosuggestiv befiehlt, die Träume der Nacht bewusst wahrzunehmen. Anfangs konzentriert man sich nur morgens auf die Träume, da sie zum Morgen hin länger werden.

Wichtig ist zunächst einmal, sich darüber klar zu werden, ob das Bewusstsein in Träumen gefangen ist oder ob man bewusst wahrnimmt, dass man träumt, so wie man bewusst wahrnimmt, dass man fantasiert. Mithilfe von Realitätsüberprüfungen soll man zwischen Traum und Realität unterscheiden können. Es sei aber darauf hingewiesen, dass diese Überprüfungen oft nicht funktionieren, weil das Bewusstsein enorme Täuschungsvarianten bereithält. Der Atemtest durch die zugehaltene Nase bei geschlossenem Mund ist beispielsweise solch eine Option. Man kann außerdem testen, ob Arm und Hand durch die Bettunterlage aufgehalten werden oder hindurchgehen. Des Weiteren kann man sich leicht auf die Zunge beißen und probieren, ob man dabei Schmerzen empfindet.

In seinem Buch *Schöpferisch träumen. Wie Sie im Schlaf das Leben meistern* hat Paul Tholey solche Vorgänge beschrieben (Tholey 1997). Er hat sich auch mit den Voraussetzungen beschäftigt, die luzides Träumen begünstigen. Dazu hat er einen Dekalog von »10 Geboten« aufgestellt, die hier sinngemäß wiedergegeben sind:

1. Man soll sich fünf- bis zehnmal am Tag die kritische Frage stellen, ob man wach ist oder träumt.
2. Dabei stelle man sich intensiv vor, sich in einem Traum zu befinden, dass also alles, was man wahrnimmt – den eigenen Körper eingeschlossen –, geträumt ist.
3. Bei der Beantwortung der Frage achte man sowohl auf das, was gerade in dem Moment geschehe, als auch auf Vergangenes, denn oft setzen Traumerlebnisse unvermittelt ein, und in der Regel gebe es im Traum kein Gestern, sondern eine Lücke. Also: Hat man eine Erinnerungslücke, oder bemerkt man etwas Ungewöhnliches (Realitätscheck)?
4. Man stelle sich diese kritische Frage immer in solchen Situationen, die für Träume charakteristisch sein könnten, zum Beispiel dann, wenn etwas Ungewöhnliches geschehe.
5. Haben Sie wiederkehrende Inhalte in Ihren Träumen? Tauchen etwa häufig Hunde oder Katzen auf? Man stelle sich in diesem Fall die kritische Frage immer, wenn man einen Hund beziehungsweise eine Katze sehe.
6. Man stelle sich im Wachzustand bestimmte Trauminhalte vor, etwa durch die Luft zu fliegen, und versuche, sich intensiv in das Erlebnis hineinzuversetzen (Visualisierung). Diese Vorstellung verbinde man mit dem Gedanken, dass man sich im Traum befinde.

7. Man schlafe, wie oben bereits gesagt, mit dem Gedanken ein, dass man einen Klartraum haben werde (Autosuggestion).
8. Wenn die Traumerinnerung schwach ist, empfiehlt sich das Führen eines Traumtagebuches, um sie zu verbessern.
9. Man nehme sich vor, im Traum eine bestimmte Handlung auszuführen (Intention).
10. Man übe regelmäßig, aber nicht verbissen, und bewahre Geduld.

Ein nützliches Praxisbuch zum luziden Träumen mit dem Titel *Klarträume. Wege ins Unterbewusstsein* haben auch der Psychologe und ehemalige Präsident der International Association for the Study of Dreams (IASD) Robert Waggoner und seine Kollegin Caroline McCready zusammengestellt (Waggoner und McCready 2016).

Manche Menschen versuchen, das luzide Träumen mit chemischen Hilfsmitteln herbeizuführen. Alle Wirkstoffe, die den Acetylcholin-Haushalt betreffen, haben Auswirkungen auf das luzide Träumen: Gulantamin, Hyperzin A, Nikotin und Cholin. Acetylcholin ist ein Hormon, das mehrere wichtige Aufgaben in unserem Körper erfüllt. Für uns interessant ist die Rolle, die es beim Lernen spielt, denn Acetylcholin ist der wichtigste Stoff im Neocortex und vermittelt Gedanken, Vernunft, Logik und Kritikfähigkeit. Zu viel Acetylcholin lässt uns zwar schneller lernen, aber auch nichts mehr vergessen. Selbst die unwichtigsten Dinge kommen immer wieder in die Erinnerung, was quälend sein kann.

Einige Vulgärnamen von Pflanzen und Wurzeln, die wir zum Teil schon genannt haben, verweisen auf die Traumerfahrungen von Naturvölkern, die sich seit jeher psychogener Stoffe bedienen: Aztekisches Traumkraut *(Calea zacatechichi)*, Afrikanische Traumwurzel *(Silene capensis)* oder Afrikanisches Traumkraut *(Entada rheedii)*. Bei diesen Pflanzen gilt größte Vorsicht, denn sie haben starke unerwünschte Nebenwirkungen. Es kann zu massiven Schlaf- und Konzentrationsstörungen kommen.

Den luziden Traum aufrechtzuerhalten ist eine weitere Hürde, die gemeistert werden muss. Werden die Szenen zu ungewöhnlich, fällt man aus dem Traum heraus. Das bedeutet, dass man der Traumhandlung, wie gesagt, anfangs nicht zu viel abverlangen darf, etwa durch Wände zu gehen. Am leichtesten ist das Schweben zu erreichen, also die Aufhebung der Schwerkraft. Gelingt das, kann man sich auch in der Luft fortbewegen, indem man sich das Ziel einfach denkt. Am meisten Spaß macht das Abheben vom Erdboden, denn es funktioniert nach einiger Übung immer – selbstverständlich nur virtuell, rein geistig ablaufend.

Allerdings sollte man das luzide Träumen nicht übertreiben, sonst fällt die Unterscheidung zwischen Wachsein und Schlafen immer schwerer, und Bewusstsein und Unterbewusstsein, Realität und Fantasie verschwimmen möglicherweise. Das kann schlimmstenfalls zu fatalen Fehleinschätzungen führen.

Hat man den luziden Traum trainiert, dann ist der Stirnlappen aktiv, während weitere Teile der Großhirnrinde sozusagen schlafen und abgeschaltet sind. Der Stirnlappen bewertet Situationen. Nun kann es passieren, dass der Körper in die sogenannte Schlafparalyse fällt und das wache Stirnhirn diese Lähmung registriert. Dadurch können Panikgefühle entstehen. Sie sind jedoch völlig unbegründet, denn die Schlafparalyse ist bekanntlich eine intelligente physiologische Vorsichtsmaßnahme, damit wir im Traumgeschehen nicht aufstehen und gegen die Wand laufen oder uns sonst wie verletzen. Wenn wir im bewussten Traum einige Sekunden warten, löst sich die vorübergehende Lähmung, und wir können uns wieder frei bewegen. Ohne den halb wachen luziden Traum hätten wir überhaupt nichts von der normalen Bewegungsunfähigkeit gemerkt.

Luzide Träume, Hypnoseeffekte sowie Entspannungs- und Achtsamkeitsmeditation beruhen alle auf den gleichen physiologischen Effekten: Der präfrontale Cortex als Vermittler des Bewusstseins wird durch eine Suggestion so weit aktiviert, wie es die Tiefenentspannung erlaubt. Normalerweise ist er bei Tiefenentspannung abgeschaltet. Die Suggestion lautet: »Jetzt wirst du den Autopiloten ausschalten und bewusst empfinden: ›Es geschieht, was geschehen soll.‹« Das kann ein wohliges Kribbeln sein oder auch ein wichtiger Informationszufluss, ein neues Wissen. Das »Es ist geschehen« kennzeichnet das immerwährende Feedback, das jeden Augenblick des Lebens begleitet. Feedback ist identisch mit Realitätsschaltung. Wir wenden diese quantenphysikalische Technik (beschrieben in meinem Buch *Quantenphilosophie und Spiritualität* [Warnke 2011] als »Wheeler-Feynman-Absorbertheorie«) mit Angebots- und Bestätigungswelle bei allen Lernvorgängen an. Nur sind die meisten Funktionen, die zur Routine wurden, so stark ins Unterbewusstsein abgeschoben worden, dass wir diese elementaren Vorgänge bewusst nicht mehr registrieren. Bei Tiefenentspannung können wir den Autopiloten abschalten und den präfrontalen Cortex über die bewusste Feedback-Empfindung neu programmieren und somit das Unterbewusstsein überschreiben. Das ist der gemeinsame Vorgang aller hypnagogen Mechanismen, auch in der Therapie.

Mystische Erfahrungen durch Yoga und Meditation
Intensive Meditationstechniken – so wird glaubhaft seit Urzeiten versichert – haben intensive sogenannte mystische Erfahrungen zur Folge, die wir rational nicht erklären können. Es existieren alte Begriffe in verschiedenen Regionen und Philosophielehren dazu, etwa »Samadhi« im Yoga oder »Kensho« und »Satori« im Zen. Die Übersetzung dieser Begriffe ist nicht einheitlich: zum Beispiel »vollkommene Konzentration, Versenkung, Erleuchtung«. Gemeint ist häufig die Fähigkeit,

das allumfassende, zeitlose Jetzt erleben zu können und Informationen zu erhalten, die mit üblichen Methoden nicht erfahrbar sind. Das entspricht, wie wir wissen, dem Aufsuchen der Interwelt.

Was passiert in diesen Meditationszuständen mit unserem Geist-Seelen-Feld?

Schon der seinerzeit bekannte amerikanische Psychologe Robert E. Ornstein befand: »Meditation ist der Versuch, die lineare, verbale Aktivität und gleichzeitig alle äußeren Einflüsse eine Weile abzustellen ... Meditation wird in vielen traditionellen Kulturen als der erste wichtige Schritt auf dem Weg zu einem umfassenden Wissen bewertet« (Ornstein 1972).

Das erinnert sehr an die überlieferten Erfahrungen tiefer Meditation des Raja-Yoga. »Yoga« kommt vom Sanskritwort *yóga* für »Anschirrung« beziehungsweise *yugá,* was mit »Joch (in das der Körper gleichsam eingespannt wird)« übersetzt werden kann. Es beschreibt das Vermögen, mithilfe der individuellen Wahrnehmung (Jiva Atma) das universelle Höhere und Wahre Selbst (Parmatma) zu schauen.

Im Trancezustand wird das Ich in der Bedeutung zurückgesetzt. Dieser Zustand hat viele Parallelen zum luziden Träumen, wo die träumende Person weiß, dass sie gerade träumt, und deshalb den Trauminhalt in bestimmten Grenzen steuern kann. Das Besondere an diesem Zustand ist die bewusste Aufnahme von Informationen aus dem bis dahin Unbewussten.

Voraussetzungen der bewussten Informationsaufnahme aus dem sogenannten Unterbewusstsein sind also:

1. eine fördernde Einstellung, Stimmung, Motivation, Neugierde,
2. die Tiefenentspannung durch komplettes »Loslassen«,
3. die Achtsamkeit auf bestimmte Gehirnareale wie präfrontaler Cortex oder Zirbeldrüse,
4. ein In-sich-Fühlen und Feedback: »Es ist geschehen.«

Alle Punkte zusammen ergeben einen hypnagogen Zustand, wodurch das Unterbewusste relativ leicht bewusst beeinflussbar ist. Das Denken verliert seine innere Logik, Gedanken reihen sich wahllos und ziellos aneinander. Die ordnende Aufmerksamkeit tritt in den Hintergrund. Der Wille mit Sitz im frontalen Cortex ist in seiner Wirksamkeit stark reduziert und wird erst wieder nach bewusster Aufforderung stärker aktiv.

Einige Menschen sollen es hierbei schaffen, mit vollem Bewusstsein ihren Körper zu verlassen. Am bekanntesten dafür ist die sogenannte Monroe-Technik. Der amerikanische Geschäftsmann, Autor und Rundfunk-Programmdirektor Robert Monroe (1915–1995) konnte sich nach eigenen Angaben erstmals 1958 von seinem Körper lösen und veröffentlichte die Technik in seinem Buch *Der Mann mit den zwei Leben* (Monroe 1972). Der erste Schritt ist die Tiefenentspannung und das Erreichen des hypnagogen Zustandes. Danach löst sich die Wahrnehmung des eigenen Körpers vollständig auf, was jeder leicht nachvollziehen kann. Denn Bereiche des Neocortex, die die Empfindung der Lagerezeptoren des Körpers wiedergeben, werden in der Tiefenentspannung gleichsam abgeschaltet. Die nächsten Schritte in der Monroe-Technik sind Eigen-Suggestionen und Vorstellungen von Schwingungen, die den Körper transferieren können. Die Gedanken und Schwingungsvorstellungen sind nun ganz auf das Verlassen des Körpers konzentriert. Die Schritte sind laut Monroe trainierbar und die Zustände dann beliebig reproduzierbar. Man könne nun wie im luziden Traum Geschehnisse hervorrufen und steuere sich kraft seiner Gedanken in einer materiefreien Welt. Es heißt, man könne dann allein mit seiner Willenskraft Handlungen vornehmen: »Man denkt es, und es bewegt sich schon.« Das funktioniere, weil die Massen der Materie mit ihren Gesetzmäßigkeiten ausgespart seien. Das Internet ist voll von derartigen Erfahrungsberichten, die man neugierig zur Kenntnis nehmen und kritisch sortieren kann.

Eine verbreitete Meditationstechnik besteht darin, sich während der Tiefenentspannung in eine als wohltuend bekannte Landschaft zu versetzen. Im Vordergrund steht dabei das Fühlen der machtvollen Natur. Der Meditierende wird zum teilnehmenden Beobachter in einer Art innerem Film. C. G. Jung nannte dies die »aktive Imagination«, die schon immer eine bewährte Technik war, um die Interwelt zu betreten, gleich, ob mit oder ohne Psychedelika.

Die alten und neuen Meditationstechniken haben alle das gleiche Hauptziel, das rational-interpretierende Denken anzuhalten, um dann einer *direkten* Erkenntnis Raum zu geben. Die richtige Meditationsmethode führt dazu, den Neocortex in bestimmten Bereichen stillzulegen, in anderen zu aktivieren. Wir hatten das bereits als Aktivierung des Default-Modus kennengelernt mit dem Bestreben, das Unter- und Unbewusste bewusst zu machen.

Im Versuch kann so ein Zustand leicht durch das EEG als Summenfeld aktiver Neuronen überprüft werden. Bei dem »Meditationsgehirn« (siehe oben) lässt sich dann das Erreichen von folgenden Eigenschaften erkennen:

> Die EEG-Frequenzen liegen etwa im Bereich von 7,5 bis 8,5 Hertz.
> Über weite Gehirnareale besteht Phasengleichheit (Kohärenz), insbesondere über rechts und links.
> Der Körper vibriert als mechanischer Schall verstärkt im Frequenzbereich von rund 8 Hertz.

In Kohärenzphasen addieren sich die elektrischen und mechanischen Feldamplituden zu einem hohen Summenfeld. Dieses kohärente Feld dient dann der weiteren Aktivierung bestimmter Gehirnfunktionen. So ist bereits die Kohärenz als Voraussetzung für die Erinnerung entdeckt worden: Nur wenn Riechhirn und Hippocampus ihre Signale im Gleichtakt feu-

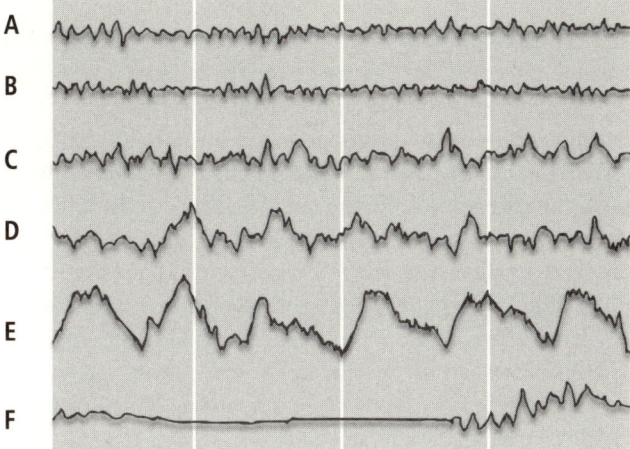

Abb. 35: EEG bei verschiedenen Vigilanzzuständen von Wachheit bis zu sehr tiefer Hypnose. Je tiefer der Trancezustand, desto niederfrequenter und kohärenter werden die elektrischen Wellen. In besonders tiefer Hypnose beziehungsweise Anästhesie wie in der Registrierung F verschwinden die Wellen des Neocortex als Quelle der niederfrequenten elektrischen Felder sogar für kurze Zeit; übrig ist nur noch ein schwankendes Gleichspannungspotenzial.

ern, wird ein Geschehen ins Langzeitgedächtnis transferiert. Fehlt der synchrone Gleichtakt der Gehirnbereiche, dann wird ein Eindruck wieder vergessen.

Ein weiteres wichtiges Merkmal einer guten Meditationspraxis ist auch die Synchronisierung der beiden Gehirnhälften, die dann zeitweise ein kohärentes elektrisches Schwingungsfeld im EEG-Theta-Bereich aufbaut. Wir können den wichtigsten Frequenzbereich dabei noch weiter einschränken auf 7,8 bis 8,1 Hertz. Warum ist dieser Frequenzbereich so interessant?

Da der Thalamus ganz ähnlich wie der Sinusknoten im Herzen einen natürlichen elektrischen Schrittmacher genau mit diesen Frequenzen darstellt, können mit dem Resonanzprinzip die Komponenten der Rhythmogenese des Thalamus einschließlich der Zirbeldrüse aus dieser elektrischen EEG-Schwingungsfrequenz Energie ziehen. Wenn das passiert, nimmt der Thalamus als Torwächter zum Neocortex seine Funktion so wahr, dass das Tor geschlossen wird. Damit wird die Alltagswahrnehmung abgekoppelt. Je langsamer und synchronisierter die Wellen, umso stärker ist die intrathalamische Hemmung und umso geschlossener ist das Tor für ankommende Signale.

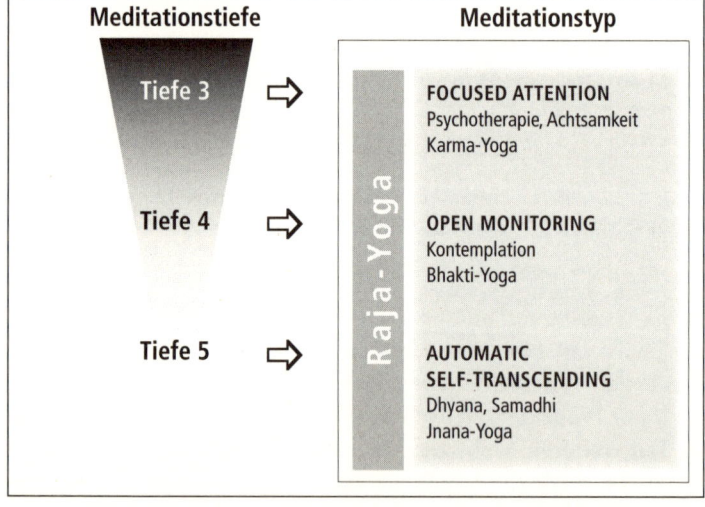

Abb. 36: Entsprechungen von Meditationstiefe, Erfahrungszugang/ Meditationstyp und Yoga-Form.

In einer Studie, die in der Berliner Charité von der Ärztin Kerstin Van den Dool durchgeführt wurde, konnte festgestellt werden, dass ein Aufsetzen von Klangschalen auf das Abdomen ebenfalls eine Reduzierung von Beta-EEG und die Aktivierung der Theta-/Delta-Kohärenz durch die Klangschalenvibration auslöst (Van den Dool 2014).

Im Raja-Yoga werden mehrere Tiefenstufen der Meditation unterschieden. Während Stufe 1 und Stufe 2 vergleichbar dem autogenen Training ist, wird Stufe 3 mit Achtsamkeit im Karma-Yoga verglichen; Stufe 4 entspricht der Kontemplation des Bhakti-Yoga, und Stufe 5 erst bringt die automatische Transzendenz des Jnana-Yoga, als Dhyana (»Versenkung und innere Schau«) und Samadhi (»Versenkung«). Dhyana bezeichnet das, was wir hier auch propagieren – die Beruhigung des Geistes in der Stille des vierten Zustandes Turiya: das Ins-Jenseits-Gehen.

Eine eingehende Untersuchung zur physio-psychologischen Wirkung aus dem Jahr 2004 befand:

> »Yoga-Praktiken, für drei Monate exerziert,
> führen zu einer Verbesserung in kardiorespiratorischer
> Leistungsfähigkeit und des psychologischen Profils.
> Das Plasma-Melatonin zeigte auch eine Erhöhung nach
> drei Monaten Yoga-Praxis … (wobei) der maximale
> nächtliche Melatoninspiegel innerhalb der Yoga-Gruppe
> eine signifikante Korrelation … mit dem Wohlbefinden
> zeigte« (Harinath et al. 2004).

Letztlich sind alle Yoga-Formen, wie zum Beispiel Raja-, Hatha-, Bhakti- und Kundalini-Yoga, Wegbeschreibungen, um die Vereinigung von bewusstem Geist und unbewusster Geist-Seele zu erreichen.

Eingeweihte wissen, dass mit den Yoga-Übungen ein verschlossener Raum des Gehirns geöffnet wird, wodurch die gesamte persönliche Erfahrung auf magische Weise verändert erscheint. Der Vorgang ist ein rein physiologischer Wirkungsmechanismus. Die Evolution des Menschen wollte sozusagen sicherstellen, dass wir die Interwelt erleben können – ein reines Naturgesetz, das in die Materie hineinwirkt. Und damit ist dieses Gebiet der Wissenschaft zugänglich.

Je tiefer das Loslassen, desto stärker ist die Verminderung des Ichs und das Erleben der Interwelt. Es gab immer wieder identische Beschreibungen zur Wirkweise. Im Text *Le Comte de Gabalis* von Abbé Nicolas-Pierre-Henri de Montfaucon de Villars (1635–1673) wird dies »der Pfad der Weisheit« genannt, und zur Erlangung werden genau die richtigen Erklärungen gegeben:

»Wenn man sich während der Meditation auf ein bestimmtes Objekt konzentriert und sich dabei um einen regelmäßigen Atem bemüht, bei dem das Ein- und Ausatmen etwa gleich viel Zeit beansprucht, dann kann sich der Geist so weit entspannen, dass er nicht mehr von anderen Gedanken gestört wird, die nicht zu dem Objekt oder Symbol gehören, nach deren Erkenntnis der Mensch strebt. Wenn ein Mensch dies über lange Zeit übt, dann kann er mit der dem Meditationsobjekt innewohnenden Gottheit in eine harmonische Beziehung treten und aus dieser Quelle Wissen erlangen ... Gleichzeitig setzt die beharrliche Suche und der Wunsch, das göttliche Gesetz kennenzulernen, im Menschen jene Kraft frei, die einer lebendigen Flamme gleicht ... Sobald dieses Feuer freigesetzt wird, verdrängt es unverzüglich die träge Nervenkraft und aktiviert und vervollkommnet die Nervenzentren und Gehirnpartien, die durch mangelnden Gebrauch verkümmert sind. Sobald sie zu neuer Tätigkeit angeregt

worden sind, enthüllen sie dem Menschen
die übernatürlichen Bewusstseinsebenen und das Wissen
um seine verlorene Herrschaft über die Natur«
(De Montfaucon 1670).

Suchen wir nach den Ursprüngen dieser Weisheit, dann kommen wir an der Göttergestalt Hermes Trismegistos aus der Zeit der ägyptischen Pharaonen nicht vorbei. Der »dreimal große Hermes«, eine synkretistische Verschmelzung des griechischen Hermes und des ägyptischen Thot, soll die potenzielle Kraft im Menschen so erklärt haben:

»Du musst folgendermaßen von Gott denken:
Alles, was ist, enthält er in sich wie Gedanken – die
Welt, sich selbst, das All. Deshalb kannst du Gott nur
verstehen, wenn du ihm gleich wirst, denn Gleiches ist
nur Gleichem erkennbar.
Wachse zu einer Größe ohne Maß; befreie dich durch
einen Sprung von deinem Körper; erhebe dich über alle
Zeit, werde Ewigkeit; dann wirst du Gott verstehen.
Glaube, dass nichts dir unmöglich ist, denke, du seist
unsterblich und fähig, alles zu verstehen, alle Künste,
alle Wissenschaften, das Wesen jeglicher Lebewesen.
Steige höher als die höchste Höhe, tauche tiefer als die
tiefste Tiefe.
Sauge in dich alle Empfindungen von allem, was erschaffen ist, Feuer und Wasser, trocken und feucht, stell
dir dabei vor, du seist überall, auf der Erde, im Meer, im
Himmel, dass du noch ungeboren bist, im Schoß der
Mutter, heranwachsend, alt, tot, jenseits des Todes.
Wenn du in deinem Denken alle Dinge zugleich umfasst,
Zeiten, Orte, Substanzen, Qualitäten, Quantitäten, dann
verstehst du vielleicht Gott«
(Festugiere und Nock 1980).

Wie kann man abstrakte Möglichkeiten wahrnehmen? Diese Frage stellte sich der renommierte österreichisch-amerikanische Mathematiker Kurt Gödel (1906–1978) und gab 1930 eine hochaktuelle Antwort (Hofstadter 1991): Zunächst muss man alle anderen Sinne schließen, indem man sich zum Beispiel an einem ruhigen Ort niederlegt. Es reicht jedoch nicht aus, einfach nur diese negative Handlung auszuführen, man muss auch aktiv mit dem Geist suchen. Es ist ein großer Fehler zuzulassen, dass die alltägliche Wirklichkeit die Möglichkeiten begrenzt und bedingt, weil man sich dann nur die Kombinationen und Permutationen physischer Objekte vorstellen kann. Der Geist ist in der Lage, unbegrenzte Mengen direkt wahrzunehmen. Das Ziel solcher Gedanken und aller Philosophie ist die Wahrnehmung des Absoluten.

Der Dominikaner Meister Eckhart (1260–1328), Lehrer für spirituelle Praktiken, wurde in seiner Lehrzeit verpflichtet, das Geheimnis zur Zusammenlegung von Seele und Geist durch Gott (also letztlich zur Öffnung des Dritten Auges) auf keinen Fall bekannt zu geben. Er machte dennoch immer wieder Andeutungen dazu. So kommt von ihm die Weisheit: »Das Auge, mit dem ich Gott sehe, ist dasselbe Auge, mit dem Gott mich sieht« (Meister Eckhart 1934).

Schließlich wurde er wegen Häresie angeklagt und entging dem Urteil nur durch seinen vorzeitigen Tod. Er sagte zum Zusammenschluss von Geist und Seele: »Seele wird vergeistet, und wenn nun der Geist festhaftet an Gott mit ganzer Einigung des Willens, so wird er vergottet.« Er war der Auffassung, wenn die Voraussetzungen geschaffen sind, so kann die Wahrheit als solche mit Gewissheit erkannt werden. Voraussetzungen dafür sind laut Meister Eckhart (ebenda):

> Liebe (Verschmelzungsgefühl),
> Unbekümmertheit,
> Ruhe am Ort (Friede).

> Alle Aktivität des Körpers hört auf: nicht sprechen,
  nicht hören, nicht sehen, ohne Trägheit und Müdigkeit.

Der Erfolg, der sich dann einstellt, ist:

> freies Hindurchschauen,
> das Emporheben zur wunderbaren Gottesweisheit,
> die Erfahrung der Ewigkeit ohne Raum und Zeit,
  nur der Gegenwart (des »Jetzt«),
> das Vordringen in die Wahrheit der bloßen Einheit.

Die Meditationshaltung

Schauen Sie sich mal eine typische Buddha-Figur an. Am häufigsten ist das aufrechte Sitzen mit verschränkten Beinen dargestellt – für uns ist das keine gute Haltung. Denn der Körper
ist voll von elektrischen Aktionspotenzialen aus Muskeln und
Sehnen, die auch ins Gehirn gesendet werden. Es sei denn, die
Extremitäten schlafen ein, was durch mangelnde Durchblutung infolge einer Verkrampfung leicht passieren kann.

*Abb. 37: Die typische Medita-
tionshaltung in Asien ist für uns
keine gute Haltung für die Tiefenentspannung: Das aufrechte Sitzen
mit verschränkten Beinen ist mit
vielen Gehirnsignalen verbunden,
die von verspannten Muskeln und
Sehnen ausgesendet werden.*

Der notwendige Theta-Rhythmus setzt aber totale Entspannung voraus. Entspannung des Körpers bedeutet, den Muskeltonus nahezu auf null zu setzen. Entspannung des Geistes bedeutet, Gedanken nahezu abzuschalten.

Der allgemeine Erregungszustand des Gehirns ist abhängig von Signalen, die Neuheitscharakter haben. Gewohntes wird nicht mehr empfunden, und der Neocortex gelangt in den Ruhemodus. Beispiel: Kleidungsstücke auf der Körperhaut sind Gewohnheit und werden als Berührungssignal nicht mehr gewertet. Totale Entspannung ergibt die Empfindung des Schwebens. Das Schwebegefühl ist vollkommen neutral hinsichtlich der Neuheitsaktivierung, da kein Reiz empfunden wird. Die Gehirnzentren zur Berechnung und Funktion der Antischwerkraftaktivierung fallen deshalb aus.

Der schottische Forscher und Heiler Murdo MacDonald-Bayne (1877–1955) zählte bereits Anfang der Fünfzigerjahre die notwendigen Punkte zum Erreichen der totalen Entspannung auf (McDonald-Bayne 1952):

> Man sollte eine Unterlage finden, die nicht zu weich, aber sehr bequem ist.

> Alle beengenden Kleidungsstücke legt man ab, öffnet den Gürtel, zieht die Schuhe aus.

> Mit weicher, leichter, sich angenehm anfühlender Decke sollte die Wärmeabgabe reduziert werden.

> Ein passendes Kissen legt man so unter dem Kopf an, dass Kopfansatz, Hals und Nacken angenehm unterstützt werden. Ein weiteres Kissen legt man unter beide Knie.

> Die Beine sollte man leicht nach außen drehen.

> Die Arme liegen seitlich am Körper; die Hände können in den Leistenbeugen liegen.

> Arme, Beine, Rumpf, Nacken, Unterkiefer, Zunge, Augen, Kopfhaut lässt man tief entspannen.

Der Samadhi-Tank

Der Begriff »Samadhi« deutet bereits auf die Wirkung dieses Instruments hin. Durch extreme Versenkung beziehungsweise Entspannung kommt man in andere Welten. Die Person in diesem Tank schwebt in einer warmen Wasser-Magnesium-salz-Lösung. Es ist vollkommen dunkel und still. Der amerikanische Neurologe John C. Lilly hat dieses Prinzip erfunden und umfänglich selbst erprobt. Die Ergebnisse beschreibt er in seinem Buch *Das Zentrum des Zyklons:*

> »Nach einigen zehnstündigen Experimenten stellte ich Phänomene fest, die bereits einige Male in der Literatur beschrieben wurden. Ich ging durch traumähnliche Zustände, durch tranceähnliche Zustände, durch mystische Zustände.
> In allen diesen Zuständen war ich völlig in Ordnung, war gesammelt und da. Zu keiner Zeit verlor ich das Bewusstsein der Tatsachen des Experiments. Ein bestimmter Teil von mir wusste immer, dass ich in einem Tank in Dunkelheit und Stille im Wasser trieb ... Andere Male ging ich durch traumähnliche Sequenzen, durch Wachträume, wie sie heute genannt werden, in denen ich beobachtete, was geschah. Andere Male wie-

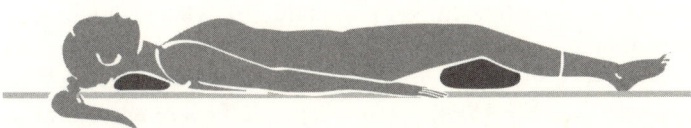

Abb. 38: Eine gute Position zum tiefen Entspannen. Nacken und Kniekehlen sollten leicht unterstützt sein, und die Arme sollten seitlich vom Körper auf dem Boden liegen. Die Unterlage sollte nicht zu hart sein und so weit nachgeben, dass auch das Rückgrat in ganzer Ausdehnung unterstützt wird.

derum schloss ich mich anscheinend an Kommunikationsnetze an, die sich normalerweise unter unserer Bewusstseinsebene befinden, an Sendenetze von Zivilisationen weit jenseits der unseren« (Lilly 2000).

Inzwischen wird das Verfahren »Floating« genannt, korrekt wissenschaftlich »Flotation-REST« (Restricted Environmental Stimulation Technique), und ist relativ weit verbreitet, da fast alle Studien dazu positiv waren. Eine Übersicht dazu gibt es von der schwedischen Psychologin Anette Kjellgren, Karlstad-Universität (Kjellgren und Jonsson 2017).

Meditation mit offenen Augen
Unsere Sinnesorgane sind die Überträger der Informationen der Außenwelt in unsere Innenwelt (Tausin 2004). Voraussetzung ist ein Bewusstsein. Für die Selbsterkenntnis gilt die Sinnestätigkeit aber eher als ein Hindernis. Allerdings helfen uns auch unsere Sinne bei einer Verinnerlichung, indem sie uns die Feedbacksignale liefern, zum Beispiel für die gefühlte Schwere bei der Entspannung. Als Einleitung einer wirkungsvollen Meditation sind diese Sinneseindrücke unentbehrlich.

Wir hatten schon die Stadien der Meditation genannt. Das sogenannte Psychomanteum ist offensichtlich eine geeignete Methode für die Stadien (wahrscheinlich nach dem griechischen *mantikḗ* für »Wahrsagekunst«). So nannte Raymond Moody einen nach antikem Vorbild speziell eingerichteten, abgedunkelten Raum mit einem großen Spiegel, in dem man Verstorbene wiedersehen und sogar mit ihnen sprechen können soll (Moody 1994). Dabei liegt die Person entspannt in einem abgedunkelten Raum und sieht in jenen Spiegel mit einer Blickrichtung, die nicht den eigenen Körper reflektiert, sondern ins leere Dunkel zeigt.

Die Bewusstseinsfokussierung wirkt als Gedankenblocker (wie bei der Meditation mit einem Mandala). Dabei können

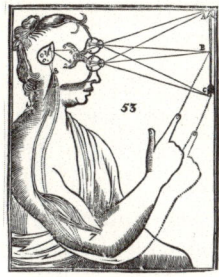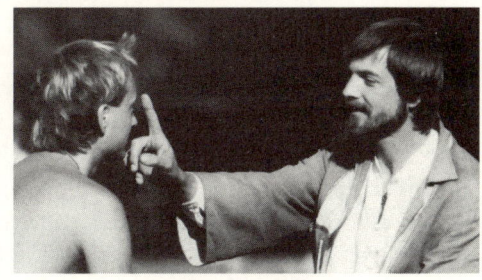

Abb. 39: Fokus-Schielen auf einen nahen Gegenstand, die Nase
oder auf den Finger der Hand ist eine traditionelle Meditationsmethode, die indirekt auch der Aktivierung der Zirbeldrüse
zugutekommt. Auffällig ist die Zeichnung von Descartes, der die
Methode anzudeuten scheint und die Zirbeldrüse damit verbindet.
Abb. 40: George Pennington (1981) bei einer Einführung in die
Schieltechnik als Voraussetzung für die Meditation mit den Tafeln
von Chartres.

auch Dinge fixiert werden. Der amerikanische Schriftsteller
Henry Miller (1891–1980) sagte: »In dem Augenblick, in dem
man etwas seine ganze Aufmerksamkeit schenkt, selbst einem
Grashalm, wird es zu einer geheimnisvollen, Ehrfurcht gebie-
tenden, unbeschreiblich großartigen Welt« (Krieger 2007).

Die Konzentration auf Bilder oder materialistische Objekte kann unter bestimmten Umständen zwischen den beiden
Hirn- beziehungsweise Bewusstseinshälften des präfrontalen
Cortex vermitteln und miteinander in Einklang bringen. Dann
wird das Dritte Auge in seiner Funktion unterstützt werden.

Am besten funktionieren bestimmte Schieltechniken, die im
Osten wie im Westen entwickelt wurden. Wenn man einen
Finger im Abstand von 10 bis 20 Zentimeter vor die Augen
hält und ihn als Konzentrationspunkt für die dann nach innen

gerichteten Augen nimmt, verdoppelt sich ein dahinterliegender Gegenstand.

Indische Yogis schauen auf die Nasenwurzel wie bei der Reinigungsübung Trataka. Darunter versteht man das beständige Starren auf einen Punkt oder ein Objekt, ohne dabei mit den Lidern zu zwinkern. Bekannt sind auch die »Tafeln von Chartres«, eine tradierte Technik für Geistesschulung und Aufmerksamkeit, die von nicht schriftkundigen Zigeunerweisen an den französischen Autor Pierre Derlon weitergegeben wurde. Derlon veröffentlichte die Methode in seinem Buch *Gärten der Einweihung* (Derlon 1979). Die Tafeln sind angeblich von Geometrien der Kathedrale von Chartres abgeleitet. Rechteck, Quadrat und Kreis haben den gleichen Flächeninhalt. Die Augen betrachten die Figur im normalen Leseabstand. Dadurch sieht das linke Auge auf die rechte Tafelreihe und das rechte auf die linke. Damit ein gewolltes

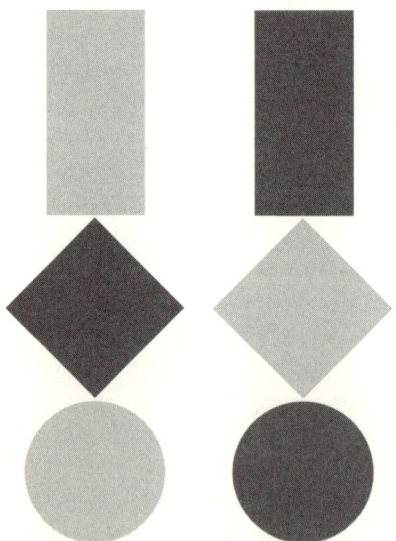

Abb. 41: Die »Tafeln von Chartres« sind eine überlieferte Technik für Geistesschulung und Aufmerksamkeit (die hier dargestellten grauen Flächen sind im Original rot, die schwarzen blau).

leichtes Schielen eintritt, wird der Fokus zwischen den Augen und dem Bild der Tafeln gesetzt. Anfangs ist es hilfreich, einen Finger als Fokushilfe zwischen Augen und Bild zu halten. Nun entsteht in der Mitte zwischen den beiden Tafelreihen eine (virtuelle) dritte Reihe von Tafeln. Die Farben dieser rein geistig erzeugten Tafeln wechseln im Rechteck, in der Raute und im Kreis je nach Aktivität der Gehirnhälften. Interessant ist, wie das geistig konstruierte Bild die Farben in der Abhängigkeit einer eigenen Hinwendung, Aufmerksamkeit und Erwartung wechselt (die hier dargestellten grauen Flächen sind im Original rot, die schwarzen blau). Die unterschiedliche Farbgebung ist deshalb ein Indikator für die Dominanz des Geistes bezüglich der Arbeitsweise des Gehirns (Pennington 2017a).

Subjektive visuelle Phänomene
In der Physiologie können sogenannte entoptische Erscheinungen nur teilweise erklärt werden. Gemeint sind damit Phänomene, die der Betrachter außerhalb von sich zu sehen glaubt, die aber in ihm selbst entstehen, zum Beispiel kontrastfarbene Nachbilder, aufleuchtende Sternchen, bewegliche Punkte und Fäden im Blickfeld (»Mouches volantes«) sowie geometrische Strukturen, die bei schnellen Lichtblitzen auftreten können. Auch diese entoptischen Erscheinungen können als Konzentrationsobjekte verwendet werden.

Nehmen wir ein Beispiel von Floco Tausin (Tausin 2004). Er beschreibt bewegliche, transparente Punkte und Fäden, die in unserem Blickfeld schwimmen und beim Blick darauf normalerweise wegdriften. Die eigenartigen Punkte und Fäden mit wechselnden Mustern sind ein erstklassiges Meditationsobjekt. Wenn wir sie fixieren, ist das ein ganz ähnlicher Prozess wie das Schielen auf einen nahen Gegenstand. Daraus kann eine Meditation mit offenen Augen werden.

Beim Betrachten der Punkte und Fäden driften sie dauernd weg, meistens nach unten. Immer wieder ist es notwendig,

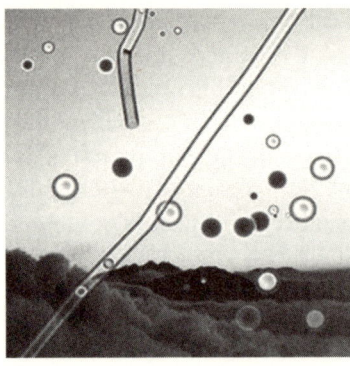

Abb. 42: Bewegliche transparente Punkte und Fäden im Blickfeld (Mouches Volantes), wie sie bei jedem Menschen auftreten, können laut Floco Tausin als Fokus zur Meditation genutzt werden.

den Blick neu zu setzen. Das erzeugt im Gehirn einen Neuigkeitsimpuls, der beachtet wird. Im EEG zeigen sich somit eher Beta-, aber keine Theta-Wellen.

Die Aufgabe ist dementsprechend, die Punkte und Fäden längere Zeit ohne Neuausrichtung des Blicks festzuhalten. Wenn es gelingt, ruhig stehende und leuchtend helle Punkte zu sehen, haben wir die Stufe der Meditation erreicht.

Zeitdilation

Einen im Ergebnis frappierenden Versuch als Indikator einer guten Meditation beschrieb der bereits erwähnte Itzhak Bentov im Jahr 1977 (Bentov 1977). Drei Jahre vorher jedoch wurde das Phänomen schon von Keith Floyd veröffentlicht (Floyd 1974).

Das Experiment funktioniert bestens und ist in gewisser Weise zutiefst bestürzend. Wenn wir darin geübt sind, Theta-Wellen durch tiefe Entspannung zu erzeugen, und damit in einen Versenkungszustand gelangen, dann können wir den Sekundenzeiger einer Uhr anhalten. Das hört sich unmöglich an, ist es aber nicht. Mit diesem Experiment kann jedem direkt vorgeführt werden, wie sehr unsere Wahrnehmungen, auch die Wahrnehmung der Zeit, von unserem subjektiven

Erregungszustand abhängig sind. Folgende Schritte sind notwendig:

1. Günstig ist eine Uhr, deren Sekundenzeiger nicht sprunghaft vorläuft, sondern kontinuierlich. Die Uhr muss so platziert werden, dass man den Sekundenzeiger mit halb geschlossenen Augen in der Tiefenentspannung sehen kann.
2. Zuerst schauen Sie dem Verlauf des Zeigers zu und begeben sich dann in die tiefe Entspannungsmeditation. Vorübergehend vergessen Sie nun den Zeiger und sind achtsam im Feedback des Meditationsgeschehens.
3. Wenn Sie in tiefster Entspannung sind, lassen Sie durch leicht geöffnete Augen einen blinzelnden Blick auf die Zeiger fallen. Dies aber ohne jede Anstrengung, ohne jeden Willen, ganz nebenbei, als vollkommen »uninteressierter« Beobachter.
4. Wenn Sie wirklich keine Motivation und keinen Willen investieren, bleibt nun der Sekundenzeiger hängen. Und das so lange, wie dieser Zustand von Ihnen gehalten werden kann. Am Anfang sind Sie so bestürzt, dass Sie unmittelbar eine gewisse Aufregung überfällt; sofort ist in diesem Moment der Spuk vorbei, und der Zeiger springt auf seinen eigentlichen Platz. Wenn Sie aber diese Zeitdilatation, wie es nach dem spätlateinischen *dilatatio* für »Ausdehnung« in der Fachsprache heißt, hinnehmen, dann bleibt die Uhr für Sie beliebig lange stehen. Wir haben damit unsere subjektive Zeit gedehnt …

Ein hervorragender Anzeiger für die notwendige Trance ist, wenn man seinen eigenen Atem laut und vernehmlich im Kopf hört. Das passiert tatsächlich nur in der ganz konkreten Phase der Trance, und man kann dann sicher sein, dass dies der richtige Moment für den »Export« zum Unterbewusstsein ist.

> *»Die reale Welt ist ein vieldimensionales,*
> *nichtsukzessives, simultanes Muster von*
> *unendlicher Vielgestaltigkeit. Der Versuch,*
> *dieses Muster mit dem Verstand zu erfassen,*
> *ähnelt dem Versuch, ein Gemälde von Renoir*
> *durch ein Mikroskop zu erfassen.«*
> KEN WILBER

Wenn der Mensch vollkommen entspannt ist, gibt es einen Zugang zum Unbewussten durch die Öffnung des Dritten Auges. Die physiologischen Ursachen dafür wurden bereits erörtert. Das »Geheimnis« besteht nun darin, dem unbewussten Geist Aufgaben zu stellen.

Will man Probleme lösen, sind folgende Schritte sinnvoll:

> Betrachten des Problems – Abschnitt für Abschnitt.
> Den Fakten Aufmerksamkeit geben und sie aneinanderreihen.
> Keinerlei Wertung vornehmen!

Dann sollte man den Problemkomplex dem impliziten Geist zuweisen mit der Aufforderung zur Lösung des Problems.

Tiefenentspannung infolge von Entspannungsmeditation, Trance, Hypnagogie und Hypnopompie sowie luzidem Traum, wenn richtig angewendet, sind die besten Umstände zur Übergabe der »Bestellungen«. Dafür müssen Absicht und Intention formuliert werden mit den »ppp-Eigenschaften«:

> präsent (genau jetzt),
> präzise (was genau geschehen soll),
> positiv (der Zustand, der gewollt wird, ist bereits da).

Die Stimmung sollte folgendermaßen eingestellt sein: nicht etwas bekämpfen oder ausschalten, sondern spielerisch auffordern im Sinne einer Einladung. Keinen Feind angehen, sondern eine Disharmonie, eine Abweichung, eine Unordnung ausgleichen.

Unser neues Bewusstsein begegnet allem mit liebevoller Umarmung. Tatsächlich ist die Verbundenheit mit der universellen Geist-Seele-Kompetenz gleichzusetzen mit einer erweiterten Schöpfungskraft. »Ich und der Vater sind eins«, heißt es bei Johannes 10, 30.

Zur besseren Übersicht fassen wir nochmals die einzelnen Stufen der Geist-Seelen-Methode während der Tiefenentspannung zusammen:

> Man lenkt die Aufmerksamkeit auf das ausgewählte Geschehen, Problem oder die Bestellung.

> Man investiert Verständnis dafür und die Erwartung, dass der verhüllte (implizite) Geistbereich des Selbst das ausgewählte Geschehen, Problem oder die »Bestellung« übernehmen wird.

> Man erhält so lange die Aufmerksamkeit, bis der implizite Bereich handelt und die Aufmerksamkeit übernimmt (intuitives Gewahrsein: Es ist übergeben).

> Der implizite Geist wird jetzt das Ziel ansteuern, bis er es erreicht hat, wobei der bewusste (explizite) Geist des Ichs bereits losgelassen hat.

> Einmal losgetreten, wird der implizite Geist alle Möglichkeiten einsetzen (und er hat Zugriff auf alle), um ungestört über Minuten, Stunden, Tage, Jahre unserer Alltagszeit – je nach Kompliziertheit der Erlangung des Ziels – die ihm gestellte Aufgabe zu lösen.

> »Ent-deckungen« bedeutet: Das Implizite wird ausgerollt.

> Ein Stopp dieses Verwirklichungsstroms ist nur durch den bewussten Willen bei gegenarbeitenden Empfindungen auch anderer einflussnehmender Menschen möglich.

Die vollständige Methode umfasst aus heutiger Sicht also folgende Stufen:

> Glaube als Überzeugung – entspricht körpereigenem Wissen.
> Motivation »Jetzt oder gar nicht«.
> Tiefe Entspannung und Meditation.
> Absolute Stille von lärmenden Gedanken.
> Aufmerksamkeit auf das klar bestimmte Ziel ohne jede Anstrengung.
> Höchste Konzentration und Wachheit.
> Empathie und Gefühlsfärbung des Vorhabens.
> Keine weiteren Gedanken mehr zulassen, somit keine Störung der gezielten Aufmerksamkeit, Nebenziele sind ausgeschlossen.
> Echo registrieren (Feedback): »Es ist geschehen.«

Also nochmals verkürzt zusammengefasst: Thema oder Geschehnis durch »Aufmerksamkeit« kontaminieren/infizieren, dann in den impliziten Geist fallen lassen, wissen, dass das Ziel dadurch erreicht wird, und geduldig auf den Auswurf warten.

Der implizite Geist macht deshalb seine Arbeit, weil wir daran glauben, dass er sie machen wird. Das ist die Zuversicht auf den gesetzmäßigen quantenphilosophischen Mechanismus. Durch Übung dieses Mechanismus gelingen dann »Wunder«. Nichts und niemand kann diese Erkenntnis gefährden oder unterbrechen. Die alltägliche Geist-Seele transzendiert zu einer wissenden Über-Geist-Seele. Alles wird möglich: »Denn wer da hat, dem wird gegeben, dass er die Fülle habe« (Mt 13,12).

Wie gesagt, im »Kleinen« kennen wir alle diesen Mechanismus: Laufen, Sprechen, Radfahren, Autofahren – dies alles haben wir genau so »gelernt« und schließlich automatisiert, wie es die einzelnen Schritte der Methode eben beschrieben haben. Das Ziel ist erreicht, wir können es. Wir haben mit einem puren geistigen Prinzip, nämlich mit unserer Absicht, unserem Willen, die Materie unseres Körpers so verändert, dass alles, was wir wollten, erfüllt wurde.

Auch alle unsere größtenteils angeborenen Gefühle wie Freude, Liebe, Ärger und so weiter können als automatisierte Bewertungen (durch die implizite Geist-Seele) von Situationen und Geschehnissen angesehen werden, die unsere Vorfahren immer und immer wieder ehemals analytisch im expliziten Geist vornehmen mussten.

Alle diese Methoden erreichen ihr Optimum durch die Öffnung des Dritten Auges. Und alle Methoden öffnen das Dritte Auge, wenn wir dieses Ziel als Erwartung eingeben.

»Das Bewusstsein ist hervorgebracht zu dem Zwecke, dass es seine Abstammung aus einer höheren Einheit (Deum) erkenne …, dass es diese Quelle sorgfältig beachte …, deren Bestimmungen intelligent und verantwortlich ausführe … und dadurch der Gesamtpsyche ein Optimum von Lebens- und Entwicklungsmöglichkeit vermittle …« (Jung 1995).

Anhang

Zu den Musikstücken

In den Neunzigerjahren habe ich ein Gerät mit dem Namen »Photonica« entwickelt, bei dem die Schallschwingungen von Musikfrequenzen zu magnetischen Feldern umgewandelt und gesendet wurden, die mit einer Induktionsspule in den Körper von Mensch und Tier dann als elektrische Reizwirbelströme (erste Differenzierung der Sinusschwingungen) verschiedene Organe zur Regeneration angeregt haben. Die Geräte wurden nach fünf Jahren Marktpräsenz schließlich nicht weiter angeboten, weil die vielen technischen Magnetfelder in unserer Umgebung, insbesondere das Handy und die Magnetfelder in Bahn und Auto, nicht nur eine Überdosis beim Menschen hervorriefen, sondern auch mit den »Heilfrequenzen« interferierten, die Spezifität dieser Musikfrequenzen letztlich also zerstörten. Unter diesen Umständen waren die verfälschten »Photonica-Felder« nicht mehr zu verantworten.

Obwohl die Musik nicht im Vordergrund stand, sondern allein die hineinkonstruierten Frequenzkombinationen wichtig waren, gefiel einigen Menschen die Musik sehr gut. Sie fühlten sich wohl, auch noch nach dem Hören der Stücke. Ich selber empfand die gesamten Kompositionen weniger erbaulich; es ist eben auch Geschmackssache, und es spielt die Prägung des Individuums für die Musikrichtung mit. Dennoch waren die vielen funktionellen Frequenzen, insbesondere die vielfältigen Schwebungen, überaus erfolgreich. Schon damals ging es wie heute um Relaxation, Vigilanz und Motivation. Die Tonschwebungen hatten Auswirkungen auf die Gehirnnetzwerke. Deshalb habe ich mich entschlossen, zwei von mehreren damaligen Musikstücken als Download (s. S. 13) im Zusammenhang mit diesem Buch zur Öffnung des Dritten Auges erneut in die Öffentlichkeit zu bringen, zumal die Rechte bei mir liegen.

Die beiden Warnke-Musikstücke umrahmen eine sehr schöne Komposition von Eckes Malz (einem bekannten Filmmusik-Komponisten), die dadurch im Mittelpunkt steht. Unter dem Download-Link finden Sie also drei Teile, insgesamt sollten Sie 1 Stunde und 15 Minuten investieren:

> Track 1: Part I: Ruhe und Relaxation, 27:17 min,
  B. Getz
> Track 2: Part II: Nivellierung des Tagesbewusstseins
  (Default Modus und aktiver präfrontaler Cortex),
  17:00 min, Eckes Malz
> Track 3: Part III: Vigilanz und Motivation, 30:05 min,
  B. Getz

Für alle Musikstücke sind Kopfhörer und gut eingestellte Equalizer eine Empfehlung. Je mehr der Frequenzen übertragen werden, desto besser. Selbst die Rauschintervalle (besonders zahlreiche Frequenzaddition) haben eine Wirkung. Dennoch sollte beim Hören ein ausgewogenes Verhältnis von tiefen und hohen Klangfrequenzen eingestellt sein. Die Musik wirkt am besten bei gedämpfter Lautstärke, denn sie ist nur der Hintergrund für das eigene Meditationserleben.

Das Musikstück von Track 1 dient der Vorbereitung zum eigentlichen Werk. Es geht um die gezielte Aktivierung des medialen präfrontalen Cortex bei gleichzeitiger Ruhestellung der Körperperipherie. Das akustische Gewitter und der Regen machen deutlich: Wir sind geschützt, die Gewalten bleiben draußen und können uns nichts antun. Wir fühlen uns sicher und wohl. Fast 28 Minuten dienen dieser Vorbereitung, um Ruhe in den Körper zu bringen.

Im Musikstück von Track 2 geht es um die Tiefenentspannung, ohne einzuschlafen, eine mehr als 17 Minuten dauernde Klangkomposition, die alles enthält, um das Default-Mode-Netzwerk zu stimulieren und gleichzeitig den präfrontalen Cortex nicht abzuschalten. Plötzliche, unerwartete Klang-Einsprengsel, zum Beispiel von Klangschalen, garantieren den dafür notwendigen Neuheitseffekt. Auch in dieser Komposition sind die Schwebungen in bestimmten Frequenzen mit entscheidend für die Wirkung.

Das Musikstück von Track 3 stärkt die Vigilanz und Motivation, um den Alltag erneut anzugehen – eine Art Erwachen aus der Interwelt. Die Klänge vermitteln Stärke und Mut, ohne aufzuregen. Der Beginn wirkt suggestiv wie eine Formel. Jeder kann diese Sequenz mit eigenen bedeutsamen Worten ausfüllen. Das Stück geht dann über in eine Art Erleichterung und Leichtigkeit voller Harmonie. Danach vermittelt die Musik ein fröhliches, unbeschwertes Gehen in dieser Welt des Alltags, beschützt, frei, glücklich, neugierig und zufrieden. Wenn die Musik leise genug gestellt wird, laden die Wiederholungen zu eigenen Gedanken ein, die jetzt willkommen sind, denn sie werden angenehm sein.

Quellen

Adelaars, A., Rätsch, C., und Müller-Ebeling, C. (2006): *Ayahuasca. Rituale, Zaubertränke und visionäre Kunst aus Amazonien*, AT Verlag, Baden und München

Adey, W. R. (1981): »Tissue interactions with nonionizing electromagnetic fields«, *Physiological Reviews* 61, S. 435–514

Airaksinen, M. M., und Kari, I. (1981a): »Beta-carbolines, psychoactive compounds in the mammalian body; Part 1: Occurence, origin and metabolism«, *Medical Biology* 59, S. 21–34

Airaksinen, M. M., und Kari, I. (1981b): »Beta-carbolines, psychoactive compounds in the mammalian body; Part 2: Effects«, *Medical Biology* 59, S. 190–211

Alexander, E., et al. (2013): *Conversations Beyond Proof of Heaven*, Mudpuppy Productions, Videofilm vom 20.12.2013

Al-Khalili, J., und McFadden, J. (2015): *Der Quantenbeat des Lebens. Wie Quantenbiologie die Welt neu erklärt*, Ullstein, Berlin

Andreae, J. V. (1459): *Chymische Hochzeit Christiani Rosenkreutz Anno 1459*, https://www.rosenkreuz.de/kategorie/alchimische-hochzeit-des-christian-rosenkreuz-0

Appa Rao, M. V. R., et al. (1973): »The Effect of Mandookaparni (Centella Asiatica) on the General Mental Ability (Medhya) of Mentally Retarded Children«, *Journal of Indian Medicine* vom 25.8., S. 9–12

Axelrod, J. (1962): »The enzymatic N-methylation of serotonin and otheramines«, *Journal of Pharmacology and Experimental Therapeutics* 138, S. 28–33

Badawy, A. A., Doughrty, D. M., Marsh-Richard, D. M, und Steptoe, A. (2009): »Activation of Liver Tryptophan Pyrrolase Mediates the Decrease in Tryptophan Availability to the Brain after Acute Alcohol Consumption by Normal Subjects«, *Alcohol Alcohol* 44(3), S. 267–271

Banerjee, T., Duhadaway, J. B., Gaspari, P., Sutanto-Ward, E., Munn, D. H., Mellor, A. L., Malachowski, W. P., Prendergast, G. C., und Muller, A. J. (2008): »A key in vivo antitumor mechanism of action of natural product-based brassinins is inhibition of indoleamine 2,3-dioxygenase«, *Oncogene* 27(20), S. 2851–2857

Barak, A. J., et al. (1996): »Betaine, ethanol, and the liver: a review«, *Alcohol* 13, S. 395–398

Barker, S. A., Borjigin, J., Lomnicka, I., und Strassman, R. (2013): »LC/MS/MS analysis of the endogenous dimethyltryptamine hallucinogens, their precursors, and major metabolites in rat pineal gland microdialysate«, *Biomedical Chromatography* 27 (12), S. 1690–1700, DOI: 10.1002/bmc.2981. PMID 23881860.

Bayliss, C. R., Bishop, N. L., und Fowler, R. C. (1985): »Pineal gland calcification and defective sense of direction«, *British Medical Journal* 291(6511), S. 1758f.

Bechara, A., Damásio, H., Tranel, D., und Damásio, A. R. (1997): »Deciding Advantageously Before Knowing the Advantageous Strategy«, *Science* 275(5304), S. 1293–1295

Begley, S. (2007): *Neue Gedanken – neues Gehirn. Die Wissenschaft der Neuroplastizität beweist, wie unser Bewusstsein das Gehirn verändert*, Arkana, München

Bem, D. J. (2011): »Feeling the Future: Experimental evidence for anomalous retroactive influences on cognition and affect«, *Journal of Personality and Social Psychology* 100, S. 407–425

Bem, D. J., Tressoldi, P., Rabeyron, T., und Duggan, M. (2014): Feeling the Future: A Meta-analysis of 90 Experiments on the Anomalous Anticipation of Random Future Events, https://www.ncbi.nlm.nih.gov/pmc/articles/PMC4706048/

Benford, M. S. (2000): »›Spin Doctors‹: A new paradigm theorizing the mechanism of bioenergy healing«, *Journal of Theoretics*, Juni/Juli

Bentov, I. (1977): *Stalking the Wild Pendulum. On the Mechanics of Consciousness*, E. P. Dutton, New York

Bentov, I. (1979): »Micromotion of the body as a factor in the development of the nervous system«, in White, J. (Hg.): *Kundalini, Evolution and Enlightment*, Anchor Books, New York

Bergson, H. L. (1948): *Denken und schöpferisches Werden. Aufsätze und Vorträge*, Westkultur-Verlag, Meisenheim am Glan

Bethge, P. (2003): »Das Tor zur Emotion«, *Spiegel Online*, 1.11.2003, http://www.spiegel.de/spiegelspecial/a-272834-2.html

Bianchi, A. (1997), in Jansen, K. L. R. (1997): »The ketamine model of the near-death experience: a central role for the NMDA receptor«, *Journal of Near-Death Studies* 16, S. 71–78

Bild der Wissenschaft (2001): »Ist der freie Wille des Menschen nur eine Illusion?«, *dpa-Meldung vom 16.11.2001,* www.wissenschaft.de/home/-/journal_content/56/12054/1184507/

Blanke, O., et al. (2014): »Neurological and Robot-Controlled Induction of an Apparition«, *Current Biology* 24(22), S. 2681–2686

Blomstrand, E., Hassmén, P., Ekblom, B., und Newsholme, E. A. (1991): »Administration of branched-chain amino acids during sustained exercise – effects on performance and on plasma concentration of some amino acids«, *European Journal of Applied Physiology and Occupational Physiology* 63(2), S. 83–88

Bluhm, R. L., Miller, J., Lanius, R. A., et al. (2007): »Spontaneous low-frequency fluctuations in the BOLD signal in schizophrenic patients: anomalies in the default network, *Schizophrenia Bulletin* 33, S. 1004–1012

Bongartz, W., und Bongartz, B.(1998): *Hypnosetherapie,* Hogrefe, Göttingen

Bonta, I. (2004): »Schizophrenia, dissociative anaesthesia and near-death experience; three events meeting at the NMDA receptor«, *Medical Hypotheses* 62(1), S. 23–28, DOI:10.1016/S0306-9877(03)00 307-4. PMID 14729000

Borbély, A. (1998): *Das Geheimnis des Schlafs. Neue Wege und Erkenntnisse der Forschung,* Ausgabe für das Internet, http://www.pharma.uzh.ch/static/schlafbuch/KAP8.htm

Born, J. (1999), Medizinische Universität Lübeck, Bericht von Grotelüschen, F. »Lübecker Schlafforscher zeigen, welche Rolle bestimmte Hormone beim Aufwachen spielen. Wenn der innere Wecker klingelt«, http://www.berliner-zeitung.de/16089870

Braden, G. (1999): *Das Erwachen der neuen Erde,* Hans-Nietsch-Verlag, Freiburg im Breisgau

Braden, G. (2006): *Verlorene Geheimnisse des Betens. Die verborgene Kraft von Schönheit, Segen, Weisheit und Schmerz,* EchnAton, Ramerberg

Brewer, J. A., et al. (2011): »Meditation experience is associated with differences in default-mode network activity and connectivity«, *Proceedings of the National Academy of Sciences of the United States of America* 108(50), S. 20254–20259

Brunton, P. (o. J.): »The World As Mental«, *Notebooks of Paul Brunton,* Category 21: Mentalism, 8, http://paulbrunton.org/notebooks/21/2

Bulling, S., Schicke, K., Zhang, Y. W., et al. (2012): »The mechanistic basis for noncompetitive ibogaine inhibition of serotonin and dopamine transporters«, *Journal of Biological Chemistry* 287 (22), S. 18524–18534, DOI:10.1074/jbc.M112.343681. PMID 22451652. PMC 3365767

Burch, J. B., Reif, J. S., Yost, M. G., Keefe, T. J., und Pitrat, C. A. (1999); »Reduced Excretion of a Melatonin Metabolite in Workers Exposed to 60 Hz Magnetic Fields«, *American Journal of Epidemiology* 150, S. 27–36

Burnham, D., und Fieser, J. (2006): »René Descartes (1596–1650)«, in: *The Internet Encyclopedia of Philosophy*, http://www.iep.utm.edu/d/descarte.htm

Cahill, G. M., und Besharse, J. C. (1995): »Circadian rhythmicity in vertebrate retinas: regulation by a photoreceptor oscillator«, *Progress in Retinal Eye Research* 14, S. 267–291

Calhoun, V. D., Kiehl, K. A., Pearlson, G. D. (2008): »Modulation of temporally coherent brain networks estimated using ICA at rest and during cognitive tasks«, *Human Brain Mapping* 29, S. 828–838

Callaway, J. C. (1988): »A proposed mechanism for the visions of dream sleep«, *Medical Hypotheses* 26, S. 119–124

Carter, C. (2010): *Science and the Near-Death Experience. How Consciousness Survives Death*, Inner Traditions, Rochester und Toronto

Carton, R. J. (2006): Interview mit Saul, A. W., EPA, http://www.doctoryourself.com/carton.html; siehe auch zum Beispiel https://www.zentrum-der-gesundheit.de/fluorid.html (2017)

Chacón, L., Triviño, S., Martínez, M. A., Leal, J., und Úbeda, A. (2002): »Neuroendocrine response to the in vivo exposure to GSM-900 signals in rats«, 2nd International Workshop, Rhodos, irpa11.irpa.net/pdfs/8e6.pdf

Chaouloff, F. (1997): »Effects of acute physical exercise on central serotonergic systems«, *Medicine and Science in Sports and Exercises* 29(1), S. 58–62

Chen, K., Kokate, T. G., Donevan, S. D., Carroll, F. I., und Rogawski, M. A. (1996): »Ibogaine block of the NMDA receptor: in vitro and in vivo studies«, *Neuropharmacology* 35, S. 423–431

Chien-Hui, L., Chang-Wei, H., Chao-Hsien, H., et al. (2007): »Correlation between Pineal Activation and Religious Meditation Observed by Functional Magnetic Resonance Imaging«, *Nature Preceedings*,

https://pdfs.semanticscholar.org/12cb/b1236fb1b7dd0cf62371fd6bf
cc5e3b5632d.pdf

Choi, A. L., et al. (2012): »Developmental fluoride neurotoxicity: a systematic review and meta-analysis«, *Environmental Health Perspectives* 120(10), S. 1362–1368; und »Impact of fluoride on neurological development in children«, 25.7.2012, http://www.hsph.harvard.edu/news/features/fluoride-childrens-health-grandjean-choi

Choi, A. L., und Grandjean, P. (2013): »IQ measurements by HSPH's«, *Environmental Health Perspectives* 121(3), http://www.hsph.harvard.edu/news/topics/child-health, http://ehp.niehs.nih.gov/pdf-files/2013/Mar/ehp.1206192_508.pdf, http://massoralhealth.org/wp-content/uploads/2015/06/Fluoridation-Update.pdf, http://www.ncbi.nlm.nih.gov/pmc/articles/PMC3491930

Cohen, M., Lippman, M., und Chabner, B. (1978): »Role of pineal gland in aetiology and treatment of breast cancer«, *Lancet* 2(8094), S. 814ff.

Cojan, Y., et al. (2011): »S40-03 – Inhibitory and monitoring cortical networks during conversion and hypnotic paralysis in FMRI«, *European Psychiatry* 26, 1(2155)

Cojan, Y., et al. (2013): »Project brain imaging of hypnosis. Time-course of motor inhibition during hypnotic paralysis: EEG topographical and source analysis«, *Cortex* 19, S. 123–136

Conforto, G. (2006): *Das organische Universum*, Mosquito, Potsdam

Costantino, G. (2009): »New promises for manipulation of kynurenine pathway in cancer and neurological diseases«, *Expert Opinion on Therapeutic Targets* 13(2), S. 247–258

Cozzi, N. V., Mavlyutov, T. A., Thompson, M. A., und Ruoho, A. E. (2011): »Indolethylamine N-methyltransferase expression in primate nervous tissue«, Society for Neuroscience Abstracts 37: 840.19

Dalai Lama (2005): *Die Welt in einem einzigen Atom. Meine Reise durch Wissenschaft und Buddhismus*, Theseus, Berlin

Damásio, A. R. (2000): *Ich fühle, also bin ich. Die Entschlüsselung des Bewusstseins*, List, München

David-Néel, A. (2005): *Magier und Heilige in Tibet*, Goldmann, München, 2. Aufl.

Davidson, R., und Begley, S. (2012): *Warum wir fühlen, wie wir fühlen. Wie die Gehirnstruktur unsere Emotionen bestimmt – und wie wir darauf Einfluss nehmen können*, Arkana, München

Davies, P. G. W. (1987): »The Mind Body Problem and Quantum Theory«, in Spong, J. S.(Hg.): *Proceedings of the Symposium on Consciousness and Survival*, Californian Institute of Noetic Sciences: Sausalito, Cal.

Davies, P. (1990): *Die Urkraft. Auf der Suche nach einer einheitlichen Theorie der Natur*, dtv, München

Daya, S., und Anoopkumar-Dukie, S. (2000): »Acetaminophen inhibits liver tryptophan-2,3-dioxygenase activity with a concomitant rise in brain serotonin levels and a reduction in urinary 5-hydroxyindole acetic acid, *Life Science* 67(3), S. 235–240

Dawkins, R. (1976): »Meme, die neuen Replikatoren«, in: *Das egoistische Gen*, Oxford University Press, Oxford, Jubiläumsausgabe 2007, S. 316–334

Dean, C. D. (1965): *Buch 777. Die Kathedrale der Seele*, AMORC, Baden-Baden

DeKorne, J. (1995): *Psychedelischer Neo-Schamanismus. Die Zucht, Zubereitung und der schamanistische Gebrauch psychoaktiver Pflanzen*, Edition Rausch-Kunde, verlegt durch Werner Pieper's Medien Xperimente, Löhrbach

Del Ton, G. (1985): *La verità su Angeli e Arcangeli*, Giardini, Pisa

de Montfaucon de Villars, Abbé N.-P.-H. (1670): *Le Comte de Gabalis, ou Entretiens sur les sciences secrètes*, Hg. Didier Kahn, Honoré Champion, 2010, http://www.sacred-texts.com/eso/cdg/index.htm

Derlon, P. (1979): *Die Gärten der Einweihung*, Heyne, München

de Smet, P. A. G. M. (1985): *Ritual enemas and snuffs in the Americas*, CEDLA, Amsterdam

d'Espagnet, J. (1730): *Das geheime Werk der hermetischen Philosophie: Worinnen die natürlichen und künstlichen Geheimnisse der Materie des Philosophischen Steins, wie auch die Art und Weise zu arbeiten richtig und ordentlich offenbahret sind*, Felssecker, Nürnberg

Deulofeu, V. (1967): »Chemical compounds from Banisteriopsis and related species«, in Efron, D., et al. (Hg.): *Ethnopharmacologic Search for Psychoactive Drugs*, U. S. Public Health Service Publication No. 1645, S. 393–401

Deutsche Schmerzgesellschaft e. V. (2010): »Faszination Placebo-Effekt«, 7.10.2010, http://www.dgss.org/news-detail/?tx_ttnews%5Btt_news%5D=338&cHash=a1fe917bb52348fea74da7e4a9c677af

DeutschlandRadio Kultur (2014), 10.4.2014, Autorinnen: Billig, S., und Geist, P.

Dietrich, A. (2003): »Functional neuroanatomy of altered states of consciousness: The transient hypofrontality hypothesis, *Consciousness and Cognition* 12, S. 231–256

dpa (2010) und *Apotheken Umschau*, Herbst 2010

du Monchaux, P.-J. (1766): *Anecdotes de Médecine*, A. Lille chez J. B. Henry

Durlach, J., Pagès, N., Bac, P., Bara, M., Guiet-Bara, A. (2002): »Biorhythms and possible central regulation of magnesium status, phototherapy, darkness therapy and chronopathological forms of magnesium depletion«, *Magnesium Research* 15(1–2), S. 49–66

Dürr, I. (2015): »Wie natürliche Drogen unser Essverhalten beeinflussen«, http://www.allgemeinarzt-online.de/a/wie-natuerliche-drogen-unser-essverhalten-beeinflussen-1686783

Eccles, J. C. (1975): *Wahrheit und Wirklichkeit. Mensch und Wissenschaft*, Springer, Berlin

Eccles, J. C., und Popper, K. (1982): *Das Ich und sein Gehirn*, Piper, München

Eccles, J. C. (1996): *Wie das Selbst sein Gehirn steuert*, Piper, München

Eggetsberger, G. H. (1991): *Das neue Kopftraining der Sieger. Die Entdeckung und Nutzung des psychogenen Hirnfeldes*, Orac, Wien

Eliade, M. (1992): *Schmiede und Alchemisten. Mythos und Magie der Machbarkeit*, Herder, Freiburg im Breisgau

Erickson, M. H., Rossi, E. L., und Rossi, S. L. (1978): *Hypnose. Induktion. Therapeutische Anwendung. Beispiele*, Pfeiffer, München, orig.: *Hypnotic Realities. The Induction of Clinical Hypnosis and Forms of Indirect Suggestion*, 1976

Erickson, M. H., und Ryan, M. (Hg.) (1985): *The Lectures, Seminars, and Workshops of Milton H. Erickson, Bd. 2, Life Reframing in Hypnosis*, Irvington, New York

Erickson, M. H., und Rossi, S. L. (2015): *Gesammelte Schriften von Milton H. Erickson*, Carl-Auer, Heidelberg

Everett III, H. (1957): »›Relative State‹ Formulation of Quantum Mechanics«, *Reviews of Modern Physics* 29, S. 454–462; siehe auch Byrne, P. (2008): »Die Parallelwelten des Hugh Everett«, *Spektrum der Wissenschaft*, Heft 4

Fawell, J., Bailey, K., Chilton, J., Dahi, E., Fewtrell, L., und Magara, Y. (2006): *Fluoride in Drinking-water*, World Health Organisation, IWA Publishing: London, Seattle, siehe auch http://www.who.int/

water_sanitation_health/publications/fluoride_drinking_water_full.
pdf und http://www.matrixblogger.de/aktivierung-der-zirbeldruese-
teil-18-fluorid-verbieten/

Fender, D. H. (1964): »The Eye-Movement Control System. Evolution
of a Model«, in: Reiss, R. F. (Hg.): *Neural Theory and Modeling*,
Stanford University Press, Stanford, Cal.

Festugiere, N. A. J., und Nock, A. D. (1980): »Corpus Hermeticum«, in
Coudert, A.: *Der Stein der Weisen. Die geheime Kunst der Alchemis-*
ten, Wiener Verlag, Wien

Figueiro, M. G., und Rea, M. S. (2010): »Lack of short-wavelength light
during the school day delays dim light melatonin onset (DLMO) in
middle school students«, *Neuroendocrinology Letters* 31(1), S. 92–
96

Firk, C., und Markus, C. R. (2008): »Effects of acute tryptophan depletion on affective processing in first-degree relatives of depressive patients and controls after exposure to uncontrollable stress«, *Psycho-*
pharmacology 199(2), S. 151–160

Flemming, A. (1981): *Ein System zur Registrierung der Infraschall-Kom-*
ponente von Mikrovibrationen der Körperoberfläche des Menschen,
Dissertation, Mathematisch-Naturwissenschaftliche Fakultät der
Universität des Saarlandes

Floyd, K. (1974): »Of Time and Mind«, in: White, J. (Hg.): *Frontiers of*
Consciousness, Julian Press, New York

Fludd, R. (1617): *Utriusque cosmi maioris scilicet et minoris Metaphysi-*
ca, physica atque technica Historia, Band II, Oppenheim, Frankfurt
am Main

Fontanilla, D., Johannessen, M., Hajipour, A. R., Cozzi, N. V., Jackson,
M. B., und Ruoho, A. E. (2009): »The Hallucinogen N,N-Dimethyl-
tryptamine (DMT) Is an Endogenous Sigma-1 Receptor Regulator«,
Science 323(5916), S. 934–937, DOI:10.1126/science.1166127,
PMID 19213917, Volltext bei PMC: 2947205

Franklin, M., und Odontiadis, J. (2003): »Effects of treatment with
chromium picolinate on peripheral amino acid availability and brain
monoamine function in the rat«, *Pharmacopsychiatry* 36(5), S. 176–
180

Frederiksen, T. J. P., Pless, G., Garcia, J. J., und Reiter, R. J. (1998):
»Pinoline and melatonin protect against H_2O_2-induced lipid peroxi-
dation in rat brain homogenates«, *Neuroendocrinology Letters*
19(3), S. 117–123

Funkhouser, A. T., und Schredl, M. (2010): »The frequency of déjà vu (déjà rêve) and the effects of age, dream recall frequency and personality factors«, *International Journal of Dream Research* 3 (1), S. 60–64

Garrity, A. G., Pearlson, G. D., McKiernan, K., et al. (2007): »Aberrant ›Default-Mode‹ functional connectivity in schizophrenia«, *American Journal of Psychiatry* 164, S. 450–457

Geo (2005): »Deutsche glauben eher an Schutzengel als an Gott – Jeder Vierte fürchtet den Teufel«, Pressemitteilung vom 19.12.2005, http://assets.geo.de/_components/GEO/info/presse/files/2006/geo_200601_glauben.pdf

Gericke, N., und Viljoen, A. M. (2008): »Sceletium – a review update«, *Journal of Ethnopharmacology* 119 (3), S. 653–663, DOI:10.1016/j.jep.2008.07.043, PMID 18761074

Giovetti, P. (1989): *Engel. Die unsichtbaren Helfer der Menschen*, Bertelsmann, Gütersloh

Giustina, M., et al. (2013): »Bell violation using entangled photons without the fair-sampling assumption«, *Nature* 14, Advance Online Publication, DOI:10.1038/nature12012, http://arxiv.org/abs/1212.0533

Görnitz, T., und Görnitz, B. (2008): *Evolution des Geistigen. Quantenphysik – Bewusstsein – Religion,* Vandenhoek & Ruprecht, Göttingen

Gramm, H. J., et al.(1992): »Hemodynamic responses to noxious stimuli in brain-dead organ donors«, *Intensive Care Medicine* 18(8), S. 493ff.; siehe auch https://www.youtube.com/watch?v=e3mjp3-dh14 oder https://www.youtube.com/watch?v=JUlW1FbrV7A (Erwachen bei Organentnahme)

Guchhait, R. B. (1976): »Biogenesis of 5-methoxy-N,N-dimethyltryptamine in human pineal gland«, *Journal of Neurochemistry* 26, S. 187–190

Guitton, J., Bogdanov, G., und Bogdanov, I. (1993): *Gott und die Wissenschaft. Auf dem Weg zum Metarealismus*, Artemis, München

Haken, H., und Schiepek, G. (2006): *Synergetik in der Psychologie. Selbstorganisation verstehen und gestalten*, Hogrefe, Göttingen

Hall, M. P. (1924): *The Occult Anatomy of Men*, Hall Pub. Co., Los Angeles, Cal.

Hall, M. P. (1928): *The Secret Teaching of All Ages*, The Philosophical Research Society Press, Los Angeles, Cal.

Hänsel, R., Wohlfahrt, R., und Coper, A. (1980): »Versuche, sedativ-hypnotische Wirkstoffe in Hopfen nachzuweisen«, *Zeitschrift für Naturforschung* 35c, S. 1096f.

Harinath, K., et al. (2004): »Effects of Hatha Yoga and Omkar meditation on cardiorespiratory performance, psychologic profile, and melatonin secretion«, *The Journal of Alternative and Complementary Medicine* 10(2), S. 261–268

Harner, M. (1991): *Der Weg des Schamanen. Ein praktischer Führer zu innerer Heilkraft*, Rowohlt, Reinbek

Harteis, C., und Billett, S. (2013): »Intuitive expertise: Theories and empirical evidence«, *Educational Research Review* 9, S. 145–157

Harvey, A. L., et al. (2011): »Pharmacological actions of the South African medicinal and functional food plant Sceletium tortuosum and its principal alkaloids«, *Journal of Ethnopharmacology* 6909, DOI:10.1016/j.jep.2011.07.035

Hashiguti, H., Nakahara, D., Maruyama, W., Naoi, M., und Ikeda, T. (1993): »Simultaneous determination of in vivo hydroxylation of tyrosine and tryptophan in rat striatum by microdialysis-HPLC: relationship between dopamine and serotonin biosynthesis«, *Journal of Neural Transmission, General Section* 93(3), S. 213–223

HeartMath Institute (2017): »Science of the Heart. Exploring the Role of the Heart in Human Performance«, https://www.heartmath.org/research/science-of-the-heart/global-coherence-research/

Hirabayashi, M., Ichikawa, K., Fukushima, R., Uchino, T., und Shimada, H. (2002): »Clinical application of South African tea on dementia dog«, *Japanese Journal of Small Animal Practice* 21, S. 109–113

Hirabayashi, M., Ichikawa, K., Fukushima, R., Uchino, T., und Shimada, H. (2004): »Clinical effects of South African tea for Cat«, *Japanese Journal of Small Animal Practice* 23, S. 85–89

Hirota, T., Hirota, K., Sanno, Y., und Tanaka, T. (1985): »A new glucocorticoid receptor species: relation to induction of tryptophan dioxygenase by glucocorticoids«, *Endocrinology* 117(5), S. 1788–1795

Hodge, D. R. (2007): »A systematic review of the empirical literature on intercessory prayer«, *Research on Social Work Practice* 17(2), S. 174–187

Hoffmann, M., Wolf, G., und Staller, B. (2007): *Lebensqualität und Gesundheit. Bio-Testmethoden und Produkte auf dem Prüfstand*, Baerens & Fuss, Schwerin

Hofstadter, D. R. (1991): *Gödel, Escher, Bach. Ein Endloses Geflochtenes Band*, dtv, München

Hogan, J., und Hogan, B. (2005), im *New Scientist* vom 7.4.2005

Holzbauer, M. (1999): *Der Papst und die armen Seelen*, Ausgabe 2, Verlag Das Weisse Pferd, Marktheidenfeld

Horgan, J. (1996): »Quantenphilosophie«, in Neuser, W. (Hg.): *Quantenphilosophie*, Spektrum Akademischer Verlag, Heidelberg, S. 130–139

Horn, A., Ostwald, D., Reisert, M., und Blankenburg, F. (2013): »The structural-functional connectome and the default mode Netzwerk of the human brain«, *NeuroImage* 102(2014), S. 142–151, DOI: 10.1016/j.neuroimage.2013.09.069

Horten, M. (1907): *Die Metaphysik Avicennas, enthaltend die Metaphysik, Theologie, Kosmologie und Ethik*, Verlag von Rudolf Haupt, Halle/New York

Hubert, M. (2010): »Netzwerkgeflüster. Was das Gehirn in Ruhe bewegt«, Deutschlandfunk, 13.5.2010, http://www.deutschlandfunk. de/netzwerkgefluester.740.de.html?dram:article_id=111872

Hürter, T. (2010): »Gehirn im Alleingang«, *Die Zeit* 13, 25.3.2010

Huxley, A. (2006): *Eiland*, Piper, München, Erstausgaben London 1962, München 1973

Hvas, A. M., Juul, S., Bech, P., und Nexø, E. (2004): »Vitamin B6 level is associated with symptoms of depression«, *Psychotherapy and Psychosomatics*, 73(6), S. 340–343

Ingvar, D. H. (1979): »Hyperfrontal distribution of the cerebral grey matter flow in resting wakefulness: on the functional anatomy of the conscious state«, *Acta Neurologica Scandinavica* 60, S. 12–25

Iriti, M., Rossoni, M., und Faoro, F. (2006): »Melatonin content in grape: myth or panacea?«, *Journal of the Science of Food and Agriculture* 86(10), S. 1432–1438

Jacobi, J. (1971): *Der Weg zur Individuation*, Walter Verlag, Olten und Freiburg im Breisgau

Jansen, K. L. R., Faull, R. L. M., und Dragunow, M. (1989): »Sigma receptors are highly concentrated in the rat pineal gland«, *Brain Research* 507, S. 158–160

Jaynes, J. (1988): *Der Ursprung des Bewusstseins durch den Zusammenbruch der bikameralen Psyche*, Rowohlt, Reinbek

Jenny, M., Santer, E., Klein, A., Ledochowski, M., Schennach, H., Ueberall, F., und Fuchs, D. (2009): »Cacao extracts suppress tryptophan degradation of mitogen-stimulated peripheral blood mononuclear cells«, *Journal of Ethnopharmacology* 122(2), S. 261–267

Jeong, Y. I., Kim, S. W., Jung, I. D., Lee, J. S., Chang, J. H., Lee, C. M., Chun, S. H., Yoon, M. S., Kim, G. T., Ryu, S. W., Kim, J. S., Shin, Y. K., Lee, W. S., Shin, H. K., Lee, J. D., und Park, Y. M. (2009): »Curcumin suppresses the induction of indoleamine 2,3-dioxygenase by blocking the Janus-activated kinase-protein kinase Cdelta-STAT1 signaling pathway in interferon-gamma-stimulated murine dendritic cells«, *Journal of Biological Chemistry* 284(6), S. 3700–3708

Jiang, G. M., He, Y. W., Fang, R., Zhang, G., Zeng, J., Yi, Y. M., Zhang, S., Bu, X. Z., Cai, S. H., und Du, J. (2010): »Sodium butyrate down-regulation of indoleamine 2, 3-dioxygenase at the transcriptional and post-transcriptional levels«, *International Journal of Biochemistry and Cell Biology* 42(11), S. 1840–1846

Jovanovic, U. J. (1988): *Methodik und Theorie der Hypnose. Psychobiologische Grundlagen, Hypnosetechnik, Phänomenologie, Mechanismen*, Gustav Fischer Verlag, Stuttgart

Jung, C. G. (1933): *Die Beziehung zwischen dem Ich und dem Unbewussten*, 7. rev. Aufl., Rascher, Zürich

Jung, C. G. (1988): *Erinnerungen, Träume, Gedanken*, Walter Verlag, Freiburg im Breisgau

Jung, C. G. (1995): »Aion«, in *Gesammelte Werke* Bd. IX, Walter Verlag, Solothurn

Kabat-Zinn, J. (2011): *Gesund durch Meditation. Das vollständige Grundlagenwerk zu MBSR*, O. W. Barth, München, Tb.-Ausgabe Knaur, MensSana, München, April 2011

Kaiser Rekkas, A. (2001): *Klinische Hypnose und Hypnotherapie. Praxisbezogenes Lehrbuch für die Ausbildung*, 2. korr. u. überarb. Aufl., Carl-Auer, Heidelberg

Kaneko, M., Watanabe, K., und Kumashiro, H. (1992): »Plasma ratios of tryptophan and tyrosine to other large neutral amino acids in manic-depressive patients«, *Japanese Journal of Psychiatry and Neurology* 46(3), S. 711–720

Kaznacheev, V. P. (1995): »Information field of the Earth. Results of global experiments«, *Anomaly 3,* 4(1), S. 52

Kjaer, T. W., et al. (2002): »Increased dopamine tone during meditation-induced change of consciousness«, *Cognitive Brain Research* 13(2), S. 255–259

Kjellgren, A., und Jonsson, C. (2017): »Characterizing the experiences of flotation-REST (Restricted Environmental Stimulation Technique) treatment for generalized anxiety disorder (GAD): A phenomenological study«, *European Journal of Integrative Medicine*, DOI: 10.1016/j.eujim.2017.04.011; siehe auch http://www.spiegel.de/wissenschaft/mensch/abenteuer-isolationstank-abtauchen-und-auftanken-a-447811.html

Klemenc-Ketis, Z., Kersnik, J., und Grmek, S (2010): »The effect of carbon dioxide on near-death experiences in out-of-hospital cardiac arrest survivors: a prospective observational study«, *Critical Care* 14(2), S. R56

Knoblauch, H. (1999): *Berichte aus dem Jenseits. Mythos und Realität der Nahtod-Erfahrung*, Herder, Freiburg im Breisgau

Korbitz, B. C. (1970): »Tryptophan metabolism in the magnesium deficient rat«, *Journal of Vitaminology (Kyoto)* 16(2), S. 140–143

Kornhuber, H. H., und Deecke, L. (2009): *Wille und Gehirn*, 2., überarb. Aufl., Edition Sirius, Aisthesis, Bielefeld

Kretschmar, R. (1995): »Pharmakologische Untersuchungen zur zentralnervösen Wirkung und zum Wirkungsmechanismus der Kava-Droge (*Piper methysticum* Forst) und ihrer kristallinen Inhaltsstoffe«, in Loew, D., und Rietbrock, N.: *Pharmaka in Forschung und klinischer Anwendung*, Steinkopf, Darmstadt, S. 29–38

Krieger, R. A. (2007): *Civilization's Quotations: Life's Ideal*, Algora Publishing, New York

Kübler-Ross, E. (2001): *Interviews mit Sterbenden*, Knaur, München 2001, orig.: *On Death and Dying*, 1969

Kuhn, W. (2014): »Die Nahtoderfahrung kann neurobiologisch nicht vollständig erklärt werden«, Fachtagung Nahtoderfahrung von *grenzfragen*, 19. Dezember 2014, Nahtoderfahrungen zwischen Banalisierung und Mystifizierung. Offene Fragen und neue Lösungsansätze. 22.–23.11.2014 in Stuttgart-Hohenheim, http://www.forum-grenzfragen.de/die-nahtoderfahrung-kann-neurobiologisch-nicht-vollstaendig-erklaert-werden/

Kunz, D., et al. (1999): »A New Concept for Melatonin Deficit: On Pineal Calcification and Melatonin Excretion«, *Neuropsychopharmacology* 21, S. 765–772, DOI:10.1016/S0893-133X(99)00069-X

Langer, S. Z., et al. (1984): »Possible endocrine role of the pineal gland for 6-Methoxy-tetrahydro-betacarboline, a putative endogenous neuromodulator of the (3H) Imipramine recognition site«, *European Journal of Pharmacology* 102, S. 379f.

Lee, H. J., Jeong, Y. I., Lee, T. H., Jung, I. D., Lee, J. S., Lee, C. M., Kim, J. I., Joo, H., Lee, J. D., und Park, Y. M. (2007): »Rosmarinic acid inhibits indoleamine 2,3-dioxygenase expression in murine dendritic cells«, *Biochemical Pharmacology* 73(9), S. 1412–1421

Leick, R. (2013): »Eine Reise durch das Unendliche«, *Spiegel*-Gespräch vom 1.7.2013, http://www.spiegel.de/spiegel/print/d-101368296.html

Leino, M., et al. (1984): »Effects of melatonin and 6-MeOTHBC in light reduced retinal damage: a computerized morphometric method«, *Life Sciences* 35, S. 1997–2001

Liburdy, R. P., Sloma, T. R., Sokolic, R., und Yaswen, P. (1993): »ELF magnetic fields, breast cancer, and melatonin: 60 Hz fields block melatonin's oncostatic action on ER+ breast cancer cell proliferation«, *Journal of Pineal Research* 14(2), S. 89–97

Lilly, J. C. (2000): *Das Zentrum des Zyklons. Neue Wege der Bewusstseinserweiterung,* AT Verlag, Baden

Lim, B. V., Jang, M. H., Shin, M. C., Kim, H. B., Kim, Y. J., Kim, Y. P., Chung, J. H., Kim, H., Shin, M. S., Kim, S. S., Kim, E. H., und Kim, C. J. (2001): »Caffeine inhibits exercise-induced increase in tryptophan hydroxylase expression in dorsal and median raphe of Sprague-Dawley rats«, *Neuroscience Letters* 308(1), S. 25–28

Liou, C.-H., et al. (2016): »A multidimensional quantum model of brain activity: the exploration of increased neural energy states in Daoist meditation«, *NeuroQuantology: An Interdisciplinary Journal of Neuroscience and Quantum Physics* 14(3), 2016, S. 524ff.

Lipinsky, B. (1985): »Medjugorje USA. Scientific Study«, http://www.medjugorjeusa.org/boguslawstudy07.htm

Lissoni, P., et al. (1986): »Effects of Tetrahydrocannabinol on Melatonin Secretion in Man«, *Hormone and metabolic Research*, S. 77f.

Liu, D., et al. (1997): »Maternal Care, Hippocampal Glucocorticoid Receptors, and Hypothalamic-Pituitary-Adrenal Responses to Stress«, *Science* 277, S. 1659–1662

Loikas, P., und Hilakivi, I. (1989): »Effects of Kynurenic acid and ketamine on neonatal sleep in rats«, *Pharmacology and Toxicology* 64, S. 185–189

Lokhorst, G. J. (2006): »Descartes and the Pineal Gland«, in *The Stanford Encyclopedia of Philosophy*, http://plato.stanford.edu/entries/pineal-gland/

Lloyd, S. (2006): *Programming the Universe: A Quantum Computer Scientist Takes on the Cosmos*, Alfred A. Knopf, New York

Luke, J. (1997): *The Effect of Fluoride on the Physiology of the Pineal Gland*, Ph.-D.-Thesis, University of Surrey, Guildford

Ma, X.-S., Herbst, T., Scheidl, T., Wang, D., Kropatschek, S., Naylor, W., Wittmann, B., Mech, A., Kofler, J., Anisimova, E., Makarov, V., Jennewein, T., Ursin, R., und Zeilinger, A. (2012): »Quantum teleportation over 143 kilometres using active feed-forward«, *Nature* 489, S. 269–273

MacDonald-Bayne, M. (1952): *How to Relax and Revitalize Yourself*, L. N. Fowler, London

Maharaj, H., Maharaj, D. S., Saravanan, K. S., Mohanakumar, K. P., und Daya, S. (2004): »Aspirin curtails the acetaminophen-induced rise in brain norepinephrine levels«, *Metabolic Brain Disease* 19(1–2), S. 71–77

Maluf, E., Barros, H. M. T., Frochtengarten, M. L., Benti, R., und Leite, U. R. (1991): »Assessment of the hypnotic/sedative effects and toxicity of *Passiflora edulis* aqueous extract in rodents and humans«, *Phytotherapy Research* 5, S. 262–266

Malin, S. (2003): *Dr. Bertlmanns Socken. Wie die Quantenphysik unser Weltbild verändert*, Reclam, Leipzig

Mann, A. T. (1997): *Das Wissen über Reinkarnation. Was Mythen, Christentum, Buddhismus, Anthroposophie und heutige Naturwissenschaftler zur Wiedergeburt sagen*, Zweitausendeins, Leipzig

Martin, X. D. (1992): »Normal intraocular pressure in man«, *Ophthalmologica* 205, S. 57–63, https://de.wikibooks.org/wiki/Melatonin

Martina, M., Turcotte, M. E., Halman, S., und Begeron, R. (2007): »The sigma-1 receptor modulates NMDA receptor synaptic transmission and plasticity via SK channels in rat hippocampus«, *Journal of Physiology* 578, S. 143–157

Max-Planck-Institut (2014): »Gehirn im Autopilot-Modus«, https://www.mpib-berlin.mpg.de/de/presse/2014/01/gehirn-im-autopilot-modus

Mayagoitia, L., Díaz, J. L., und Contreras, C. M. (1986): »Psychopharmacologic analysis of an alleged oneirogenic plant: Calea zacatechichi«, *Journal of Ethnopharmacology* 18 (3), S. 229–243, DOI: 10.1016/0378-8741(86)90002-4

McIsaac, W. M., Khairallah, P., und Page, I. H. (1961): »10-Methoxyharmalan, a potent serotonin antagonist which affects conditioned behavior«, *Science* 8, 134(3480), S. 674f., DOI:10.1126/science.134. 3480.674

McKenna, T. (1975/1993): *The Invisible Landscape. Mind, Hallucinogens, and the I Ching*, HarperCollins, New York

McNab, F., Varrone, A., Farde, L., Jucaite, A., Bystritsky, P., Forssberg, H., und Klingberg, T. (2009): »Changes in Cortical Dopamine D1 Receptor Binding Associated with Cognitive Training«, *Science* 323, S. 800ff.

Meaney, M. J., et al. (1989): »Neonatal Handling Alters Adrenocortical Negative Feedback Sensitivity in Hippocampal Type II Glucocorticoid Receptor Binding in the Rat«, *Neuroendocrinology* 50, S. 597–604

Meeusen, R., Thorré, K., Chaouloff, F., Sarre, S., De Meirleir, K., Ebinger, G., und Michotte, Y. (1996): »Effects of tryptophan and/or acute running on extracellular 5-HT and 5-HIAA levels in the hippocampus of food-deprived rats«, *Brain Research* 740(1–2), S. 245–252

Meister Eckhart (1934): *Meister Eckhart Schriften*, Eugen Diederichs Verlag, Jena

Melzig, M. F., Putscher, I., et al. (2000): »In vitro pharmacological activity of the tetrahydroisoquinoline salsolinol present in products from Theobroma cacao L. like cocoa and chocolate«, *Journal of Ethnopharmacology* 73(1–2), S. 153–159

Merżenich, M. M., Van Vleet, T. M., und Nahum, M. (2014): »Brain plasticity-based therapeutics«, *Frontiers in Human Neuroscience* 8, S. 385

Meyer, P. (1993): »Apparent Communication with discarnate Entities induced by DMT«, in Lyttle, T. (Hg.): *Psychedelics – Monographs and Essays*, Barricade Books, New York

Minas, S. (1999): *Interaktionen von Alkaloiden mit Dopamin-, GABA- und Glutamat-Rezeptoren*, Ph.-D.-Thesis, Institut für Pharmazeutische Biologie, Ruprecht-Karls-Universität, Heidelberg

Miranda, A. F., et al. (1997): »Protection against quinolinic acid-mediated excitotoxicity in nigrostriatal dopaminergic neurons by endogenous kynurenic acid«, *Neuroscience* 78(4), S. 967–975

Miura, H., Ozaki, N., Sawada, M., Isobe, K., Ohta, T., und Nagatsu, T. (2008): »A link between stress and depression: shifts in the balance between the kynurenine and serotonin pathways of tryptophan metabolism and the etiology and pathophysiology of depression«, *Stress* 11(3), S. 198–209

Mohr, S., Brandt, P. Y., Borras, L., Gillieron, C., und Huguelet, P. (2006): »Toward an integration of spirituality and religiousness into the psychosocial dimension of schizophrenia«, *American Journal of Psychiatry* 163(11), S. 1952–1959

Møller, S. E. (1985): »Tryptophan to competing amino acids ratio in depressive disorder: relation to efficacy of antidepressive treatments«, *Acta Psychiatrica Scandinavica* Suppl. 325, S. 3–31

Monroe, R. (1972): *Der Mann mit den zwei Leben. Die seltsamen Exkursionen des Mr. Monroe*, Econ, Düsseldorf

Moody, R. A. (1994): *Blick hinter den Spiegel. Botschaften aus der anderen Welt*, Goldmann: München, orig.: *Reunions: Visionary Encounters with Departed Loved Ones*, 1993

Moody, R. A. (2001): *Leben nach dem Tod. Die Erforschung einer unerklärlichen Erfahrung*, Rowohlt, Reinbek, orig.: *Life after Life*, 1975

Moreira-Almeida, A., Lotufo Neto, F., und Koenig, H. G. (2006): »Religiousness and mental health: a review«, *Revista Brasileira Psiquiatria* 28(3), S. 242–250

Moszkowski, A. (1921): *Einstein. Einblicke in seine Gedankenwelt*, Hoffmann & Campe, Hamburg

Mueller, P. S., Plevak, D. J., und Rummans, T. A. (2001): »Religious involvement, spirituality and medicine: implications for clinical practice«, *Mayo Clinic Proceedings* 76(12), S. 1225–1235

Müller, S. (2010): *Alters- und demenzspezifische Veränderungen des Default Mode Network: eine funktionelle MRT-Studie*, Dissertation zum Erwerb des Doktorgrades der Humanmedizin an der Medizinischen Fakultät der Ludwig-Maximilians-Universität zu München

Nadig, J. (2008): *Wirkungsmechanismen hypnotischen Coachings am Beispiel des SILERLEK-Verfahrens*, Diplomarbeit, Bremen

Nagafuchi M. (1969): »Die Mikrovibration bei Vestibularisstörungen«, *Monatsschrift für Ohrenheilkunde und Laryngo-Rhinologie* 103(10), S. 433–437

Nahm, M. (2012): *Wenn die Dunkelheit ein Ende findet. Terminale Geistesklarheit und andere Phänomene in Todesnähe*, Crotona, Amerang

Naranjo, C. (1973): »Ibogaine: Fantasy and Reality«, in: *The Healing Journey: New Approaches to Consciousness*, Pantheon Books, New York

Newberg, A. B., und Iversen, J. (2003): »The neural basis of the complex mental task of meditation«, *Medical Hypotheses* 61(2), S. 282–291

Newberg, A., und Waldman, A. (2010): *Der Fingerabdruck Gottes. Wie religiöse und spirituelle Erfahrungen unser Gehirn verändern*, Kailash, München

Neyraut, M. (1976): *Die Übertragung. Eine psychoanalytische Studie*, Suhrkamp, Frankfurt am Main, orig.: *Le transfert. Étude psychoanalytique*, 1974

Nikhilananda, S. (1963): *The Upanishads*, George Allen and Unwin, London

Nørretranders, T. (2002): *Spüre die Welt. Die Wissenschaft des Bewusstseins*, Rowohlt, Reinbek

Norton, T. (1929): *The ordinall of alchimy*, Faksimile des Textes, hg. v. Holmyard, E. J.

ORF (2005): »Teile des Gehirns einer Frau beim Orgasmus ausgeschaltet«, 21.6.2005, http://sciencev1.orf.at/science/news/136979

Ornstein, R. E. (1972): *Die Psychologie des Bewusstseins*, Fischer, Frankfurt am Main

Ott, J. (1994): *Ayahuasca Analogues Pangean Entheogens*, Jonathan Ott Books, Kennewick, WA

Otti, A., Gündel, H., Wohlschläger, A., Zimmer, C., Sorg, C., und Noll-Hussong, M. (2012): »›Default-mode‹-Netzwerk des Gehirns«, *Der Nervenarzt* 83(1), S. 16–24, DOI:10.1007/s00115-011-3307-6, PMID 21584789

Parnia, S. (2013): *Der Tod muss nicht das Ende sein. Was wir wirklich über Sterben, Nahtoderlebnis und die Rückkehr ins Leben wissen*, Scorpio, München

Parnia, S., et al. (2014): »AWARE – AWAreness during REsuscitation – A prospective study«, *Resuscitation* 85(12), S. 1799–1805, DOI: http://dx.doi.org/10.1016/j.resuscitation.2014.09.004

Pascual-Leone, A., et al. (2005): »The Plastic Human Brain Cortex«, *Annual Reviews of Neuroscience* 28, S. 379

Pavel, S., et al. (1981): »Melatonin, vasotocin and REM sleep in prepubertal boys«, in Birau, N., und Schloot, W. (Hg.): *Melatonin-current states and perspectives*, Pergamon, New York

Penberthy, W. T. (2007): »Pharmacological targeting of IDO-mediated tolerance for treating autoimmune disease«, *Current Drug Metabolism* 8(3), S. 245–266

Pennington, G. (2017a): *Die Tafeln von Chartres. Die gnostische Schau des Westens*, 7. Aufl., Patmos, Düsseldorf

Pennington, G. (2017b): *Kleines Handbuch für Glasperlenspieler*, 4. Aufl., Lenzwald, Augsburg

Pennington, G. (2017c): *Vom Schielen und Schauen. Das Übungsbuch für Fehlsichtige*, 2. Aufl., Lenzwald, Augsburg

Pero, R. W., Lund, H., und Leanderson, T. (2009): »Antioxidant metabolism induced by quinic acid. Increased urinary excretion of tryptophan and nicotinamide«, *Phytotherapy Research* 23(3), S. 335–346

Persinger, M. A. (1988): »Increased geomagnetic activity and the occurrence of bereavement hallucinations: evidence for melatonin-mediated microseizuring in the temporal lobe?«, *Neuroscience Letters* 88, S. 271–274

Peter, B. (2001): »Hypnose und die Konstruktion von Wirklichkeit«, in Revenstorf, D., und Peter, B. (Hrsg.): *Hypnose in Psychotherapie, Psychosomatik und Medizin. Manual für die Praxis*, Springer, Heidelberg, S. 33–52

Peter, B. (2006): *Einführung in die Hypnotherapie*, Carl-Auer, Heidelberg

Pievani, M., de Haan, W. T., Wu, W., Seeley, W., und Frisoni, G. B. (2011): »Functional network disruption in the degenerative dementias«, *The Lancet Neurology* 10(9), S. 829–843, DOI:10.1016/ S1474-4422 (11)70158-2, PMID 21778116 (Review)

Pinchbeck, D. (2003): *Den Kopf aufbrechen. Eine psychedelische Reise ins Herz des Schamanismus*, Goldmann, München

Piron, H., und van Quekelberghe, R. (Hg.) (2012): *Meditation und Achtsamkeit. Altes Wissen schafft neue Wissenschaft*, Klotz: Frankfurt am Main

Planck, M. (1941): *Religion und Naturwissenschaft*, 8. unv. Aufl., Johann Ambrosius Barth Verlag, Leipzig

Planck, M. (1944): »Das Wesen der Materie«, Vortrag, gehalten auf einer Tagung in Florenz, Max-Planck-Archiv

Popick, P., Layer, R. T., und Skolnick, P. (1995): »100 years of ibogaine: neurochemical and pharmacological actions of putative anti-addictive drug«, *Pharmacological Reviews* 47, S. 235–253

Pozhitkov, A. E., Neme, R., et al. (2016): »Thanatotranscriptome: genes actively expressed after organismal death«, *bioRxiv*, http://www.bi orxiv.org/content/early/2016/06/11/058305; außerdem: http://free thoughtblogs.com/pharyngula/2016/07/08/gene-activity-in-the-dead/#ixzz4Of8ZEGNm; Heinrich-Heine-Universität Düsseldorf, Klinik für Gastroenterologie, Hepatologie und Infektiologie

Preuß, H. W. (1997): *Materie ist nicht materiell. Die Bedeutung der Quantenchemie für unser Denken und Handeln*, Vieweg, Braunschweig und Wiesbaden

Prien, T., und Hönemann, C. (2003): »Pathophysiologie der Agonie«, in: Brinkmann, B., und Madea, B. (Hg.): *Handbuch gerichtliche Medizin*, Springer: Berlin/Heidelberg/New York

Puthoff, H. E. (1996): »CIA-initiated Remote Viewing program at Stanford Research Institute«, *Journal of Scientific Exploration* 10, S. 63–76

Puthoff, H. E., und Targ, R. (1976): »Perzeptiver Kanal der Informationsübertragung für weite Entfernungen«, *Berichte des Instituts der Elektronik- und Radiotechnikingenieure der USA* 3/64

Quay, W. B. (1974): Pineal Chemistry, C. C. Thomas, Springfields, Ill.

Raichle, M. E. (2009): »A paradigm shift in functional brain imaging«, *Journal of Neuroscience* 29(41), S. 12 729–12 734

Raichle, M. E. (2010): »Two views of brain function«, *Trends in Cognitive Science* 14(4), S. 180–190

Raichle, M. E., Macleod, A. M., Snyder, A. Z., et al. (2001): »A default-mode of brain function«, *Proceedings of the National Academy of Sciences of the United States of America* 98, S. 676–682

Rauner, M. (2012): »Rupert Sheldrake. Der mit dem siebten Sinn«, *Zeit online*, 10.4.2012, http://www.zeit.de/zeit-wissen/2012/03/Rupert-Sheldrake

Renartz, G. (2006): *Medizinische und Psychotherapeutische Hypnose. Der Einführungskurs*, Skripte des Zentrums für Angewandte Hypnose, Mainz

Revenstorf, D. (Hg.) (2003): *Expertise zur Beurteilung der wissenschaftlichen Evidenz des Psychotherapieverfahrens Hypnotherapie*, Universität Tübingen

Ring, K., und Cooper, S. (2011): *Wenn Blinde sehen – Mindsight. Nahtoderfahrungen von Blinden*, Santiago Verlag, Goch

Ringmacher, C. U. (1778/79): *Hermetisches A.B.C. deren ächten Weisen alter und neuer Zeiten vom Stein der Weisen. Ausgegeben von einem wahren Gott- und Menschenfreunde*, H. Barsdorf, Berlin, http://books.google.com/books?id=p-Q4AAAAMAAJ&oe=UTF-8

Rivier, L., und Lindgren, J. E. (1971): »›Ayahuasca‹, the South American hallucinogenic drink: an ethnobotanical and chemical investigation«, in Frankel, O. H., und Bennet, E. (Hg.): *Economic Botany*, Blackwell Scientific Publications, London, S. 101–129

Robert, G., und Zadra, A. (2014): »Thematic and content analysis of idiopathic nightmares and bad dreams«, *Sleep* 37(2), S. 409–417, DOI:10.5665/sleep.3426

Rohracher, H. (1949): *Mechanische Mikroschwingungen des menschlichen Körpers*, Urban & Schwarzenberg, Wien

Rohracher, H., und Inanaga, K. (1969): *Die Mikrovibration. Ihre biologische Funktion und ihre klinisch-diagnostische Bedeutung*, Verlag Hans Hueber, Bern/Stuttgart/Wien

Roney-Dougal, S. (1993): *Wissenschaft und Magie,* Zweitausendeins, Frankfurt am Main

Rose, S. (1995): »The Rise of Neurogenetic Determination«, *Nature* 373, S. 380–382

Roth, G. (2003): *Aus Sicht des Gehirns*, Suhrkamp, Frankfurt am Main

Rudgley, Richard (1998): *The Encyclopedia of Psychoactive Substances*, Little, Brown and Company, Boston, Mass.

Sabelli, H., Fink, P., Fawcett, J. und Tom, C. (1996): »Sustained antidepressant effect of PEA replacement«, *Journal of Neuropsychiatry and Clinical Neurosciences* 8, S. 168–171

Sacks, O. (2003): »Notizbuch eines Neurologen: Was Blinde sehen«, *Horus* 5/2007, orig.: *New Yorker*, 28.7.2003, http://www.dvbs-on line.de/horus/2007-5-4234.htm

Safford, W. E. (1916): »Identity of cohoba, the narcotic snuff of ancient Haiti«, *Journal of the Washington Academy of Sciences* 6, S. 548–562

Sainio, E. L., und Sainio, P. (1990): »Comparison of effects of nicotinic acid or tryptophan on tryptophan 2,3-dioxygenase in acute and chronic studies«, *Toxicology and Applied Pharmacology* 102(2), S. 251–258

Salvador, R., Martinez, A., Pomarol-Clotet, E., et al. (2008): »A simple view of the brain through a frequency-specific functional connectivity measure«, *NeuroImage* 39, S. 279–289

Sandberg, G. (1988): »Vorwort aus dem Westen«, in Davidson, J. (1996): *Das Geheimnis des Vakuums. Schöpfungstanz, Bewusstsein und Freie Energie*, Omega, Düsseldorf, S. 17f.

Santini, R., et al. (2002): »Study of the health of people living in the vicinity of mobile phone base stations«, *Pathologie Biologie* 50, S. 369–373

Satyananda Saraswati, Swami K. (1979), im *Yoga Magazine* XVII/3, März 1979, http://www.satyananda-yoga.de/verein/yoga-heft-archiv/chakra/ajna-chakra.html

Satyananda Saraswati, Swami S. (1972): *The Pineal Gland (Ajna chakra)*, School of Yoga, Bihar, Indien

Schäfer, M. (2005): »Wo der Sechste Sinn wohnt«, *Bild der Wissenschaft*, 18.2.2005,http://www.wissenschaft.de/home/-/journal_con tent/56/12054/1039957/

Schenberg, E. E. (2013): »Ayahuasca and cancer treatment«, *SAGE Open Medicine* 1, 2050312113508389, https://www.ncbi.nlm. nih.gov/pmc/articles/PMC4687784/, DOI:10.1177/2050312113508 389

Schlag, O. (1998): *Von alten und neuen Mysterien*, Ergon, Würzburg

Schmidhuber, J. (1997): »A Computer Scientist's View of Life, the Universe and Everything«, in: Freksa, C. (Hg.): *Foundations of Computer Science: Potential–Theory–Cognition*, Springer, Berlin; Dalle Molle Institut für künstliche Intelligenz, http://www.idsia.ch/fuergen/ <everything/node1.html

Schmidt, G. (2005): *Einführung in die hypnosystemische Therapie und Beratung*, Carl-Auer, Heidelberg

Schnabel, U. (2008): »Der unbewusste Wille«, *Zeit Online*, 17.4.2008, http://www.zeit.de/2008/17/Freier-Wille

Schrödinger, E. (1926): »Quantisierung als Eigenwertproblem«, *Annalen der Physik* 79, S. 361, 489 und 734; 81, S. 109

Schrödinger, E. (1986): *Geist und Materie*, Zsolnay, Wien/Hamburg

Schröter-Kunhardt, M. (2002): »Nah-Todeserfahrung – Grundlage neuer Sinnfindung«, in Kick, H. A. (Hg.): *Ethisches Handeln in den Grenzbereichen von Medizin und Psychologie*, LIT, Münster

Serwaty, A., et al. (Hg.) (2011): *Impulse für das Leben aus Nahtoderfahrungen*, Tagungsbeiträge des Netzwerk-Nahtoderfahrung e. V., Santiago/Duderstadt

Shulgin, A., und Shulgin, A. (1990): *Pihkal: A chemical Lovestory*, Transform Press: Berkeley, Cal.

Shulgin, A., und Shulgin, A. (1997): *Tihkal: The Continuation*, Transform Press, Berkeley, Cal.

Simeon, B., Serban, R., und Petzold, L. R. (1999): »A model of macroscale deformation and microvibration in skeletal muscle tissue«, *Mathematical Modelling and Numerical Analysis* 43(2009), S. 805–823, http://www.numdam.org/article/M2AN_2009__43_4_805_0.pdf

Smith, M. T., Crouch, N. R., Gericke, N., und Hirst, M. (1996): »Psychoactive constituents of the genus Sceletium N.E.Br. and other Mesembryanthemaceae: a review«, *Journal of Ethnopharmacology*

50 (3), S. 119–130, DOI:10.1016/0378-8741(95)01342-3, PMID 8691846 (erowid.org)

Smith, N., und Spooner, N. (2000): »The Search for Dark Matter«, *Physics World* 13, S. 4

Smith, R. L., Canton, H., Barrett, R. J., und Sanders-Bush, E. (1998): »Agonist properties of N,N-dimethyltryptamine at serotonin 5-HT2A and 5-HT2C receptors«, *Pharmacology, Biochemistry and Behaviour* 61 (3), S. 323–330, DOI:10.1016/S0091-3057(98)00110-5. PMID 9768567

Spangler, D. (1978): *New Age*, Fischer, Frankfurt am Main

Sperling, R. A., Laviolette, P. S., O'Keefe, K., et al. (2009): »Amyloid deposition is associated with impaired default network function in older persons without dementia«, *Neuron* 63, S. 178–188

Speroni, E., und Minghetti, A. (1988): »Neuropharmacological activity of extracts from *Passiflora incarnata*«, *Planta Medica* 6, S. 488–491

Spiegel Online (2014): »Glaube an Schutzengel macht vorsichtig«, 24.9.2014, http://www.spiegel.de/wissenschaft/mensch/psychologie-schutzengel-steigern-risikobereitschaft-nicht-a-993421.html

Stadler, K. F. (1980): *Hypnosetherapie. Ihre Wirkungsweise und Heilmöglichkeiten an Körper und Seele*, Ariston, Genf

Steckelings, U. (2011): *Der Angiotensin AT2-Rezeptor: Untersuchungen zu Expression, physiologischen Wirkungen und zum therapeutischen Potenzial einer pharmakologischen Stimulation*, Habilitationsschrift an der Charité, Centrum für Therapieforschung, Institut für Pharmakologie/Center for Cardiovascular Research

Strassman, R. (2004): *DMT. Das Molekül des Bewusstseins. Zur Biologie von Nahtod-Erfahrungen und mystischen Erlebnissen*, AT Verlag, Baden und München

Struder, H. K., Hollmann, W., Platen, P., Duperly, J., Fischer, H. G., und Weber, K. (1996): »Alterations in plasma free tryptophan and large neutral amino acids do not affect perceived exertion and prolactin during 90 min of treadmill exercise«, *International Journal of Sports Medicine* 17(2), S. 73–79

SZ (2017), http://www.sueddeutsche.de/gesundheit/cannabis-legalisie rung-bundestag-beschliesst-freigabe-von-cannabis-auf-rezept-1.3340367

Szabo, A., Kovacs, A., Frecska, E., und Rajnavolgyi, E. (2014): »Psychedelic N,N-Dimethyltryptamine and 5-Methoxy-N,N-Dimethyltryptamine Modulate Innate and Adaptive Inflammatory Responses through the Sigma-1 Receptor of Human Monocyte-Derived Dendritic Cells«, *PLoS ONE* 9 (8), e106533, DOI:10.1371/journal. pone.0106533. PMID 25171370

Szára, S. (2007): »DMT at fifty«, *Neuropsychopharmacologia Hungarica* 9(4), S. 201–205

Tausin, F. (2004): *Mouches Volantes. Die Leuchtstruktur des Bewusstseins,* Leuchtstruktur Verlag, Ostermundigen/Schweiz

Telle, J. (Hg.) (1992): *Rosarium Philosophorum. Ein alchemistisches Florilegium des Spätmittelalters*, VCH, Weinheim, Faksimile der illustrierten Erstausgabe, Frankfurt am Main 1550

Tholey, P. (1997): *Schöpferisch träumen. Wie Sie im Schlaf das Leben meistern. Der Klartraum als Lebenshilfe*, Klotz, Eschborn

Timpl, R., Martin, G. R., Bruckner, P., Wick, G., und Wiedemann, H. (1978): »Nature of the collagenous protein in a tumor basement membrane«, *European Journal of Biochemistry* 84(1), S. 43–52, PMID 648517

Todt, U. (2008): *Martinus. Leben und Werk*, Novalis, Quern, Band I 2007, Band II 2008

Tooley, G. A., et al. (2000): »Acute increases in night-time plasma melatonin levels following a period of meditation«, *Biological Psychology* 53(1), S. 69–78

Torres, C. M. (Hg.) (1988): *Taino: Los descubridores de Colon*, Museo Chileno de Arte Precolombino, Santiago/Chile

Tosini, G., und Menaker, M. (1998): »Multioscillatory Circadian Organization in a Vertebrate, *Iguana iguana*«, *Journal of Neuroscience* 18 (3), S. 1105–1114

Van den Dool, K. (2014): »Neuronale Wirkung der Peter Hess-Klangmassage«, *Klang – Massage – Therapie* 9, S. 38, http://www.alpha-performance.biz/wp-content/uploads/2013/12/Abb-9-EEG-mit-Eisberg.jpg

van Diermen, D., Marston, A., et al. (2009): »Monoamine oxidase inhibition by Rhodiola rosea L. roots«, *Journal of Ethnopharmacology* 122(2), S. 397–401

van Laack, W. (2017): »Nahtoderfahrungen aus wissenschaftlicher Sicht – Neurophysiologisch ist das nicht alles zu erklären«, *Der Allgemeinarzt* 39(1), S. 80–83

van Lommel, P., van Wees, R., Meyers, V., und Elfferich, I. (2001): »Near-Death Experience in Survivors of Cardiac Arrest: A prospective Study in the Netherlands«, *Lancet* 358(9298), S. 2039–2045

Voltaire (1764): *Philosophisches Wörterbuch*, Genf/London

von Humboldt, A., und Bonpland, A. (1907): *Personal Narrative of Travels to the Equinoctial Regions of America during the years 1799–1804*, Thomasina Ross (Hg.), G. Bell, London, http://dx.doi.org/10.5962/bhl.title.23548

von Reis Altschul, S. S. P. (1972): *The genus Anadenanthera in Amerindian cultures*, Botanical Museum, Harvard University, Cambridge, Mass.

von Weizsäcker, C. F. (1971): *Die Einheit der Natur. Studien*, Hanser, München

von Weizsäcker, C. F. (1955): »Komplementarität und Logik«, *Die Naturwissenschaften* 42, S. 521–529 und 545–555

Waggoner, R., und McCready, C. (2016): *Klarträume. Wege ins Unterbewusstsein*, Heyne, München

Waldhauser, F., et al. (1998): »Age-Related Changes in Melatonin Levels in Humans and Its Potential Consequences for Sleep Disorders«, *Experimental Gerontology* 33(7–8), S. 759–772

Walsh, H. A., und Daya, S. (1997): »Inhibition of hepatic tryptophan-2,3-dioxygenase: superior potency of melatonin over serotonin«, *Journal of Pineal Research* 23(1), S. 20–23

Wang, R., Xu, Y., Wu, H. L., Li, Y. B., Li, Y. H., Guo, J. B., und Li, X. J. (2008): »The antidepressant effects of curcumin in the forced swimming test involve 5-HT1 and 5-HT2 receptors«, *European Journal of Pharmacology* 578(1), S. 43–50

Warnke, U. (2011): *Quantenphilosophie und Spiritualität. Der Schlüssel zu den Geheimnissen des menschlichen Seins*, Scorpio, München

Warnke, U. (2013): *Quantenphilosophie und Interwelt. Der Zugang zur verborgenen Essenz des menschlichen Wesens*, Scorpio, München

Warnke, U. (2014a): *Die geheime Macht der Psyche. Quantenphilosophie: Die Renaissance der Urmedizin*, Scorpio, München

Warnke, U. (2014b): *Gehirn-Magie. Der Zauber unserer Gefühlswelt*, Scorpio, München

Warnke, U., und Warnke, F. (2017): *Bionische Regeneration. Das Altern aufhalten mit den geheimen Strategien der Natur*, Arkana, München

Wassen, S. H. (1967): *The use of some specific kinds of South American Indian snuff and related paraphernalia*, Etnologiska, Göteborg

Wassermann, J. (1993): *Kunst und Symbolik im Okkultismus*, Müller &Kiepenheuer, Hanau

Weigel, V. (1618): *Philosophia Mystica*, Jenes Newenstadt, Frankfurt am Main

Wheeler, J. (1989): »God is the Machine«, in: *Wired,* Issue 10, 12., https://www.wired.com/2002/12/holytech/

Wheeler, J. A., Misner, C., und Thorne, K. S. (1973): *Gravitation*, Freeman, San Francisco

Wilber, K. (1984): *Halbzeit der Evolution. Der Mensch auf dem Weg vom animalischen zum kosmischen Bewusstsein*, Scherz, Bern/München/Wien

Wildermuth, V. (2015): »Wissen wir, was wir wollen?«, Deutschlandfunk, 15.12.2015, http://www.deutschlandfunk.de/hirnforschung-wissen-wir-was-wir-wollen.676.de.html?dram:article_id=339873

Willmann, U. (1999): »Einmal Hölle und zurück«, *Zeit Online*, http://www.zeit.de/1999/29/199929.nahtod_.xml

Wink, M. (1999): »Wirkung und Kulturgeschichte psychotroper Pflanzen«, in: Kiesel, H. (Hg.): *Rausch*, Heidelberger Jahrbücher XLIII, Springer, Heidelberg/Berlin, S. 27–90

Wittmann, U. (1984): *Leben wie ein Krieger. Die verborgene Botschaft in den Lehren des Yaqui-Zauberers Don Juan*, Ansata: Interlaken, 2. Aufl. 1988

Zeilinger, A. (2005): *Einsteins Schleier. Die neue Welt der Quantenphysik*, Goldmann, München

Zeit Online (2010): »Leerlauf im Kopf«, http://www.zeit.de/2010/01/N-Gehirn-im-Leerlauf/seite-2

Zeit-Wissen (2013): *So entspannen Sie richtig: Neue Kraft für den Alltag*, Ausgabe 2

Zukav, G. (1981): *Die tanzenden Wu Li Meister. Der östliche Pfad zum Verständnis der modernen Physik: vom Quantensprung zum schwarzen Loch,* Rowohlt, Reinbek

Zuse, K. (1970): *Der Computer – Mein Lebenswerk*, Verlag Moderne Industrie, Landsberg am Lech, 3. Aufl. bei Springer, Berlin

Bildnachweis

Abb.1, 9, 10, 21–26, 31–35, 38: Wolfgang Pfau, Baldham

Abb.2: Embassy of the Free Mind, Collection Bibliotheca Philosophica Hermetica, Amsterdam

Abb.3: bpk-Bildagentur / RMN – Grand Palais / Jean-Gilles Berizzi

Abb.4: bpk-Bildagentur / The Metropolitan Museum of Art

Abb.5: Whitehall-Gebäude, New York City

Abb.6: Alexander Pöschel, Wien

Abb.7: Photo 12 / Alamy Stock Foto

Abb.8: The Print Collector / Alamy Stock Foto

Abb.11: Mit freundlicher Genehmigung von William Breeze, Geschäftsführer Ordo Templi Orientis Archives.

Abb.12: Roberto Piperno, http://www.romeartlover.it/

Abb.13: Rozekruis Pers, Haarlem, NL

Abb.14: shutterstock/larry1235

Abb.15: Library and Museum of Freemasonry, London, UK / Bridgeman Images

Abb.16: akg-images

Abb.17: Richard Bowen

Abb.18: in Anlehnung an: Roney-Dougal, Serena (1993): *Wissenschaft und Magie,* Zweitausendeins, Frankfurt

Abb.19: Case courtesy of Radswiki, Radiopaedia.org, rID: 11770

Abb.20: aus: Warnke, Ulrich (2001): *Diesseits und Jenseits der Raum-Zeit-Netze.Ein neuer Weg in der Medizin; der Mensch als Teil des Universums,* Popular Academic Verlag, Saarbrücken, S. 33

Abb.27: in Anlehnung an: Newberg, A.B., und Iversen, J.(2003): »The neural basis of the complex mental task of meditation«, *Medical Hypotheses* 61(2), S. 282–291

Abb.28 und 29: Dr.Chien-Hui Liou; Liou, C.-H., et al.(2016): »A multi-dimensional quantum model of brain activity: the exploration of increased neural energy states in Daoist meditation«, *NeuroQuanto-logy: An Interdisciplinary Journal of Neuroscience and Quantum Physics* 14(3), 2016, S. 524ff.

Abb.30: Rohracher, H.und Inanaga, K.(1969): *Die Mikrovibration.Ihre biologische Funktion und ihre klinisch-diagnostische Bedeutung*, Verlag Hans Hueber, Bern/Stuttgart/Wien, S. 19.Mit freundlicher Genehmigung des Hogrefe Verlags.

Abb.36: in Anlehnung an: Piron, H., und van Quekelberghe, R.(Hg.) (2012*): Meditation und Achtsamkeit.Altes Wissen schafft neue Wissenschaft*, Klotz, Frankfurt am Main, S. 48

Abb.37: Dr.Ulrich Warnke

Abb.39: Photo 12 / Alamy Stock Foto

Abb.40: Lenzwald Verlag / G.Pennington

Abb.41: Lenzwald Verlag / G.Pennington

Abb.42: »Mouches Volantes«: 3D-Zeichnung von Floco Tausin/Leuchtstruktur Verlag

Unsere Leseempfehlung

288 Seiten

Die heutigen anerkannten Fakten der Naturwissenschaft sind unvollständig, weil sie Geist, Willen und Emotionen ignorieren. Dr. Ulrich Warnke erklärt, wie Bewusstsein und Unterbewusstsein die Realitätsbildung steuern und zeigt, wie wir diese Fähigkeiten in uns aktiveren – so, wie es auch in vielen mystischen Texten geschrieben steht. Der Schlüssel für eine »neue Weltschöpfung« sind bestimmte Bewusstseinszustände, die wir erlernen können. Dadurch erhalten wir wirkungsvolle Werkzeuge, um unsere Lebensbedingungen zum Positiven zu wenden.

www.goldmann-verlag.de
www.facebook.com/goldmannverlag

Ein Roman über die brisantesten Themen unserer Zeit – künstliche Intelligenz, Klimawandel und eine Zivilisation zwischen Aufbruch und Zusammenbruch.

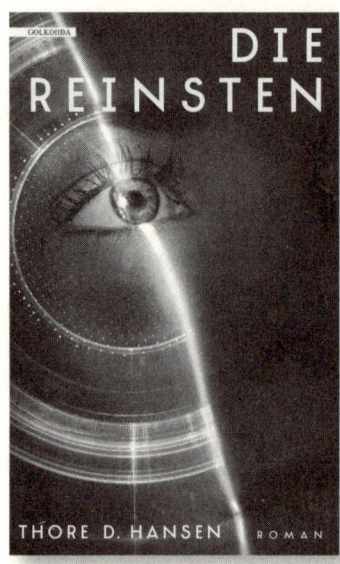

gebunden mit Schutzumschlag, 428 Seiten, ISBN 978-3-946503-90-3

Nach einer Zeit von verheerenden Kriegen, Seuchen und Klimakatastrophen hat die künstliche Intelligenz Askit im Jahr 2191 die letzten Überlebenden in eine Ära des Friedens geführt. Um die Regeneration des Planeten zu sichern, erwählt die KI eine Elite aus, die sie ständig überwacht und steuert, um ihr volles Potenzial auszuschöpfen: die Reinsten. Eve Legrand hat alle Voraussetzungen, in Askits System aufzusteigen, wird jedoch überraschend von der künstlichen Intelligenz aussortiert. Ihr bleibt nur die Flucht, und sie beginnt, die Welt mit anderen Augen zu sehen.

»Ich finde es genial, dass man die beiden großen Themen Klimawandel und Digitalisierung so zusammenbringt, dass daraus ein spannender Roman wird.«

Ernst Ulrich von Weizsäcker

www.golkonda-verlag.de

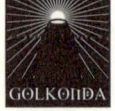